Springer-Lehrbuch

Matthias Berking
Winfried Rief (Hrsg.)

Klinische Psychologie und Psychotherapie für Bachelor

Band II: Therapieverfahren

Lesen, Hören, Lernen im Web

Mit 11 Abbildungen und 25 Tabellen

Herausgeber
Matthias Berking, Philipps-Universität Marburg
Winfried Rief, Philipps-Universität Marburg

ISBN 978-3-642-25522-9   ISBN 978-3-642-25523-6 (eBook)
DOI 10.1007/978-3-642-25523-6

Die Deutsche Nationalbibliothek verzeichnet diese Publikation in der Deutschen Nationalbibliografie;
detaillierte bibliografische Daten sind im Internet über http://dnb.d-nb.de abrufbar.

Springer Medizin
© Springer-Verlag Berlin Heidelberg 2012

Planung: Joachim Coch
Projektmanagement: Michael Barton
Lektorat: Dr. Marion Sonnenmoser
Projektkoordination: Michael Barton
Umschlaggestaltung: deblik Berlin
Fotonachweis Umschlag: © Picture-Factory / fotolia.com
Satz: Fotosatz-Service Köhler GmbH – Reinhold Schöberl, Würzburg

Gedruckt auf säurefreiem und chlorfrei gebleichtem Papier

Springer Medizin ist Teil der Fachverlagsgruppe Springer Science+Business Media
www.springer.com

Vorwort

Während sich der erste Band von **Klinische Psychologie und Psychotherapie** mit den Grundlagen und bedeutsamen Störungsbildern befasst, widmet sich der zweite Band der Darstellung psychotherapeutischer Interventionsverfahren. Nach einer kurzen Darstellung relevanter Rahmenbedingungen werden die wichtigsten psychotherapeutischen Interventionsverfahren mit Blick auf Anwendungsbereiche, theoretischen Hintergrund, konkretes Vorgehen und empirische Wirksamkeitsbelege dargestellt. Den Abschluss bildet die Darstellung relevanter Methoden und Befunde aus der Wirkfaktoren- und der Psychotherapieforschung. Wie im ersten Band steht dabei das Ziel im Vordergrund, einen praxisbezogenen Überblick über die wichtigsten Verfahren zu geben und sich das Wissen anzueignen, das für den Erwerb eines Bachelors in Klinischer Psychologie notwendig ist.

Um den Wissenserwerb zu erleichtern, werden wie im ersten Band jeweils zentrale Definitionen herausgearbeitet, illustrierende Fallbeispiele eingesetzt und die wichtigsten Inhalte in der Randspalte zusammengefasst. Außerdem finden sich am Ende eines jeden Kapitels Fragen zur eigenständigen Wissensüberprüfung und Quellen zur Vertiefung der jeweiligen Themen. Zusätzliche didaktische Hilfestellungen (virtuelle Lernkarten, ein Glossar von Fachbegriffen, Antworten zu den Kontrollfragen etc.) finden sich auf unserem Lernportal unter **www.lehrbuch-psychologie.de**. Dozenten anerkannter Ausbildungsstätten können auf dieser Web-Seite auch Folien zur Präsentation der Inhalte dieses Buches in Lehrveranstaltung herunterladen.

Wir hoffen, auf diesem Wege dazu beizutragen, das Wissen um effektive Behandlungsverfahren weiter zu verbreiten. Wir bedanken uns herzlich bei den an diesem Werk beteiligten Experten für ihre Beiträge und widmen dieses Buch den Betroffenen, ihren Angehörigen und denjenigen, die sich zum Ziel gesetzt haben, anderen bei der erfolgreichen Bewältigung psychischer Störungen zu helfen.

Matthias Berking und Winfried Rief
Marburg, im Juli 2012

Inhaltsverzeichnis

Berking, Rief (Hrsg.) Klinische Psychologie & Psychotherapie für Bachelor
Der Wegweiser zu diesem Lehrbuch

Was erwartet mich? **Lernziele** zeigen, worauf es im Folgenden ankommt.

Griffregister: zur schnellen Orientierung.

4.1   Unipolare Depression

Matthias Berking und Anna Radkovsky

Lernziele

- Affektive Erkrankungen voneinander abgrenzen können.
- Zwischen klinisch relevanten Depressionen und Stimmungsschwankungen unterscheiden können.
- Wichtige Fakten bzgl. Epidemiologie und Verlauf unipolarer Depressionen kennen.
- Einen Überblick über relevante Erklärungsmodelle gewinnen.

4.1.1   Übersicht über die affektiven Störungen

In den gängigen Klassifikationssystemen werden **depressive Erkrankungen** (lat. deprimere = herunterdrücken, niederdrücken) den affektiven Störungen zugeordnet. Die unipolaren Depressionen zeichnen sich als Untergruppe der affektiven Störungen aus.

Beispiel

Beispiele für positive Aktivitäten

Fußball spielen; eine Radtour machen; Shoppen gehen; ein Bild malen; einen Freund/eine Freundin anrufen; Musik hören; Leute beobachten; einen Ausflug ins Grüne machen; eine Ausstellung besuchen; in die Sauna gehen; eine Katze streicheln; eine aufgeschobene Aufgabe erledigen; ein Kreuzworträtsel lösen; gut Essen gehen; im Garten arbeiten; einen Tierfilm schauen; ein Bad nehmen; sich einen Fruchtsaft-Cocktail mixen.

Verständlich: Anschauliches Wissen dank zahlreicher **Beispiele**.

Exkurs

Das Kupfer-Schema

Zur eindeutigen Definition von Begriffen, die für eine Beschreibung von Depressionsverläufen relevant sind, wird das sog. Kupfer-Schema (Kupfer, 1991) verwendet (Abb. 4.1).

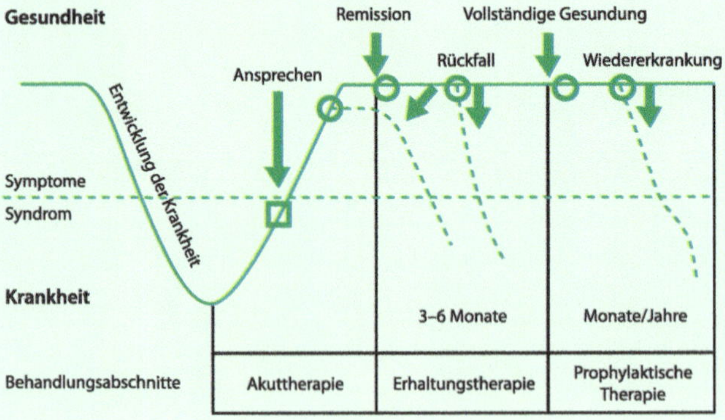

Wenn Sie es genau wissen wollen: **Exkurse** vertiefen das Wissen.

 Abb. 4.1 Kupfer-Schema: Phasen der Behandlung depressiver Störungen

Anschaulich: mit mehr **20 Abbildungen** und **60 Tabellen**.

4.1.4   Diagnostik

Zur Diagnostik werden sowohl klinische Interviews (z. B. SKID-I) als auch depressionsspezifische Instrumente (z. B. HAMD, BDI-II) verwendet.

Differentialdiagnostisch gilt es, depressive Störungen vor allem von bipolaren und schizoaffektiven Störungen (▶ Kap. 4.2; bzw. Marneros, 2011), von normalen und komplizierten Trauerreaktionen (Znoj, 2004) abzugrenzen.

Lernen auf der Überholspur: kompakte Zusammenfassungen in der **fast-track-Randspalte** ermöglichen schnelles Erfassen der wichtigsten Inhalte.

Definitionen: Fachbegriffe kurz und knapp erläutert.

Navigation: mit Seitenzahl und Kapitelnummer.

Definition

Unipolare Depressionen sind affektive Störungen, für die das Vorliegen von depressiven Symptomen bei Abwesenheit von (hypo-)manischen Symptomen charakteristisch ist.

▶ **Definition**
Unipolare Depressionen

Für die Praxis

Als Hilfestellungen für das valide Erfassen depressiver Symptome kann auf folgende Verfahren zurückgegriffen werden:

Interviews

- Strukturiertes Klinisches Interview für DSM-IV (SKID; Wittchen, Zaudig & Fydrich, 1997)
- Standardisiertes Interviewsystem (DIA-X-CIDI; Wittchen & Pfister, 1997)
- Hamilton Depression Scale (HAM-D; Hamilton, 1960)
- Diagnostisches Interview für psychische Störungen (DIPS; Margraf et al., 1994)
- Internationale Diagnose Checkliste für ICD-10 (IDCL; Hiller, Zaudig & Mombour, 1996)

Fragebögen

- Beck Depressionsinventar-II (BDI-II; Hautzinger, Keller & Kühner, 2006)
- Allgemeine Depressionsskala (ADS; Hautzinger & Bailer, 1993)
- Patient-Health-Fragebogen-9 (PHQ-9; Löwe et al., 2002)
- Depressions-, Angst- und Stress-Skala (DASS; Berking & Ebert, in Vorb.)
- Hospital Anxiety and Depression Scale (HADS-D; Herrmann, Buss & Snaith, 1995)
- Hamilton Depressionsskala (HAM-D; Baumann, 1976)
- Mood Disorder Questionnaire (MDQ; Hirschfeld et al., 2000)
- General Health Questionnaire (GHQ; Goldberg, 1978)

Anwendungsorientiert: **Für-die-Praxis**-Boxen stellen den Bezug zum Berufsleben her.

Studie

Fallbeispiel

Seit zwei Monaten ist Frau Meier anders als sonst. Die ansonsten dynamische und einsatzbereite Mutter von drei Kindern hat morgens große Schwierigkeiten, aus dem Bett zu kommen. Sie fühlt sich niedergeschlagen, kraftlos und gereizt. Selbst Tätigkeiten, die ihr früher große Freude gemacht haben, können sie nicht aufheitern. Auf der Arbeit leidet sie darunter, dass sie sich nicht konzentrieren kann und sich bei der kleinsten Belastung überfordert fühlt. Ihren

Kindern und ihrem Arbeitgeber gegenüber verspürt sie große Schuldgefühle und glaubt, allen nur zur Last zu fallen. Von sozialen Freizeitaktivitäten hat sie sich seit ein paar Wochen komplett zurückgezogen, weil sie diese als zu anstrengend empfindet. Am liebsten würde sie sich den ganzen Tag ins Bett legen und die Decke über den Kopf ziehen. Nur auf massiven Druck der Familie wendet sie sich an einen Therapeuten.

Spannende Wissenschaft: Die wichtigsten **Studien** ausführlich erläutert.

? **Kap. 4.1, Bd. 1: Kontrollfragen**

Die Antworten auf die folgenden Fragen finden Sie im Lerncenter zu diesem Kapitel unter ▶ www.lehrbuch-psychologie.de (Projekt Klinische Psychologie und Psychotherapie für Bachelor.)

1. Was ist der Unterschied zwischen Traurigkeit und einer Depression im klinischen Sinne? Welche Kriterien müssen für die Diagnose einer depressiven Episode erfüllt sein?
2. Was wissen Sie über die Prävalenz depressiver Störungen?
3. Welche Modelle zur Entstehung und Aufrechterhaltung unipolarer Depressionen kennen Sie? Bitte erläutern Sie jeweils die zentralen Annahmen.
4. Welche Behandlungsverfahren für depressive Störungen kennen Sie?

Ablon, J. S. & Jones, E. E. (2002). Validity of controlled clinical trials of psychotherapy: Findings from the NIMH Treatment of Depression Collaborative Research Program. *American Journal of Psychiatry, 159*, 775-783.

DGPPN, BÄK, KBV, AWMF, AkdÄ, BptK et al. (Hrsg.) für die Leitliniengruppe Unipolare Depression (2009). *S3-Leitlinie/ Nationale VersorgungsLeitlinie Unipolare Depression-Langfassung*. Berlin APA 6. Aufl.: bei mehreren Städten nur erste nennen (APA 6.30) DGPPN, ÄZQ, AWMF. Internet: http://www.dgppn.de, http://www.versorgungsleitlinien.de, http://www.awmf-leitlinien.de.

Gotlib, I. H. & Hammen, C. L. (2010). *Handbook of Depression*. New York: Guilford Press.

▶ **Weiterführende Literatur**

Noch nicht genug? Tipps für die **Weiterführende Literatur**.

Alles verstanden? Wissensüberprüfung mit **Verständnisfragen und Antworten** auf www.lehrbuch-psychologie.de

Sagen Sie uns die Meinung!

Liebe Leserin und lieber Leser,

Sie wollen gute Lehrbücher lesen,
wir wollen gute Lehrbücher machen:
dabei können Sie uns helfen!

Lob und Kritik, Verbesserungsvorschläge und neue Ideen
können Sie auf unserem Feedback-Fragebogen unter
www.lehrbuch-psychologie.de gleich online loswerden.

Ganz besonders interessiert uns: Wie gefällt Ihnen unser
neues Bachelorkonzept?

Als Dankeschön verlosen wir jedes Jahr Buchgutscheine
für unsere Lehrbücher im Gesamtwert von 500 Euro.

Wir sind gespannt auf Ihre Antworten!
Ihr Lektorat Lehrbuch Psychologie

1 Rahmenbedingungen von Psychotherapie und Beratung

Florian Scholz

Lernziele

— Relevante rechtliche Rahmenbedingungen für Psychotherapie und Beratung kennen.

— Einen Überblick über die Ausbildung zum Psychologischen Psychotherapeuten bekommen.

— Verschiedene Formen psychotherapeutischer Versorgung in Deutschland kennenlernen.

1.1 Rechtliche Rahmenbedingungen für Psychotherapie

Eine verantwortungsvolle psychotherapeutische Tätigkeit bewegt sich in einem gewissen rechtlichen Rahmen. Diesen zu kennen ist unerlässlich. Deswegen werden im Folgenden die wichtigsten Gesetze, Ordnungen und Organe vorgestellt.

Psychotherapeutengesetz (PsychThG) Um den Beruf Psychotherapeut/in ausüben zu dürfen, muss man nach dem Studium eine zusätzliche Ausbildung machen. Dies ist in Deutschland seit 1999 durch das sog. Psychotherapeutengesetz geregelt. Einige seiner wichtigsten **Funktionen** sind:

— Es schützt die Begriffe »Psychotherapeut/in«.

— Es schreibt eine Approbation für die Ausübung von Psychotherapie als Psychologischer Psychotherapeut vor.

— Es regelt die Voraussetzungen und Anforderungen, die erfüllt sein müssen, um diese Approbation erhalten zu können.

— Es grenzt Therapie gegenüber Beratung (Unterstützung bei »sozialen Konflikten«; ► Exkurs) ab.

> Das Psychotherapeutengesetz (PsychThG) regelt die Voraussetzungen für den Beruf des Psychologischen Psychotherapeuten.

1

Die Ausbildungs- und Prüfungsverordnung für Psychologische Psychotherapeuten (PsychTh-APrV)
regelt die Inhalte der Ausbildung
zum Psychologischen Psychotherapeuten.

Berufsordnungen regeln die
praktische Berufsausübung.

Die Landeskammern überwachen
die ordnungsgemäße Berufsausübung und setzen sich für die Interessen und Weiterbildung der Psychotherapeuten ein. Die Mitgliedschaft
in einer Landespsychotherapeutenkammer ist Pflicht.

Kassenärztliche Vereinigungen sind
für die Vergütung von Psychotherapie bei gesetzlich versicherten
Patienten zuständig.

Sozialgesetze schreiben Voraussetzungen und Standards für Psychotherapie im Rahmen der Krankenversicherung vor.

Der Gemeinsame Bundesausschuss
(G-BA) erarbeitet die Psychotherapierichtlinien.

Ausbildungs- und Prüfungsverordnung für Psychologische Psychotherapeuten (PsychTh-APrV) Diese an das Psychotherapeutengesetz gebundene Verordnung regelt im Detail die **Ausbildung** zum Psychologischen Psychotherapeuten. Sie gibt die Ausbildungsbausteine, deren Dauer, Inhalte und deren Struktur vor. Sie ist für alle Ausbildungsinstitute und Ausbildungskandidaten in der Bundesrepublik verbindlich.

Berufsordnungen des jeweiligen Bundeslandes Sie regeln verbindlich, wie der Beruf des Psychotherapeuten **praktisch auszuüben** ist, z. B. im Hinblick auf den Umgang mit Patientendaten, auf privaten Kontakt zu Patienten oder auf Dokumentations- und Aufklärungspflichten. Die Berufsordnungen sind für die professionelle Therapeutenarbeit daher sehr relevant. Verstöße gegen die Berufsordnung können, auf Basis der Heilberufsgesetze der Bundesländer, durch Geldstrafen bis zu 50.000 Euro, Verwarnungen oder durch die Feststellung der Unwürdigkeit zur Berufsausübung geahndet werden. Verfasst wird die Berufsordnung für ein bestimmtes Bundesland von der jeweiligen Landespsychotherapeutenkammer. Obwohl es dadurch für jedes Bundesland eine eigene Berufsordnung gibt, unterscheiden sich die Berufsordnungen kaum. Außerdem gibt es eine Musterberufsordnung der Bundespsychotherapeutenkammer, an der sich die Landeskammern orientieren können.

Landespsychotherapeutenkammern Als Psychotherapeut ist man immer Mitglied der Landespsychotherapeutenkammer seines Bundeslandes. Die Kammern haben neben dem Verfassen der Berufsordnung für Psychotherapeuten unter anderem noch weitere **Aufgaben**: Sie sind die Interessensvertretung der Psychotherapeuten auf berufsrechtlicher und politischer Ebene, sie überwachen die Einhaltung der Berufspflichten und kümmern sich um Weiterbildungsmöglichkeiten. Den Kammern liegen die sog. Heilsberufsgesetze der Länder zugrunde. Alle Landespsychotherapeutenkammern zusammen bilden die Bundespsychotherapeutenkammer, eine Arbeitsgemeinschaft, die unter anderem das Ziel hat, die Arbeit der Landeskammern abzugleichen und eine gemeinsame Vertretung zu schaffen.

Kassenärztliche Vereinigung Die Kassenärztliche Vereinigung ist die Vertretung der Ärzte und Psychotherapeuten in Sachen **Vergütung**. Über sie wird Psychotherapie bei gesetzlich versicherten Patienten abgerechnet. Die Honorare richten sich nach der Gebührenverordnung der Psychologischen Psychotherapeuten und Kinder- und Jugendlichentherapeuten. Die Vergütung schwankt mit Veränderungen in der Abrechnungsordnung und ist derzeit auf ca. 80 Euro für eine 50-minütige Therapiestunde festgelegt.

Sozialgesetze zur Krankenversicherung In den Sozialgesetzen werden **Voraussetzungen und Standards** für Psychotherapie im Rahmen der Krankenversicherung vorgeschrieben. Unter anderem werden (a) konkrete Leistungen definiert, die psychotherapeutisch abgerechnet werden dürfen, (b) die drei Richtlinienverfahren benannt, nach denen Psychotherapie abgerechnet werden darf (Verhaltenstherapie, Tiefenpsychologie und Psychoanalyse), (c) die maximal mögliche Anzahl Psychotherapeutischer Sitzungen für jedes Verfahren festgelegt, z. B. für Verhaltenstherapie maximal 80 Stunden, für eine psychoanalytische Therapie max. 300 und (d) die Zusammenarbeit zwischen den Kassenärztlichen Vereinigungen und gesetzlichen Krankenkassen geregelt.

Gemeinsamer Bundesausschuss (G-BA) und Psychotherapierichtlinien Die in den Sozialgesetzen verankerten **Psychotherapierichtlinien** werden durch den sog. Gemeinsamen Bundesausschuss, bestehend aus Vertretern von Ärzten, Psychotherapeuten und Krankenkassen, in Form der Selbstverwaltung erarbeitet. Diese Richtlinien konkretisieren, welche verfahrensspezifischen Ansätze im Rahmen der Therapie erbracht werden dürfen, z. B. sind das für Verhaltenstherapie unter anderem systematische Desensibilisierung, kognitive Umstrukturierung, sowie das Training von Problemlöse- und Selbststeuerungstechniken (Bundesausschuss der Ärzte und Krankenkassen, 2009).

Schweigepflicht und Datenschutz Die Schweigepflicht für Psychologen ist nicht nur in der Berufsordnung, sondern auch im Strafgesetzbuch (StGB) unter § 203 über die Verletzung von Privatgeheimnissen geregelt. Ein **Bruch** der Schweigepflicht kann mit einer Geldstrafe oder einer Freiheitsstrafe bis zu einem Jahr geahndet werden (bei Vorsatz bis zu zwei Jahren).

> Zum Schutz von Patienten sowie aus strafrechtlichen Gründen müssen sich Psychotherapeuten an die Schweigepflicht halten.

Auch wenn Therapeuten im Rahmen einer Therapie von einer vergangenen **Straftat** des Patienten erfahren, unterliegen sie der Schweigepflicht, sofern vom Patienten keine weitere Gefahr für sich selbst oder andere ausgeht. In seltenen Fällen muss die Schweigepflicht jedoch nach §139 StGB gebrochen werden, und zwar dann, wenn dies nötig ist, um eine zukünftige, schwere Straftat zu verhindern. Dazu gehören Straftaten wie Mord, erpresserischer Menschenraub, Völkermord oder terroristische Angriffe. Darüber hinaus kann ein Bruch der Schweigepflicht im Rahmen des »gerechtfertigten Notstands« (§ 34 StGB) das letzte Mittel sein, um eine drohende Gefahr von sich und anderen abzuwenden – allerdings muss dabei insbesondere die Verhältnismäßigkeit beachtet werden, d. h. in jedem Fall muss man, da die Schweigepflicht in Deutschland rechtlich insgesamt einen sehr hohen Stellenwert besitzt, einen Bruch der Schweigepflicht sehr sorgfältig abwägen.

> Die Schweigepflicht darf nur unter ganz besonderen Umständen gebrochen werden.

Gesetze, Verordnung und Institutionen

Folgende Gesetze, Verordnungen und Institutionen schaffen die Rahmenbedingungen für Psychotherapie:

Gesetze und Verordnungen
- Psychotherapeutengesetz
- Ausbildungs- und Prüfungsverordnung für Psychologische Psychotherapeuten
- Berufsordnung des Bundeslandes
- Sozialgesetze zur Krankenversicherung im SGBV
- Paragraphen 139, 203 und 34 des Strafgesetzbuches zur Schweigepflicht
- Psychotherapierichtlinien

Institutionen
- Landespsychotherapeutenkammern
- Kassenärztliche Vereinigung
- Gemeinsamer Bundesauschuss

> 6 relevante Gesetze und Verordnungen sowie 3 wichtige Institutionen

Exkurs

Worin besteht der Unterschied zwischen Psychotherapie und Beratung?

Da Psychotherapie und Beratung auf dieselben Methoden zurückgreifen, ist es nicht leicht, sie voneinander abzugrenzen. Rechtlich und inhaltlich lassen sie sich am ehesten anhand der folgenden Punkte unterscheiden:

Inhaltliche Unterschiede
- Während in der Psychotherapie psychische Störungen behandelt werden, befasst sich Beratung in der Regel

mit der Bearbeitung schwieriger Lebenslagen, Krisen oder Konflikte *ohne* Krankheitswert. Beispiele für Beratungsfelder sind: Ehe-, Schul-, Erziehungs-, Sexual-, Suchtberatung und die Beratung von Angehörigen schwerkranker oder behinderter Menschen.
- In der Beratung werden hauptsächlich sachkundige Informationen an den Ratsuchenden vermittelt, Ratschläge erteilt und Tipps gegeben. In der Psychotherapie ist Infor-

▼

mationsvermittlung hingegen die Ausgangsbasis für konkrete Übungen zur Veränderung von Verhalten oder zum Umgang mit Gedanken, Gefühlen und Verhalten.

- Beratung bedarf in der Regel eines größeren Maßes an Einsichts- und Handlungsfähigkeit seitens des Hilfesuchenden als dies in der Psychotherapie der Fall ist. Es wird davon ausgegangen, dass der Hilfesuchende Lösungsvorschläge im Anschluss an die Beratung alleine umsetzen kann. Im Gegensatz hierzu wird im Rahmen einer Psychotherapie die Umsetzung konkreter Ziele und konkreten Verhaltens begleitend unterstützt.
- Beratung ist zeitlich kompakter als Psychotherapie: Ein bis fünf Kontakte sind die Regel.

Rechtliche Unterschiede

- Beratung im Sinne einer Hilfestellung in schwierigen Lebenslagen (z. B. Scheidung, Trauer) unterliegt ausdrücklich *nicht* dem Psychotherapeutengesetz.
- Beratung kann auch ohne Approbation zum Psychotherapeuten angeboten werden. Daher arbeiten in der Beratung neben Psychologen auch Sozialarbeiter, Sozialpädagogen, Theologen und Mediziner.
- Beratung wird, anders als Psychotherapie, nicht von den Krankenversicherungen übernommen, sondern durch öffentliche oder kirchliche Träger finanziert. Dadurch bleibt Beratung in den meisten Fällen kostenfrei. Somit ist Beratung leichter zugänglich als Psychotherapie.
- Genauso wie Psychotherapeuten stehen Personen, die in der Beratung arbeiten, unter Schweigepflicht. Anders als diese haben sie jedoch kein Zeugnisverweigerungsrecht.

Psychotherapie unterscheidet sich also am ehesten wie folgt von psychologischer Beratung: Sie beschäftigt sich explizit mit der Behandlung von psychischen Störungen, sie ist handlungsorientierter, dauert in der Regel länger, bedarf einer Approbation als Psychotherapeut, zielt eher auf die Verbesserung selbstregulatorischer Fähigkeiten ab, statt sie vorauszusetzen, und wird, wenn indiziert, von der Krankenkasse übernommen.

Beispiel Beratung vs. Psychotherapie
Beratung: Eine Studentin, die mehrere Prüfungen verschoben hat, da sie nicht ausreichend vorbereitet war, geht in die Beratungsstelle der Universität. Dort bekommt sie praktische Tipps, wie sie ihre Zeit besser einteilen kann, wie sie ihre Lernumgebung förderlicher gestalten kann und was sie bei der Aufbereitung des Stoffes beachten sollte. Sie bekommt außerdem eine Reihe von Adressen, Ansprechpartnern und Internetseiten genannt, die sie im Weiteren kontaktieren kann. Anhand dieser Informationen erarbeitet sie sich selbstständig einen Lernplan, mit dessen Hilfe sie die kommenden Prüfungen diesmal rechtzeitig vorbereitet.
Psychotherapie: Eine Studentin hat mehrere Prüfungen verschoben, da sie sich seit ca. zwei Monaten nicht mehr zum Lernen aufraffen kann. Sie wendet sich an eine Psychotherapeutin, da sie zunehmend verzweifelt ist und nicht weiß, was sie tun kann. Im Rahmen der Diagnostik wird klar, dass sie unter einer depressiven Episode leidet. Zusammen mit der Therapeutin erarbeitet sie daraufhin, wir ihr Tagesablauf derzeit konkret aussieht und wie er wieder aussehen soll. Die Therapeutin hilft ihr dabei, sich konkrete Ziele für die kommenden Wochen zu setzen und Situationen, in denen sie große Traurigkeit überkommt, besser zu verstehen und deren Auslöser zu identifizieren. Über einen Zeitraum von rund sechs Monaten erarbeitet und erprobt sie zusammen mit ihrer Therapeutin verschiedene alternative Verhaltensweisen, mit denen sie ihrer traurigen Stimmung begegnen kann.

1.2   Ausbildung zum Psychologischen Psychotherapeuten

Um in Deutschland Psychotherapie professionell ausüben zu dürfen, bedarf es im Anschluss an ein Psychologiestudium einer **Ausbildung** zum Psychologischen Psychotherapeuten, die mit der Approbation abschließt. Die Ausbildung erfolgt an staatlich anerkannten Ausbildungsinstituten. Eine Liste der Institute erhält man auf der Internetseite der Bundespsychotherapeutenkammer. Alternativ kann man nach einem Medizinstudium eine Fachweiterbildung zum Ärztlichen Psychotherapeuten machen.

Die **Zugangsvoraussetzung** für die Ausbildung zum Psychologischen Psychotherapeuten ist ein Diplom in Psychologie bzw. ein Master in Psychologie mit einem Schwerpunkt in Klinischer Psychologie. Die an manchen Instituten angebotene Möglichkeit, die Ausbildung zum Kinder- und Jugendlichenpsychotherapeuten bereits mit dem Bachelor in Psychologie zu beginnen, ist derzeit Gegenstand intensiver Diskussion, so dass sich diesbezüglich noch keine festen Aussagen treffen lassen (für eine weiterführende Diskussion zur Entwicklung des Faches Klinische Psychologie s. z. B. Rief et al., 2007).

Ein Diplom in Psychologie bzw. ein Master in Psychologie mit einem Schwerpunkt in Klinischer Psychologie ist Zugangsvoraussetzung für die Ausbildung zum Psychologischen Psychotherapeuten.

Ausbildungsrahmen und Inhalte Die Ausbildung wird durch das Psychotherapeutengesetz sowie durch die Ausbildungs- und Prüfungsverordnung für Psychologische Psychotherapeuten (PsychTh-APrV) geregelt. Die Ausbildung kann dabei entweder drei Jahre in Vollzeit oder fünf Jahre in Teilzeit erfolgen. Sie umfasst vier Bereiche:
- die praktische Tätigkeit
- die theoretische Fortbildung
- die Selbsterfahrung
- Supervision

Die Ausbildung kann in 3 Jahren (Vollzeit) oder in 5 Jahren (Teilzeit) erfolgen.

Praktische Tätigkeit während der Ausbildung Die praktische Tätigkeit setzt sich aus **drei Teilen** zusammen. Dazu gehört zunächst das sog. Psychiatriejahr, in dem man im Rahmen von Diagnostik und Behandlung in einer psychiatrischen, manchmal auch psychosomatischen Einrichtung arbeitet und dafür 1.200 Stunden für die Ausbildung angerechnet bekommt. Dazu kommt eine weitere praktische Mitarbeit in einer psychotherapeutischen oder psychosomatischen Einrichtung, die mindestens sechs Monate dauert (600 Stunden). Der dritte Teil der praktischen Tätigkeit besteht aus mindestens 600 Behandlungsstunden, die an einer Ausbildungsambulanz geleistet, supervidiert und dokumentiert werden müssen.

Die praktische Tätigkeit umfasst das Psychiatriejahr, die ca. 6-monatige Mitarbeit in einer psychosomatischen oder psychotherapeutischen Einrichtung sowie 600 ambulante Behandlungsstunden.

Supervision während der Ausbildung Insgesamt sind im Rahmen der Ausbildung 150 Stunden Supervision vorgesehen. Davon entfallen 100 Stunden auf Gruppensupervisionen und 50 Stunden auf Einzelsupervisionen. In Supervisionen wird besprochen, wie bisherige Behandlungsstunden verlaufen sind und was bei der Planung der weiteren Behandlungsschritte berücksichtigt werden muss. Eine Supervision dient dabei immer zwei **Zielen**:
- die Ausbildungskandidaten darin zu fördern, eine gute Therapie durchführen zu können, d. h. ihnen dabei zu helfen, ihre therapeutischen Fähigkeiten weiterzuentwickeln
- den Patienten die optimale Therapie zukommen zu lassen, indem das Vorgehen der Ausbildungskandidaten regelmäßig überprüft, und falls nötig, korrigiert wird

Es müssen 100 Stunden Gruppen- und 50 Stunden Einzelsupervisionen absolviert werden.

Theorieteil der Ausbildung Der Theorieteil umfasst 600 Stunden. Die Inhalte werden grob durch die Anlage 1 des PsychThG vorgegeben. Auf den ersten Blick handelt es sich um eine Vertiefung des im Studium erworbenen Wissens im Bereich Psychotherapie und psychotherapeutische Versorgung. Es werden z. B. verfahrensspezifische Kenntnisse, wie etwa »Verhaltenstherapie bei sozialer Phobie« ,vertieft. Darüber hinaus gibt es aber einen wichtigen Unterschied zum Studium: Das zusätzliche Wissen wird in kleinen Gruppen vermittelt und anschließend **praktisch eingeübt**. So werden beispielsweise schwierige Therapiesituationen zu zweit oder zu dritt in Rollenspielen trainiert. Auf individuelle Erfahrungen und Fragestellungen kann so im Anschluss weit intensiver eingegangen werden als im Studium.

Theoretisches wird vertieft und praktisch eingeübt.

Selbsterfahrung in der Ausbildung Die Selbsterfahrung umfasst 120 Stunden. Sie soll dazu dienen, eigenes Verhalten, Denken und Fühlen vor dem Hintergrund der eigenen Erfahrungen und Einstellungen im Hinblick auf die professionelle Rolle als Psychotherapeut zu überprüfen und ggf. positiv zu verändern. Selbsterfahrung soll angehenden Therapeuten außerdem helfen, eigene Verhaltens- und Denkmuster in der Therapie von der Problemstellung des Patienten trennen zu können (vgl. Kanfer, Reinecker & Schmelzer, 2006; Laireiter & Willutzki, 2005).

Selbsterfahrungen dient dazu, sich im Hinblick auf die professionelle Rolle kennenzulernen und zu verändern.

Beispielsweise erarbeiten die Teilnehmer einer verhaltenstherapeutischen Ausbildungsgruppe ein Problemverhalten, das ihnen bei ihrer praktischen Tätigkeit an ihnen selbst aufgefallen ist. Sie skizzieren ein eigenes Verhaltensschema mit Beschreibung der Problemsituation, des Verhaltens und der Konsequenzen und sammeln persönliche

Ziele, Überzeugungen und Pläne, die dieses Verhalten vermutlich aufrechterhalten. In der Gruppe erproben sie alternative Verhaltensweisen und sammeln mithilfe des Selbsterfahrungsleiters Techniken, um dies in Zukunft in der Praxis umsetzen zu können.

Selbsterfahrung im therapeutischen Kontext dient demnach, in Abgrenzung zum umgangssprachlichen Verständnis des Begriffs, nicht der Selbstverwirklichung, sondern immer der **Professionalisierung** therapeutischen Verhaltens. Allerdings muss angemerkt werden, dass es bisher nur wenige empirische und fast gar keine randomisiert-kontrollierten Studien zur Selbsterfahrung gibt.

> Selbsterfahrung dient nicht der Selbstverwirklichung, sondern der Professionalisierung.

> **Elemente der Psychotherapieausbildung**
> Die Psychotherapieausbildung setzt sich u. a. zusammen aus:
> – 1200 Stunden Psychiatriejahr
> – 600 Stunden Psychosomatik
> – 600 Stunden Behandlungsstunden
> – 600 Stunden Theorie
> – 150 Stunden Supervision
> – 120 Stunden Selbsterfahrung

1.3 Psychotherapeutische Versorgung

Psychotherapeutische Versorgungsformen werden meist in zwei Kategorien zusammengefasst: in ambulante und stationäre Versorgung. Die **ambulante** Versorgung wird von niedergelassenen Psychotherapeuten, von Ambulanzen und durch Tageskliniken angeboten. Die **stationäre** Versorgung wird durch Psychiatrien und psychosomatische Akut- und Rehakliniken geleistet. Eine Übersicht über die verschiedenen Versorgungsformen findet sich in ■ Abbildung 1.1.

> Psychotherapeutische Versorgung gibt es in Deutschland in ambulanter und stationärer Form.

1.3.1 Ambulante Versorgung

Psychotherapeutische Praxen Am häufigsten wird ambulante Psychotherapie in Deutschland durch **niedergelassene Psychotherapeuten** durchgeführt. Sie arbeiten in einer eigenen Praxis. Zu der Gruppe der niedergelassenen Psychotherapeuten gehören neben den Psychologischen Psychotherapeuten auch Ärztliche Psychotherapeuten. Die ärztliche psychotherapeutische Zusatzqualifikation ist verglichen mit der psychologischen Psychotherapieausbildung heterogener gestaltet – aufbauend auf dem Medizinstudium gibt es verschiedene Wege, ärztlich-psychotherapeutisch tätig zu werden.

Im ambulanten Setting findet Psychotherapie überwiegend als **Einzeltherapie** statt, nur in ganz seltenen Fällen (rund 1 %) werden auch Gruppentherapien durchgeführt

> Ambulante Psychotherapie wird hauptsächlich durch niedergelassene Psychotherapeuten und in Einzeltherapien durchgeführt.

> ■ **Abb. 1.1** Ambulante und stationäre psychotherapeutische Versorgungsformen in Deutschland

(Schulz et al., 2008). Ein Grund hierfür könnte der verhältnismäßig höhere Aufwand zur Vor- und Nachbereitung von Gruppentherapien im Vergleich zu Einzeltherapien sein.

Anzahl der Psychotherapeuten　Zurzeit arbeiten in Deutschland rund 16.000 Psychologische Psychotherapeuten im Rahmen der vertragsärztlichen Versorgung (KBV, 2009). Davon sind ca. 2.900 Kinder- und Jugendlichenpsychotherapeuten. Hinzu kommen rund 5.100 Ärztliche Psychotherapeuten, die aber in sehr unterschiedlichem Maße rein psychotherapeutisch tätig sind. Insgesamt handelt es sich überwiegend um Psychotherapeutinnen: Der Anteil Frauen bei Psychologischen und Ärztlichen Psychotherapeuten liegt bei rund 67 %, der Anteil bei Kinder- und Jugendlichenpsychotherapeuten bei knapp 74 %. Insgesamt arbeitet ca. die Hälfte der Psychologischen Psychotherapeuten verhaltenstherapeutisch. Die andere Hälfte arbeitet tiefenpsychologisch oder psychoanalytisch (KBV, 2008). Bei den Ärzten überwiegt hingegen die Anzahl der tiefenpsychologisch und psychoanalytisch tätigen Psychotherapeuten deutlich, mit zusammengerechnet 88 % gegenüber 12 % verhaltenstherapeutisch tätigen Ärzten (KBV, 2008).

> In Deutschland arbeiten rund 16.000 Psychologische sowie 5.100 Ärztliche Psychotherapeuten.

Psychotherapeutendichte, Wartezeiten und Behandlungsdauer　Laut der Gesundheitsberichterstattung des Bundes 2008 gibt es in ländlichen Gebieten deutlich weniger Psychotherapeuten als in Städten: Berichtet werden »Arzt/Einwohner-Relation« von ca. 1 zu 23.000 auf dem Land und von 1 zu 2.500 in den Städten (Schulz et al., 2008). Ähnliches gilt für den Vergleich der **alten Bundesländer** mit den neuen. Die Psychotherapeutendichte liegt in den alten Bundesländern durchweg ca. doppelt so hoch (ca. 13 bis 26 pro 100.000 Einwohner) wie in den neuen (ca. 6 bis 9 pro 100.000 Einwohner; Schulz et al., 2008). Hinsichtlich der Wartezeiten gilt, dass Patienten derzeit mit **mehreren Monaten** Wartezeiten rechnen müssen (davon ausgenommen sind Patienten, die beispielsweise aufgrund suizidaler Absichten sofort Hilfe benötigen). Im Schnitt liegt die Wartezeit für gesetzlich Versicherte für eine ambulante Psychotherapie zwischen fünf und sechs Monaten – aber auch Privatversicherte müssen mit bis zu drei Monaten Wartezeit rechnen. Selbst das Erstgespräch findet in der Regel erst nach zwei Monaten Wartezeit statt (Schulz et al., 2008). Die daran anschließende, durchschnittliche Behandlungsdauer unterscheidet sich erheblich in Abhängigkeit vom psychotherapeutischen Verfahren. Verhaltenstherapien dauern im Schnitt 44 Stunden, tiefenpsychologische Therapien rund 70 Stunden und psychoanalytische Therapien bis zu 160 Stunden (Schulz et al., 2008).

> Patienten müssen auf einen Therapieplatz in der Regel mehrere Monate warten.

Ambulanzen　Eine weitere Form der ambulanten Versorgung stellen psychotherapeutische Ambulanzen dar. Diese sind in der Regel an Kliniken, Hochschulen oder psychotherapeutische Ausbildungsinstitute angebunden. Sie unterscheiden sich in ihrem Angebot an psychotherapeutischer Hilfe weniger inhaltlich als **organisatorisch**: An einer Ambulanz arbeiten meist viele Therapeuten (darunter auch häufig solche in Ausbildung), wohingegen niedergelassene Psychotherapeuten meist in eigener Praxis oder Gemeinschaftspraxen arbeiten. Insgesamt gibt es in Deutschland rund 35 Ambulanzen an Hochschulen, und viele der derzeit rund 250 Ausbildungsinstitute für Psychotherapie verfügen ebenfalls über angeschlossene Ambulanzen (Bundespsychotherapeutenkammer, 2011; Deutsche Gesellschaft für Psychologie, 2011).

> An einer Ambulanz arbeiten viele Therapeuten zusammen.

Tageskliniken　Tageskliniken sind in der Regel an vollstationäre Psychiatrien, Fachkrankenhäuser für Psychotherapie oder psychosomatische Kliniken angeschlossen. Sie können als eine **Übergangsform** zwischen ambulantem und stationärem Setting verstanden werden. Sie bieten tagsüber Behandlung und Unterstützung an, bieten Patienten aber die Möglichkeit, abends und nachts zuhause zu sein. Vermutlich finden sich aus diesem Grund besonders im Kinder- und Jugendbereich viele Tageskliniken (dort

> Tageskliniken sind Übergangsformen zwischen ambulantem und stationärem Setting.

rund 25 % aller klinischen Behandlungsplätze; Schulz et al., 2008). Im Erwachsenenbereich entfallen nur zwischen 10 % und 16 % der klinisch-psychotherapeutischen Behandlungsplätze auf Tageskliniken. Die Angebote in Tageskliniken sind sehr unterschiedlich. Sie reichen von einzelnen Interventionen bis hin zu umfassenden Behandlungskonzepten.

1.3.2 Stationäre Versorgung

Die drei wichtigsten stationären **Versorgungsformen** in Deutschland sind:
- Kliniken für Psychiatrie und Psychotherapie
- Kliniken für Psychosomatik und Psychotherapie (auch »Akutpsychosomatik« oder »Psychotherapeutische Medizin« genannt)
- Kliniken für psychosomatische Rehabilitation

Umfang stationärer Versorgung in Deutschland Im internationalen Vergleich spielt die stationäre psychotherapeutische Versorgung in Deutschland eine besondere Rolle, denn in Deutschland werden sehr viele Patienten **stationär** psychotherapeutisch behandelt. Insgesamt wurden im Jahr 2008 in allen drei stationären Settings zusammengenommen mehr als eine Million vollstationäre Behandlungen durchgeführt (Statistisches Bundesamt, 2009a, b). Alle 920 stationären Einrichtungen verfügen zusammen über rund 87.000 Betten. Durchschnittlich und über alle drei Settings hinweg blieben Patienten rund 40 Tage auf einer Station.

In den ca. 630 Fachabteilungen für Psychiatrie und Psychotherapie standen bundesweit im Jahr 2008 rund 68.000 Betten zur Verfügung und wurden mehr als 850.000 Patienten in eine **vollstationäre** Behandlung aufgenommen (kranken- und rentenversicherungsgetragene Einrichtungen zusammengenommen; Statistisches Bundesamt, 2009a). Typisch für diese Form der Versorgung ist die, im Vergleich zu den anderen Settings, kürzeste Aufenthaltsdauer im Akutbereich mit knapp drei Wochen gegenüber der längsten Aufenthaltsdauer im psychiatrischen **rehabilitativen** Bereich mit Aufenthalten zwischen acht und neun Wochen. Gerade in letzterem hat die Bettenzahl zwischen 2004 und 2008 mit ca. 2.700 zusätzlichen Betten deutlich zugenommen.

Die rund 150 Kliniken für Psychosomatik und Psychotherapie (»Akutpsychosomatiken«) verfügten im Jahr 2008 über rund 6.000 Betten. Insgesamt wurden dort ca. 49.000 Behandlungen durchgeführt. Zwischen 2004 und 2008 hat sich die Zahl der Betten in diesen Einrichtungen um 1.816 erhöht. Die durchschnittliche Verweildauer in solchen Einrichtungen betrug zwischen fünf und sechs Wochen (Statistisches Bundesamt, 2009a).

In den ca. 130 psychosomatischen Rehakliniken mit knapp 12.000 Betten betrug die Anzahl vollstationärer Behandlungen im Jahr 2008 rund 105.000 Fälle. Die Verweildauer lag, ähnlich wie bei der Akutpsychosomatik, zwischen fünf und sechs Wochen (Statistisches Bundesamt, 2009b). Im Gegensatz zu den anderen Settings wurden hier zwischen 2004 und 2008 rund 500 Betten abgebaut.

Anzahl der Psychologen im stationären Setting Ein Blick auf die Grunddaten der Krankenhäuser zeigt, dass in Deutschland rund 11.100 Psychologen im stationären Setting arbeiten, verteilt auf 1.883 Kliniken (Statistisches Bundesamt, 2009a, b). Zum Vergleich: Ambulant waren rund 16.000 niedergelassene Psychotherapeuten tätig. Die meisten Psychologen arbeiten auf verschiedenen Stationen, die in allgemeinen Krankenhäusern angesiedelt sind (4.363) und üben dort verschiedene Funktionen aus. An zweiter Stelle stehen die Rehakliniken, in denen 4.204 Psychologen arbeiten. An dritter Stelle stehen mit ca. 2.581 tätigen Psychologen rein psychiatrische und/oder psychothe-

Marginalia (left column):

Stationäre psychotherapeutische Versorgung ist in Deutschland sehr häufig.

Vollstationäre Akutbehandlungen im Bereich Psychiatrie und Psychotherapie sind wesentlich kürzer (ca. 3 Wochen) als rehabilitative Aufenthalte (ca. 8 Wochen).

Die meisten stationären Behandlungen finden jährlich derzeit im Bereich Psychiatrie, gefolgt von den Bereichen Reha und Psychosomatik, statt.

Etwa die Hälfte aller stationär tätigen Psychologen arbeitet in Teilzeit.

rapeutische oder neurologische Krankenhäuser. Im Schnitt arbeitet die Hälfte aller Psychologen über alle Versorgungseinrichtungen hinweg in **Teilzeit**.

Kliniken für Psychiatrie und Psychotherapie Psychologische Psychotherapie findet zunehmend auch während eines stationären Aufenthalts in einer **Psychiatrie** statt. Zu berücksichtigen ist, dass Psychiatrien ein Teilgebiet der Medizin sind und der Behandlungsansatz primär auf die pharmakologische Behandlung zumeist sehr ausgeprägter psychischer Störungen ausgerichtet ist. Typische Patientengruppen in einer Psychiatrie sind unter anderem Menschen, die unter schweren Depressionen leiden, Menschen mit schizophrenen Störungen und Menschen mit psychischen Störungen im Verbund mit psychotropen Substanzen (Alkohol- u. Drogenentzug).

Für Psychologische Psychotherapeuten bringt die Arbeit auf einer psychiatrischen Station **besondere Aspekte** mit sich:

- Da die meisten Patienten auch mit Psychopharmaka behandelt werden, empfiehlt es sich, diesbezüglich zusätzliches Basiswissen zu erwerben.
- In diesem Setting arbeitet man mit akut suizidgefährdeten oder unter Wahnvorstellungen und Halluzinationen leidenden Patienten.
- Es ist wichtig, die Therapie-Compliance von Patienten (d. h. das Einlassen auf Behandlung) zu erhöhen. Patienten auf psychiatrische Stationen erleben aufgrund ihrer schweren Erkrankungen oft wiederkehrende und längerfristig andauernde Symptome und womöglich unangenehme Nebenwirkungen durch Medikamente (z. B. Gewichtszunahme, Verlust der Libido). Es ist verständlich, dass Patienten dadurch womöglich leichter entmutigt sind, einem Therapieplan konsequent zu folgen. Es gehört deshalb zu den Aufgaben von Psychotherapeuten, sie im Umgang mit dieser Problematik zu unterstützen. Dazu gehört Patienten über unbehandelte Krankheitsverläufe aufzuklären, sie zur regelmäßigen Medikamenteneinnahme zu motivieren, hilfesuchendes Verhalten bei wieder auftretenden Symptomen zu trainieren und einen gesundheitsförderlichen Umgang mit krankheitsauslösenden Stressoren zu fördern.
- Die Arbeit im psychiatrischen Setting beinhaltet häufig die aktive Einbindung von Angehörigen. Dies kann sowohl zur Klärung der genaueren Lebensumstände des Patienten notwendig sein als auch zur Schulung der Angehörigen im Umgang mit der Erkrankung des Patienten.

Einen vertiefenden Einblick in die vielseitige und multiprofessionelle Versorgung in der Psychiatrie gibt das Kapitel »Psychotische Störungen und Schizophrenie« in Wittchen und Hoyer (2006).

> *Psychologische Psychotherapie findet zunehmend auch in Psychiatrien statt.*

> *Zur Arbeit in einer psychiatrischen Klinik gehört die Behandlung von Patienten mit schweren, wiederkehrenden psychischen Erkrankungen, akuter Suizidalität, Wahn oder Halluzinationen sowie begleitende Psychopharmakotherapie. Daher spielen Förderung der Therapie-Compliance und die Einbindung von Angehörigen eine wichtige Rolle.*

Für die Praxis

Was darf ein Arzt – nicht aber ein Psychologe?

Psychologen dürfen keine Medikamente verordnen und auch keine Krankschreibungen vornehmen. Zwangseinweisungen in eine Psychiatrie können weder von einem Psychologen noch alleine von einem Arzt vorgenommen werden. Da es sich hierbei um einen starken Eingriff in die Persönlichkeitsrechte eines Menschen handelt, ist hierfür der Einbezug von richterlichen Verfahren und Gutachten vorgesehen.

Kliniken für Psychosomatik und Psychotherapie und Kliniken für psychosomatische Rehabilitation Eine Behandlung in dieser Form bedeutet einen oft vier- bis sechswöchigen vollstationären Aufenthalt in einer Klinik. Die Unterscheidung zwischen psychosomatischen Kliniken (»Akutpsychosomatik«) und psychosomatischen Rehabilitationskliniken spiegelt leicht unterschiedliche **Behandlungsindikationen** und unterschiedliche **Kostenträger** wieder. Patienten, die kurzfristig von einer psychischen Störung betroffen sind, werden einer psychosomatischen Klinik zugewiesen. Kostenträger

> *Psychosomatik oder psychosomatische Reha: Indikationen und Kostenträger machen den Unterschied.*

Gruppentherapien und ein ganzes Repertoir an zusätzlichen Therapiemöglichkeiten sind ein wichtiges Merkmal von Kliniken für Psychosomatik oder Rehabilitation.

Die Behandlung in einer Klinik für Psychosomatik oder Rehabilitation bietet verschiedene Vorteile.

Eine Herausforderung besteht im Transfer in den Alltag.

ist in diesem Fall die Krankenkasse. Patienten, bei denen eine Einschränkung der Berufsfähigkeit droht oder bereits über einen gewissen Zeitraum eine Berufsunfähigkeit besteht, können auch einer Rehabilitationsklinik zugewiesen werden. Kostenträger in diesem Fall ist die Rentenversicherung. Abgesehen von diesen Unterschieden ähneln sich beide Versorgungsformen im Wesentlichen.

Häufig sind diese Kliniken in Kurorten oder zumindest etwas außerhalb großer Ballungszentren gelegen. Zusätzlich zu Einzeltherapien erhalten Patienten dort **Gruppentherapien**. Dabei kann es sich um störungsspezifische Gruppentherapien handeln oder auch um Gruppentherapien zur Verbesserung sozialer Kompetenzen und des Umgangs mit Konflikten oder Stress. Eine prototypische Einrichtung zu beschreiben fällt allerdings schwer, da die Konzepte verschiedener Kliniken sehr unterschiedlich sein können. So bieten viele Kliniken, in unterschiedlichem Ausmaß, weitere Therapiemöglichkeiten an. Dazu gehören z. B. medizinische Behandlungen, Physio-, Sport-, Ergo-, Bewegungs-, Kunst- oder Musiktherapie.

Im Wesentlichen hat die Behandlung in einer Klinik für Psychosomatik oder Rehabilitation drei **Vorteile**:

- Sie bietet Patienten eine geschützte Umgebung. Bestimmte Stressoren, wie etwa Konflikte auf der Arbeit oder im Privatleben, können vorübergehend ausgeschaltet werden. Neues Verhalten ist eventuell leichter erprobbar.
- Patienten lernen in der Klinik andere Betroffene kennen. Für viele ist es eine Entlastung, zu erleben, dass andere mit den gleichen Problemen zu kämpfen haben.
- Es bestehen viele und direkte Möglichkeiten für Rückmeldungen an Patienten. Zum einen stehen die unterschiedlichen Therapeuten in direktem Kontakt, zum anderen ergibt sich durch die unterschiedlichen Therapien die Gelegenheit, bestimmte Problematiken in kurzer Zeit aus unterschiedlichen Perspektiven zu betrachten.

Der geschützte Rahmen der stationären Psychotherapie stellen Patienten und Therapeuten aber auch vor besondere **Herausforderungen**: Das Neugelernte muss zuhause in den Alltag, ggf. in die Partnerschaft, die Familie und den Arbeitsplatz transferiert werden – meist ohne anschließende ambulante Unterstützung. Aus lernpsychologischer Sicht (Stichwort: situative Hinweisreize, Trigger), hält die private Umgebung des Patienten eine Reihe von Situationen und Reizen parat, die problematisches Verhalten wieder auslösen können. Daher ist es in bestimmten Fällen sehr empfehlenswert, eine ambulante Fortführung der Therapie anzustreben, damit Patienten dabei unterstützt werden können, ihre stationären Therapieerfolge auch in der gewohnten Umgebung aufrechterhalten zu können.

Exkurs

Nachsorge: Warum werden stationäre Patienten nicht standardmäßig ambulant nachbetreut?

Die Antwort auf diese Frage beinhaltet zwei Aspekte: Zum einen bestehen in der ambulanten Versorgung bereits Wartezeiten für einen Therapieplatz, wenn der Patient nach Hause zurückkehrt. Zum anderen ist eine zusätzliche Nachbetreuung mit personellem und finanziellem Mehraufwand verbunden, für den gesundheitspolitisch erst noch ein Rahmen geschaffen werden muss.

Ein vielversprechender Ansatz zur Verbesserung der Nachsorge könnte die Einführung von Internetprogrammen sein. Derzeit finden an mehreren deutschen Universitäten Untersuchungen statt, welche die Effektivität solcher Behandlungen untersuchen (▶ Kap. 12). Der Vorteil internet-

basierter Nachsorge liegt zum einen in der Erreichbarkeit: Selbst geografisch weit vom stationären Behandlungsort entfernte Patienten können weiterhin ein auf die Nachsorge abgestimmtes Internetprogramm nutzen. Über ein solches Programm können Rückmeldungen und Erinnerungen an wichtige Inhalte und Übungen versendet werden. Ergebnisse zur Effektivität solcher Interventionen stehen zurzeit für den Bereich Rückfallprävention noch aus. Bisherige Studien zu internetbasierten Interventionen in anderen Kontexten stimmen aber optimistisch (z. B. Andersson & Cuijpers, 2009).

Bundespsychotherapeutenkammer (2011). *Sammlung der rechtlichen Rahmenbedingungen für Vertragspsychotherapeuten der Bundespsychotherapeutenkammer.* www.bptk.de/recht/aktuell.html (11.02.2011).

PsychTh-APrV (1998/2007). *Ausbildungs- und Prüfungsverordnung für Psychologische Psychotherapeuten.*

PsychThG (1998/2007). *Gesetz über die Berufe des Psychologischen Psychotherapeuten und des Kinder- und Jugendlichenpsychotherapeuten.*

Schulz, H., Barghaan, D., Harfst, T. & Koch U. (2008). *Gesundheitsberichterstattung des Bundes: Psychotherapeutische Versorgung* (Heft 41). Berlin: Robert-Koch-Institut.

Wittchen, H.-U. & Hoyer, J. (Hrsg.) (2006). *Klinische Psychologie und Psychotherapie.* Heidelberg: Springer.

▶ **Weiterführende Literatur**

1.4   Literaturverzeichnis

Andersson, G. & Cuijpers, P. (2009). Internet-based and other computerized psychological treatments for adult depression: A meta-analysis. *Cognitive Behaviour Therapy, 38,* 196-205.

Bundesausschuss der Ärzte und Krankenkassen (2009). *Richtlinien über die Durchführung von Psychotherapie.* www.g-ba.de/informationen/richtlinien/20/ (24.02.2011).

Bundespsychotherapeutenkammer (2011). *Anerkannte Ausbildungsinstitute.* www.bptk.de/service/ausbildung/index.html (08.02.2011).

Deutsche Gesellschaft für Psychologie (2011). *Fachgruppe Klinische Psychologie: Hochschulambulanzen für Psychotherapie an psychologischen Instituten und Fachbereichen.* www.klinische-psychologie-psychotherapie.de/institutsambulanzen.html (04.02.2011).

Kanfer, F. H., Reinecker, H. & Schmelzer, D. (2006). *Selbstmanagement-Therapie: Ein Lehrbuch für die klinische Praxis.* Heidelberg: Springer.

KBV (2008). *Kassenärztliche Bundesvereinigung. Grunddaten 2009.* www.kbv.de/publikationen/125.html (10.02.2011).

KBV (2009). *Kassenärztliche Bundesvereinigung. Jahresbericht 2009.* www.kbv.de/publikationen/122.html (10.02.2011).

Laireiter, A. R. & Willutzki, U. (2005). *Ausbildung in Verhaltenstherapie.* Göttingen: Hogrefe.

Rief, W., Hautzinger, M., Rist, F., Rockstroh, B. & Wittchen, H. U. (2007). Klinische Psychologie und Psychotherapie: Eine Standortbestimmung in der Psychologie. *Psychologische Rundschau, 58 (4),* 249-259.

Schulz, H., Barghaan, D., Harfst, T. & Koch U. (2008). *Gesundheitsberichterstattung des Bundes: Psychotherapeutische Versorgung* (Heft 41). Berlin: Robert-Koch-Institut.

Statistisches Bundesamt (2009a). *Grunddaten der Krankenhäuser 2008.* Fachserie 12, Reihe 6.1.1. https://www-ec.destatis.de/csp/shop/sfg/bpm.html.cms.cBroker.cls?cmspath=struktur,vollanzeige.csp&ID=1024818 (08.02.2011).

Statistisches Bundesamt (2009b). *Grunddaten der Vorsorge- oder Rehabilitationseinrichtungen.* Fachserie 12, Reihe 6.1.2 – 2008. https://www-ec.destatis.de/csp/shop/sfg/bpm.html.cms.cBroker.cls?cmspath=struktur,vollanzeige.csp&ID=1024820 (08.02.2011).

Wittchen, H.-U. & Hoyer, J. (Hrsg.) (2006). *Klinische Psychologie und Psychotherapie.* Heidelberg: Springer.

❓ Kap. 1, Bd. 2: Kontrollfragen

Die Antworten auf die folgenden Fragen finden Sie im Lerncenter zu diesem Kapitel unter ▶ www.lehrbuch-psychologie.de (Projekt Klinische Psychologie und Psychotherapie für Bachelor).

1. Welche Gesetze und Institutionen kennen Sie, die den Rahmen für Psychotherapie in Deutschland gestalten?
2. Wann trat das Psychotherapeutengesetz in Kraft, und welche wichtigen Funktionen hat es?
3. Anhand welcher Merkmale lassen sich Beratung und Psychotherapie voneinander unterscheiden?
4. Was müssen Psychologische Psychotherapeuten hinsichtlich Schweigepflicht beachten, und welche Gesetze regeln die Schweigepflicht sowie mögliche Ausnahmen?
5. Welche stationären und ambulanten Versorgungsformen kennen Sie?

2 Therapiemotivation

Matthias Berking und Judith Kowalsky

Lernziele

- Sich die Bedeutung von Therapie- und Veränderungsmotivation für den Therapieerfolg bewusst machen.
- Veränderungsmotivation nicht als fixe Größe und notwendige Voraussetzung für eine Therapie, sondern als
  dynamisches Konstrukt sehen, welches mit spezifischen
  Interventionen gezielt beeinflusst werden kann und
  sollte.
- Einen exemplarischen Überblick über wichtige motivationsfördernde Vorgehensweisen gewinnen.

2.1   Grundlagen und Relevanz

Definitionen

Therapiemotivation: Die Motivation, eine Therapie zu beginnen und fortzuführen.
Veränderungsmotivation: Die Motivation, das eigene Leiden zu überwinden und
die dafür notwendigen Veränderungen vorzunehmen.

▶ Definitionen
Therapiemotivation &
Veränderungsmotivation

Um psychopathologische Symptome zu reduzieren und die Lebenszufriedenheit zu
erhöhen, ist es in der Regel notwendig, dass Patienten vertraute Wege verlassen und sich
trauen, neue Wege zu suchen und auszuprobieren. Häufig sind die therapeutischen
Veränderungsschritte dabei von unangenehm erlebten Konsequenzen begleitet, die
Vermeidungsschemata aktivieren (Grawe, 2004), welche darauf ausgerichtet sind, aversive Erfahrungen zu verhindern oder so schnell wie möglich zu beenden. Solche Vermeidungstendenzen sind legitim und zu erwarten: Wenn es keine motivationalen Be-
strebungen gäbe, die gegen die notwendigen **Verhaltensänderungen** sprechen, hätten
viele Patienten diese oft längst von selbst umgesetzt.

Patienten müssen bereit sein, neue
Ansätze auszuprobieren und sich zu
verändern.

Misserfolg

Motivationsbeeinträchtigung

■ **Abb. 2.1** Teufelskreis aus Misserfolgen und Motivationsbeeinträchtigungen

Vermeidungstendenzen können Verhaltensänderungen behindern.

Die Veränderungsmotivation muss erfasst und gefördert werden.

Im dualen Therapiemodell von Schulte und Eifert wird zwischen dem Methoden- und dem Motivationsstrang unterschieden.

Vermeidungstendenzen können sich u. a. beziehen auf:

- die Psychotherapie als Gesamterfahrung (inkl. der damit verbundenen Zeit, Mühen, Stigmatisierungsgefahr und Patientenrolle)
- die Arbeit mit dem Therapeuten als Person (wenn »die Chemie nicht stimmt« oder ein gleich- bzw. gegengeschlechtlicher Therapeut gewünscht wird)
- in der Therapie eingesetzte Strategien und grundsätzliche Vorgehensweisen (z. B. die Forderung nach Eigenaktivität und Verantwortungsübernahme)
- spezifische, als besonders aversiv eingeschätzte therapeutische Übungen (z. B. bei der Traumaexposition)
- schmerzhafte Klärungsprozesse und Erkenntnisse (z. B. bewusste Reflexion von Missbrauchserfahrungen und deren Folgen)
- Nachteile, die aus den durch Übungen und Erkenntnissen eingeleiteten Veränderungen resultieren (z. B. der Patient erhält weniger Aufmerksamkeit/Schonung).

Wenn es dem Therapeuten nicht gelingt, diese Vermeidungstendenzen zu reduzieren oder ein motivationales Gegengewicht zu schaffen, ist die Gefahr groß, dass Patienten die Therapie abbrechen, sich zu wenig auf die Therapie einlassen oder die in der Therapie gemachten Erfahrungen so interpretieren, dass grundlegende dysfunktionale Schemata nicht an die neuen Erfahrungen angepasst werden müssen.

Beeinträchtigungen der Therapiemotivation und mangelnde therapeutische Fortschritte können sich dabei wechselseitig verstärken: Ein wenig motivierter Patient lässt sich weniger auf den therapeutischen Prozess ein, wodurch dieser weniger Erfolge bewirken kann, was den Patienten in der Meinung bestärkt, dass ihm die Therapie nicht helfen kann, was dann wiederum die Therapiemotivation reduziert und so fort (■ Abb. 2.1). Vor diesem Hintergrund ist es für den Erfolg psychotherapeutischen Handelns von zentraler Bedeutung, die Veränderungsmotivation des Patienten sorgfältig zu erfassen und ggf. systematisch zu fördern.

Eine ausreichende Veränderungsmotivation sollte nicht als unveränderbare Eigenschaft oder als Vorbedingung für den Beginn einer therapeutischen Behandlung gesehen werden. Vielmehr gehört es zur Aufgabe des Therapeuten, die Ursachen etwaiger Beeinträchtigungen der Veränderungsmotivation zu identifizieren und diese bei Bedarf mit spezifischen Interventionen zu stärken. In diesem Sinne wird im **dualen Therapiemodell** von Schulte und Eifert (2002) zwischen dem Methoden- und dem Motivationsstrang unterschieden (▶ Exkurs).

Exkurs

Duales Therapiemodell von Schulte und Eifert (2002)

Methodenstrang

Der Therapeut…

- identifiziert aufrechterhaltende Bedingungen für die zu behandelnde Symptomatik,
- wählt auf der Basis der empirischen Befundlage und der individuellen Fallkonzeption therapeutische Strategien und Techniken aus, die die höchste Erfolgswahrscheinlichkeit haben, und
- setzt ausgewählte Strategien lege artis um.

Motivationsstrang

Der Therapeut…

- prüft kontinuierlich, ob ausreichend Therapie-/Veränderungsmotivation vorliegt,
- identifiziert motivationale Probleme, die sich bezüglich der geplanten therapeutischen Intervention ergeben (könnten), und deren Ursachen und
- setzt bei Bedarf gezielt Methoden zur Stärkung der Therapie-/ Veränderungsmotivation ein.

Für den Methodenstrang gibt es viele empirisch-validierte Vorgehensweisen, für den Motivationsstrang hingegen nur wenige.

Für den Methodenstrang liegt mittlerweile eine schwer überschaubare Zahl von Manualen vor, die für prototypische Problemstellungen konkrete und effektive Vorgehensweisen beschreiben. Im Gegensatz dazu finden sich zurzeit für den Motivationsstrang relativ wenige Ansätze, die für bestimmte Motivationsprobleme konkrete Vorgehens-

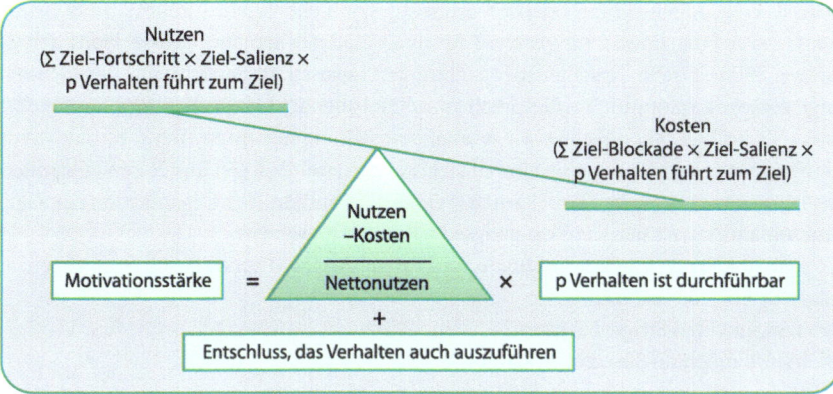

■ **Abb. 2.2** Faustformel zur Bestimmung der Veränderungsmotivation

weisen entwickelt und evaluiert haben (Berking, 2005). Dies liegt vielleicht in der Natur der Sache. Psychotherapeutisches Arbeiten ist immer sowohl Handwerk als auch Kunst. Und vielleicht zeigt sich dieser Kunst-Aspekt vor allem in der Art und Weise, wie Therapeuten Patienten für das Durchführen therapeutischer Techniken gewinnen.

Zur grundsätzlichen **Strukturierung des Vorgehens** im Rahmen des Motivationsstranges lassen sich therapeutische Veränderungsschritte als ein Abwägeprozess konzipieren, bei dem der erwartete subjektive Nutzen eines potenziellen Veränderungsschrittes die erwarteten Kosten überschreiten muss (■ Abb. 2.2). Der Nutzen bestimmt sich dabei als Produkt der gewichteten Summe der antizipierten Zielerreichungen, bei der jedes Ziel mit seiner Wichtigkeit (Salienz) und mit der Wahrscheinlichkeit, dass das Verhalten (p) den erwarteten Einfluss auf das Ziel hat, gewichtet wird. Die subjektiven Kosten bestimmen sich analog als Produkt der gewichteten Summe antizipierter Zielblockierungen. Um die Motivationsstärke zu bestimmen, muss der Netto-Nutzen (Nutzen–Kosten) noch mit der Wahrscheinlichkeit multipliziert werden, mit der der Patient glaubt, das Verhalten auch ausführen zu können. Eine weitere Erhöhung der Motivations- (oder genauer Volitions-) Stärke ergibt sich dann, wenn der Patient den Entschluss fasst, das konkret geplante, zielführende Verhalten auch tatsächlich durchzuführen (Margraf & Berking, 2005).

Die Veränderungsmotivation lässt sich mit einer Faustformel abschätzen.

2.2 Diagnostik von Therapie- bzw. Veränderungsmotivation

Aufbauend auf dem oben dargestellten Motivationsmodell ergibt sich für die Motivationsdiagnostik die konkrete **Aufgabe**, zu erfassen,

Aufgaben der Motivationsdiagnostik

- welche Ziele den Patienten *für* die therapeutische Intervention und die damit angestrebten Veränderungen motivieren,
- welche Ziele den Patienten *gegen* die therapeutische Intervention und die damit angestrebten Veränderungen motivieren,
- wie wichtig diese Ziele jeweils sind,
- für wie wahrscheinlich der Patient es hält, dass die tangierten Ziele durch die therapeutische Handlung erreicht oder blockiert werden,
- ob der Patient sich in der Lage sieht, den notwendigen Veränderungsschritt auch auszuüben und
- ob der Patient sich bewusst für die Durchführung des zielführenden Verhaltens entschieden hat.

Zur Abklärung der Punkte 1–3 ist eine möglichst gründliche Diagnostik des **Zielsystems** des Patienten notwendig. Um wichtige Ziel zu identifizieren, können standar-

Die Erfassung relevanter persönlicher Ziele und Pläne stellt einen wichtigen Schritt in der Diagnostik von Veränderungsmotivation dar.

disierte Fragebögen (Fragebogen zur Messung von Lebenszielen, Pöhlmann & Brunstein, 1997; Fragebogen zur Analyse Motivationaler Schemata, Grosse Holtforth & Grawe, 2000), offene Verhaltensbeobachtungen (Was strebt der Patient offensichtlich an?), gezielte Exploration im Gespräch (»Was ist Ihnen im Leben wichtig?«) und meditative Techniken (»Beobachten Sie einmal eine Minute nur Ihren Atem. Immer wenn Sie abschweifen, versuchen Sie einmal zu erkennen, welches Ziel hinter den Gedanken steckt, die Ihnen da in den Sinn kamen«) eingesetzt werden. Zur Organisation der Ziele untereinander lässt sich die Plananalyse (▶ Kap. 14) anwenden.

Fragen zur Abklärung von Erwartungen und Entschlüssen

Zur Abklärung von **Erwartungen und Entschlüssen** (Punkte 4–6) lassen sich u. a. folgende Fragen einsetzen:
- Was möchten Sie gern ändern?
- Wieso möchten Sie das gern ändern?
- Was spricht gegen eine solche Änderung?
- Warum begeben Sie sich gerade jetzt in Therapie, um an diesem Problem zu arbeiten?
- Wie wäre das für Ihre Frau/Mann/Kinder/Arbeitgeber etc. wenn Sie diese Änderung vornähmen?
- Was könnten Sie tun, um X zu verändern?
- Kriegen Sie das hin? Wie lief das bisher, wenn Sie sich so etwas vorgenommen haben? Was könnten Sie anders machen, damit das zukünftig besser läuft?
- Wie entschlossen sind Sie, diesen Plan auch tatsächlich umzusetzen? Wann, wo und wie werden Sie das tun?

Vor- und Nachteilsanalysen

Zur **systematischen Zusammenfassung** der Motivationsexploration lassen sich 4-Felder-Schemata nutzen, wie sie in ◘ Tabelle 2.1 exemplarisch dargestellt sind. Vor- und Nachteilsanalysen lassen sich sowohl in Bezug auf die Frage, ob eine Therapie überhaupt begonnen werden soll, als auch in Bezug auf einzelne anstehende Verhaltensänderungen durchführen. Da Patient und Therapeut in der Regel erst im Laufe der Therapie ein Verständnis dafür entwickeln, welche Ziele und Pläne den Patienten motivieren, sind Vor- und Nachteilsanalyse dieser Art eher als provisorisch zu erachten, und sollten bei Bedarf durch weitere Erkenntnisse, die sich im Laufe fortschreitender Klärung ergeben, sukzessive ergänzt werden.

Fragebögen zur Erfassung der Therapie- und Veränderungsmotivation

Als **Motivations-Screening** kann zusätzlich der Fragebogen zur Messung von Therapieerwartung und Therapiemotivation von Patienten (PATHEV; Schulte, 2005) eingesetzt werden, der neben »Hoffnung auf Verbesserung« und »Furcht vor Veränderung« auch die wahrgenommene »Passung« zwischen dem therapeutischen Angebot und der Ausgangslage auf Seiten des Patienten erfasst. Ähnliche und weitere motivationsrelevante Skalen finden sich auch im Fragebogen zur Messung der Psychotherapiemotivation (FMP; Schneider, Basler & Beisenherz, 1989) und im Fragebogen zur Psychotherapiemotivation (FPTM; Schulz, Nübling & Rueddel, 1995).

◘ **Tab. 2.1** Beispiel für eine Vor- und Nachteilsanalyse zu Beginn einer psychotherapeutischen Behandlung

	Vorteile	Nachteile
Kurzfristig	Ich hab jemanden, der mir zuhört und mir hilft.	Ich muss über Sachen nachdenken, die schmerzhaft sind. Ich muss üben, mich meinen Ängsten auszusetzen, was sehr unangenehm und anstrengend sein wird.
Langfristig	Ich kann (wenn alles gut läuft) meine Ängste überwinden und wieder frei auf Leute zugehen. Ich habe wieder ein harmonischeres Verhältnis zu meiner Frau, die zurzeit sehr von meiner Ängstlichkeit genervt ist.	Meine Umwelt (meine Frau) wird mich weniger schonen als bisher. Mit den Ängsten fällt meine Lieblingsausrede weg, warum ich im Leben nicht das geschafft habe, was mein Vater von mir erwartet hat.

Anmerkung. In Anlehnung an Bents (2006).

Bei allen Selbstauskunftsverfahren ist jedoch zu bedenken, dass Patienten zuweilen **keine verlässlichen Auskünfte** über ihre Therapie- und Veränderungsmotivation geben. Dieser Fall ist z. B. dann nicht unwahrscheinlich, wenn ein Patient zur Gewährung einer vorzeitigen Berentung einerseits zeigen muss, dass er sich in Therapie begeben und in dieser Therapie engagiert daran gearbeitet hat, seine Symptomatik zu überwinden, andererseits aber auch zeigen muss, dass die Therapie keine Verbesserung seines Zustandes bewirkt (▶ Fallbeispiel).

Selbstauskünfte sind kritisch zu prüfen!

Beispiel

Motivationsbeeinträchtigung durch Krankheitsgewinn

Der 58-jährige Herr M. wurde aufgrund beruflicher Überlastung depressiv. Seine Frau und sein Therapeut kümmerten sich in der Folge mit großem Engagement um ihn. Außerdem merkte er, dass er den Tag auch ohne Arbeit gut füllen konnte. Die innere Hürde, sich wieder der anstrengenden Arbeit auszusetzen, wuchs mit jeder Woche, in der er krankgeschrieben war. Als er dann von der Rentenversicherung in eine psychosomatische Reha-Maßnahme geschickt wurde, lernte er Mitpatienten kennen, die mit beachtlichem Einsatz und Kreativität für ihre frühzeitige Berentung kämpften. Als Herr M. seinen Bezugstherapeuten gegen Ende der Maßnahme fragt, ob eine solche Lösung für ihn auch infrage käme, winkt der Therapeut ab: Herr M. habe schon großartige Fortschritte gemacht, und Ziel müsse es doch nun sein, sich den Aufgaben des Lebens wieder zu stellen. Daraufhin sagt Herr M. den Abschlusstermin mit seinem Therapeuten unter einem Vorwand ab und kreuzt im Entlassungsbogen an, sein Zustand habe sich »nicht gebessert«. In der anschließend geplanten Einzeltherapie bei einer Therapeutin vergisst er die erste Sitzung, kommt in der zweiten zu spät und macht in den weiteren Stunden kaum Fortschritte. Die Therapeutin ist zunehmend genervt und überlegt sich, ob sie die Therapie nicht abbrechen soll, weil der Patienten nicht ausreichend motiviert ist.

Bei einem solchen Mangel an Veränderungsmotivation bei gegebener Therapiemotivation sind erhebliche Zweifel an der Validität von Selbstauskünften indiziert. Hier gilt es, sich über die Identifikation motivationsrelevanter Faktoren (Rentenantrag gestellt?), Befragung Dritter, Verhaltensbeobachtung und ggf. durch Thematisierung der konfliktbeeinträchtigten Veränderungsmotivation ein valides Bild von der Motivationslage des Patienten zu machen.

Für die Praxis

Therapeuten sollten sich in Acht nehmen vor persönlichem, selbstwertschützendem Bias bei »Der-Patient-ist-nicht-ausreichend-motiviert«-Erklärungen! Diese dürfen nicht als Ausrede für ausbleibende Therapiefortschritte missbraucht werden. Therapeuten müssen stets andere Erklärungen für Misserfolge offen prüfen und dürfen nur dann auf mangelnde Veränderungsmotivation attribuieren, wenn dafür über den Misserfolg hinaus belastbare Hinweise vorliegen.

Bei der Erfassung der Veränderungsmotivation ist ferner zu beachten, dass diese ein **dynamisches Geschehen** darstellt, welches kurz-, mittel- und langfristigen Einflüssen unterliegt. Nach dem Transtheoretischen Modell von Prochaska und Di Clemente (1983) lässt sich die erfolgreiche Realisierung von Verhaltensänderungen in fünf Phasen (»stages of change«) unterteilen (▪ Tab 2.2).

Verhaltensänderungen laufen in verschiedenen Phasen ab.

Jede Phase zeichnet sich durch eine spezifische Motivationslage aus, die durch Exploration des Patienten (und informierter Beteiligter) und spezifische Fragebögen erfasst werden kann und bei der jeweils spezifische motivationsfördernde Interventionen indiziert sind. Das Modell wurde ursprünglich zur Motivationsdiagnostik und -förderung bei Abhängigkeitserkrankungen (speziell Alkohol und Nikotin) entwickelt (Prochaska & DiClemente, 1983), kommt aber mittlerweile mit entsprechenden Modifikationen in der Therapie einer Vielzahl von Störungen zum Einsatz (z. B. bei Alkoholtherapie, s. Rollnick et al., 1992; bei Schmerztherapie, s. Kerns et al., 1997; bei diätetischen Maßnahmen, s. Glanz et al., 1994).

2

◻ Tab. 2.2 Phasen der Veränderung

Veränderungsstadium	Inhalte	Therapeutischer Fokus
Precontemplation (Präkontemplation)	Das Problemverhalten wird nicht als Problem gesehen (»Problem? Was für ein Problem?«).	Zusammenhänge zwischen Problemen und dem zu ändernden Verhalten erkennen; Gründe für Verhalten klären; Abwägen von Vor- und Nachteilen einleiten
Contemplation (Kritische Kontemplation/Reflexion)	Es bildet sich eine Absicht, etwas zu verändern (»Ich bin unglücklich mit dem Problemverhalten, aber ich weiß nicht, was ich tun soll«).	Veränderungsmöglichkeiten identifizieren
Determination/Preparation (Entschlussfassung/Vorbereitung)	Es werden erste Schritte zu Veränderung geplant (»Ich werde die folgenden Veränderungen vornehmen: …«).	Erfolgversprechende Veränderungsmöglichkeiten auswählen; Umsetzung planen
Action (Handlung)	Die geplante Veränderung wird vollzogen (»Jetzt lege ich los!«).	Aufrechterhaltung der Handlungsorientierung
Maintenance (Aufrechterhaltung)	Das problematische Verhalten wird seit längerem nicht mehr praktiziert, aber die Gefahr eines Rückfalls ist nach wie vor gegeben (»Fürs Erste hab ich's hinbekommen, aber trotzdem sollte ich wachsam bleiben«).	Erarbeiten von nachhaltigen Motivationsstrategien; Identifikation von Risikosituationen für Rückfälle; Erarbeiten von konkreten Coping-Strategien für den Umgang mit Risikosituationen
Termination (Beendigung der angestrebten Verhaltensänderung) vs. Relapse (Rückfall in Problemverhalten)	Neues Verhalten ist ohne weitere Anstrengungen stabil vs. Rückfall in alte Verhaltensmuster (»Ist doch egal, das schaffe ich doch eh nicht …«).	Verstärkung des Erfolgs, ggf. Setzen neuer Veränderungsziele bzw. Rückfall entpathologisieren und als Quelle wichtiger Information nutzen; Selbsteffizienz fördern, Teilerfolge betonen und intendierte Verhaltensänderung wieder aufnehmen

Anmerkung. In Anlehnung an Prochaska und DiClemente (1983).

2.3   Motivierende Gesprächsführung als Beispiel für motivationsfokussiertes therapeutisches Vorgehen

Motivierende Gesprächsführung (MG) wird mittlerweile bei einer Vielzahl von Störungsbildern zur Stärkung der Veränderungsmotivation eingesetzt.

Motivierende Gesprächsführung (MG; original: »**motivational interviewing**«) wurde ursprünglich von William Miller und Stephan Rollnik in den 80er-Jahren als klientenzentrierte, semidirektive Form der Gesprächsführung zur Behandlung von Suchterkrankungen entwickelt. Sie zeichnet sich durch spezifische Frage- und Explorationstechniken aus, mit denen die intrinsische Veränderungsmotivation der Patienten gestärkt werden soll. Mittlerweile wird dieser Ansatz aber auch bei einer Vielzahl anderer Störungen zur Motivationsförderung eingesetzt. Dabei kann MG als allein stehende Intervention, als übergeordneter Behandlungsstil in komplexen Behandlungsprogrammen, als vorgeschaltete Maßnahme zur Therapievorbereitung oder als ergänzende Intervention, auf die bei Bedarf (sprich bei Motivationsproblemen) zurückgegriffen wird, eingesetzt werden.

Der Ansatz beruht auf den **Annahmen**, dass

- Autonomieverletzung (beim Patienten durch zu direktives Vorgehen des Therapeuten) zu Widerstand führt (Reaktanz),
- Patienten nicht änderungsresistent, sondern ambivalent motiviert sind,
- Menschen sich eher von sich selbst überzeugen lassen als von anderen,
- die Eigenmotivation zur Veränderung wächst, wenn die Motive *für* die Veränderung gestärkt und gleichzeitig die Motive *gegen* die Veränderung wertgeschätzt werden.

Wie in den Grundannahmen bereits ersichtlich, soll es bei MG nicht darum gehen, den Patienten mit subversiven Tricks zu etwas zu bringen, was er nicht will. Vielmehr versteht sich MG als eine Art Geburtshilfe, bei der der Therapeut durch respektvolle, nicht-wertende Erkundungen den Zielen, Werten und Überlegungen des Patienten mehr Gewicht verschafft, die mit dem zu ändernden Verhalten nicht kompatibel sind.

Das therapeutische Vorgehen gliedert sich dabei in zwei Phasen/Ansatzpunkte, die je nach Grad der Veränderungsbereitschaft zum Tragen kommen: Wenn Patienten noch keine intrinsische Veränderungsbereitschaft (»readiness to change«) zeigen, zielen die therapeutischen Interventionen auf den Aufbau derselben ab (Phase 1). Wenn Patienten bereits veränderungsmotiviert sind, fokussieren die Interventionen auf die Stärkung der Selbstverpflichtung (»commitment«) durch das Setzen konkreter Ziele und das Erarbeiten und Umsetzen konkreter Veränderungspläne (Phase 2).

Das therapeutische Vorgehen orientiert sich an den folgenden **Prinzipien**:

- **Empathie/Wertschätzung:** Therapeuten sehen das Problem aus der Perspektive des Patienten und kommunizieren dies im Kontakt mit ihm. Dysfunktionales Verhalten wird dabei als lerngeschichtlich bedingter Versuch gesehen, letztlich legitime Ziele zu erreichen.
- **Herausarbeiten von Diskrepanzen:** Dieser Punkt bezieht sich vor allem auf Diskrepanzen zwischen den Konsequenzen, die sich aus dem Störungsverhalten ergeben, und wichtigen Zielen, Anliegen oder Werten der Patienten.
- **Geschmeidiger Umgang mit Widerstand:** Therapeuten akzeptieren, dass es normal und nicht pathologisch ist, wenn Patienten gegenüber der Verhaltensänderung ambivalent motiviert sind. Wenn der Patient die Kompetenz des Therapeuten anzweifelt, den Therapeuten unterbricht, das Problem verleugnet oder bagatellisiert oder sich aus der therapeutischen Interaktion »ausklinkt«, wird dies als Ausdruck dieser Ambivalenz und als interaktionelles Problem gesehen, auf das der Therapeut mit geschicktem Verhalten Einfluss ausüben kann (u. a. »Rechthaber-Reflex bändigen«).
- **Stärkung der Selbsteffizienz:** Unabhängig davon, welche Ziele der Patient verfolgt (und ob er sich tatsächlich für eine Verhaltensänderung entscheidet), versucht der Therapeut, die Zuversicht des Patienten zu fördern, dass er sein Verhalten beeinflussen kann (wenn er sich dafür entscheiden würde).

Als **therapeutische Interventionen** werden dabei u. a. eingesetzt:

- **Offene Fragen:** Diese zeichnen sich dadurch aus, dass sie nicht durch ein Ja oder Nein beantwortet werden können (z. B. »Wie würden Sie selbst Ihren Alkoholkonsum einschätzen?«). Sie laden den Patienten dazu ein, den thematisierten Problemaspekt zu elaborieren, und ermöglichen daran ansetzende therapeutische Interventionen.
- **Aktives und empathisches Zuhören:** Charakteristisch sind z. B. Paraphrasieren, Reflektieren, interessiertes Nachfragen, Zusammenfassen, Nachfragen, ob die Zusammenfassungen korrekt waren, sowie Hilfsangebote, die sich auf die intrinsischen Ziele des Patienten beziehen.
- **Würdigung:** Sämtliche (vielleicht auf den ersten Blick vernachlässigbar erscheinende) Leistungen des Patienten werden mit Berücksichtigung der Schwierigkeiten, die es dabei zu überwinden galt, als anerkennenswert gesehen und als solche dargestellt und wertgeschätzt.
- **Informationsvermittlung:** Der Therapeut stellt sein Fachwissen (z. B. bezüglich Diagnose, Prognose, zu erwartender Folgen, Effektivität von Therapie) zur Verfügung.
- **Non-Direktivität/geleitetes Entdecken:** Der Therapeut zeigt verschiedene Optionen auf, wie Ziele erreicht werden können, lässt aber den Patienten entscheiden, welche er wählt.

Patienten sollen nicht ausgetrickst, sondern zu eigenen Einsichten geführt werden.

Das therapeutische Vorgehen gliedert sich in zwei Phasen.

Prinzipien des therapeutischen Vorgehens bei MG

Therapeutische Interventionen, die in MG zum Einsatz kommen

- **Systematische Förderung von »change talk«:** »Change talk« beinhaltet alle Aussagen des Patienten, die sich auf die Nachteile des bisherigen Verhaltens, auf die Vorteile der Verhaltensänderung, auf die Zuversicht, die Änderung ausführen zu können (»confidence talk«) sowie auf konkrete Änderungsabsichten und -pläne beziehen. Aussagen dieser Art werden vom Therapeuten systematisch verstärkt.

- **Konstruktiver Umgang mit Widerstand:** Für den konstruktiven Umgang mit Widerstand stellen Miller und Rollnik verschiedene konkrete Vorgehensweisen vor. Dazu zählt z. B. das überzogene Widerspiegeln: Patient: »Ich habe meinen Alkoholkonsum im Griff. Ich stehe noch aufrecht, wenn andere schon unter dem Tisch liegen.« Therapeut: »Sie müssen sich um nichts Sorgen machen. Alkohol kann Ihnen überhaupt nichts anhaben.«

- **Systematische Förderung von Handlungsorientierung:** Sobald eine Veränderungsintention gefasst ist, werden konkrete Ziele vereinbart, verschiedene Wege zur Zielerreichung diskutiert, ein konkreter Veränderungsplan entwickelt, gezielte Maßnahmen zur Steigerung der Selbstverpflichtung initiiert (z. B. öffentliche Verlautbarung) und möglichst zeitnah mit konkreten Verhaltensänderungen begonnen.

Die **Effektivität** von MG ist mittlerweile für verschiedene Anwendungsbereiche in einer Reihe von Studien belegt worden. In der Regel zeigen sich dabei kleine bis mittlere Effekte für die Vergleiche mit Wartekontrollgruppen und keine signifikanten Unterschiede in Vergleichen mit anderen evidenzbasierten Verfahren (s. z. B. Burke et al., 2004).

2.4   Fazit und Ausblick

Klaus Grawe hat einmal gesagt: »Wo soll die Kraft für die Veränderung denn herkommen, wenn nicht aus den positiven Zielen der Patienten selber?« Dieser Satz mag grammatikalisch etwas schief klingen, drückt aber die Wichtigkeit aus, die Maßnahmen zur Förderung der Veränderungsmotivation im Rahmen psychotherapeutischer Behandlungen zugeschrieben werden muss. Vor diesem Hintergrund ist es bedauerlich, dass sich, wie bereits angemerkt, vor allem in der von kognitiver Verhaltenstherapie geprägten, empirisch-wissenschaftlichen Konzeptentwicklung zu diesem Thema zurzeit noch relativ wenige elaborierte und evaluierte Ansätze finden (zu den rühmlichen Ausnahmen zählt u. a. der Ansatz zur Elaboration positiver Perspektiven in der Psychotherapie (EPOS) von Koban & Willutzki, 2001, s. u.). Die zukünftige Psychotherapieforschung sollte sich somit nicht nur der Evaluation komplexer Therapieprogramme, sondern auch therapeutischer Einzelinterventionen widmen und dabei in einem ausgewogenen Verhältnis auf störungs- und motivationsbezogene Interventionen fokussieren.

Mit Elaboration positiver Perspektiven in der Psychotherapie (EPOS) sollen positive Annäherungsziele identifiziert bzw. aufgebaut werden.

Für die Praxis

EPOS – eine Methode zur Generierung von persönlich relevanten positiven Annäherungszielen, welche als Energiequellen für adaptive Veränderungen genutzt werden können

EPOS lässt sich gut in zwei mit etwas Abstand aufeinanderfolgenden Sitzungen (je ca. 50 Minuten) durchführen. In der ersten Sitzung wird zunächst mit dem Patienten erarbeitet, wie wichtig es ist, sich bewusst zu machen, was man sich eigentlich tief im Herzen wünscht (»Nur wenn man das weiß, kann man sich persönlich relevante Ziele setzen und mit der Leidenschaft und der Energie anstreben, die für das Erreichen wichtiger Ziele in der Regel notwendig sind«). Außerdem wird ausgeführt, dass es zuweilen aus verschiedenen Gründen gar nicht so leicht ist, herauszufinden, was man eigentlich will (»Wir trauen uns in der Regel gar nicht mehr zu träumen«) und dass die folgende Übung einem helfen kann,

▼

einen Zugang zu den eigenen Wünschen zu bekommen. Dann stellt der Therapeut die Übung in groben Zügen vor und lädt den Patienten ein, die Übung durchzuführen.

Wenn der Patient diese Einladung annimmt, wird er vom Therapeuten durch eine Fantasiereise geführt, in der der Patient sich vor dem inneren Auge möglichst bildhaft vorstellt, wie ein Tag in seinem Leben in fünf Jahren aussehen würde, wenn bis dahin alles, aber auch alles, komplett nach seinem Willen laufen würde. Der Fokus liegt dabei auf dem unzensierten Sich-Vorstellen noch so fantastischer positiver Zustände. Der Therapeut leitet den Patienten mit möglichst offenen Fragen durch den Tag (»Wo wohnen Sie? Können Sie sich das vor dem inneren Auge vorstellen, wo Sie da wohnen? Ah, in einer alten Villa … Wie sieht die denn aus?«) und elaboriert den Bericht des Patienten mit dem Ziel, ein möglichst angenehmes und intensives Erleben der Vorstellung auf allen Sinneskanälen zu fördern und durch den Tag zu führen (»Wie fühlt sich das an, wenn Sie nach dem Aufwachen einfach so mit viel Zeit im Bett liegen können? Was ist das Angenehme dabei? Ah, die Sonne auf der Haut! Wo spüren Sie die am stärksten? Wie fühlt sich das an? Was für ein Licht ist das? Was für Gedanken gehen Ihnen dabei durch den Kopf? Was für eine Stimmung löst das aus? Gibt es da noch andere Personen, die mit Ihnen in dieser

Villa wohnen? Wie geht der Tag dann weiter?«). Wenn möglich sollte man den Dialog zwischen dem visualisierenden Patienten und dem (sich ebenfalls mit in die Vorstellung begebenden) Therapeuten auf einen Audio-Träger aufnehmen. Am Ende dieser Fantasiereise kann der Patient die Audio-Aufnahme mitnehmen mit der Instruktion, sich diese einfach noch einmal anzuhören und anmuten zu lassen.

In der nächsten Stunde erfolgt dann eine Verlagerung des bislang imaginativ-holistischen Verarbeitungsmodus in Richtung eines analytisch-zielgerichteten Modus. Dabei werden zentrale Bilder der Fantasiereise identifiziert und für jedes Bild erarbeitet, was für ein Wunsch sich in diesem Bild niederschlägt. Anschließend kann der Patient überlegen, ob er sich bewusst für das aktive Anstreben des Wunsches entscheidet und den Wunsch dadurch zu einem langfristigen Ziel macht (welches zumindest persönlich bedeutsam, konkret und realistisch sein sollte). Alternativ kann an dieser Stelle auch die Einsicht erfolgen, dass ein Wunsch nicht erreichbar ist und dass es besser wäre, sich von diesem Wunsch über systematische Trauerarbeit zu lösen. Aus diesem langfristigen Ziel lassen sich dann mittelfristige Ziele (im Laufe des nächsten Jahres) und kurzfristige Ziele (in den nächsten sechs Wochen, in dieser Woche, heute) ableiten.

Bents, H. (2006). Entscheidungswürfel. In: Fliegel, S. & Kämmerer, A. (Hrsg.), *Psychotherapeutische Schätze* (S. 51-52). Tübingen: DGVT-Verlag.
Kanfer, F. H., Reinecker, H. & Schmelzer, D. (2000). *Selbst-Management-Therapie* (3. Aufl.). Berlin: Springer.
Koban, C. & Willutzki, U. (2001). Die Entwicklung positiver Perspektiven in der Psychotherapie: Die Interventionsmethode EPOS. *Verhaltenstherapie und psychosoziale Praxis, 34,* 225-239.
Margraf, M. & Berking, M. (2005). Mit einem »Warum« im Herzen lässt sich fast jedes »Wie« ertragen: Konzeption und empirische Evaluation eines psychotherapeutischen Entschlusstrainings. *Verhaltenstherapie, 12,* 254-262.
Prochaska, J. O., Norcross, J. C. & DiClemente, C. C. (1994). *Changing for good.* New York: Avon Books.

► **Weiterführende Literatur**

2.5   Literaturverzeichnis

Bents, H. (2006). Entscheidungswürfel. In: Fliegel, S. & Kämmerer, A. (Hrsg.), *Psychotherapeutische Schätze* (S. 51-52). Tübingen: DGVT-Verlag.
Berking, M. (2005). Beeinträchtigungen der Psychotherapiemotivation. In: Lutz, W., Kosfelder, J. & Joorman, J. (Hrsg.), *Ungünstige Behandlungsverläufe rechtzeitig erkennen und daraus lernen* (S. 163-183). Göttingen: Hogrefe.
Burke, B. L., Dunn, C. W., Atkins, D. C. & Phelps, J. S. (2004). The emerging evidence base for motivational interviewing: A meta-analytic and qualitative inquiry. *Journal of Cognitive Psychotherapy, 18,* 309-322.
Glanz, K., Patterson, R. E., Kristal, A. R., DiClemente, C. C., Heimendinger, J., Linnan, L. et al. (1994). Stages of change in adopting healthy diets: Fat, fiber, and correlates of nutrient intake. *Health Education and Behavior, 21,* 499-519.
Grawe, K. (2004). *Psychoneurotherapie.* Göttingen: Hogrefe.
Grosse Holtforth, M. & Grawe, K. (2000). Fragebogen zur Analyse Motivationaler Schemata (FAMOS). *Zeitschrift für Klinische Psychologie, 3,* 170-179.
Kerns, R. D., Rosenberg, R., Jamison, R. N., Caudill, M. A. & Haythornthwaite, J. (1997). Readiness to adopt a self-management approach to chronic pain: The Pain Stages of Change Questionnaire (PSOCQ). *Pain, 72,* 227-234.

Koban, C. & Willutzki, U. (2001). Die Entwicklung positiver Perspektiven in der Psychotherapie: Die Interventionsmethode EPOS. *Verhaltenstherapie und psychosoziale Praxis, 34,* 225-239.

Margraf, M. & Berking, M. (2005). Mit einem »Warum« im Herzen lässt sich fast jedes »Wie« ertragen: Konzeption und empirische Evaluation eines psychotherapeutischen Entschlusstrainings. *Verhaltenstherapie, 12,* 254-262.

Pöhlmann, K. & Brunstein, J. C. (1997). GOALS: Ein Fragebogen zur Messung von Lebenszielen. *Diagnostica, 43,* 63-79.

Prochaska, J. O. & DiClemente, C. C. (1983). Stages and processes of self-change of smoking: Toward an integrative model of change. *Journal of Consulting and Clinical Psychology, 51,* 390-395.

Rollnick, S., Heather, N., Gold, R. & Hall, W. (1992). Development of a short »Readiness to Change Questionnaire« for use in brief, opportunistic interventions among excessive drinkers. *British Journal of Addiction, 87,* 743-754.

Schneider, W., Basler, H. D. & Beisenherz, B. (1989). *Fragebogen zur Messung der Psychotherapiemotivation (FMP).* Weinheim: Beltz.

Schulte, D. (2005). Messung der Therapieerwartung und Therapieevaluation von Patienten (PATHEV). *Zeitschrift für Klinische Psychologie und Psychotherapie, 34,* 176-187.

Schulte, D. & Eifert, G. H. (2002). What to do when manuals fail? The dual model of psychotherapy. *Clinical Psychology: Science and Practice, 9,* 312-328.

Schulz, H., Nübling, R. & Rueddel, H. (1995). Entwicklung einer Kurzform eines Fragebogens zur Psychotherapiemotivation. *Verhaltenstherapie, 5,* 89-95.

❓ Kap. 2, Bd. 2: Kontrollfragen

Die Antworten auf die folgenden Fragen finden Sie im Lerncenter zu diesem Kapitel unter ▶ www.lehrbuch-psychologie.de (Projekt Klinische Psychologie und Psychotherapie für Bachelor).

1. Was ist der Unterschied zwischen Therapie- und Veränderungsmotivation?
2. Welche Stadien der Veränderungen unterscheiden Prochaska und DiClemente? Was kennzeichnet diese Stadien, und welche Interventionsstrategien sind bei den einzelnen Stadien indiziert?
3. Auf welchen Grundannahmen beruht die Motivierende Gesprächsführung, und welche Techniken werden dabei eingesetzt?
4. Welches Ziel verfolgt die Elaboration positiver Perspektiven in der Psychotherapie (EPOS)?

3 Kognitive Verhaltenstherapie

Anna Radkovsky und Matthias Berking

3.1   Einführung

Die kognitive Verhaltenstherapie (KVT) gehört zweifellos zu den aktuell einflussreichsten Therapieformen. Sie definiert sich im Wesentlichen über den Anspruch, Theorien und Vorgehensweisen zur Prävention und Behandlung psychischer Störungen einzusetzen, deren Validität mithilfe empirisch-wissenschaftlicher Methoden nachgewiesen wurde. In ihren behavioristischen Anfängen bedingte dieses **Selbstverständnis** eine Fokussierung auf beobachtbare Verhaltensaspekte, welche durch gezielte Interventionen der vorausgehenden und nachfolgenden Bedingungen modifiziert werden sollten. Im Zuge der »kognitiven Wende« in der Psychologie setzte sich die Erkenntnis durch, dass auch nicht direkt beobachtbare Informationsverarbeitungsprozesse mit wissenschaftlichen Methoden untersucht werden können und für das Verständnis und die Therapie psychischer Störungen von zentraler Bedeutung sind. Seitdem gelten sowohl verhaltens- als auch kognitionsbezogene Interventionen als prototypische Vorgehensweisen der KVT.

Bedingt durch die rapide fortschreitenden Erkenntnisse in der Allgemeinen Psychologie und der Psychotherapieforschung erfüllen jedoch zunehmend mehr Theorien und Methoden das Kriterium der nachgewiesenen empirischen Evidenz und müssten somit gemäß dem ursprünglichen wissenschaftlichen Selbstverständnis der KVT als KVT-Interventionen gesehen werden. In der Folge müssten empirisch-validierte psychodynamische Verfahren dann ebenfalls als KVT-Intervention gelten, womit der **KVT-Begriff** so weit gefasst wäre, dass er letztlich seine Bedeutung verlieren würde. Vor dem Hintergrund der mittlerweile weithin anerkannten Relevanz empirischer Evidenz kann der wissenschaftliche Anspruch daher nicht mehr als Alleinstellungskriterium für die KVT dienen.

Was bleibt, ist eine Definition über die Kombination aus a) einem vergleichsweise hohen wissenschaftlichen Anspruch, b) Merkmalen wie Gegenwarts-, Handlungs-, Problem- und Zielorientiertheit und Transparenz (vgl. Margraf, 2009) und c) den typischerweise in der KVT eingesetzten Erklärungsmodellen und Interventionsmethoden.

> Kognitive Verhaltenstherapie (KVT) definiert sich traditionell über den Einsatz empirisch-wissenschaftlich validierter Theorien und Verfahren zur Behandlung psychischer Störungen.

> Wandel des KVT-Begriffs

▶ **Definitionen Verhaltenstherapie (VT), Kognitive Therapie (KT), Kognitive Verhaltenstherapie (KVT) & Integrative Verhaltenstherapie (IVT)**

Definitionen

Verhaltenstherapie (VT): Sie stützt sich zur Erklärung und Behandlung psychischer Störungen v. a. auf lerntheoretische Prinzipien (klassische und operante Konditionierung, Modelllernen). Zu den prototypischen Interventionsmethoden gehören Expositionsverfahren und Kontingenzmanagementsysteme.

Kognitive Therapie (KT): Sie beruht auf der Grundannahme, dass dysfunktionale Einstellungen, Interpretationen, Prognosen, Schlussfolgerungen, Bewertungen und kognitive Reaktionsmuster (Schemata) eine zentrale Rolle für die Entstehung und Aufrechterhaltung psychischer Störungen spielen. Menschen werden dabei als aktive Informationsverarbeiter angesehen, die ständig Hypothesen über sich und ihre Umwelt generieren und prüfen. Zu den prototypischen Interventionsformen gehören Gedankenprotokolle und kognitive Umstrukturierung. Allerdings werden in der KT auch oft klassische VT-Methoden (z. B. Konfrontation) im Rahmen eines kognitiven Rationals (z. B. als Verhaltensexperiment zur Hypothesenprüfung) eingesetzt, so dass die KT in der Regel auch behaviorale Elemente enthält.

Kognitive Verhaltenstherapie (KVT): Im Zuge der kognitiven Wende in den 60er-Jahren kam es durch Forschungsergebnisse und Erfahrungen aus der therapeutischen Praxis zur Integration kognitiver Elemente in verhaltenstherapeutische Konzepte. Nicht mehr ausschließlich äußerlich beobachtbare Ereignisse (bzw. Verhaltensweisen), sondern auch innere Vorgänge einer Person, wie Gedanken, Wahrnehmungen und Einstellungen, fanden Eingang in Erklärungsmodelle und Behandlungskonzepte. Typischerweise werden in der KVT behaviorale und kognitive Methoden kombiniert (z. B. behaviorale Aktivierung und Disputation depressogener Grundannahmen in der Therapie unipolarer depressiver Störungen).

Integrative Verhaltenstherapie (IVT): In den letzten Jahrzehnten wurden zunehmend auch Selbstmanagementmodelle (Kanfer, Reinecker & Schmelzer, 2006) oder motivationale Konzepte wie (nicht notwendigerweise bewusste) Ziele und Pläne (Caspar, 2006; Grawe 1998; 2004) in verhaltenstherapeutisches Vorgehen integriert. Um diese moderne Verhaltenstherapie von der klassischen abzugrenzen, wird bisweilen von »Integrativer Verhaltenstherapie« gesprochen.

3.2   Spezifische Verfahren und Techniken der KVT

3.2.1   Konfrontationsverfahren

Bei Konfrontations- bzw. Expositionsverfahren werden Patienten angeleitet, sich vormals vermiedenen aversiven Situationen auszusetzen, um so korrigierende Erfahrungen machen zu können.

Unter Konfrontations- oder Expositionsverfahren sind therapeutische Interventionen zu verstehen, bei denen sich Patienten systematisch einer Situation für einen längeren Zeitraum aussetzen, welche sie als aversiv erleben und deswegen bislang vermieden haben. Typischerweise handelt es sich dabei um angstbesetzte Situationen, z. B. Höhen, Spinnen, Ablehnung durch andere Menschen oder das Auftauchen von intrusiven Erinnerungsbildern an traumatische Erlebnisse. Ziel von Konfrontationsverfahren ist es, **korrigierende Lernerfahrungen** herbeizuführen, die es den Patienten ermöglichen, zukünftig anders auf die problematische Situation zu reagieren. Die Effekte der Lernerfahrung können dabei auf drei verschiedene Arten konzeptualisiert werden:

- Habituation an die auslösenden Stimuli
- (kognitive) Einsicht in die Ungefährlichkeit bzw. Handhabbarkeit der Situation
- systematisches Training von Kompetenzen, die für die erfolgreiche Bewältigung der Situation notwendig sind (inklusive der Kompetenz, Angst möglichst bewertungsfrei wahrzunehmen und sich ihr auszusetzen, bis sie von alleine wieder abnimmt)

◻ Tab. 3.1 Formen von Expositionsverfahren

		Modalität	
		in sensu	in vivo
Intensität	**graduiert**	Systematische Desensibilisierung	Habituationstraining
	massiert	Implosion	Flooding

Wie in ◻ Tabelle 3.1 dargestellt, lassen sich innerhalb der Vielzahl der therapeutischen Anwendungen des Konfrontationsprinzips Verfahren, bei denen die Konfrontation in der Vorstellung erfolgt (**in sensu**), von Verfahren abgrenzen, bei denen sich der Patienten der gefürchteten Situation in der Realität aussetzt (**in vivo**).

Weiterhin unterscheiden sich Expositionsverfahren durch den angestrebten Intensitätsverlauf. Beim **graduierten Vorgehen** beginnt die Exposition mit der Situation, die der Patient als am leichtesten einschätzt. Dann wird die Intensität schrittweise gesteigert, bis der Patient sich auch der schwierigsten Situation angstfrei aussetzen kann. Beim **massierten Vorgehen** hingegen wird der Patient gleich zu Beginn der Expositionsübung über einen längeren Zeitraum mit der für ihn schwierigsten Situationen konfrontiert.

Der Vorteil des massierten Vorgehens besteht vor allem darin, dass Patienten nicht über weite Phasen der Therapie den Eindruck haben, dass der wirklich schwierige und entscheidende Schritt (die Konfrontation mit der maximal Angst auslösenden Situation) noch bevorstünde. Außerdem impliziert die erfolgreiche Bewältigung der schwierigsten Situation, dass auch sämtliche Situationen, die weniger schwierig sind, bewältigt werden können. Von daher gilt massiertes Vorgehen als effizienter und sollte dem graduierten Vorgehen vorgezogen werden, solange nicht eindeutige Gründe gegen ein massiertes Vorgehen sprechen (wie ggf. Herzinsuffizienz, Asthma, Epilepsie, etc.).

Therapeutisches Vorgehen beim Einsatz von Konfrontationsverfahren

Massierte Konfrontation in vivo (Flooding) Aufbauend auf einer intensiven Diagnostik des jeweiligen Problembereichs wird mit dem Patienten während der kognitiven Vorbereitung ein individuelles Störungs- und Veränderungsmodell erarbeitet, welches deutlich macht, dass **Vermeidung** eine wesentliche Rolle bei der Aufrechterhaltung von Ängsten spielt und dass der Patient sich der eigenen Angst stellen muss, um sie erfolgreich zu bewältigen. Möglichst am Bcispiel der am stärksten Angst auslösenden und bislang vermiedenen Situationen wird dabei konkret herausgearbeitet, wie der Patient bisher mit dieser Situation umgeht und welche Auswirkungen es auf die Problematik hätte, wenn er es schaffen würde, sich systematisch mit der angstbesetzten Situation zu konfrontieren. Häufig wird hierbei gemeinsam mit dem Patienten eine Grafik erstellt, in welcher der vom Patienten erwartete Angstverlauf bei Konfrontation mit dem aufgrund des Habituationsprozess tatsächlich zu erwartenden Angsterleben sowie dem Angstverlauf bei Vermeidung in Kontrast gesetzt wird (◻ Abb. 3.1).

Aufbauend auf diesem Erklärungs- und Veränderungsmodell muss sich der Patient anschließend selbstständig **für die Konfrontation entscheiden**. Wenn er dies – trotz eindeutig herausgearbeiteter Konsequenzen der verschiedenen Handlungsoptionen – nicht tut, kann die Behandlung an dieser Stelle unterbrochen werden. In diesem Fall wird der Patient eingeladen, mit der Therapie weiterzumachen, sobald er sich für die Durchführung der Konfrontation entschieden hat. Wenn er sich für die Konfrontation entscheidet, wird konkret geplant, wann, wie, wo und wie lange die Konfrontation stattfinden wird und welche Rolle der Therapeut dabei spielen soll. Wichtig ist dabei, mögliche (offene und verdeckte) **Vermeidungsstrategien** (▶ Beispiele) zu antizipieren,

---

in sensu: Die Exposition mit dem aversiven Stimulus wird in der Vorstellung durchgeführt.

in vivo: Die aversive Situation wird in der Realität aufgesucht.

graduiertes Vorgehen: aufsteigende Schwierigkeit der Situationen
massiertes Vorgehen: Beginn mit der schwierigsten Situation

Die Konfrontation erfolgt nach Möglichkeit massiert und in vivo.

Die Folgen des Vermeidungsverhaltens müssen herausgearbeitet werden.

Der Patient muss sich selbstständig für die Konfrontation entscheiden.

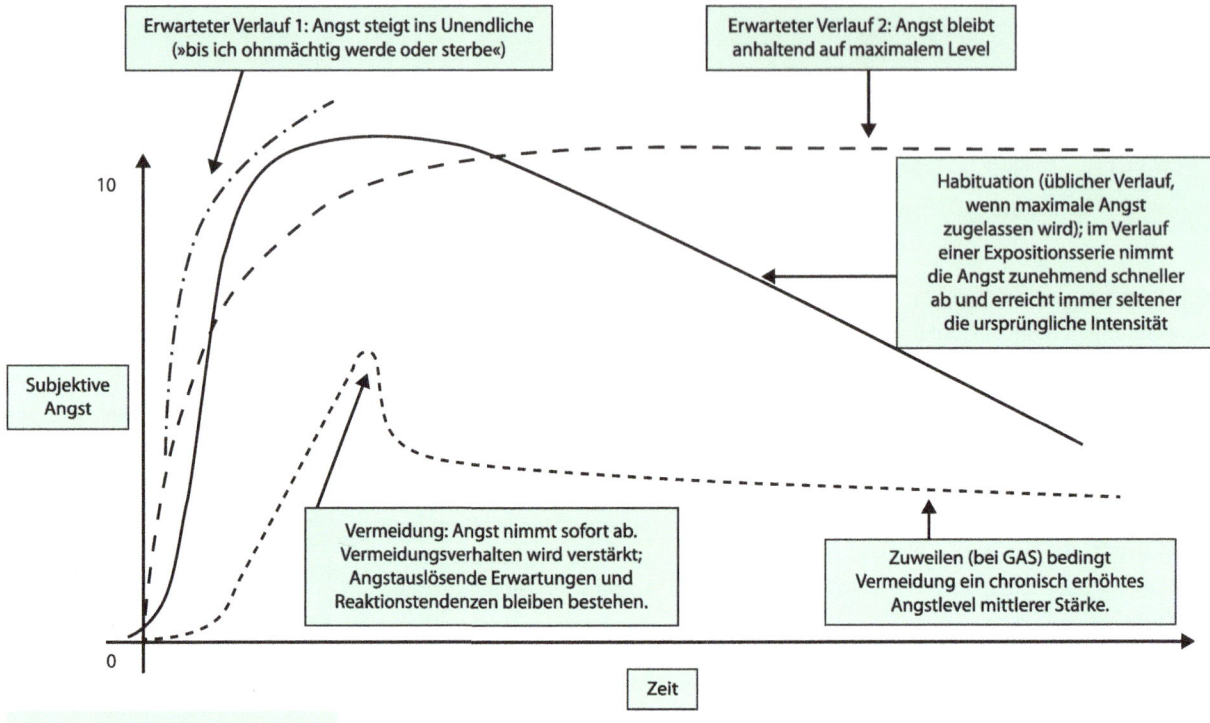

Erwarteter Verlauf 1: Angst steigt ins Unendliche
(»bis ich ohnmächtig werde oder sterbe«)

Erwarteter Verlauf 2: Angst bleibt
anhaltend auf maximalem Level

Habituation (üblicher Verlauf,
wenn maximale Angst
zugelassen wird); im Verlauf
einer Expositionsserie nimmt
die Angst zunehmend schneller
ab und erreicht immer seltener
die ursprüngliche Intensität

10

Subjektive
Angst

Vermeidung: Angst nimmt sofort ab.
Vermeidungsverhalten wird verstärkt;
Angstauslösende Erwartungen und
Reaktionstendenzen bleiben bestehen.

Zuweilen (bei GAS) bedingt
Vermeidung ein chronisch erhöhtes
Angstlevel mittlerer Stärke.

0

Zeit

■ **Abb. 3.1** Angstverläufe
(GAS = Generalisierte Angststörung)

welche den Erfolg der Übung gefährden könnten. Für jede dieser Vermeidungsstrategien sollte erarbeitet werden, was der Patient tun kann, um diesbezüglichen Vermeidungsimpulsen zu widerstehen.

Beispiele für Vermeidungsverhalten (»Sicherheitsverhalten«) vor und während der Konfrontationsübung

- Situation mit einer scheinbar begründeten Ausrede
nicht aufsuchen
- Anxiolytika (angstreduzierende Medikamente) einnehmen
- Anxiolytika dabei haben
- Lebenspartner dabei haben
- Therapeut dabei haben
- Handy dabei haben
- Situation verlassen
- wegschauen

- in einen Redeschwall flüchten
- an etwas anderes denken
- sich durch Zählen oder andere kognitive Rituale
ablenken
- Entspannungstechniken einsetzen
- Atemtechniken einsetzen
- beten
- ein Mantra murmeln

Vor und während der Konfrontation unterstützt der Therapeut den Patienten darin, in der Situation zu bleiben und sich den befürchteten Reizen bewusst auszusetzen.

Bei der **konkreten Umsetzung** der Konfrontation ist darauf zu achten, dass sich der Patient der angstbesetzten Situation möglichst solange aussetzt, bis die Angst von alleine spürbar wieder abnimmt. Idealerweise absolviert der Patient in der Konfrontationsphase möglichst viele dieser Übungen hintereinander und setzt sich über mehrere Tage hinweg jeweils acht bis zehn Stunden pro Tag den kritischen Reizen in verschiedenen Situationen aus (z. B. bei einer Höhen- und Flugphobie: erst den Berliner Funkturm erklimmen, dann nach Hamburg fliegen und auf die Köhlbrandbrücke steigen, anschließend Flug nach Paris und der Spitze des Eifelturms einen Besuch abstatten usw.). Der Therapeut achtet bei den Konfrontationsübungen darauf, dass der Patient aufkommenden Vermeidungsimpulsen nicht nachgibt – im

Gegenteil: Während der Übung erfragt er kontinuierlich, was der Patient machen könne, um die Angst noch weiter zu steigern. Wenn der Patient diesbezüglich eine Idee hat (z. B. »Ich könnte mich über das Brückengeländer lehnen«), lädt ihn der Therapeut ein, das auch zu tun (»Dann machen Sie das doch mal«). Dabei versucht er, die Aufmerksamkeit des Patienten durch gezielte Fragen in der Situation zu halten und sie auf relevante Wahrnehmungen zu lenken (»Wie klein sind die Menschen da unten? Wie stark ist die Angst im Moment? Wie stark ist der Vermeidungsimpuls?«) und den Patienten zu einer möglichst neutralen Beschreibung des Wahrgenommenen solange anzuhalten (»Wie stark ist die Angst auf einer Skala von 0 bis 10? Wo spüren Sie die im Körper? Wie stark ist das Beklemmungsgefühl in der Brust auf einer Skala von 0 bis 10? Wie stark ist das Herzrasen/Kribbeln in den Händen?«), bis die Intensität der geschilderten Symptome deutlich abgesunken ist.

In der sich nahtlos anschließenden Generalisierungs- und Verstetigungsphase wird der Patient zunehmend dazu angehalten, die Angstsituation auch **alleine aufzusuchen** und den subjektiven Angstabfall zu erleben, ohne dass der Therapeut in der Nähe ist. Ziel ist, dass der Patient sich möglichst sämtlichen relevanten Situationen selbstständig, unter Unterlassung jedweden Sicherheitsverhaltens, mehrfach solange aussetzt, bis die Symptome deutlich abgenommen haben und der Patient sicher ist, dass diese Situationen nicht gefährlich und vor allem bewältigbar sind.

> Im Lauf der Therapie konfrontiert sich der Patient sich zunehmend selbstständig mit sämtlichen bislang vermiedenen Situationen.

Graduierte Konfrontation in vivo (Habituationstraining) Bei graduierter Konfrontation in vivo werden typische, Angst auslösende Situationen in der Vorbereitungsphase zunächst anhand ihres Angstpotenzials **hierarchisch geordnet**. Die Exposition beginnt dann mit einer Situation von leichter oder mittlerer Schwierigkeit. Der Patient verbleibt dabei solange in dieser Situation, bis ein vereinbartes Kriterium der Angstbewältigung erreicht wurde. Nach erfolgreicher Bewältigung einer Situation wird in der nächsten Sitzung eine Situation mit höherer Schwierigkeit gewählt. Dies sei am Beispiel einer Hundephobie bei Kindern kurz erläutert: Der Therapeut bringt seinen Hund mit, und das Kind kann jede Sitzung ein bisschen näher an den Hund rangehen, bis es ihn letztlich streicheln kann.

> Wenn eine Situaion erfolgreich bewältigt wurde, folgt die Konfrontation mit der nächst schwierigeren Situation.

Massierte Reizkonfrontation in sensu Das **intensive Nacherleben** einer Angst erzeugenden Situation ist vor allem dann sinnvoll, wenn eine Konfrontation in vivo nicht möglich ist. Bei diesem Vorgehen begibt sich der Patient in der Vorstellung in eine möglichst Angst auslösende Situation und beschreibt sein Erleben, so dass der Therapeut über den inneren Ablauf informiert ist. Der Therapeut folgt der Situationsbeschreibung, hält diese durch Fragen im Fluss, sorgt dafür, dass die Vorstellung auf möglichst vielen Modalitäten (visuell, akustisch, haptisch, kognitiv, emotional, somatisch, motivational) erlebt wird und hilft dem Patienten in der Vorstellung zu bleiben, bis die Angst spürbar abgenommen hat.

> Der Patient begibt sich gedanklich in die stark Angst auslösenden Situationen.

Graduierte Reizkonfrontation in sensu (Systematische Desensibilisierung, SD) Die SD wurde von Wolpe in den 1950er-Jahren auf Grundlage von tierexperimentellen Untersuchungen, klinischen Vorbildern und theoretischen Modellen entwickelt und v. a. zur Behandlung phobischer Störungen eingesetzt. Grundlage war die Annahme der »reziproken Hemmung« von Entspannungs- und Angstreaktion (die eine hemmt das Auftreten der anderen), welche in der SD systematisch genutzt wird. Das Vorgehen in der SD lässt sich in folgende Schritte gliedern:
- genaue Problem- und Verhaltensanalyse der Problematik
- Erstellung einer Hierarchie Angst auslösender und vermiedener Situationen
- Vermittlung einer Entspannungstechnik, mit der eine (angstinkompatible) Entspannungsreaktion gezielt herbeigeführt werden kann

> Kernstück der SD ist der Einsatz einer Entspannungstechnik während der gedanklichen Vorstellung einer angstbesetzten Situation.

— Vorstellung einer leicht Angst auslösenden Situation bei gleichzeitigem Einsatz der Entspannungstechnik (solange, bis die Situation vorstellbar ist, ohne in bedeutsamem Ausmaß Angst auszulösen)
— Wiederholung des Vorgehens mit der nächst schwierigeren Situation, bis die am stärksten Angst auslösende Situation angstfrei vorstellbar ist

Für die Praxis

Vor dem Hintergrund, dass Entspannungsreaktionen von Patienten als Vermeidungsverhalten dysfunktional eingesetzt werden können, wird deren Vermittlung bei Angstpatienten zuweilen als kontraindiziert eingestuft. Diese Einschätzung wird von Befunden gestützt, denen zufolge sich die Kombination aus Konfrontationstherapie und Entspannungsverfahren wie der Progressiven Muskelrelaxation (PMR) in der Behandlung von Panikpatienten langfristig als weniger effektiv erwiesen hat als Konfrontationstherapie alleine (Craske, Brown & Barlow, 1991). Vor vorschnellen Generalisierungen dieses Befunds sei allerdings gewarnt. Entspannungsverfahren haben sich bei vielen Angststörungen als effektiv erwiesen (Manzoni et al., 2008) und sollten deswegen Patienten nicht vorenthalten werden. Vielmehr gilt es, bei der Vermittlung dieser Techniken sicherzustellen, dass angewandte Entspannung nicht als Vermeidungsverhalten eingesetzt wird, z. B. indem (durch vorausgehende Konfrontationstherapie) dafür gesorgt wird, dass aktive Regulationstechniken stets in dem Bewusstsein genutzt werden, dass man sich auch der unregulierten Angst aussetzen könnte.

Exkurs

Wie wirkt Exposition?

Über welchen Mechanismus Expositionsverfahren ihre Wirkung ausüben, ist bislang noch nicht abschließend geklärt. Gängige lerntheoretisch begründete Erklärungsansätze beziehen sich auf die Prinzipien von Extinktion und Habituation, denen zufolge die mehrfache Präsentation des konditionierten Stimulus (Hund) bei Ausbleiben des unkonditionierten Stimulus (gebissen werden) zu einer allmählichen Abschwächung einer konditionierten Reaktion (Angst) führt (vgl. Lader & Wing, 1966). Die Befunde der affektiven Neurowissenschaften legen allerdings nahe, dass die in der Amygdala abgelegten Furchtkonditionen durch Exposition nicht wirklich »gelöscht« (im Sinne von »ausgelöscht« werden, sondern dass in der Therapie Strukturen im präfrontalen Cortex gestärkt werden, die einen hemmenden Einfluss auf die Amygdala ausüben (Felmingham et al., 2007). Diese Befunde stehen im Einklang mit kognitiven Erklärungsansätzen, denen zufolge erfolgreiche Expositionsbehandlungen korrektive Lernerfahrungen darstellen, die bedeutsame kognitive Veränderungen zur Folge haben: Die Erfahrung des Ausbleibens der befürchteten Konsequenzen führt dazu, dass die Angst auslösende Situation als weniger gefährlich bzw. kontrollierbarer bewertet wird. Dadurch werden Angst- und Vermeidungsreaktionen reduziert.

Expositionsverfahren gelten als Verfahren erster Wahl in der Behandlung von Angststörungen.

Indikation und Effektivität

Expositionsverfahren sind eine wirksame und effiziente verhaltenstherapeutische Technik. In einer Metaanalyse von Ruhmland und Margraf (2001) zur Effektivität von Konfrontation bei Panikstörung mit Agoraphobie fanden sich große (d = 1.64) und stabile Effekte bezüglich einer Reduktion der Hauptsymptomatik. Shapiro und Shapiro (1982) fanden in einer Metanalyse über 143 Studien eine Effektstärke von d = 0.97 für systematische Sensibilisierung. Auch für die Behandlung von Zwangsstörungen, Posttraumatischen Belastungsstörungen, Essstörungen sowie Alkoholabhängigkeit zeigten sich Konfrontationsverfahren als effektiv und werden als eine Komponente im Rahmen multimodaler Behandlungsprogramme eingesetzt (Neudeck, 2006).

3.2.2 Operante Verfahren

Operante Verfahren nutzen das von E. L. Thorndike und B. F. Skinner in Tierstudien intensiv erforschte Prinzip der instrumentellen (synonym: operanten) Konditionierung, wonach die Auftretenswahrscheinlichkeit eines Verhaltens von den nachfolgenden – appetitiven oder aversiven – Bedingungen abhängt (im Gegensatz zum »S-R-Lernen« bei der klassischen Konditionierung auch »R-S-Lernen« genannt). In der Hochphase des Behaviorismus wurde operantes Konditionieren als effektive Behandlungsmethode für jegliche Art von Störung angepriesen. Hierzu wurden die Störung zunächst in beobachtbar-behaviorale Bestandteile zerlegt, dann wurden Verhaltensweisen identifiziert, die mit dem Problemverhalten inkompatibel waren. Über die systematische **Manipulation der Konsequenzen** wurde die Reduktion unerwünschter bzw. die Stärkung erwünschter Verhaltensweisen angestrebt. Spätestens seit der kognitiven Wende wurde der »Allheilmittel«-Anspruch jedoch aufgegeben. Seitdem werden operante Verfahren als ausschließliche oder primäre Interventionstechnik hauptsächlich bei Patienten mit reduzierten kognitiven Kontrollmöglichkeiten (z. B. Kinder oder Personen mit Intelligenzminderungen) eingesetzt. Als Teilkomponente werden sie jedoch nach wie vor in einer Vielzahl von komplexen störungsspezifischen Behandlungsprogrammen genutzt.

> Operante Verfahren beeinflussen Verhalten durch gezielte Manipulation der nachfolgenden Konsequenzen.

Definitionen

Operantes/instrumentelles Verhalten: Verhalten, welches gezeigt wird, um bestimmte Effekte/Konsequenzen zu bewirken.

Verstärker: Konsequenz, die auf ein bestimmtes Verhalten folgt und die Auftretenswahrscheinlichkeit des gezeigten Verhaltens beeinflusst. Als appetitive Verstärker werden positive Konsequenzen wie Lob oder Aufmerksamkeit bezeichnet, die dazu führen, dass ein Verhalten häufiger gezeigt wird. Aversive Verstärker, wie Strafen oder Kritik, senken durch ihre negativen Konsequenzen die Auftretenswahrscheinlichkeit eines Verhaltens.

Kontingenz: Systematik des Zusammenhang zwischen einem Verhalten und den nachfolgenden Bedingungen (mit welcher Wahrscheinlichkeit und mit welchem zeitlichen Abstand erfolgt eine Verstärkung).

► **Definitionen**
Operantes/instrumentelles Verhalten, Verstärker & Kontingenz

◘ Tabelle 3.2 stellt die möglichen therapeutischen Anwendungsformen der operanten Konditionierung dar.

Neben der Unterscheidung zwischen positiven und negativen Verstärkern gibt es noch weitere Gesichtspunkte, nach denen sich Verstärkungsarten beschreiben lassen.
━ **Primäre Verstärker:** Diese beziehen sich auf die Erfüllung menschlicher Grundbedürfnisse, wie Essen, Trinken, Schlafen oder sexuelle Aktivität, und werden von nahezu allen Menschen als angenehm empfunden. Die Wirkung primärer Verstärker ist sehr stark von der momentanen Sättigung des Organismus abhängig und wird durch Deprivation erhöht.

> primäre vs. sekundäre Verstärker

◘ **Tab. 3.2** Mögliche Arten operanter Konditionierung

Verstärker	Die Wahrscheinlichkeit des Verhaltens	
	steigt, $p(V)\uparrow$	sinkt, $p(V)\downarrow$
Positiv = bei gezeigtem Verhalten folgt die Konsequenz	Belohnung: Ein appetitiver Reiz (C+) folgt auf das Verhalten.	Bestrafung: Ein aversiver Reiz (C–) folgt auf das Verhalten.
Negativ = bei gezeigtem Verhalten wird für das Ausbleiben der erwarteten Konsequenz gesorgt	Flucht: Ein aversiver Reiz (∈–) wird durch das Verhalten beendet.	Time Out: Ein appetitiver Reiz (∈+) wird durch das Verhalten beendet.
	Vermeidung: Ein aversiver Reiz, (∈) folgt nicht, wenn das Verhalten (R) gezeigt wird.	Löschung Ein appetitiver Reiz (∈+) folgt nicht, wenn das Verhalten (R) gezeigt wird.

Token Ökonomien helfen bei Verhaltensmodifikationen und werden in therapeutischen Institutionen oft eingesetzt, um für die Einhaltung der dort geltenden Regeln zu sorgen.

Soziale Verstärker sind oft besonders einflussreich.

Die Fähigkeit zur Selbstverstärkung reduziert die Abhängigkeit vom Umfeld.

Der Verstärkungswert eines Stimulus wird stark von kognitiven Bewertungsprozessen beeinflusst.

Methoden zur Förderung von Verhalten

Shaping

- **Sekundäre Verstärker:** Durch Assoziation mit einem primären Verstärker können auch andere Reize Verstärkercharakter erlangen. Diese werden sekundäre oder konditionierte Verstärker genannt und können individuell ganz unterschiedlich sein. Im Gegensatz zu primären Verstärkern, die einer sehr schnellen Sättigung unterliegen, sind die meisten Menschen dauerhaft an sekundären Verstärkern, wie Geschenken, Lob oder Aufmerksamkeit, interessiert.

Generalisierte Verstärker sind ein Sonderfall sekundärer Verstärker, da es sich hierbei um Verstärker mit Tauschwert handelt. Der häufigste generalisierte Verstärker ist Geld, da sich mit diesem fast jeder andere Verstärker erwerben lässt. Im therapeutischen Kontext werden häufig sog. **Tokens** (z. B. Plastikchips, die gegen andere Verstärker eingetauscht werden können) als generalisierte Verstärker eingesetzt. Im Rahmen sog. Token Economies werden gewünschte Verhaltensweisen systematisch mit Tokens belohnt und unerwünschte durch den Entzug oder das Vorenthalten von Tokens sanktioniert. Token Economies werden v. a. in Heimen für Demenzkranke, Krankenhausstationen mit Langzeitpatienten, Schulen oder Einrichtungen für straffällig gewordene Jugendliche eingesetzt, um für die Einhaltung der dort geltenden Regeln zu sorgen.

Soziale Verstärkung bezeichnet Verstärkung im Rahmen interpersonaler Kontakte zu Partnern, Freunden, Arbeitskollegen, Lehrern, etc. Da sich Menschen als soziale Wesen in der Regel durch ein ausgeprägtes Bindungsbedürfnis auszeichnen, kann sozialen Gratifikationen und Sanktionen ein starkes Verstärkungspotenzial zugeschrieben werden.

Die **Selbstverstärkung**, also die Verstärkung des eigenen Verhaltens durch selbstinitiierte Belohnung, ist von besonderer Relevanz, da sie direkt der Kontrolle des Individuums unterliegt. Selbstverstärkung kann über explizites Selbstlob (was Patienten häufig mühsam üben müssen) oder über systematisch an bestimmtes Verhalten geknüpfte Gratifikationen (z. B. sich selbst ein Eis gönnen, wenn man etwas Schwieriges geschafft hat) erfolgen. Selbstverstärkung reduziert die Abhängigkeit vom Umfeld.

Bei der Auswahl von Verstärkern zu therapeutischen Zwecken sollten **individuelle Vorlieben und Abneigungen** berücksichtigt werden, um auch tatsächlich verhaltenssteuernde Verstärker zu verwenden. Zudem ist darauf zu achten, dass **kognitive Bewertungsprozesse** die Valenz von Verstärkern umkehren können, beispielsweise wenn ein depressiver Patient für eine einfache alltägliche Aktivität, die er vor der Erkrankung selbstverständlich erledigen konnte, Lob erfährt. Durch eine kognitive Bewertung (»Ich bin ein Versager, denn wenn ich für andere selbstverständliche Sachen schaffe, werde ich schon gelobt«) würde aus dem appetitiven Verstärker »Lob« ein aversiver Verstärker werden. Andererseits kann für ein Kind, das ansonsten wenig Aufmerksamkeit erhält, eine negative Reaktion auf störendes Verhalten als appetitiver Verstärker wirken, da es die Bestrafung auch als positive Aufmerksamkeitszuwendung erfährt. Um in der Therapie erlernte Verhaltensweisen zu stabilisieren und einen Transfer in den Alltag zu ermöglichen, sollten primär Verstärker genutzt werden, die in der normalen Umwelt des Patienten auftreten.

Therapeutisches Vorgehen beim Einsatz operanter Verfahren

Um neues Verhalten mithilfe von operanten Verfahren aufzubauen, lassen sich verschiedene Vorgehensweisen nutzen:

Shaping bezeichnet eine Methode der Verhaltensausformung, bei der komplexe Verhaltensweisen in mehrere Verhaltenselemente zerlegt und das erwünschte Zielverhalten schrittweise aufgebaut wird. Dabei werden zunächst alle Annäherungen an das Zielverhalten positiv verstärkt, in der Folge werden die Anforderungen jedoch erhöht, bis nur noch das erfolgreich ausgeführte Zielverhalten verstärkt wird. Soll beispielsweise ein geistig behindertes Kind lernen, sich selbstständig zu waschen, so wird zu Beginn bereits jeder unsystematische Kontakt mit Wasser und Seife gelobt. Anschließend werden nur noch nachfolgende Teilhandlungen gelobt, die eine zusätzliche, weitere Annäherung an einen zielgerechten Waschvorgang darstellen (Hände waschen, Gesicht waschen, usw.).

Chaining kann als eine Sonderform des Shapings angesehen werden. Auch hier wird eine komplexe Verhaltensweise in Einzelhandlungen zerlegt und schrittweise aufgebaut. Dabei erhält die lernende Person zunächst Hilfestellung bei den Teilschritten und wird für das selbstständige Ausführen des letzten Handlungsschrittes positiv verstärkt. Gelingt dies der Person, wird nur noch eine Verstärkung gegeben, wenn der vorletzte Handlungsschritt selbstständig bewältigt wird, usw. Durch diese Art der Kopplung können eigene Handlungsschritte zum Verstärker für vorangegangene Verhaltensweisen werden, so dass jeder Teilschritt den nächsten stimuliert und von ihm bekräftigt wird. Im Gegensatz zum Shaping wird beim Chaining also nicht der Beginn, sondern der Abschluss einer komplexen Handlung verstärkt.

Beim **Fading** werden der lernenden Person zunächst Hilfsstimuli wie z. B. Karteikarten, Tafeln oder eine Demonstration des gewünschten Verhaltens durch eine andere Person vorgegeben. Wenn es der Person mit diesen Hilfsmitteln gelingt, das Zielverhalten auszuführen, erfolgt eine positive Verstärkung. In der Folge werden die Hilfsstimuli nach und nach ausgeblendet, bis das Zielverhalten auch ohne sie ausgeführt werden kann. Ziel dieser Methode ist es, den Transfer der erlernten Verhaltensweise in die natürliche Umgebung zu erleichtern.

Prompting baut darauf auf, dass zunächst verbale oder nonverbale Hilfestellungen gegeben werden, um die Aufmerksamkeit der lernenden Person auf das gewünschte Verhalten zu lenken. Durch Nachfragen (z. B. »Was ist der nächste Schritt?«), Hinweis auf vereinbarte Grundregeln und Bekräftigungen (»Weiter so!«) wird schrittweise der Beginn einer Verhaltensänderung unterstützt.

Intermittierende Verstärkung dient dazu, die Auftretenswahrscheinlichkeit eines bereits gezeigten Zielverhaltens zu erhöhen. Dazu wird die Häufigkeit der Verstärkung variiert, und nicht mehr jedes erfolgreich ausgeführte Verhalten erfährt eine Bekräftigung. Intermittierende Verstärkung verlangsamt den Lernprozess, ist aber gut geeignet, um bereits gelerntes Verhalten zu festigen. Das Individuum lernt auch dann zu reagieren, wenn es keine Verstärkung erwartet, da ja gelegentlich doch eine Bekräftigung eintritt. Das Verhalten ist daher auch bei ausbleibender Verstärkung vergleichsweise löschungsresistent.

Zur **Reduktion der Auftretenswahrscheinlichkeit** von unerwünschtem Verhalten lassen sich die folgenden Vorgehensweisen einsetzen:

Direkte Bestrafung beschreibt den Einsatz eines aversiven Reizes, der auf ein bestimmtes Verhalten folgt. Die therapeutische Nutzung von Bestrafung ist jedoch aus mehreren Gründen problematisch:

- In vielen Fällen verbietet sie sich aus moralischen Gründen.
- Initiale Verhaltensänderungen verlieren sich oft, sobald die Bestrafung ausgesetzt wird, d. h. Bestrafung führt selten zu langfristig stabilen Verhaltensänderungen.
- Bestrafung führt dazu, dass auch das Setting, in dem diese stattfindet, negativ besetzt wird, was sich negativ auf die therapeutische Beziehung und die Erfahrungsoffenheit in therapeutischen Kontexten auswirkt.

Vor diesem Hintergrund sollte der Einsatz von direkter Bestrafung nur erwogen werden, wenn keine anderen therapeutischen Maßnahmen zur Verfügung stehen und der Verzicht auf direkte Bestrafung zu noch negativeren Konsequenzen führen würde (z. B. im Fall von selbstschädigendem Verhalten bei Patienten mit Intelligenzminderung). Unter der Voraussetzung des Einverständnisses des Patienten wird direkte Bestrafung auch in der Suchttherapie eingesetzt, indem Substanzen verabreicht werden, die bei Konsum des Suchtstoffes zu einer aversiven physiologischen Reaktion (Übelkeit und Erbrechen) führen und so die Selbstregulation erleichtern sollen.

Chaining

Fading

Promting

intermittierende Verstärkung

Methoden zum Abbau von unerwünschtem Verhalten

direkte Bestrafung

indirekte Bestrafung

Indirekte Bestrafung, auch »response cost« genannt, ist eine wirksame Form zur Sanktionierung von unerwünschtem Verhalten. Dabei werden bereits zugesagte oder schon erhaltene Verstärker wieder entzogen, wenn ein bestimmtes dysfunktionales Verhalten gezeigt wird.

Löschung

Löschung bedeutet, dafür zu sorgen, dass ein unerwünschtes Verhalten keine positiven Konsequenzen mehr nach sich zieht. In diesem Sinne kann z. B. durch bewusstes Ignorieren unangemessenen Verhaltens dessen Auftretenshäufigkeit reduziert werden. Dies benötigt jedoch Zeit, insbesondere wenn das Verhalten vorher durch intermittierende Verstärkung aufgebaut worden ist. Außerdem ist damit zu rechnen, dass Patienten versuchen könnten, zunächst die Intensität des gewünschten Verhaltens massiv zu steigern, um den gewünschten Aufmerksamkeitseffekt wieder herzustellen. Vor diesem Hintergrund ist beim Einsatz von Löschung darauf zu achten, dass der Patient für das Zeigen eines gewünschten Verhaltens konsequent mit Aufmerksamkeit bedacht wird, so dass er seinen (funktionalen) Weg zur Befriedigung wichtiger Bedürfnisse finden kann.

Time out

Time out bezeichnet eine Sonderform der Löschung, die vor allem bei selbst- oder fremdgefährdenden Verhaltensweisen geeignet ist. Dabei werden alle potenziellen Verstärker eines bestimmten Verhaltens entzogen, beispielsweise indem der Patient kurzfristig aus der verstärkenden Umgebung herausgenommen und in einen reizarmen Raum gebracht wird. Bei dieser relativ drastischen operanten Methode sollte immer eine Verstärkung von alternativen, unproblematischen Verhaltensweisen erfolgen.

Exkurs

Verdeckte Konditionierung

Bei der verdeckten Konditionierung werden die Prinzipien des operanten Konditionierens mit Imaginationsverfahren kombiniert. Eine Zielreaktion, beispielsweise das Annähern an einen Angst auslösenden Reiz, wird dem Patienten vorgegeben, so dass er sich dies möglichst realistisch vorstellen kann. Auf diese vorgestellte Reaktion erfolgt dann unmittelbar eine Verstärkungsimagination, z. B. mit der Vorstellung einer angenehmen Situation. So kann beispiels-

weise eine Patientin mit Prüfungsängsten vom Therapeuten aufgefordert werden, sich vorzustellen, dass sie eine Prüfungssituation nicht vermeidet, sondern trotz ihrer Ängste zur Prüfung erscheint und diese erfolgreich bewältigt (Reaktionsszene). Dann stellt sie sich vor, wie sie befreit das Prüfungsgebäude verlässt und sich für diese Leistung ausgiebig lobt und dann mit einem tollen Urlaub belohnt (Verstärkerszene).

Mithilfe von Verstärkersystemen werden mehrere Verhaltensweisen gleichzeitig verändert.

Da im Rahmen der Psychotherapie häufig nicht nur einzelne Verhaltensweisen, sondern verschiedene Verhaltenselemente gleichzeitig verändert werden sollen, werden **Verstärkersysteme** eingesetzt. Hierunter sind komplexe Vereinbarungen zu verstehen, die systematisch festlegen, auf welches Verhalten welche Konsequenz folgen soll. In diesem Sinne legen **Verhaltensverträge** oder Kontingenzverträge genau fest, welches Verhalten wie verstärkt wird und welche Konsequenzen beim Auftreten unerwünschter Verhaltensweisen eintreten. Damit Verstärkersysteme nicht zu einer Reduktion der intrinsischen Motivation führen, sollte der Sinn des geforderten Verhaltens (soweit möglich) gemeinsam erarbeitet und der Vertrag auf der Grundlage der freien Entscheidung des Patienten geschlossen werden. In der Regel dienen Verstärkerverträge als zeitlich befristete Maßnahme, welche den Einstieg in Verhaltensänderungen erleichtern sollen, die es in einem zweiten Schritt auch ohne den Verstärkerplan aufrechtzuerhalten gilt.

Bei allen aufgeführten Methoden zum Umgang mit dysfunktionalem Verhalten ist es von großer Bedeutung, dass nicht nur der Abbau einer unangemessenen Verhaltensweise herbeigeführt wird, sondern immer auch **alternative funktionale Verhaltensweisen** (mit denen der Patient die Ziele erreichen kann, die er mit den dysfunktionalen Verhaltensweisen zu erreichen suchte) durch systematische Verstärkung gefördert werden.

Im Gegensatz zur klassischen Konditionierung, bei der davon ausgegangen wird, dass Verhalten durch auslösende Stimuli bestimmt wird, werden beim instrumentellen Konditionieren auslösende Stimuli als differenzielle Hinweisreize angesehen, die dem Organismus Aufschluss geben, ob in einer bestimmten Situation bei einem bestimmten Verhalten mit Bestrafung oder Belohnung zu rechnen ist (Diskriminationslernen). Bei der Technik der **Stimuluskontrolle** wird dieses Prinzip genutzt, indem die Umwelt des Patienten systematisch von diskriminativen Hinweisreizen bereinigt wird, die das Problemverhalten auslösen (z. B. Alkohol im Schrank bei Alkoholismus, Kuchen im Kühlschrank bei Adipositas, Fernseher im Schlafzimmer bei Schlafstörungen) bzw. systematisch um Hinweisreize angereichert wird, die gewünschtes Verhalten aktivieren sollen (z. B. roter Punkt auf dem Schuh, bei dessen Anblick jeweils eine Entspannungsreaktion ausgeführt werden soll). Aber auch das (zeitweise) Verlassen der Gesamtsituation, die das Problem auslöst, kann als Stimuluskontrolle konzipiert werden (z. B. Verlassen einer Streitszene, um nicht gewalttätig zu werden; Abstand von Problemen im Rahmen einer stationären Behandlung).

Verfahren der Stimuluskontrolle werden v. a. in der Behandlung von Schlaf-, Ess- und Abhängigkeitsstörungen sowie dysfunktionalen Ärgerreaktionen eingesetzt.

Indikation und Effektivität

Operante Verfahren können als wichtige Basiselemente in der (verhaltenstherapeutischen) Behandlung einer Vielzahl von Störungsbildern betrachtet werden. So spielen systematische Verstärkungspläne beispielsweise in der Depressionsbehandlung eine wichtige Rolle. Eine besondere Bedeutung haben operante Verfahren nach wie vor in der Behandlung von Abhängigkeiten, bei Kindern, anorektischen Patienten, Patienten mit Schlafstörungen, Demenzpatienten sowie bei Personen mit eingeschränkten kognitiven Fähigkeiten (Maercker, 2009; Rief, Exner & Martin, 2006).

Operante Verfahren werden bei einer Vielzahl an Störungen eingesetzt.

3.2.3 Modelllernen

Klassische und operante Konditionierung allein können viele Befunde zu Auf- und Abbau von Verhaltensweisen nur ungenügend erklären. Speziell beim Menschen ist neben Verstärkungsvorgängen die Fertigkeit zu berücksichtigen, sich neue Verhaltensweisen allein über die Beobachtung des Verhaltens anderer Personen und der sich daraus ergebenden Konsequenzen anzueignen. Der Erwerb neuer Verhaltensweisen durch das Beobachten und Nachahmen von Eltern, Freunden und anderen Vorbildern wurde von Albert Bandura als **Modelllernen** bezeichnet.

Modelllernen: lernen durch beobachten

> **Definition**
> Der Begriff »**Modelllernen**« wurde von Albert Bandura eingeführt und bezeichnet den kognitiven Lernprozess, der vorliegt, wenn sich ein Individuum neue Verhaltensweisen als Folge der Beobachtung des Verhaltens anderer Individuen aneignet.

▶ **Definition**
Modelllernen

Therapeutisches Vorgehen und Effektivität

Modelllernen wird im klinischen Kontext vor allem zum **Aufbau von Verhaltenskompetenzen** genutzt. Dabei führt ein Modell (z. B. der Therapeut oder ein Mitpatient) in Gegenwart des beobachtenden Patienten ein bestimmtes Verhalten durch und erlangt dadurch für den Patienten sichtbar einen bedeutsamen Verstärker. Im Anschluss führt der Patient das Verhalten selber aus und wird dafür möglichst effektiv verstärkt.

Soweit möglich sollte dabei für die Ähnlichkeit von Modell und Patient gesorgt werden. Diese Ähnlichkeit kann sich auch auf Schwierigkeiten beim Realisieren des erwünschten Verhaltens beziehen: Ein **Coping-Modell**, d. h. ein Modell (eine Person), das ebenfalls Probleme beim Durchführen des erwünschten Verhaltens hat, sich diesen Problemen aber stellt und sie erfolgreich überwindet, ist effektiver als ein **Mastery-**

Modelllernen dient zum Aufbau von Verhaltenskompetenzen.

Coping- vs. Mastery-Modell

Modell, d. h. ein Modell, das das erwünschte Verhalten ohne Probleme aus dem Ärmel schüttelt (und bei Patienten oft Scham über die eigene Unfähigkeit auslöst).

Insbesondere bei komplexem Modellverhalten und im Zusammenhang mit sozialen Ängsten ist es günstig, wenn das Modell als **Gleitmodell** handelt und zu Beginn kein perfektes Verhalten zeigt, sondern die Situation und seine Schwierigkeiten selbst erst bewältigen muss und in der Folge zunehmend kompetenter und adäquater handelt.

Während der Patient beobachtet, kann der Therapeut die Aufmerksamkeit auf das relevante Verhalten (inklusive Körperhaltung, Mimik, Stimme, etc.) lenken. Mit einer abschließenden Zusammenfassung kann der Therapeut nochmals die wichtigen Verhaltensaspekte und deren Funktionalität für das Erreichen der Ziele des Patienten herausarbeiten. Wenn der Patient das Modell nachahmt, ist es wichtig, Teilerfolge herauszustellen und zu verstärken sowie ggf. eine gut überschaubare Zahl von konkreten Optimierungsvorschlägen zu machen.

Optimierung des Lernerfolgs durch Lenkung der Aufmerksamkeit und selektive Verstärkung.

Damit das eingeübte Verhalten in den Alltag des Patienten transferiert wird, gilt es soweit möglich (durch Einbezug relevanter Bezugspersonen) für eine positive Verstärkung auch außerhalb des therapeutischen Settings zu sorgen. Im weiteren Verlauf sollte das Verhalten dann zunehmend von der externen Belohnung entkoppelt und von der Einsicht des Patienten in die Vorteile des neuen Verhaltens sowie von seiner Überzeugung, dieses auch ausüben zu können, motiviert werden.

Nach Perry (2008) belegen zahlreiche empirische Untersuchungen die Effektivität von Modelllernen als Mittel der Verhaltensmodifikation. Zu diesen zählen sowohl kontrollierte Laborstudien als auch Studien, die die Effekte von Modelllernen unter natürlicheren Bedingungen untersucht haben. Aktuelle, hochwertige klinische Untersuchungen zur Effektivität von Modelllernen als eigenständige Methode zur Behandlung psychischer Störungen gibt es jedoch nicht.

Exkurs

Rollenspiele

Ursprünglich wurden Rollenspiele als eine Therapietechnik des Psychodramas entwickelt, heute gehören sie zu den verhaltenstherapeutischen Standardmethoden. Dabei ist zwischen dem diagnostischen Rollenspiel und dem therapeutischen Rollenspiel zu unterscheiden:

- Das diagnostische Rollenspiel wird genutzt, um notwendige Informationen für eine Problem- oder Verhaltensanalyse zu erheben, indem Problemsituationen nachgestellt werden und der Patient direkt über die auftretenden Gedanken, Gefühle und körperlichen Empfindungen berichten kann.
- Bei therapeutischen Rollenspielen hingegen ist es das Ziel, neue Verhaltensweisen aufzubauen, eine Auseinandersetzung mit beobachtbarem Verhalten zu ermöglichen oder einen Ausgleich zwischen geäußertem und erwünschtem Verhalten zu erreichen.

Modelllernen ist ein wichtiger Baustein des Rollenspiels, in dem der Therapeut oder andere Personen Lösungen des gewünschten Verhaltens vorspielen, die dann vom Patienten nachgeahmt werden sollen. Neben Modelllernen kommen in Rollenspielen eine Vielzahl anderer Techniken

wie operante Verfahren und Selbstinstruktionstrainings zum Einsatz. Der Ablauf bei der Durchführung eines Rollenspiels lässt sich in Anlehnung an Hautzinger (2008) in sieben Schritte unterteilen:

- Problembeschreibung, Herausarbeiten von im Rollenspiel darstellbaren Situationen
- Festlegung einer Situation mit einer oder mehreren Handlungsmöglichkeiten, Festlegung der Rollen und des Verhaltens der Rollenspielteilnehmer, Erstellung eines Ablaufplans
- Durchführung des Rollenspiels mit Videoaufzeichnung, ggf. Rückgriff auf Hilfestellung durch Teilnehmer oder Therapeuten, z. B. durch Prompting
- Rückmeldung und Auswertung der Videoaufzeichnung, differenzielle Verstärkung und Verbesserungsvorschläge
- Erneutes Spielen der Übung, dabei Erprobung neuen Verhaltens aufgrund der Rückmeldungen und Vorschläge
- Erneutes Feedback, Verstärkung von Fortschritten und differenzielle Verstärkung in Richtung Zielverhalten
- Transfer und Übertragung in reale Situationen

3.2.4 Kognitive Verfahren

Kognitive Verfahren basieren auf der Annahme, dass Erleben, Verhalten und Körperreaktionen maßgeblich von kognitiven Prozessen beeinflusst werden. Da dies auch für Beeinträchtigungen in diesen Bereichen gilt, wird in dysfunktionalen Kognitionen ein wichtiger Faktor für die Entstehung, Aufrechterhaltung und Behandlung psychischer Störungen gesehen. Unter »**Kognitionen**« werden dabei unterschiedliche Kategorien der Informationsverarbeitung subsumiert, wie z. B. (selektive) Wahrnehmungen, Erwartungen, Interpretationen, Bewertungen von Ereignissen, Lebensregeln, Schemata, Einstellungen, Überzeugungen oder Grundhaltungen. Ziel kognitiver Verfahren ist es, ungünstige Informationsverarbeitungsstile zu identifizieren und zu modifizieren.

Historisch gesehen finden sich Ansätze dieses Paradigmas schon in den Lehren des Buddha (vgl. ▶ Kap. 11) und bei den griechischen Philosophen. So formulierte der Philosoph Epiktet (ca. 50–125 n. Chr.) als Leitlinie stoischer Lebensführung: »Verwechsle nicht die Dinge mit Deinen Vorstellungen.« Zu den maßgeblichen Entwicklern der kognitiven Verfahren, wie sie aktuell praktiziert werden, zählen vor allem Albert Ellis, Aaron T. Beck und Donald W. Meichenbaum.

Mithilfe kognitiver Verfahren sollen ungünstige Informationsverarbeitungsstile verändert werden.

Rational-emotive Verhaltenstherapie nach Ellis

Der amerikanische Psychologe Albert Ellis entwickelte in den 1950er-Jahren in Auseinandersetzung mit der klassischen Psychoanalyse die Rational-emotive Therapie. Zunächst wurde die Theorie unter der Bezeichnung »Rationale Therapie« eingeführt, später als »Rational-emotive Therapie« bezeichnet und seit 1993 unter dem Begriff »Rational-emotive Verhaltenstherapie« (REVT) geführt.

Zentrale Annahme In der REVT geht man davon aus, dass emotionale, behaviorale und somatische Reaktionen auf objektive Ereignisse von den kognitiven Bewertungen dieser Ereignisse vermittelt werden und dass diese Bewertungen wiederum von den dahinter liegenden **Grundüberzeugungen (»beliefs«)** abhängen. »Irrationale« Beliefs (d. h. bei Ellis: unangemessene, nicht hilfreiche, nicht zielführende Überzeugungen) und die durch diese bedingten dysfunktionalen Bewertungen werden als Ursache von psychischen Problemen gesehen. Innerhalb der Vielzahl irrationaler Annahmen lassen sich vier Grundkategorien voneinander abgrenzen:

Irrationale Bewertungen gelten in der REVT als Ursache für die Entstehung und Aufrechterhaltung psychischer Störungen.

- Absolute Forderungen (Ellis: »*mus*turbations«): »Ich muss perfekt sein«, »Die anderen müssen mich rücksichtsvoll behandeln«, »Die Lebensbedingungen müssen so beschaffen sein, wie ich das will«
- Globale negative Selbst- und Fremdbewertungen: »Ich bin ein Versager«, »Der Andere ist nichts wert«
- Katastrophendenken: »Wenn etwas nicht nach meinen Vorstellungen geht, ist das eine Katastrophe«, »Wenn ich einen Fehler mache, ist das ganz schrecklich«
- Niedrige Frustrationstoleranz (Ellis: »I can't standitis«): »Ich könnte es nicht aushalten, wenn andere mich kritisieren«

ABC-Modell Das ABC-Modell stellt die Grundannahme der REVT in einer für Patienten relativ leicht nachvollziehbaren Form dar: Bei bestimmten auslösenden Ereignissen und Erfahrungen (A = »activating events«) werden Bewertungsvorgänge aktiv (B = »belief«, »belief system«), die zu emotionalen und verhaltensbezogenen Konsequenzen (C = »consequences«) führen. Dadurch, dass die aus der Bewertung resultierenden Konsequenzen ihrerseits wieder Gegenstand von Bewertungsprozessen sind, kann als Folge des »primären ABC« ein »sekundäres ABC« entstehen, auch »Symptomstress« genannt (z. B. »Ich bewerte meine Angst als etwas, was ich als echter Mann nicht haben dürfte, und löse dadurch Scham aus«) (◨ Abb. 3.2).

primäres vs. sekundäres ABC

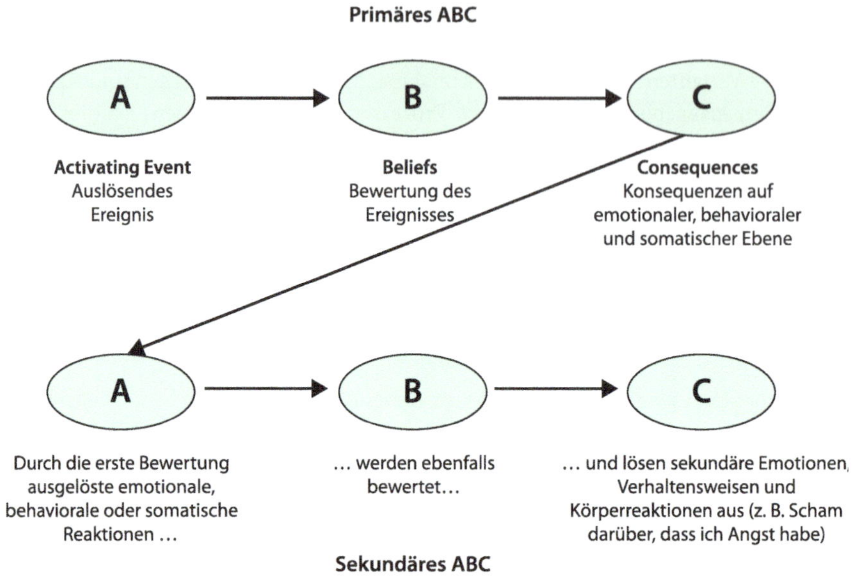

◘ Abb. 3.2 ABC-Modell (primäres und sekundäres ABC)

Primäres ABC

Activating Event
Auslösendes
Ereignis

Beliefs
Bewertung des
Ereignisses

Consequences
Konsequenzen auf
emotionaler, behavioraler
und somatischer Ebene

Durch die erste Bewertung
ausgelöste emotionale,
behaviorale oder somatische
Reaktionen …

… werden ebenfalls
bewertet…

… und lösen sekundäre Emotionen,
Verhaltensweisen und
Körperreaktionen aus (z. B. Scham
darüber, dass ich Angst habe)

Sekundäres ABC

Erweiterung des ABC-Modells um Disputation (D) und Effekte (E)

Disputation: Identifikation von »heißen Kognitionen« und Abschätzung des Symptomstresses

drei Formen des Disputs: logisch, empirisch, hedonistisch

Therapeutisches Vorgehen Abgeleitet aus dem ABC-Modell ist es Ziel der REVT, dysfunktionale Überzeugungen des Patienten zu verändern und ihn darin zu unterstützen, zu einer »rationaleren Lebensanschauung« zu gelangen, die ihm hilft, mit aktuellen und zukünftigen Problemen angemessen umzugehen. Um dies zu erreichen, wird das ABC-Modell um die Elemente Disputation (D) und Effekte (E) zum **»ABCDE-Modell«** erweitert. Die Disputation dient dem In-Frage-Stellen im Rahmen eines kritischen Dialogs.

Um ein solide Grundlage für die **Disputation** (»Streitgespräch«) zu schaffen, gilt es zunächst, bedeutsame irrationale Annahmen und dysfunktionale Einschätzungen zu identifizieren. Mithilfe von Fragen wie »Warum ist das so schlimm, wenn Sie mal nicht zur Arbeit gehen?« kann der Therapeut dysfunktionale Annahmen (»Ich muss immer einsatzbereit und leistungsstark sein«) feststellen. Zentrales Ziel ist dabei das Aufdecken der »heißen Kognition«, d. h. der Bewertung, die für das Problem von unmittelbarer Relevanz ist (diese ist i.d.R. an der affektiven Reaktion des Patienten zu erkennen). Außerdem gilt es zu explorieren, inwieweit relevante sekundäre ABCs bzw. »Symptomstress« vorliegen.

Im nächsten Therapieschritt werden mithilfe von Disputationstechniken Zweifel an den irrationalen Annahmen genährt und rationalere Annahmen entwickelt. Hierbei können drei verschiedene Disputationsstrategien zum Einsatz kommen:

- **Logischer Disput:** Der Patient wird mit logischen Widersprüchen in seinen Aussagen konfrontiert, z. B. »Sie sagen, Sie seien nichts wert, wenn Sie nichts leisten würden. Aber vorhin haben Sie mir erzählt, Ihre Mutter sei der wertvollste Mensch für Sie. Die liegt doch aber seit einem Schlaganfall im Bett und leistet auch nichts. Warum ist sie dann trotzdem etwas wert und Sie nicht?«
- **Empirischer Disput:** Der Patient wird mit Widersprüchen seiner Annahmen zur erfahrbaren Welt konfrontiert, z. B. »Sie sagen, Sie würden nichts leisten, aber wenn ich das richtig sehe, ziehen Sie gerade zwei Kinder alleine groß und so wie Sie das schildern, geraten die beiden prächtig. Was macht es Ihnen so schwer, diese Leistung anzuerkennen?«
- **Hedonistischer Disput:** Der Patient wird mit negativen Konsequenzen einer bestimmten Bewertung konfrontiert, z. B. »Wohin führt es, wenn Sie von sich fordern, immer maximale Leistung bringen zu müssen? Was macht das mit Ihnen? Wo werden Sie langfristig enden, wenn Sie so weiter machen? Was wird dann aus Ihren

Kindern? Wollen Sie das? Wenn nein: Wie müssten Sie die Situation sehen, damit Sie sich nicht so unter Druck setzen, dass Sie über kurz oder lang zusammenbrechen?«

Abschließend wird der Patient dazu angeleitet, die Situation mithilfe der erarbeiteten rationaleren (oder besser: »funktionaleren«) Beliefs zu bewerten und so einen hilfreichen Effekt auf die problematischen Erlebens- oder Verhaltensweisen auszuüben. Für den Fall, dass bedeutsamer Symptomstress vorliegt, empfiehlt Ellis, bei der Disputation mit dem sekundären ABC anzufangen und zunächst dafür zu sorgen, dass den problematischen Gefühlen, Verhaltensweisen oder Körperreaktionen zumindest ein Minimum an Akzeptanz entgegengebracht wird (z. B. mithilfe der hilfreichen Annahme: »Wahrhaft starke Männer zeichnen sich dadurch aus, dass sie zu ihren Gefühlen stehen und auch Ängste haben und zeigen dürfen«).

Gibt es Hinweise auf bedeutsamen Symptomstress, wird mit der Disputation des sekundären ABCs begonnen.

Wirksamkeit Auf der Basis einer Metaanalyse von insgesamt 17 Studien kamen Grawe, Donati und Bernauer (1994) zu dem Schluss, dass REVT als ein »potentiell sehr wirksames Therapieverfahren« bei einer ganzen Reihe von Störungen angesehen werden kann. Allerdings zeigten sich keine Hinweise auf eine etwaige Überlegenheit gegenüber anderen KVT-Verfahren. Zu einer vergleichbaren Schlussfolgerung gelangen auch Engels, Garnefski und Diskstra (1993) auf der Grundlage einer Metaanalyse von insgesamt 28 Studien. Dabei ist jedoch zu beachten, dass sich die zugrunde gelegten Studien in Bezug auf die Stichproben und Studienqualität z. T. deutlich unterschieden und zuweilen auch klinische Gruppen mit Symptomen unterhalb der Diagnoseschwelle berücksichtigt wurden. In Anbetracht der großen Popularität der Verfahrens ist der Mangel an hochwertigen Studien und aktuellen Metaanalysen zur Wirksamkeit der REVT als eigenständiges Verfahren oder als Teilkomponente im Rahmen komplexerer Programme bedauerlich.

Kognitive Therapie nach Beck

Aaron T. Beck setzte sich seit den frühen 1960er-Jahren kritisch mit den Positionen der klassischen Psychoanalyse auseinander und entwickelte in diesem Zusammenhang die »Kognitive Therapie der Depression«. Selbst ausgebildeter Psychoanalytiker, kam Beck auf Grundlage empirischer Forschung zur Entstehung und Aufrechterhaltung von Depressionen zu ähnlichen Ergebnissen wie Ellis sie aus seiner praktisch-psychotherapeutischen Tätigkeit ableitete. Die zentralen Hypothesen der Kognitiven Therapie, die sich zunächst nur auf die Behandlung von Depression bezogen, wurden von Beck später auch für andere Störungsbilder wie Angststörungen, Suchterkrankungen oder Persönlichkeitsstörungen ausgeweitet. Mittlerweile werden seine Konzepte zur Behandlung fast aller Störungsbilder genutzt (Beck et al., 2001).

Zentrale Annahmen Für Beck ist eine **maladaptive Informationsverarbeitung**, welche sich in einer negativ verzerrten Sicht der Realität und in pathogenen automatischen Gedanken niederschlägt, für die Entstehung und Aufrechterhaltung psychischer Störungen ausschlaggebend. In diesem Sinne zeichnet sich z. B. das Denken depressiver Menschen durch die sog. kognitive Triade der Depression, d. h. durch eine durchweg negative Sicht der eigenen Person, der Umwelt und der Zukunft aus (vgl. ▶ Kap. 4, Bd. 1). Durch eine Reihe von typischen logischen Fehlern, sog. **Denkfehlern** (◻ Tab. 3.3), wird diese verzerrte Sicht der Realität bestätigt und stabilisiert.

maladaptive Informationsverarbeitung als Ursache für die Entstehung und Aufrechterhaltung psychischer Störungen

Denkfehler sind wiederum bedingt durch sog. **negative Schemata**, worunter Beck negative Grundannahmen (z. B. »Ich bin wertlos«) versteht. Diese Schemata werden in der Regel in frühen Sozialisationsphasen erworben und können zunächst in den Hintergrund treten, bevor sie in Belastungssituationen wieder aktiviert werden und Einfluss auf die Informationsverarbeitung nehmen. Dabei steuern sie das Denken auf eine

Negative Schemata (Grundannahmen) steuern das Denken.

◘ **Tab. 3.3** Beispiele für typische Denkfehler bei depressiven Patienten	
Willkürliches Schlussfolgern	Folgerungen ohne Beweise oder trotz gegenteiliger Erfahrung
Selektives Verallgemeinern	Tendenz, Einzelfakten aus dem Kontext zu nehmen und überzubewerten, wobei andere bedeutsame Merkmale der Situation ignoriert werden
Übergeneralisieren	Auf der Grundlage eines oder mehrerer isoliert betrachteter Ereignisse wird eine allgemeine Regel oder Schlussfolgerung gezogen, die dann unterschiedslos auf ähnliche oder unähnliche Situationen übertragen wird.
Minimieren oder Maximieren	Die Bedeutung oder Größe eines Ereignisses wird deutlich über- oder unterschätzt.
Personalisieren	Äußere Ereignisse werden extrem auf die eigene Person bezogen, ohne dass es hierfür Belege gibt.
Dichotomes Denken	Auch »Schwarz-weiß-Malerei« oder »Alles-oder-Nichts«-Denken genannt; Zuordnung von Erfahrungen in zwei sich gegenseitig ausschließende Kategorien, ohne Abstufungen wahrzunehmen

Anmerkung. Vgl. Wilken (2010, S. 26)

sich selbst stabilisierende Weise. So führt beispielsweise die aktivierte Grundannahme »Ich bin wertlos« dazu, dass die (chronisch) schlechte Laune des Chefs als persönliche Ablehnung interpretiert wird (automatischer Gedanke: »Er mag mich nicht«; Denkfehler: »Personalisierung«), was dann wiederum die Grundannahme der eigenen Wertlosigkeit bestätigt. Darüber hinaus bilden negative Grundannahmen den Nährboden für dysfunktional bedingte Annahmen, wie z. B. »Weil ich ja eigentlich wertlos bin, bekomme ich von anderen nur dann Wertschätzung, wenn ich maximale Leistung bringe und keine Fehler mache«.

geleitetes Entdecken und Sokratischer Dialog: Durch Fragen wird die Aufmerksamkeit des Patienten auf Widersprüche zwischen seinem Denken und der Empirie, den Gesetzen der Logik oder seinen Zielen gelenkt, mit der Absicht, dass er am Wahrheitsgehalt und/oder an der Nützlichkeit seiner Annahmen zu zweifeln beginnt.

Therapeutisches Vorgehen Hauptziel der Kognitiven Therapie ist es, dysfunktionale Kognitionen zu identifizieren und zu verändern. Dazu wird der Patient zunächst in das kognitive Modell eingeführt. Dies geschieht am besten als »**geleitetes Entdecken**« anhand der systematischen Beobachtung des Zusammenhangs von Gedanken und problematischen Gefühlen, Verhaltensweisen oder Körperreaktionen. Mithilfe des »**Sokratischen Dialogs**« leitet der Therapeut den Patienten an, problematische Kognitionen »wie ein Wissenschaftler« kritisch zu hinterfragen und systematisch zu prüfen. Neben logischen Analysen kann dazu auch eine Vielzahl weiterer Techniken wie Verhaltensexperimente, Rollenspiele oder Fakten-Checks eingesetzt werden. Hinweise auf eine mangelnde logische oder empirische Absicherung von automatischen Gedanken und bedingten Annahmen sollten soweit möglich genutzt werden, um auch Zweifel an absoluten Grundannahmen zu säen (Beispiel: Therapeut (T): »Ihr Chef hat Ihnen, nachdem er Sie für Ihren Fehler kritisiert hat, einen Kaffee geholt und mit Ihnen besprochen, wie man das Problem lösen kann, korrekt? Was sagt Ihnen das in Bezug auf Ihre Idee, dass Sie abgelehnt werden, sobald Sie einen Fehler machen?« Patient (P): »Dies stimmt vielleicht so nicht.« T: »Korrekt. Und was bedeutet das für Ihre Grundannahme, dass niemand Sie wirklich mag?« P: »Naja, vielleicht stimmt das auch nicht so ganz …«). Im Anschluss an das Infrage-Stellen dysfunktionaler Gedanken und Annahmen fokussiert der Therapeut auf das Erarbeiten alternativer, rationalerer und hilfreicherer Gedanken und Annahmen. Diese werden dann mithilfe von täglich auszufüllenden Protokollbögen möglichst intensiv im Alltag des Patienten eingeübt (vgl. ▶ Kap. 4, Bd. 1 für Beispiele).

Wirksamkeit Die Wirksamkeit der Kognitiven Therapie nach Beck ist in einer Vielzahl von Studien für eine große Bandbreite von Störungsbildern nachgewiesen worden. Für verschiedene Störungsbereiche gibt es aktuelle Übersichtsarbeiten, z. B. Wampold et al. (2002) für Depression oder Ruhmland und Margraf (2001) für Panikstörung und Agoraphobie. Die Kognitive Therapie der Depression nach Beck wird von DeRubeis und

Crits-Christoph (1998) zu den »wirksamen und spezifischen« Verfahren gezählt. Als »wirksame Verfahren« gelten nach APA-Task-Force (Chambless & Hollon, 1998) die kognitiven Therapieverfahren zur Behandlung von generalisierten Angststörungen und Agoraphobie (DeRubeis & Crits-Christoph, 1998). Kognitive Therapien bei Zwangsstörungen, sozialen Phobien und Suchterkrankungen wurden als »wahrscheinlich wirksame« Verfahren eingestuft (Chambless et al., 1998; DeRubeis & Crits-Christoph); für weitere Hinweise siehe ▶ Band 1.

Selbstinstruktions- und Stressimpfungstraining nach Meichenbaum

Ausgehend von der Beobachtung, dass es schizophrenen Patienten besser gelang, sich auf bestimmte Aufgaben zu konzentrieren, wenn sie diesbezügliche Instruktionen spontan nachsprachen, entwickelte Donald W. Meichenbaum Anfang der 1970er-Jahre ein Selbstinstruktionstraining für impulsive und hyperaktive Kinder (Meichenbaum & Goodman, 1971). Aufgrund der Erfolge dieses Trainings weitete Meichenbaum den Ansatz der systematischen Selbstinstruktion auch auf Patienten mit anderen Störungen, wie z. B. Sprech- und Prüfungsängste bei Studenten (Meichenbaum, 1972), aus.

Zentrale Annahme Meichenbaum geht davon aus, dass **Selbstverbalisation**, d. h. an sich selbst gerichtete Instruktionen im Sinne eines »inneren Sprechens zu sich selbst«, eine emotions- und verhaltenssteuernde Wirkung besitzt. Problematische und unangepasste Selbstverbalisationen tragen nach Meichenbaum zur Entstehung und Aufrechterhaltung psychischer Störungen bei. Im Gegensatz dazu führen angemessene Bewältigungssätze (z. B. »Du kannst die Aufgabe bewältigen – denke über den nächsten Schritt nach«) zu einer angemessenen Situationsbewältigung und angemessenen Emotionen.

> Nach Meichenbaum trägt dysfunktionale Selbstverbalisation zur Entstehung und Aufrechterhaltung psychischer Störungen bei.

Therapeutisches Vorgehen Im **Selbstinstruktionstraining** sollen impulsive Kinder darin geschult werden, bestimmte alternative Verhaltensweisen, wie z. B. konzentriertes Arbeiten und Zuhilfenahme von Selbstanweisungen, einzuüben. Dabei sollen die Kinder lernen, die Sprache als Möglichkeit zur Steuerung des Verhaltens einzusetzen.

> Selbstinstruktionstraining

Für die Praxis

Fünf Schritte des Selbstinstruktionstrainings nach Meichenbaum (1977)

- Modelllernen: Ein Modell führt das Zielverhalten unter lautem, kommentierendem Sprechen aus.
- Offene externale Anleitung: Das Kind wird zur Ausübung der Aufgabe angeleitet, während der Anleiter die Instruktionen laut verbalisiert.
- Offene Selbstanleitung: Das Kind wiederholt die Aufgabe erneut, während es sich selbst die Instruktion laut vorgibt.
- Ausblendung der offenen Selbstanleitung: Das Kind führt die Aufgabe erneut aus, wobei es sich flüsternd instruiert.
- Verdeckte Selbstinstruktion: Das Kind geht die Aufgabe durch und lenkt sein Verhalten durch lautlose Selbstverbalisation.

Im ebenfalls von Meichenbaum (2003) entwickelten **Stressimpfungstraining** werden angemessene Selbstverbalisationen systematisch genutzt, um besser mit belastenden bzw. Stress auslösenden Situationen umgehen zu können. Dabei steht, stärker als in den Konzepten von Beck und Ellis, die Erarbeitung und das Training förderlicher Kognitionen im Vordergrund. Mit den Patienten werden individuelle »angemessene« Formulierungen erarbeitet, vom Therapeuten modelliert und über Rollenspielübungen und Konfrontation mit der Realsituation trainiert. Durch das fortwährende Aufsuchen von Stresssituationen in der Alltagsrealität soll eine »immunisierende Wirkung« für Stress- und Angstsituationen erreicht werden. Dabei soll statt einer starren vorgegebenen Formulierung eine für den Patienten günstige individuelle Formulierung gesucht werden. Der Ablauf des Trainings lässt sich in drei Phasen einteilen (◘ Tab. 3.4).

> Stressimpfungstraining

◻ Tab. 3.4 Phasen des Stressimpfungstrainings nach Meichenbaum (2003)

Phase	Inhalte
Edukative Phase	Problemanalyse mit Fokus auf Selbstgesprächen; Kognitives Konzept des Verhaltens, der Problematik und der Stressbewältigung vermitteln (Stress als Resultat der Interaktion von Belastung und Person)
Phase des Erwerbs und der Erprobung von Bewältigungsstrategien	Methoden der Stressbewältigung werden vermittelt und eingesetzt: Entspannung und konstruktive Selbstverbalisation; Vorbereitung auf den Stressor/die Situation: »Was ist das Problem? Was ist zu tun?«; Konfrontation und Umgang mit dem Stressor: Selbstinstruktion für Entspannung (»Entspannt ausatmen, das Problem angehen«); Auseinandersetzung mit dem Gefühl, überwältigt zu werden: »Mach' eine Pause. Konzentrier' dich auf die Aufgabe. Was ist jetzt das Wesentliche?«; Selbstverstärkung: »Es hat geklappt. Das habe ich prima gemacht.«
Phase der Anwendung der Bewältigungsstrategien	Gelernte Bewältigungsstrategien schrittweise im Alltag/unter alltagsähnlichen Bedingungen einüben (ggf. mit Unterstützung des Therapeuten oder anderer Personen); Rückschläge antizipieren und einüben; Booster-Sessions (Auffrischsitzungen)

Wirksamkeit Das Stressimpfungstraining gilt nach Grawe, Donati und Bernauer (1994) für ein weites Störungsspektrum und verschiedene Rahmenbedingungen (Einzel- vs. Gruppensetting, ambulant vs. stationär) als nachgewiesenermaßen wirksam. Saunders et al. (1996) fanden in einer Metaanalyse zur Effektivität des Stressimpfungstrainings große Effektstärken für die Reduktion von Ängsten in Prüfungssituationen sowie eine moderate Effektstärke für die Verbesserung der Leistung selbst. Für die Behandlung von Posttraumatischen Belastungsstörungen gilt das Stressimpfungstraining als »wahrscheinlich effektive« Therapie (Chambless et al., 1998) und erwies sich bei DeRubeis und Crits-Christoph (1998) als vergleichbar effektiv wie verlängerte Expositionstherapie.

Exkurs

Colombo-Technik

Bei dieser ebenfalls auf Meichenbaum zurückgehenden Technik orientiert sich der Therapeut beim »geleiteten Entdecken« am Stil des von Peter Falk dargestellten Serienkommissar Colombo. Dieser zeichnet sich durch seine stets liebenswerte und auf den ersten Blick leicht schusselige und tolpatschige Art aus. Sie führt dazu, dass die Ganoven sich vorschnell in Sicherheit wiegen, Fehler machen und überführt werden. Typische Sequenzen stellen Colombo dar, wie er zerknirscht in der Tür steht, die buschigen Augenbrauen zusammenzieht, sich räuspert und eingesteht, dass er sich wohl geirrt haben muss, und dann den Raum verlässt, nur um zehn Sekunden später wieder zurückzukommen und mit den Worten »Aber was ich noch nicht verstehe ist, wie …« die Präsentation des entscheidenden Beweisstücks einleitet. Woraufhin der sich schon in Sicherheit wiegende Ganove kurzschlussartig flüchtet und so seine Schuld eingesteht.

Der therapeutische Einsatz der Colombo-Technik besteht darin, zunächst liebevoll, zugewandt und mit viel Verständnis und Einfühlung dem Patienten zuzustimmen, dass bestimmte dysfunktionale Gedanken eine nachvollziehbare Berechtigung haben (»Ich verstehe, weil Sie die Erfahrung gemacht haben, dass …, sind Sie jetzt davon überzeugt, dass …«, »Mmm, mmh, das kann ich gut nachvollziehen« usw.), bis sämtliche Argumente für die dysfunktionale Annahme genannt und vom Therapeuten durch den Bezug zur Lerngeschichte und der Verarbeitung des Patienten »validiert« (d. h. bestätigt) wurden. Erst dann kommt die Frage: »Aber was ich noch nicht verstehe, ist, wie diese Annahme damit zusammen passt, dass …«. Wenn der Patient dann die Schlussfolgerung mit einem logisch schwer nachzuvollziehenden Argument begründet, wird dieses vom Therapeuten nicht offen angegriffen. Statt dessen wird die »Konstruktion zur Verteidigung des dysfunktionalen Schemas« zusammengefasst in den Raum gestellt, so dass der Patient möglichst selbst den logischen oder empirischen Fehler in seiner Argumentationslinie bemerkt.

Der Einsatz dieser Technik bzw. dieses Stils kann wesentlich dazu beitragen, die Reaktanz zu reduzieren, die Disputationstechniken zuweilen beim Patienten auslösen und die es diesem schwer machen können, die nahegelegte funktionalere Sichtweise zu übernehmen.

3.3 Effektivität von KVT und aktuelle Entwicklungen

Kein anderes psychotherapeutisches Verfahren ist so intensiv empirisch untersucht worden wie die KVT. Butler et al. (2006) fassten in einem Review die Ergebnisse zur Wirksamkeit der KVT aus 16 Metaanalysen von hoher methodischer Güte zusammen. Insgesamt wurden über 300 Studien mit ca. 10.000 Probanden in die Analyse einbezogen. Die Autoren kamen zu der Schlussfolgerung, dass KVT ein hoch wirksames Verfahren für unipolare Depressionen im Kindes-, Jugend- und Erwachsenenalter, bei Generalisierten Angststörungen, Panikstörungen mit und ohne Agoraphobie, sozialer Phobie, Posttraumatischen Belastungsstörungen und Angststörungen sei. Im Vergleich zu Wartelisten- oder Placebo-Kontrollgruppen ergaben sich hohe Effektstärken. Für Ärger, Partnerschaftsprobleme, kindliche somatoforme Störungen und chronische Schmerzen zeigten sich hingegen eher moderate Effektstärken. In einer Metaanalyse von Tolin (2010) resultierten für die KVT am Ende der Behandlung und im Follow-Up im Vergleich zu anderen Therapieverfahren niedrigere Werte in den Primärsymptomen. Zudem erwies sich in dieser Metaanalyse KVT als signifikant wirksamer im Vergleich zu psychodynamischer Therapie, nicht aber gegenüber interpersonellen oder nicht-direktiven Verfahren.

> Die KVT ist das mit Abstand am besten wissenschaftlich untersuchte Verfahren.

Die Beurteilung der Effektivität von KVT im Vergleich mit anderen Verfahren sollte jedoch stets in Abhängigkeit von der zu behandelnden Symptomatik erfolgen. In diesem Sinne gibt es deutliche Hinweise darauf, dass die KVT z. B. in der Behandlung von Angststörungen anderen Verfahren deutlich überlegen ist, wohingegen sich eine solche Überlegenheit in der Behandlung anderer, beispielsweise affektiver Störungen, nicht nachweisen lässt (▶ Kap. 4., Bd. 1). Störungsspezifisch sollte auch die Frage betrachtet werden, inwieweit eher das kognitive oder das behaviorale Vorgehen für die Erfolge von KVT-Verfahren verantwortlich ist. Zumindest im Bereich der Behandlung von Angststörungen und schweren Depressionen gibt es Hinweise darauf, dass die kognitive Komponente für den Therapieerfolg nicht unbedingt notwendig ist, im Gegenteil: In einigen Studien zeigte sich ein rein behaviorales Vorgehen dem kombiniert behavioral-kognitiven Vorgehen signifikant überlegen (Jacobsen et al., 1996; Ruhmland & Margraf, 2001).

> Es gibt Hinweise, dass rein behaviorale Vorgehensweisen bei einigen Störungen ebenso effektiv sein können wie kombiniert kognitiv-behaviorale Verfahren.

Aktuelle Weiterentwicklungen der KVT fokussieren sowohl auf die Entwicklung und Evaluation störungsspezifischer Programme als auch (im Rahmen der sog. dritten Welle in der Verhaltenstherapie) auf Ansätze, die eine Stärkung der Akzeptanzkompetenzen der Patienten anstreben. Zu letzteren zählen u. a. die Dialektisch-Behaviorale Therapie und die Acceptance-and-Commitment-Therapie (▶ Kap. 11). Im Bereich der Expositionsverfahren ergeben sich darüber hinaus zunehmend neue Möglichkeiten durch virtuelle Realitäten, bei denen die aversiven Stimuli per Computer erzeugt und präsentiert werden. Die Wirksamkeit dieser Methoden zur Behandlung von spezifischen Phobien ist mittlerweile gut belegt (Eichenberg, 2007). Weitere aktuelle Entwicklungen beziehen sich auf den Einsatz online-basierter Technologien zur Förderung von Effektivität, Nachhaltigkeit und Effizienz des Therapieerfolges.

Margraf, J. & Schneider, S. (Hrsg.) (2009). *Lehrbuch der Verhaltenstherapie* (3. Aufl.). Heidelberg: Springer.

▶ **Weiterführende Literatur**

3.4 Literaturverzeichnis

Beck, A. T., Rush, A. J., Shaw, B. F. & Emery, G. (2001). *Kognitive Therapie der Depression* (2. Aufl.). Weinheim: Beltz.
Butler, A. C., Chapman, J. E., Forman, E. M. & Beck, A. T. (2006). The empirical status of cognitive-behavioral therapy: A review of meta-analyses. *Clinical Psychology Review, 26,* 17-31.
Caspar, F. (2006). *Beziehungen und Probleme verstehen: Eine Einführung in die psychotherapeutische Plananalyse.* Bern: Huber.

Chambless, D. L., Baker, M. J., Baucom, D. H., Beutler, L. E., Calhoun, K. S., Crits-Christoph, P. et al. (1998). Update on empirically validated therapies , II. *Clinical Psychologist, 51* (1), 3-16.

Chambless, D. L. & Hollon, S. D. (1998). Defining empirically supported therapies. *Journal of Consulting and Clinical Psychology, 66,* 7-18.

Craske, M., Brown, T. & Barlow, D. (1991). Behavioral treatment of panic disorder: A two-year follow-up. *Behavior Therapy, 22,* 289-304.

DeRubeis, R. J. & Crits-Christoph, P. (1998). Empirically supported individual and group psychological treatments for adult mental disorders. *Journal of Consulting and Clinical Psychology, 66,* 37-52.

Eichenberg, C. (2007). Der Einsatz von »Virtuelle Realitäten« in der Psychotherapie: Ein Überblick zum Stand der Forschung. *Psychotherapeut, 52,* 362-367.

Engels, G. I., Garnefski, N. & Diskstra, R. F. W. (1993). Efficacy of rational-emotive therapy: A quantitative analysis. *Journal of Consulting and Clinical Psychology, 61,* 1083-1090; doi: 10.1037/0022-006X.61.6.1083.

Felmingham, K., Kemp, A., Williams, L., Das, P., Hughes, G., Peduto, A. et al. (2007). Changes in anterior cingulate and amygdala after cognitive behavior therapy of posttraumatic stress disorder. *Psychological Science, 18,* 127-129.

Grawe, K. (1998). *Psychologische Psychotherapie.* Göttingen: Hogrefe.

Grawe, K. (2004). *Neuropsychotherapie.* Göttingen: Hogrefe.

Grawe, K., Donati, R. & Bernauer, F. (1994). *Psychotherapie im Wandel. Von der Konfession zur Profession.* Göttingen: Hogrefe.

Hautzinger, M. (2008). Verhaltensübungen – Rollenspiele. In: Linden, M. & Hautzinger, M. (Hrsg.), *Verhaltenstherapiemanual* (6. Aufl., S. 319-322). Heidelberg: Springer.

Jacobson, N. S., Dobson, K. S., Truax, P. A., Addis, M. E., Koerner, K., Gollan, J. K. et al. (1996). A component analysis of cognitive-behavioral treatment for depression. *Journal of Consulting and Clinical Psychology, 64,* 295-304.

Kanfer, F. H., Reinecker, H. & Schmelzer, D. (2006): *Selbstmanagement-Therapie.* Heidelberg: Springer.

Lader, M. H. & Wing, L. (1966). *Physiological measures, sedative drugs, and morbid anxiety.* London: Oxford University Press.

Maercker, A. (2009). Operante Verfahren. In: Margraf, J. & Schneider, S. (Hrsg.), *Lehrbuch der Verhaltenstherapie* (Bd. 1, 3. Aufl, S. 669-678.). Heidelberg: Springer.

Manzoni, G. M., Pagnini, F., Castelnuovo, G. & Molinari, E. (2008). Relaxation training for anxiety: A ten-years systematic review with meta-analysis. *BMC Psychiatry, 8,* 41.

Margraf, J. (2009). Hintergründe und Entwicklung. In: Margraf, J. & Schneider, S. (Hrsg.), *Lehrbuch der Verhaltenstherapie* (Bd. 1, 3. Aufl., S. 3-45). Heidelberg: Springer.

Meichenbaum, D. W. (1972). Cognitive modification of test anxious college students. *Journal of Consulting and Clinical Psychology, 39,* 370-380.

Meichenbaum, D. W. (1977). *Cognitive-behavoir modification: An integrative approach.* New York: Plenum Press.

Meichenbaum, D. W. (2003). *Intervention bei Stress* (2. Aufl.). Bern: Huber.

Meichenbaum, D. W. & Goodman, J. (1971). Training impulsive children to talk to themselves: A means of developing self-control. *Journal of Abnormal Psychology, 77,* 115-126.

Neudeck, H. (2006). Reizkonfrontationsmethoden. In: Wittchen, H. U. & Hoyer, J. (Hrsg). *Klinische Psychologie und Psychotherapie* (S. 465-475). Berlin: Springer.

Perry, M. (2008). Modelldarbietung. In: Linden, M. & Hautzinger, M. (Hrsg.), *Verhaltenstherapiemanual* (6. Aufl., S. 229-233). Heidelberg: Springer.

Rief, W., Exner, C. & Martin, A. (2006). *Psychotherapie – Ein Lehrbuch.* Stuttgart: Kohlhammer.

Ruhmland, M. & Margraf, J. (2001). Effektivität psychologischer Therapien von Panik und Agoraphobie: Meta-Analysen auf Störungsebene. *Verhaltenstherapie, 11,* 41-53.

Saunders, T., Driskell, J. E., Johnston, J. H. & Salas, E. (1996). The effect of stress inoculation training on anxiety and performance. *Journal of Occupational Health Psychology, 1* (2), 170-186.

Shapiro, D. A. & Shapiro, D. (1982). Meta-analysis of comparative therapy outcome studies: A replication and refinement. *Psychological Bulletin, 92* (3), 581-604.

Tolin, D. F. (2010). Is cognitive – behavioral therapy more effective than other therapies? A meta-analytic review. *Clinical Psychology Review, 30,* 710-720.

Wampold, B. E., Minami, T., Baskin, T. W. & Callen Tierney, S. (2002). A meta-(re)analysis of the effects of cognitive therapy versus »other therapies« for depression. *Journal of Affective Disorders, 68* (2-3), 159-165.

Wilken, B. (2010). *Methoden der kognitiven Umstrukturierung. Ein Leitfaden für die psychotherapeutische Praxis* (5. Aufl.). Stuttgart: Kohlhammer.

> **? Kap. 3, Bd. 2: Kontrollfragen**
>
> Die Antworten auf die folgenden Fragen finden Sie im Lerncenter zu diesem Kapitel unter ▶ www.lehrbuch-psychologie.de (Projekt Klinische Psychologie und Psychotherapie für Bachelor).
>
> 1. Was ist das Grundprinzip von Konfrontationstherapie, und welche vier Formen des Vorgehens lassen sich unterscheiden?
> 2. Welche verhaltenstherapeutisch geprägten Möglichkeiten kennen Sie, mit denen sich unerwünschtes Verhalten reduzieren lässt? Was gilt es bei deren Einsatz zu beachten?
> 3. Was ist die zentrale Annahme und Zielstellung kognitiver Verfahren?
> 4. Was ist unter dem primären und dem sekundären ABC-Schema zu verstehen?
> 5. Welche drei Formen des kognitiven Disputs unterscheidet Albert Ellis?
> 6. Wie effektiv sind kognitiv-verhaltenstherapeutische Verfahren?

4 Gesprächspsychotherapie

Pia von Blanckenburg, Japhia-Marie Gottschalk und Matthias Berking

---

┌─ **Lernziele** ───

─ Einblicke in Menschenbild und Störungskonzept der Gesprächspsychotherapie erhalten.

─ Charakteristische Vorgehensweisen der Gesprächspsychotherapie kennenlernen.

─ Effektivität von Gesprächspsychotherapie einschätzen können.

└───

4.1   Grundlagen

4.1.1   Beschreibung

Die Gesprächspsychotherapie (GT) wurde von **Carl Rogers** (1902–1987) in den USA zunächst unter der Bezeichnung nicht-direktive Psychotherapie (»nondirective psychotherapy«) konzipiert und in den nachfolgenden Jahren von ihm als personen- und klientenzentrierte Psychotherapie (»client centered psychotherapy«) weiterentwickelt. Die Geburtsstunde der GT wird im Erscheinen des Buchs *Counseling and Psychotherapy* im Jahr 1942 gesehen. Geprägt wurde die GT durch Strömungen des Existenzialismus und Humanismus, durch die Psychoanalyse, den Behaviorismus sowie durch gestaltpsychologische und phänomenologische Ansätze. Insgesamt gehört sie neben der Verhaltenstherapie und psychodynamischen Ansätzen zu den am weitesten verbreiteten psychotherapeutischen Verfahren.

Im deutschsprachigen Raum etablierten die Hamburger Psychotherapeuten Reinhard und Annemarie Tausch den Begriff der Gesprächspsychotherapie in den 50er-Jahren. Sie brachten die Therapieform in Therapiepraxis und Pädagogik ein und führten erste Evaluationsstudien durch. Aktuell kann die Klärungszentrierte Psychotherapie

Die Gesprächspsychotherapie (GT) wurde in den 1940er-Jahren von Carl Rogers in den USA entwickelt.

In Deutschland wurde die GT zunächst von Reinhard und Annemarie Tausch und später von Rainer Sachse geprägt.

nach Rainer Sachse als wichtigste und prägendste Weiterentwicklung der GT im deutschsprachigen Raum gesehen werden.

4.1.2 Menschenbild und Störungskonzept

Das Störungskonzept und therapeutische Vorgehen sind in der GT maßgeblich von einem Menschenbild geprägt, welches den Menschen als ursprünglich gut, sozial und als ein mit sich selbst im Einklang stehendes Wesen sieht. Rogers war davon überzeugt, dass jeder Mensch ein ausgeprägtes Bedürfnis hat, sich selbst zu entfalten und seine individuellen Entwicklungsmöglichkeiten voll auszuschöpfen. Zu dieser **Aktualisierungstendenz** gehört es, persönliche Erfahrungen wahrzunehmen, zu bewerten und bewusst zu reflektieren. Sie wird in der GT als zentrale Motivationsquelle und Antriebskraft des Menschen gesehen.

Ein wichtiger Unteraspekt dieser Tendenz, die sog. **Selbstaktualisierungstendenz**, bezieht sich auf das Bedürfnis, das eigene Selbst und den eigenen Selbstwert kontinuierlich weiterzuentwickeln bzw. zu erhöhen. Die Selbstaktualisierungstendenz sorgt dafür, dass Erfahrungen nicht nur in Bezug darauf evaluiert werden, inwieweit sie für den Organismus förderlich sind, sondern auch inwieweit sie mit dem jeweiligen Selbstkonzept der Person in Einklang gebracht werden können.

Für Rogers wird die Entwicklung des Selbst vor allem von dem Bedürfnis nach unbedingter (d. h. vor allem nicht an bestimmte Verhaltensweisen geknüpfte) **Wertschätzung** in zwischenmenschlichen Beziehungen beeinflusst. Es wird angenommen, dass der Mensch in dem Maße, in dem er unbedingte Wertschätzung im Kontakt mit den primären Bezugspersonen erlebt, einen positiven Selbstwert entwickelt, der es später erleichtert, neue Erfahrungen in das Selbstkonzept zu integrieren. In dem Maße, in dem Zuwendung und Wertschätzung an Bedingungen geknüpft sind, entsteht ein negatives bzw. unsicheres Selbstbild, welches es erschwert, neue Erfahrungen zu integrieren, wenn diese dem Selbstbild nicht entsprechen (weil dann befürchtet wird, die Bedingungen, von denen der Selbstwert abhängt, nicht mehr zu erfüllen).

Wenn neue Erfahrungen aufgrund von Angst vor den Veränderungen des Selbstkonzepts nicht integriert werden können, spricht Rogers von **Inkongruenz** (von Selbstkonzept und Erfahrungen). Chronische Inkongruenz manifestiert sich im Verleugnen, Verdrängen oder Verzerren von Erfahrungen. Diese Prozesse dienen letztlich dazu, ein instabiles Selbstbild zu schützen bzw. ein negatives Selbstwertgefühl zu stabilisieren und können zur Entstehung und Aufrechterhaltung von psychischen Störungen führen.

> **Definitionen**
> Die **Aktualisierungstendenz** ist die innewohnende Tendenz zur Entfaltung der eigenen Kräfte und Ausschöpfung der eigenen Entwicklungsmöglichkeiten.
> Die **Selbstaktualisierung** bezeichnet das Bedürfnis einer Person, das Selbst und den eigenen Selbstwert stetig weiterzuentwickeln und zu erhöhen. Dazu zählt auch, dass neue Erfahrungen in das Selbstkonzept integriert werden können.
> **Inkongruenz** ist die Diskrepanz zwischen dem, wie man sich erlebt (Selbstkonzept), und dem, wie man sich sehen will (Ideal-Selbst).

4.1.3 Therapeutische Zielstellung

Das zentrale Ziel der GT ist es, dem Patienten eine möglichst vollständige Ausschöpfung seines Aktualisierungspotenzials zu ermöglichen. Dabei wird eine Annäherung an das Ideal der sog. **voll funktionsfähigen Person** (»fully functioning person«) angestrebt. Dieser hypothetische Endzustand des menschlichen Entwicklungsprozesses zeichnet sich v. a. durch eine vollständige Offenheit für Erfahrungen (Erlebnisse, Wahrnehmungen, Gefühle, Gedanken etc.) aus, so dass diese nicht abgewehrt, verzerrt oder verdrängt werden müssen. Stattdessen können die Erfahrungen bewusst wahrgenommen und auf der Basis bedingungsloser Selbstwertschätzung in das Selbstkonzept integriert werden. Die damit verbundene Angstfreiheit erlaubt es, sich in zwischenmenschlichen Beziehungen frei, offen und aufrichtig zu verhalten (▶ Fallbeispiel).

> **Beispiel**
>
> **Optimaler Verlauf einer gesprächstherapeutischen Behandlung**
>
> Eine Patientin berichtet von ihrer Unfähigkeit, wütend zu sein. Statt Wut zu empfinden, fühlt sie nur Hilflosigkeit und Traurigkeit. Im Laufe der Gesprächstherapie wird deutlich, dass ihre Mutter es früher nicht aushalten konnte, wenn sie als Kind wütend und laut war (an Bedingungen geknüpfte Wertschätzung). Stattdessen war das Mädchen stets der »lächelnde Sonnenschein« der Familie. So konnte die Patientin das Gefühl »Ich bin wütend, weil …« nicht in ihr Selbst integrieren (Inkongruenz), da sie »wütend sein« mit »böse sein« und »nicht geliebt werden« gleichstellte. Durch die bedingungsfreie Wertschätzung des Therapeuten konnte sie das Gefühl von Wut zunehmend zulassen und thematisieren. Damit wurde es ihr auch möglich, zu verstehen, warum sie bislang glaubte, keine Wut erleben zu dürfen. In der Folge gelang es ihr zunächst im geschützten therapeutischen Setting und dann zunehmend auch darüber hinaus, ihre Wut zu akzeptieren und in ihr Selbstkonzept zu integrieren (»Immer Sonnenschein trocknet alles Leben aus; Leben braucht auch manchmal Gewitter«). In der Folge kam es zu einer deutlichen Verbesserung ihres Selbstwertgefühls, welches ihr auch einen offeneren Umgang mit anderen, vormals problematischen Erfahrungen ermöglichte (Annäherung an die »fully functioning person«).

4.2   Diagnostik

Auf eine umfangreiche Diagnostik, die beispielsweise in der Verhaltenstherapie stets den Anfang einer therapeutischen Zusammenarbeit darstellt, wurde im Rahmen der klassisch-rogerianischen Form der GT weitgehend verzichtet. Zwar entwickelten Rogers und seine Mitarbeiter den sog. **Q-Sort** als diagnostisches Instrument zur Erfassung des Therapieverlaufs (Rogers & Dymond, 1954); eine ausgiebige (störungsspezifische) Diagnostik sah er jedoch eher als Hindernis für eine möglichst vorurteilsfreie Zusammenarbeit mit dem Patienten. Erst in jüngerer Zeit wurden störungsspezifische Adaptionen der GT, die eine entsprechende Eingangsdiagnostik voraussetzen, entwickelt und evaluiert. Diese Entwicklung ist unter anderem mit dem Gesundheitsreformgesetz von 1989 zu begründen, welches die Durchführung qualitätssichernder Maßnahmen in allen medizinischen (und somit auch psychotherapeutischen) Bereichen forderte und somit eine Erfolgskontrolle und dafür erforderliche Veränderungsmessungen voraussetzte.

Inzwischen stehen der GT für die Eingangsdiagnostik, die Prozess- und Verlaufsdiagnostik und die Enddiagnostik viele **verschiedene Verfahren** zur Verfügung. Dazu können, neben den störungsspezifischen Verfahren, GT-spezifische Verfahren wie der Bielefelder Patienten-Erfahrungsbogen (BIKEB; Höger & Eckert, 1997), die Skala zur Einschätzung der Selbstexploration des Patienten (SE-Skala; Tausch, 1973), die Skala zur Verbalisierung persönlich-emotionaler Erlebnisinhalte (VEE-Skala; Tausch, 1973; ▶ Exkurs) und der Veränderungsfragebogen des Erlebens und Verhaltens (VEV; Zielke & Kopf-Mehnert, 1978) eingesetzt werden.

> Der störungsspezifischen Eingangsdiagnostik innerhalb der GT wurde anfangs nur geringe Bedeutung zugemessen; dies änderte sich u. a. durch das Gesundheitsreformgesetz.

4.3   Therapeutisches Vorgehen

Ausgehend vom zuvor beschriebenen Menschenbild und Störungskonzept wird in der GT jeder Mensch als Experte seiner selbst angesehen, welcher nach Selbstaktualisierung strebt. Die Aufgabe des Therapeuten besteht hauptsächlich darin, den Prozess der

> Die therapeutische Grundhaltung besteht aus bedingungsfreier Anerkennung, Echtheit des Therapeuten und Empathie.

Selbstaktualisierung seines Patienten zu unterstützen und zu fördern. Dazu gilt es, einen angstfreien Raum zu schaffen, in dem der Patient seine Erfahrungen und Gefühle explorieren und in sein Selbstkonzept integrieren kann. Um dies zu ermöglichen, muss der Therapeut sich selbst im Zustand der Kongruenz befinden und eine **therapeutische Grundhaltung** realisieren, die von den folgenden drei Faktoren geprägt ist:

- Bedingungsfreie Anerkennung/unbedingte positive Wertschätzung
- Kongruenz/Echtheit
- Empathie/einfühlendes Verstehen

Durch die **unbedingte positive Wertschätzung** durch den Therapeuten wird dem Patienten die Entwicklung eines von äußeren Bewertungen weitgehend unabhängigen positiven Selbstbildes und damit die unverzerrte Wahrnehmung und Integration seiner Erfahrungen ermöglicht. Allerdings ist zu beachten, dass sich die unbedingte Wertschätzung durch den Therapeuten auf die *Person* des Patienten und nicht notwendigerweise auf sämtliche seiner Verhaltensweisen oder Ansichten bezieht. Es ist jedoch wichtig, dass der Therapeut tatsächlich eine positive Wertschätzung für den Patienten empfindet und diese nicht nur schauspielerisch als therapeutische Technik einsetzt. Nur wenn ihm dies gelingt, erfüllt er den Anspruch, im Kontakt mit dem Patienten **echt** und **kongruent** zu sein. Zur Erfüllung dieses Anspruches ist es äußerst hilfreich, wenn der Therapeut selbst in der Lage ist, neue Informationen (wie z. B. die Kritik des Patienten, dass es in der Therapie seit Monaten nicht voran ginge) in sein eigenes Selbstbild (»Ich kann nicht immer alle Patienten sofort heilen«) angstfrei zu integrieren. Eine solche Selbstaktualisierungskompetenz des Therapeuten ist auch Voraussetzung dafür, dass er sich **empathisch** in den Patienten hineinversetzen, die Welt aus dem Bezugsrahmen des Patienten heraus verstehen und diesem diesen Bezugsrahmen widerspiegeln und bewusst machen kann. Eine Grundkomponente hierfür stellt das empathische Zuhören des Therapeuten dar (▶ Beispiel). Beispiele für weitere konkrete therapeutische Vorgehensweisen bei der Realisierung der therapeutischen Grundhaltung finden sich in ▣ Tabelle 4.1.

Beispiel

Empathisches Zuhören als Beispiel therapeutischen Vorgehens in der GT

Eine wichtige Grundkomponente in der GT ist das empathische Zuhören des Therapeuten. Ein eindrucksvolles Beispiel für ihre Wirksamkeit findet sich in der Literatur:

»[…] Was die kleine Momo konnte wie kein anderer, das war: Zuhören.

Das ist nichts Besonderes, wird nun vielleicht mancher Leser sagen, zuhören kann doch jeder. Aber das ist ein Irrtum. Wirklich zuhören können nur ganz wenige Menschen. Und so wie Momo sich aufs Zuhören verstand, war es ganz und gar einmalig. Momo konnte so zuhören, dass dummen Leuten plötzlich sehr gescheite Gedanke kamen. Nicht etwa, weil sie etwas sagte oder fragte, was den anderen auf solche Gedanken brachte, nein, sie saß nur da und hörte einfach zu, mit aller Aufmerksamkeit und Anteilnahme. Dabei schaute sie den anderen mit ihren großen, dunklen Augen an und der Betreffende fühlte, wie in ihm auf einmal Gedanken auftauchten, von denen er nie geahnt hatte, dass sie in ihm steckten. Sie konnte so zuhören, dass ratlose oder unentschlossene Leute auf einmal ganz genau wussten, was sie wollten. Oder dass Schüchterne sich plötzlich frei und mutig fühlten. Oder dass Unglückliche und Bedrückte zuversichtlich und froh wurden. Und wenn jemand meinte, sein Leben sei ganz verfehlt und bedeutungslos und er selbst nur irgendeiner unter Millionen, einer, auf den es überhaupt nicht ankommt und der ebenso schnell ersetzt werden kann wie ein kaputter Topf – und er ging hin und erzählte alles das der kleinen Momo, dann wurde ihm, noch während er redete, auf geheimnisvolle Weise klar, dass er sich gründlich irrte, dass es ihn, genauso wie er war, unter allen Menschen nur ein einziges Mal gab und dass er deshalb auf seine besondere Weise für die Welt wichtig war. So konnte Momo zuhören! […]« (Michael Ende, Momo, S. 14, © 1973 by Thienemann Verlag (Thienemann Verlag GmbH), Stuttgart – Wien).

◼ **Tab. 4.1** Konkrete Techniken in der GT (in Anlehnung an Finke, 2004)

Grundhaltung	Therapeutisches Vorgehen
Bedingungsfreie Anerkennung	Interesse zeigen (z. B. persönliche Anteilnahme deutlich machen)
	Bestätigen (z. B. Entscheidungen, Einstellungen etc. bekräftigen)
	Solidarisieren (z. B. Übereinstimmung äußern)
Kongruenz	Konfrontieren (z. B. auf Widerspruch zwischen Selbst- und Fremdwahrnehmung des Patienten aufmerksam machen)
	Beziehung klären (z. B. sich aus den Augen des Patienten sehen)
	Sich selbst einbringen (z. B. eigene Gefühle zeigen)
Empathie	Verbalisieren emotionaler Erlebnisinhalte (z. B. Wiederholen des Gesagten unter Einbezug der Emotionen des Patienten; ▶ Exkurs)
	Konkretisierendes Verstehen (z. B. Nachfragen und Mitdenken)
	Herausarbeiten der persönlichen Bedeutung einer Erfahrung (z. B. im lebensgeschichtlichen Kontext)

Exkurs

Verbalisierung emotionaler Erlebnisinhalte (VEE)

Das Konzept der Verbalisierung emotionaler Erlebnisinhalte geht auf Reinhard Tausch (1973) zurück und stellt eine verhaltensnahe Möglichkeit der Umsetzung empathischen Verhaltens dar. Der Therapeut soll dem Patienten im Rahmen der VEE ständig widerspiegeln, was er von den Erlebnissen des Patienten und seinen mit diesen Erlebnissen verbundenen Emotionen verstanden hat. Kritisiert wird an dieser Technik, dass die Gefahr eines »papageienhaften Verhaltens« des Therapeuten besteht bzw. durch ständige Paraphrasierung nicht weitergegangen/vertieft werden kann. Aus diesem Grunde wird inzwischen darauf hingewiesen, dass reine VEE nicht ausreicht und durch zusätzliche Interventionen erweitert werden sollte.

4.4   Weiterentwicklungen der GT

4.4.1 Focusing-Therapie nach Gendlin

Eine der ersten Weiterentwicklungen der GT war die von Gendlin (1981) begründete Experienzielle Therapie, die er zu Focusing-Therapie (»focusing-orientated therapy«) weiterentwickelte. Das wichtigste Element dieser Therapieform stellt die Focusing-Technik dar, bei der eine bewusste Lenkung der Aufmerksamkeit des Patienten auf dessen bedeutungshaltige **Körperwahrnehmungen** (»felt senses«) stattfindet (▶ Für die Praxis). Anders ausgedrückt stellt ein »felt sense« die körperlich spürbare, aber unbewusste Bedeutung eines Ereignisses oder Problems dar, welche zusätzliche Informationen zu den bewussten Gedanken und Gefühlen liefern kann. Mithilfe des Focusing, bei dem sich ein Patient auf seinen »felt sense« konzentriert und versuchen soll, diesen mit Bildern, Symbolen, Wörtern etc. zu beschreiben, werden zuvor diffuse Aspekte des Problems oder Ereignisses deutlich. Hierdurch können diese in den Therapieprozess einbezogen und einer möglichen Veränderung zugänglich gemacht werden.

Mit der Focusing-Methode sollen bedeutsame Körperwahrnehmungen in den Therapieprozess einbezogen werden.

Die sechs Schritte des Focusing nach Gendlin (1981)

- Inneren **Freiraum schaffen**: kurze Entspannung; auf den Körper achten und auftauchenden Empfindungen erfahrungsoffen begegnen
- Problem, das bearbeitet werden soll bzw. exemplarische Situation, in der das Problem auftaucht, vorstellen; den »**felt sense**« **entstehen lassen**: Aufmerksamkeit auf Körperreaktionen richten und eine körperliche Empfindung entstehen lassen
- Versuchen, den »felt sense« so gut wie möglich mit einem Wort, Symbol oder Bild zu beschreiben: »**einen Griff finden**«

- Die **Stimmigkeit** zwischen dem »felt sense« und dem Begriff/Bild/Symbol **überprüfen**; bei Bedarf die gewählte Symbolisierung ändern bzw. ein anderes Wort, Bild oder Symbol wählen
- **Fragen stellen**: Warum löst das Problem diesen »felt sense« aus? Was braucht der »felt sense«, um sich besser anzufühlen? Kann das, was der »felt sense« braucht, um sich besser anzufühlen, auch zur Problemlösung beitragen?
- Dabei den heilenden Prozess **annehmen und schützen**, d. h. auch kleine Schritte würdigen und eigene innere Entwertungen des Prozesses erkennen und stoppen

4.4.2 Klärungsorientierte Psychotherapie (KOP) nach Sachse

In der Klärungsorientierten Psychotherapie (KOP) wird angenommen, dass Patienten durch Schemata gesteuert werden.

Die Klärungsorientierte Psychotherapie (KOP) ist eine der relevantesten Weiterentwicklungen der klassisch-rogerianischen Form der GT. Zunächst unter dem Namen Zielorientierte Therapie entstanden, entwickelte ihr Begründer Rainer Sachse hieraus später die Klärungsorientierte Psychotherapie (Sachse, 2003). Diese Therapieform integriert kognitive Elemente, das Konzept des Focusing, Elemente der Prozess-/Erlebnisorientierten Therapie sowie der Gestalttherapie. In der KOP wird entgegen der klassisch-rogerianischen GT *nicht* davon ausgegangen, dass Therapie auf einer Aktualisierungstendenz beruht, bei der dem Therapeuten eine nondirektive »wachstumsraumgebende« Rolle zukommt. Stattdessen wird angenommen, dass Patienten durch teilweise dysfunktionale, oft unbewusste **Schemata** (von Sachse beschrieben als organisierte Strukturen von Annahmen mit kognitiven und affektiven Anteilen) gesteuert werden, die zu problematischem Handeln/Erleben bzw. psychischen Problemen führen und vom Patienten alleine nicht verändert werden bzw. nicht verändert werden können. Innerhalb der Therapie sollen diese dysfunktionalen affektiven und kognitiven Schemata aktiviert, bewusst gemacht, geklärt und bearbeitet werden.

Inhalte der KOP sind die Klärung und die therapeutische Bearbeitung dysfunktionaler kognitiver und affektiver Schemata.

Zusätzlich können sich, nach den Annahmen der KOP, problematische Verhaltensweisen und psychische Störungen ausbilden, wenn ein Mensch keinen Zugang zu seinen Motiven, Zielen und Werten findet (Alienation) und entgegen ihnen lebt, sich z. B. vor allem an externen Normen orientiert. Durch den **Klärungsprozess** in der therapeutischen Arbeit sollen die Motive und Ziele des Patienten zugänglich gemacht und eine Repräsentation seines Motiv- und Bedürfnissystems geschaffen werden.

Neben der therapeutischen Grundhaltung werden in der KOP klärungsorientierte Strategien eingesetzt.

Die Aufgabe des Therapeuten in der KOP ist es, den Klärungsprozess des Patienten prozessdirektiv, d. h. aktiv und gezielt zu steuern. Anders als in der klassischen GT stellen die therapeutischen Basisvariablen Empathie, Echtheit und Akzeptanz in der KOP notwendige, aber nicht hinreichende Voraussetzungen für eine erfolgreiche Therapie dar. Sie bieten vor allem die Voraussetzung für einen adäquaten Beziehungsaufbau zwischen Therapeut und Patient und für die Stabilisierung dieser Beziehung nach konfrontativen Interventionen. Ergänzend zu der therapeutischen Grundhaltung werden in der KOP spezifische **klärungsorientierte therapeutische Strategien** eingesetzt, z. B. das Ein-Personen-Rollenspiel oder gezielte Fragen nach der persönlichen Bedeutung eines Ereignisses.

4.4.3 Prozess-/Erlebnisorientierte Therapie nach Greenberg

Diese Therapieform ist eine Kombination aus der klientenzentrierten Beziehung und dem aktiven, aufgabenorientierten Stil der Gestalttherapie. Sie verknüpft traditionelle humanistische Annahmen mit der Emotionstheorie und integriert dabei die folgenden Elemente: empathisches Einfühlen, eine authentische zwischenmenschliche Beziehung, kontinuierliche Weiterentwicklung und Selbstbestimmung. Bei dem prozess-/erlebnisorientierten Ansatz stehen die **emotionalen Erfahrungen** des Patienten im Mittelpunkt der Behandlung, wobei zum einen die emotionalen Schemata und zum anderen die emotionalen Prozesse des Patienten betrachtet und bearbeitet werden.

> Innerhalb der Prozess-/Erlebnisorientierten Therapie geht es darum, Zugang zu den emotionalen Schemata und Prozessen des Patienten zu erlangen.

Emotionale Schemata sind Organisationseinheiten von Erfahrungen und dem Bewusstsein so lange nicht zugänglich, bis sie reflektiert oder aktiviert werden. Sie sind nicht stabil und verändern sich stetig. Der Zugang und die Veränderung der Schemata hängen von der Beziehung zu dem Therapeuten und der angeleiteten Selbstexploration des Klienten durch den Therapeuten ab. Im Rahmen des Therapieprozesses soll ein Zugang zu den emotionalen Schemata des Patienten erlangt werden, um diese entweder zu restrukturieren oder die dazugehörigen Emotionen zum Ausdruck zu bringen.

> emotionale Schemata

Das weitere zentrale Ziel dieses Ansatzes ist die genaue Erfassung der **emotionalen Prozesse** des Patienten. Jeder der emotionalen Prozesse erfordert einen anderen Umgang des Therapeuten, weshalb es notwendig ist, diese genau zu verstehen. Es wird dabei zwischen vier Prozessen unterschieden.

> emotionale Prozesse

- **Primär adaptive emotionale Reaktionen:** ungelernte direkte adäquate Reaktion (z. B. Verletzungen führen zu Gefühlen wie Wut und Ärger)
- **Maladaptive emotionale Reaktionen:** gelernte direkte Reaktion (z. B. Verletzungen führen, durch frühere Erfahrungen, zu Gefühlen von Zuneigung)
- **Sekundär reaktive emotionale Reaktion:** adaptive Emotion/Reaktion verschleiert die primäre Emotion (z. B. Verlust führt zu Trauer, diese wird jedoch durch Aggressionen und Angriff verschleiert)
- **Instrumentelle sekundäre Reaktion:** Emotionen werden unabhängig vom aktuellen Zustand gezeigt, um den gewünschten Effekt zu erreichen (z. B. Person zeigt Trauer, um Zuwendung zu bekommen)

Innerhalb der therapeutischen Arbeit der Prozess-/Erlebnisorientierten Therapie wird der Patient als ein dynamisches System betrachtet, in dem verschiedene Elemente kontinuierlich interagieren. Diese Elemente werden metaphorisch als »**Stimmen**« bezeichnet. Von besonderer Bedeutung für den prozess-/erlebnisorientierten Ansatz sind zwei Klassen von Stimmen, die »inneren« und die »äußeren« bzw. »erlebnisbezogenen« und »konzeptuellen« Stimmen. Diese Stimmen können durch die Technik des Zwei-Stuhl-Dialogs sichtbar gemacht werden, bei der miteinander in Konflikt stehende Stimmen auf zwei Stühle gesetzt werden. Der Therapeut hilft dem Patienten, zunächst verschiedene Aspekte und Prozesse in sich zu unterscheiden und zu explorieren. Im nächsten Schritt werden diese unterschiedlichen Aspekte in psychologischen Kontakt gebracht, wie z. B. durch eine Unterhaltung der beiden Stimmen auf den verschiedenen Stühlen.

> miteinander interagierende »Stimmen«

Dem Therapeuten kommt in der Prozess-/Erlebnisorientierten Therapie zwar eine aktive Rolle zu, jedoch ist der Patient wie in anderen GT-Verfahren immer als Experte seiner selbst anzusehen, d. h. der Therapeut richtet sich im Zweifelsfalle immer nach den Erfahrungen des Patienten (Elliott, 1999).

4.4.4 Emotionsfokussierte Therapie (EFT) nach Greenberg

Als wichtigste Vertreter der EFT gelten Greenberg, McCoullugh und Elliott. Grundsätzlich hat sich die EFT aus den Annahmen der Prozess-/Erlebnisorientierten Therapie

Die EFT legt den Fokus auf emotionale Prozesse und geht davon aus, dass man Emotionen mit Emotionen verändern kann.

und klinischen Erfahrungen heraus entwickelt. In ihrem Ursprung ist sie zwar eine Weiterentwicklung der GT, jedoch mittlerweile als eigene Therapieform bzw. als eine spezifische Ausprägung der GT zu betrachten. Entsprechend den Annahmen der Prozess-/Erlebnisorientierten Therapie wird auch in der EFT davon ausgegangen, dass Erfahrungen in Form von emotionalen Schemata gespeichert werden, die für die Bewertung von Erfahrungen wichtig sind. Zudem wird davon ausgegangen, dass man **Emotionen** mit Emotionen verändern kann. Dieser Veränderung liegen folgende prozesshafte Grundprinzipien zugrunde:

— Wahrnehmung/Bewusstheit
— Regulation
— Reflexion
— Transformation in eine neue Zielemotion

Die Basis der EFT stellt ebenfalls die empathische therapeutische Beziehung dar. Ergänzt wird diese Haltung um einen **prozessdirektiven, leitenden Stil** und eine Reihe therapeutischer Techniken (z. B. Zwei-Stuhl-Arbeit, Leere-Stuhl-Arbeit, Focusing, Systematisches Evokatives Erschließen usw.).

drei Schritte zum Ersetzen destruktiver durch hilfreiche Emotionen

In der EFT sollen in einem ersten Schritt die eigenen Gefühle und Emotionen bewusst wahrgenommen werden. Dies ist im Rahmen der geschützten therapeutischen Beziehung möglich, so dass die zugrunde liegenden primär maladaptiven Emotionen wahrgenommen, zugelassen und in Worte gefasst werden können. Im zweiten Schritt geht es um die Regulation der Emotionen. Dies kann durch die Bestätigung der Affekte oder durch eine empathische und sichere Umgebung geschehen. Die Klienten sollen hierbei lernen, die eigenen Emotionen zu erkennen und zu benennen, eine innere Distanz zu schaffen, positive Emotionen zu stärken und negative abzuschwächen. Mithilfe spezifischer Methoden (z. B. wie die Stuhl-Arbeit, ▶ Abschn. 4.4.3) unterstützt der Therapeut den Patienten dabei, einen Zugang zu einer gesünderen emotionalen Reaktion, einer primär adaptiven Emotion, zu erlangen. In einem dritten Schritt sollen die eigenen destruktiven Emotionen mithilfe anderer, hilfreicherer Emotionen ersetzt und dadurch verändert werden. Es geht also abschließend darum, maladaptive emotionale Reaktionen durch adaptivere zu **ersetzen**. In der Praxis richtet sich diese Therapieform ebenfalls an den vier emotionalen Prozessen, wie in der Prozess-/Erlebnisorientierten Therapie beschrieben, aus. Die EFT ist eine empirisch fundierte Behandlungsform, deren Wirksamkeit in der Einzel- und Paartherapie in Studien belegt wurde (Bischkopf & Greenberg, 2007).

4.5   Empirische Absicherung

Rogers ging davon aus, dass die GT in ihrer grundsätzlichen Form für alle psychischen und psychosomatischen Störungen indiziert ist und somit das therapeutische Vorgehen bei verschiedenen Störungen nicht variiert. Als günstige Prognose für den Therapieerfolg des Patienten betonte Rogers die Wahrnehmung der eigenen Inkongruenz sowie ein stabiles Selbstkonzept und ein bestehender Wille nach Veränderung.

Therapeut-Patienten-Beziehung im Fokus störungsspezifischer GT-Behandlungsleitlinien

Heutzutage richtet sich die Anerkennung der GT für verschiedene Störungsbereiche danach, ob ausreichend Wirksamkeitsnachweise erbracht werden. Mittlerweile wurden für einige Störungsbilder spezifische Behandlungsleitlinien der GT entwickelt, etwa für Angststörungen (Teusch & Finke, 2005), für Panikstörungen (Linster & Rückert, 2000) sowie für depressive Störungen (Übersicht z. B. bei Gollek, 2001). Sie alle rücken vor allem die störungsspezifische Gestaltung der **Therapeut-Patienten-Beziehung** in den Fokus. Zudem wurde die GT auch als patientenzentrierte Gruppenpsychotherapie für verschiedene Störungsbereiche weiterentwickelt (z. B. Schwab & Eckert, 2001).

In einer Überblicksarbeit untersuchte Frohburg (2004) die Langzeiteffekte der GT in über 40 Studien von ca. 2.000 Patienten und kam zu dem Ergebnis, dass die GT ein effektives Verfahren mit breitem Indikationsgebiet ist. Es zeigten sich Prä-Post-Interventionseffekte von d = 0.59 bis d = 1.52, Effektstärken im frühen Katamnesezeitraum (1–6 Monate) zwischen d = 0.46 und d = 2.28 sowie Effektstärken im späteren Katamnesezeitraum (9–24 Monate) zwischen d = 0.80 und d = 1.87. Grawe, Donati und Bernauer (1994) konnten in ihrer Metaanalyse die Wirksamkeit der GT ebenfalls nachweisen und hoben das breite Indikationsgebiet der GT positiv hervor. In aktuellen Analysen (Elliott, 2002; Elliott, Greenberg & Lietaer, 2004) zeigten sich Effektstärken von d = 0.91 bis d = 1.03 für den Vergleich von Prä-Post-Interventionseffekten.

Der Wissenschaftliche Beirat Psychotherapie hat die Wirksamkeit der GT bei Erwachsenen im Jahr 1999 für drei der acht klassischen Indikationsbereiche (affektive Störungen; Angststörungen; Anpassungsstörungen, psychische und soziale Faktoren bei somatischen Krankheiten) festgestellt. Zu diesem Zeitpunkt erfüllte die GT jedoch nicht die Mindestzahl von fünf der zwölf Anwendungsbereiche bzw. vier der klassischen Anwendungsbereiche des Wissenschaftlichen Beirates für Psychotherapie, die notwendig sind, um als wissenschaftlich anerkannt zu gelten. Durch nachgereichte Wirksamkeitsnachweise für den vierten klassischen Indikationsbereich (Belastungsstörungen) erlangte sie im Jahr 2002 den Status eines wissenschaftlich anerkannten Psychotherapieverfahrens. Unter anderem mit Hinweis auf den vergleichsweise schmalen Indikationsbereich lehnte der Gemeinsame Bundesausschuss (G-BA) es jedoch wiederholt ab, die GT für den Leistungskatalog der gesetzlichen Krankenversicherung zu empfehlen. Aufgrund dieses Beschlusses wird die GT als eigenständiges Verfahren in Deutschland derzeit nicht von den Krankenkassen finanziert.

Metaanalysen weisen auf die Wirksamkeit der GT hin.

Dem Wissenschaftlichen Beirat Psychotherapie zufolge ist die GT ein wissenschaftlich anerkanntes Verfahren. Durch das gegensätzliche Urteil des G-BA wird sie derzeit jedoch nicht von den Krankenkassen finanziert.

Eckert, J., Biermann-Ratjen, E. M. & Höger, D. (Hrsg.) (2006). *Gesprächspsychotherapie. Lehrbuch für die Praxis*. Heidelberg: Springer.
Finke, J. (2004). *Gesprächspsychotherapie: Grundlagen und spezifische Anwendungen* (3. Aufl.). Stuttgart: Thieme.

▶ **Weiterführende Literatur**

4.6　Literaturverzeichnis

Bischkopf, J. & Greenberg, L. S. (2007). Emotionsfokussierte Therapie und die Theorie erfahrungsorientiertes Psychotherapie. In: Kriz, J. & Slunecko, T. (Hrsg.), *Gesprächspsychotherapie. Die therapeutische Vielfalt des personzentrierten Ansatzes* (S. 109-122). Wien: Facultas.
Elliott, R. (1999). Prozeß-Erlebnisorientierte Psychotherapie – Ein Überblick: Teil 1. *Psychotherapeut, 44*, 203-213.
Elliott, R. (2002). The effectiveness of humanistic therapies: A meta-analysis. In: Cain, D. J. & Seeman, J. (Hrsg.), *Humanistic psychotherapies. Handbook of research and practice* (pp. 57-81). Washington DC: American Psychological Association.
Elliott, R., Greenberg, L. & Lietaer, G. (2004). Research on experiential psychotherapies. In: Lambert, M. (Hrsg.), *Bergin and Garfield's handbook of psychotherapy and behavior change* (pp. 493-540). New York: Wiley.
Ende, M. (1973). *Momo*. Stuttgart: Thienemann.
Finke, J. (2004). *Gesprächspsychotherapie: Grundlagen und spezifische Anwendungen* (3. Aufl.). Stuttgart: Thieme.
Frohburg, I. (2004). Katamnesen zur Gesprächspsychotherapie: Überblicksarbeit. *Zeitschrift für Klinische Psychologie und Psychotherapie, 33* (3), 196-208.
Gendlin, E. T. (1981). *Focusing*. New York: Bantam Books.
Gollek, S. (2001). Patientenzentrierte Gesprächspsychotherapie der Depression. *Psychotherapie im Dialog, 4*, 431-439.
Grawe, K., Donati, R. & Bernauer, F. (1994). *Psychotherapie im Wandel. Von der Konfession zur Profession*. Göttingen: Hogrefe.
Höger, D. & Eckert, J. (1997). Der Bielefelder Patienten-Erfahrungsbogen (BIKEB). Ein Verfahren zur Erfassung von Aspekten des »Post-Session Outcome« bei Psychotherapien. *Zeitschrift für Klinische Psychologie, 26*, 129-137.

Linster, H. W. & Rückert, D. (2000). Gesprächspsychotherapie bei Personen mit Panikstörung. *Psychotherapie im Dialog, 3,* 30-41.

Rogers, C. R. (1973). *Die Klient-bezogene Gesprächstherapie.* München: Kindler.

Rogers, C. R. & Dymond, R. F. (Hrsg.) (1954). *Psychotherapy and personality change.* Chicago: University Press.

Sachse, R. (2003). *Klärungsorientierte Psychotherapie.* Göttingen: Hogrefe.

Schwab, R. & Eckert, J. (2001). Patientenzentrierte Gruppenpsychotherapie. *Psychotherapie im Dialog, 1,* 59-62.

Tausch, R. (1973). *Gesprächspsychotherapie* (5. Aufl.). Göttingen: Hogrefe.

Teusch, L. & Finke, J. (2005). Gesprächspsychotherapie bei Angststörungen. *Psychotherapie im Dialog, 4,* 390-397.

Zielke, M. & Kopf-Mehnert, C. (1978). *Veränderungsfragebogen des Erlebens und Verhaltens (VEV). Manual.* Weinheim: Beltz.

❓ Kap. 4, Bd. 2: Kontrollfragen

Die Antworten auf die folgenden Fragen finden Sie im Lerncenter zu diesem Kapitel unter ▶ www.lehrbuch-psychologie.de (Projekt Klinische Psychologie und Psychotherapie für Bachelor).

1. Wer entwickelte die GT in ihrer ursprünglichen Form? Von welchen geistigen Strömungen war diese Entwicklung beeinflusst?

2. Wie entstehen psychische Störungen nach Auffassung von Carl Rogers?

3. Wodurch zeichnet sich eine »fully functioning person« aus?

4. Welches sind die wichtigsten Elemente der therapeutischen Grundhaltung in der GT, und wie können diese umgesetzt werden?

5. Welche Weiterentwicklungen der GT gibt es?

6. Was wissen Sie über die Wirksamkeit der GT?

5 Interpersonelle Therapie

Wiebke Hannig und Matthias Berking

Lernziele

- Grundannahmen der Interpersonellen Therapie kennen.
- Überblick über therapeutische Vorgehensweisen der Interpersonellen Therapie gewinnen.
- Störungs- und zielgruppenspezifische Erweiterungen der Interpersonellen Therapie kennenlernen.
- Wirksamkeit der Interpersonellen Therapie einschätzen können.

5.1   Beschreibung

Die Interpersonelle Psychotherapie (IPT) sieht in **zwischenmenschlichen Problemen** einen wesentlichen Einfluss auf die Entstehung psychischer Störungen. Sie ist als fokussierte, halbstrukturierte und zeitlich begrenzte Kurzzeittherapie konzipiert und bedient sich in pragmatischer Weise unterschiedlicher therapeutischer Methoden. Die IPT wurde gezielt zur ambulanten Behandlung akuter **unipolarer depressiver Episoden** entwickelt, mittlerweile stehen aber Modifikationen für zahlreiche psychische Krankheitsbilder zur Verfügung.

Klerman und Weissman veröffentlichten 1984 das erste Therapiemanual zur IPT (Klerman et al., 1984; dt. Vers. v. Schramm, 2010). Aufbauend auf den Arbeiten der »Interpersonellen Schule« Sullivans, auf bindungstheoretischen Überlegungen sowie auf Forschungsergebnissen zu Risiko- und Schutzfaktoren depressiver Erkrankungen stellten sie den Zusammenhang der Depression mit interpersonellen Belastungen als handlungsleitendes Element der IPT heraus. Innerhalb eines multifaktoriellen Störungsmodells der Depression wird dem interpersonellen Kontext einer Person eine zentrale Rolle zugeschrieben. Es wird angenommen, dass belastende Ereignisse und soziale Stressoren die Entstehung depressiver Symptome begünstigen können. Umgekehrt kann das Vorliegen einer Depression die psychosoziale Funktionsfähigkeit der

Die IPT nimmt einen Zusammenhang zwischen depressiven Erkrankungen und interpersonellen Belastungen an.

Zwischenmenschliche Belastungen werden als Auslöser, aufrechterhaltende Bedingung und Folge depressiver Erkrankungen betrachtet.

■ **Abb. 5.1** Wechselwirkung zwischen Depression und interpersonellen Belastungen

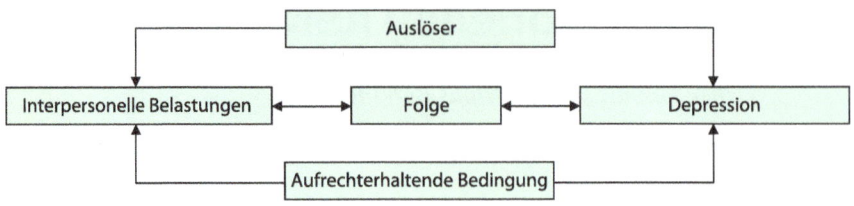

betroffenen Personen stark beeinträchtigen und so zu weiteren zwischenmenschlichen Problemen führen (■ Abb. 5.1).

▶ **Definition Interpersonelle Psychotherapie (IPT)**

> **Definition**
>
> Die **Interpersonelle Psychotherapie (IPT)** ist eine manual-basierte Kurzzeittherapie, die darauf abzielt, die bestehende Symptomatik durch die Behandlung derjenigen interpersonellen Probleme zu verbessern, in deren Kontext eine Störung auftritt.

Im Behandlungsfokus der IPT stehen die aktuell störungsrelevanten interpersonellen Probleme.

Die therapeutische Arbeit findet im »**Hier und Jetzt**« statt. Ansatzpunkt sind die interpersonellen Belastungen, die aktuell bestehen und mit der depressiven Episode zusammenhängen. Können sie gelöst werden, ist auch eine Verbesserung der depressiven Symptomatik zu erwarten.

Behandlungsziele der IPT sind die Symptomremission, die Reduktion der interpersonellen Probleme sowie Aufbau und Nutzung eines sozialen Netzwerks.

Gleichzeitig soll der Betroffene zu neuen sozialen Fähigkeiten und Bewältigungsstrategien befähigt werden. Behandlungsziele der IPT sind die Symptomremission, die Reduktion der interpersonellen Probleme sowie Aufbau und Nutzung eines sozialen Netzwerks. Aus dem multifaktoriellen, biopsychosozialen Störungsmodell der Depression ergibt sich eine Offenheit dafür, dass die IPT nicht nur als monotherapeutisches Verfahren, sondern auch **in Kombination mit antidepressiver Medikation** angewendet werden kann.

Die vier interpersonellen Problembereiche der IPT sind Trauer, Rollenwechsel, interpersonelle Konflikte und interpersonelle Defizite.

Es werden **vier zentrale interpersonelle Problemfelder** angenommen (▶ Exkurs). Sie stellen die empirisch am häufigsten mit Depressionen in Verbindung gebrachten interpersonellen Schwierigkeiten dar.

- **Trauer** betrifft die Unfähigkeit der Person, nach dem Tod einer Bezugsperson einen normalen Trauerprozess zu durchlaufen.
- **Unbewältigte Rollenwechsel** können bei der Aufgabe alter oder der Aufnahme neuer sozialer Rollen entstehen. Mögliche Rollenveränderungen sind z. B. der Beginn oder das Ende einer Beziehung oder einer beruflichen Anstellung, Familiengründung, Berentung oder die Diagnose einer medizinischen Erkrankung.
- **Interpersonelle Konflikte** können entstehen, wenn der Patient und die ihm nahestehenden Personen (z. B. Familienangehörige, Kollegen) unterschiedliche Erwartungen an ihre Beziehungen haben.
- **Interpersonelle Defizite** sind relevant, wenn keine der anderen drei Bereiche als Problembereiche identifiziert werden können. Zentrale Themen sind soziale Verarmung oder Schwierigkeiten im Eingehen oder Aufrechterhalten zwischenmenschlicher Beziehungen in der Vorgeschichte.

Sind Trauer, Rollenwechsel, interpersonelle Konflikte und interpersonelle Defizite universelle interpersonelle Problemfelder?

Die Art der interpersonellen Belastungen wird immer auch vom sozio-kulturellen Kontext einer Person mitbestimmt. Es stellt sich deshalb die Frage, ob die vier interpersonellen Problemfelder der IPT und damit auch das Therapieverfahren selbst universell und kulturübergreifend anwendbar sind. In einer Gruppe depressiver und nicht-depressiver Thailänder (N = 180) erfassten Lueboonthavatchai und Thavichachart (2010) das Vorliegen depressiver Symptome und interpersoneller Belastungen. Alle vier Problembereiche wiesen eine stärkere Ausprägung in der Gruppe der depressiven Patienten auf und stellten signifikante Prädiktoren der depressiven Symptomatik dar. Die Autoren schlussfolgerten, dass auch für thailändische Depressionspatienten die Anwendbarkeit der interpersonellen Problemfelder gegeben ist und die IPT ein geeignetes Therapieverfahren darstellt.

5.2 Therapeutenverhalten und therapeutische Techniken

Der Therapeut ist keine neutrale Instanz, sondern stellt sich **auf die Seite des Patienten** (Advokat). Er begegnet dem Patienten mit einem aktiven, unterstützenden, ermutigenden und wertschätzenden Verhalten und arbeitet ressourcenorientiert. Die therapeutische Beziehung ist keine Freundschaft.

In der IPT werden spezifische interpersonelle Techniken verwendet, aber auch psychodynamische und verhaltenstherapeutische Elemente auf pragmatische Weise integriert (▶ Exkurs). Zu den **therapeutischen Techniken** gehören die Exploration durch offenes oder direktes Fragen, die Ermunterung zum Ausdruck von Gefühlen, die Klärung des Gesagten durch Wiederholung und Umformulierung, eine Kommunikationsanalyse zur Identifizierung von Störungen in der Kommunikation sowie der Einsatz der therapeutischen Beziehung als Modell für eine typische Beziehung des Patienten. Als gezielte Techniken zur Verhaltensänderung werden direktive Techniken (Ratschläge, Grenzen setzen, Aufklärung, direkte Hilfe bei praktischen, nicht-zwischenmenschlichen Problemen, als Modell fungieren), eine Entscheidungsanalyse (Erkennen und Berücksichtigen von Entscheidungsalternativen und -folgen bei zwischenmenschlichen Problemen) sowie Rollenspiele (Exploration von Gefühlen und Kommunikationsstilen, Einüben neuer Verhaltensweisen) eingesetzt. Wann und in welchem Ausmaß die genannten Methoden verwendet werden, ist von dem individuellen interpersonellen Problemfeld und der Behandlungsphase abhängig.

Der Therapeut ist parteiisch und aktiv, unterstützt, ermutigt und arbeitet ressourcenorientiert.

Zu den therapeutischen Methoden der IPT gehören Exploration, Ermunterung zum Affektausdruck, Klärung, Kommunikationsanalyse, Einsatz der therapeutischen Beziehung, direktive Techniken, Entscheidungsanalyse und Rollenspiele.

Wie viel KVT ist die IPT?

In einer Studie des National Institutes of Mental Health (NIMH; Elkin et al., 1989) wurde die Wirksamkeit verschiedener therapeutischer Verfahren in der ambulanten Behandlung unipolarer Depression untersucht (▶ 4.1, Bd. 1). In einer Nachfolgeanalyse dieser Studie überprüften Ablon und Jones (2002) die Hypothese, dass manualisierte Psychotherapieverfahren wie die IPT und KVT beträchtliche Überschneidungen in Prozess und Techniken aufweisen und dass Behandlungserfolge letztlich auf die gleichen, gemeinsamen therapeutischen Strategien zurückgeführt werden können. Mittels Q-Sort-Verfahren wurden Transkripte der therapeutischen Sitzungen von geschulten Experten im Hinblick auf psychotherapeutische Prozesse bewertet und diese Bewertungen anschließend mit den jeweils »prototypischen« Vorgehensweisen in IPT und KVT verglichen. Es zeigte sich, dass (a) sowohl in der IPT- als auch in der KVT-Bedingung am stärksten dem idealtypischen KVT-Vorgehen gefolgt wurde und (b) dass bei beiden Therapieformen eine Adhärenz an das idealtypische KVT-Vorgehen stärkere Zusammenhänge mit dem Therapieerfolg (also der depressiven Symptomatik) aufwies als eine Adhärenz an das idealtypische IPT-Vorgehen. Ablon und Jones resümieren, »[that] brand names of therapy can be misleading«.

5.3   Behandlungsphasen

Die ursprünglichen Behandlungs-phasen der IPT sind die Initialphase, der therapeutische Prozess und die Beendigungsphase.

Ziele der Initialphase sind die Ent-lastung des Patienten, die Identifi-kation des interpersonellen Haupt-problembereiches und eine erste Symptombewältigung.

Das therapeutische Vorgehen inner-halb der Initialphase beinhaltet Diagnosestellung, Psychoedukation einschließlich der Zuweisung der Krankenrolle, Beziehungsanalyse so-wie Festlegung des interpersonellen Problembereichs und der Behand-lungsziele.

Ziel des therapeutischen Prozesses ist es, adäquate Bewältigungsstrate-gien zu erarbeiten und ein Abklingen der Symptomatik zu erreichen.

Im therapeutischen Prozess werden das interpersonelle Hauptproblem-feld des Patienten bearbeitet und problemspezifische Bewältigungs-strategien aufgebaut.

Ziele der Beendigungsphase sind der angemessene Umgang mit dem Be-handlungsende, die Verfestigung der neu erreichten Kompetenzen und die Vorbereitung auf die Zukunft.

In der Beendigungsphase werden die Erfolge und neuen Kompetenzen verfestigt, das Behandlungsende als Trauerprozess anerkannt und Früh-warnzeichen einer erneuten Depres-sion identifiziert.

Die IPT umfasst ursprünglich drei aufeinanderfolgende (Akut-)Behandlungsphasen: die Initialphase, der therapeutische Prozess und die Beendigungsphase. Die Phasen werden in 12–20 ca. 50-minütigen Einzelsitzungen flexibel und individuell am Pati-enten ausgerichtet. Im Behandlungsverlauf wird ein besonders starker Fokus auf **emo-tionale Aspekte** gelegt.

Die **Initialphase** umfasst in der Regel die ersten drei Sitzungen. Die Hauptziele bestehen in der Entlastung des Patienten, der Informationsgewinnung und Problem-identifikation sowie einer ersten Symptomreduktion. Die Initialphase beinhaltet fol-gende Schritte:

- **Diagnosestellung:** Es wird eine umfangreiche Diagnostik durchgeführt und über-prüft, ob eine kombinierte Pharmakotherapie indiziert ist.
- **Krankenrolle zuweisen:** Im Rahmen der Psychoedukation wird dem Patienten die Krankenrolle zugeteilt (»sick role«). Indem die Depression als eine medizinische bzw. psychiatrische Erkrankung definiert wird, soll der Patient erkennen, dass eine Depression weit verbreitet, zeitlich limitiert und behandelbar ist und nicht ein Zei-chen von Willensschwäche, persönlichem Versagen oder Charakterfehlern dar-stellt. Er soll so von Schuldgefühlen befreit und zur aktiven Mitarbeit innerhalb der Therapie motiviert werden.
- **Beziehungsanalyse:** Es werden Informationen zu den derzeitigen und vergangenen interpersonellen Beziehungen einschließlich der Erwartungen, befriedigender und unbefriedigender Beziehungsaspekte sowie Veränderungswünschen hinsichtlich der Beziehungen gesammelt. Die Depression wird in einen interpersonellen Kon-text gestellt, und die zentralen störungsrelevanten interpersonellen Problembe-reiche werden identifiziert.
- **Problembereich und Behandlungsziele festlegen:** Therapeut und Patient einigen sich auf ein bis zwei interpersonelle Problembereiche, die mit der depressiven Symp-tomatik zusammenhängen und im weiteren Therapieverlauf bearbeitet werden. Die Therapieziele werden festgelegt.

Im **therapeutischen Prozess**, der mittleren Behandlungsphase (4.–13. Sitzung), über-nimmt der Patient zunehmend eine aktivere Rolle im Therapieprozess. Die primären Ziele dieser Phase bestehen darin, adäquate Bewältigungsstrategien und alternative Verhaltensweisen zu erarbeiten und ein Abklingen der Symptomatik zu erreichen.

Dies wird über folgende Schritte erreicht:
- Therapeut und Patient **bearbeiten über eine problembereichsspezifische Vorge-hensweise** (◻ Tab. 5.1) die in der Initialphase festgelegten interpersonellen Haupt-problembereiche.
- Es werden **problembereichsspezifische Strategien** entwickelt und etabliert.
- Das **Verständnis des Patienten** für den Zusammenhang von depressiver Sympto-matik und interpersonellen Problemen wird weiter vertieft.

In der dritten Phase der Therapie, der **Beendigungsphase** (14.–16. Sitzung), stehen der angemessene Umgang mit dem Behandlungsende, die Verfestigung der neu erreichten Kompetenzen und die Vorbereitung auf die Zukunft im Mittelpunkt.

Das therapeutische Vorgehen ist durch folgende Schritte gekennzeichnet:
- **Behandlungsende als Trauerprozess thematisieren:** Das nahende Behandlungs-ende wird ausführlich besprochen. Es wird explizit als ein Trauer- bzw. Abschieds-prozess thematisiert, und vorhandene Trauer wird als ein Gefühl anerkannt, das in keinem Bezug zur depressiven Symptomatik steht.
- **Das Erreichte bewusst machen:** Die neu erworbenen Kompetenzen werden dem Patienten bewusst gemacht und verfestigt. So wird sein Gefühl für Autonomie ver-stärkt.

- **Frühwarnzeichen identifizieren:** Im Rahmen der Klärung von Zukunftser-
  wartungen werden auch Frühwarnsignale einer erneuten depressiven Episode erarbeitet.

■ **Tab. 5.1** Problembereichsspezifische Darstellung von Zielen und Vorgehensweisen im therapeutischen Prozess

Trauer	**Interpersonelle Defizite**
Hauptziele:	Hauptziele:
Förderung des verzögerten Trauerprozesses;	Soziale Isolation des Patienten vermindern;
(Wieder-)Aufbau von Interessen und Beziehungen, um Verlust zu überwinden;	Aufbau neuer, befriedigender Beziehungen und Aktivitäten;
Vorgehen:	Vorgehen:
Die Symptomentwicklung mit dem Tod der Bezugsperson in Beziehung setzen;	Die Symptome mit der sozialen Isolation oder Unausgefülltheit in Beziehung setzen;
Rekonstruktion der Beziehung: durch Beschreibung an die verlorene Person erinnern und die Beziehung zu ihr bewusst machen;	Vergangene bedeutsame Beziehungen einschließlich der positiven und negativen Aspekte besprechen;
Gefühle explorieren (sowohl positive als auch negative), die mit der verlorenen Person und ihrem Tod zusammenhängen: Bedeutung des Verlustes realistisch einschätzen; Ereignisse vor, während und nach Verlust besprechen;	Sich wiederholende Beziehungsmustern vergangener Beziehungen explorieren; Explorieren von Beziehungsmuster zwischen vergangenen Beziehungen und der Beziehung zum Therapeuten; äußern von positiven und negativen Gefühlen gegenüber dem Therapeuten;
Aufnahme von Interessen und Beziehungen anregen; Möglichkeiten finden, auf andere Menschen zuzugehen;	Zum Aufbau neuer Beziehungen ermutigen und adäquate zwischenmenschliche Verhaltensweisen erarbeiten und einüben;
Unbewältigte Rollenwechsel	**Interpersonelle Konflikte**
Hauptziele:	Hauptziele:
Den Verlust der aufgegeben Rolle betrauern und akzeptieren;	Konfliktidentifikation;
Die positiven Aspekte der neuen Rolle erkennen;	Modifikation von Erwartungen und dysfunktionalen Kommunikationsprozessen;
Kompetenz- und Selbstwirksamkeitserleben in der neuen Rolle fördern;	Vorgehen:
Vorgehen:	Die Symptome mit den offenen und verdeckten interpersonellen Konflikten in Beziehung setzen;
Die Symptomentwicklung mit den Schwierigkeiten bei der Bewältigung der aktuellen Lebensveränderung in Beziehung setzen;	Das Konfliktstadium bestimmen (Verhandlung, Sackgasse oder Auflösung);
Gefühle bezüglich des Rollenwechsels explorieren;	Verstehen, inwieweit unterschiedliche Rollenerwartungen und Wertvorstellungen zum Konflikt beitragen;
Positive und negative Aspekte der alten und neuen Rolle besprechen Stereotype Annahmen über die neue Rolle abbauen und die mit der neuen Rolle verbundenen Möglichkeiten erarbeiten;	Problematische Kommunikationsmuster aufdecken;
Die eigenen Kompetenzen und Fertigkeiten realistisch einschätzen;	Suchen und Verstehen von Parallelen zu früheren Beziehungen (Beziehungs- und Konfliktmuster);
Zu erforderlichen Kompetenzen und Fertigkeiten in der neuen Rolle ermutigen;	Lernen, die Bedürfnisse des Anderen zu verstehen und die eigenen Bedürfnisse und Wünsche der anderen Person mitzuteilen;
Soziale Ängste abbauen und den Aufbau eines sozialen Unterstützungssystems fördern;	Entscheidungsanalyse;
	Lösung der Konflikte und Rollenverhandlungen;

Exkurs

Wirkt die IPT bei Frauen besser als bei Männern?

Die IPT wird zuweilen als »frauenspezifisches Therapieverfahren« bezeichnet. Frauen erfahren aufgrund ihrer sozialen Rolle spezielle Belastungen (z. B. Rollenwechsel bei Mutterschaft oder Auszug der Kinder) und haben generell ein stärkeres Bedürfnis nach zwischenmenschlichen und emotionalen Beziehungen. Schneider et al. (2008) untersuchten deshalb in einer randomisierten, kontrollierten Studie, ob Frauen mehr von einer IPT-Behandlung profitieren als Männer. Jeweils in Kombination mit der Standardmedikation wurden die Untersuchungsgruppen entweder mit einer Modifikation der IPT für stationäre depressive Patienten (IPT-S; ► Kap. 5) oder mit ärztlichen Kurzgesprächen behandelt. Die interpersonellen Problembereiche zu Behandlungsbeginn stellten bei Frauen vor allem Rollenwechsel innerhalb der Familie dar, bei Männern waren es überwiegend berufliche Veränderungen. Beide Geschlechter zeigten bei der IPT-Behandlung eine gleichermaßen gute akute sowie langfristige Verbesserung der depressiven Symptomatik. Zum Entlassungszeitpunkt waren es sogar die Männer, die signifikant höhere Remissionsraten aufwiesen. Schneider et al. schlussfolgerten, dass bei einer schweren Depression die Kombination von IPT und Antidepressiva der Standardtherapie im kurz- und langfristigen Verlauf überlegen ist, und zwar geschlechtsunabhängig.

Mit der Erhaltungstherapie wurden die drei Behandlungsphasen der IPT um eine vierte Phase erweitert.

Das Ziel der Erhaltungsphase besteht in der Erhaltung des Remissionszustands oder der Verhinderung einer erneuten depressiven Episode.

Es existieren zahlreiche störungs- und zielgruppenspezifische Modifikationen der IPT.

Angesichts neuerer Befunde aus der Depressionsforschung zum hohen Rezidivrisiko depressiver Erkrankungen wurde die dreiphasige Akutbehandlung mittlerweile um eine vierte, an die Akutbehandlung anschließende Behandlungsphase erweitert. Diese Phase der **Erhaltungstherapie** richtet sich an bereits remittierte Patienten und zielt darauf ab, den Remissionszustand zu erhalten oder einer erneuten depressiven Episode entgegenzuwirken.

Sie entspricht der Erhaltungsform der IPT (IPT-M; ◘ Tab. 5.2), einer modifizierten Form der ursprünglichen IPT, und beinhaltet:

- Aufsetzen eines **neuen Behandlungsvertrags** zwischen Therapeut und Patient
- **Bearbeiten mehrerer Problembereiche**, die über die Akutphase hinaus bestehen, Folge der Remission sind oder im Verlauf der Therapie entstehen
- Achten auf **Frühwarnzeichen**
- Fokussieren **überdauernder interpersoneller Verhaltensmuster**

5.4   Erweiterungen der IPT

Nachdem die IPT ursprünglich zur kurzzeitigen, ambulanten Einzelbehandlung unipolar depressiver Patienten entwickelt wurde, folgten zahlreiche Modifikationen und Erweiterungen um Krankheitsbilder, spezifische Patientencharakteristika, eine variierende Therapiedauer und -intensität und unterschiedliche Behandlungssettings. Ausgewählte Beispiele sind in ◘ Tabelle 5.2 aufgeführt, eine inhaltliche Darstellung einer IPT-Erweiterung ist am Beispiel bipolarer Störungen im ► Exkurs zu finden. Einen umfassenderen Überblick zu den Erweiterungen der IPT gibt Schramm (2010).

◘ **Tab. 5.2** IPT-Modifikationen

Störungsform/Setting	Modifikationen
Affektive Störungen	Stationäre IPT (IPT-S) Maintenance-IPT (IPT-M) IPT bei Dysthymie (IPT-D) IPT für Patienten im höheren Lebensalter IPT für depressive Jugendliche (IPT-A) IPT bei postpartaler Depression IPT für HIV-positive depressive Patienten (IPT-HIV) IPT für depressive Patienten mit koronaren Herzerkrankungen IPT bei bipolaren Störungen
Nicht-affektive Störungen	IPT bei Essstörungen (Bulimia Nervosa, Binge Eating Disorder, Anorexia Nervosa) IPT bei Angststörungen (Panikstörung, soziale Phobie, Posttraumatische Belastungsstörung) IPT bei Substanzmissbrauch IPT bei Borderline-Persönlichkeitsstörungen IPT bei Insomnie IPT bei komplizierter Trauer
Spezielle Settings	IPT für Paare (z. B. bei postpartaler Depression) IPT für Gruppen (z. B. bei unipolaren Depressionen; für Veteranen mit Posttraumatischer Belastungsstörung) IPT als telefonische Behandlung (z. B. für HIV-positive Patienten aus ländlicher Umgebung)

Exkurs

Interpersonal Social Rhythm Therapy bei bipolaren Störungen

Die Interpersonal Social Rhythm Therapy (IPSRT) ist eine speziell für bipolare Störungen weiterentwickelte Form der IPT, bei der ein zusätzlicher Fokus auf den sozialen Lebensrhythmus der betroffenen Person gelegt wird (Frank, Swartz & Boland, 2007). Ausgangspunkt ist ein chronobiologisches Modell bipolarer Störungen (▶ Kap. 4.2, Bd. 1), bei dem genetisch prädisponierte Störungen der zirkadianen Rhythmik und des Schlaf-Wach-Zyklus als mitursächlich für die bipolare Symptomatik betrachtet werden. Positive und negative Lebensereignisse tragen insofern zur Entstehung bipolarer Symptome bei, als sie über eine Störung des sozialen Rhythmus einer Person auch ihren chronobiologischen Rhythmus beeinträchtigen. In der IPSRT wird deshalb die IPT mit behavioralen Techniken (z. B. Förderung einer regelmäßigen Tagesstruktur und fester Aufsteh- und Zubettgehzeiten) kombiniert. Der Betroffene wird so bei der Regulierung täglicher Routinen und der Medikamentenadhärenz unterstützt. Die Bearbeitung des relevanten interpersonellen Problembereichs fokussiert auf den Verlust der Gesundheit bzw. der Integrität (im Sinne von Rollenwechsel und Trauerarbeit).

5.5 Empirische Absicherung und wissenschaftliche Anerkennung

Speziell im Bereich unipolarer depressiver Störungen ist die IPT eines der am häufigsten empirisch überprüften Therapieverfahren. Cuijpers et al. (2011) fassten in einer aktuellen Metaanalyse 38 Studien (N = 4.356) zur Effektivität der IPT bei unipolarer Depression zusammen. Die IPT zeigte sich einer Warteliste-, Standardversorgungs- oder Placebo-Kontrollgruppe als signifikant überlegen (16 Studien; d = 0.63) und gleichermaßen wirksam wie KVT, supportive Psychotherapie und Coping-orientierte Paartherapie (10 Studien mit 13 Vergleichen; d = 0.04). Eine grenzwertig geringere Effektivität weist die IPT in dieser Metaanalyse im Vergleich zu Mono-Pharmakotherapien (u. a. SSRIs und trizyklische Antidepressiva; 10 Studien; d = -0.19) auf. Werden IPT und Pharmakotherapie kombiniert, zeigt sich keine signifikant erhöhte Wirksamkeit gegenüber der alleinigen IPT-Anwendung (10 Studien; d = 0.16). In der Erhaltungstherapie (IPT-M) verhindert die Kombination von IPT und Pharmakotherapie signifikant häufiger einen Rückfall als die monotherapeutische Anwendung von Psychopharmaka (4 Studien; d = 0.37). Bezugnehmend auf den Vergleich mit einer pharmakotherapeutischen Behandlungsbedingung schlussfolgerte Schramm, dass »IPT bei der Akut-, Erhaltungs- und prophylaktischen Therapie selbst schwerer depressiver Erkrankungen […] eine brauchbare Alternative oder auch eine sinnvolle Ergänzung zu pharmakotherapeutischen Maßnahmen darstellt« (Schramm, 2010, S. 82).

In der Behandlung unipolarer Depression ist die IPT als monotherapeutisches Verfahren und als ergänzendes Verfahren zur Pharmakotherapie geeignet.

Exkurs

NIHM-Studie

Die bereits erwähnte NIHM-Studie von Elkin et al. (1989) ist die wohl bekannteste Studie, in der die Wirksamkeit der IPT in der ambulanten Behandlung unipolarer Depression nachgewiesen wurde. Mittels Randomisierung wurden 250 Patienten einer von vier 16-wöchigen Behandlungsbedingungen (IPT, KVT, trizyklisches Antidepressivum Imipramin + Clinical Management (CM), Placebo + CM) zugeteilt. Bei Therapieabschluss zeigte sich die IPT tendenziell effektiver als die Placebo-Bedingung und als ebenso wirksam (55–65 % Remissionsraten) wie KVT und medikamentöse Therapie. Drei Jahre nach Therapieende war die IPT der Pharmakotherapie sogar überlegen. In Sekundäranalysen konnte festgestellt werden, dass die kurzfristigen Behandlungseffekte durch die Schwere der depressiven Symptomatik moderiert wurden: Bei einer Dichotomisierung der Patienten in Gruppen mit leichter und schwerer Depression zeigten sich die vier Behandlungsbedingungen nur noch bei Patienten mit leichter Depression als gleichermaßen effektiv; in der Gruppe der schwer Depressiven war die IPT nun der KVT überlegen, der Pharmakotherapie aber unterlegen. Das überraschend schlechte Abschneiden der KVT-Gruppe gab Anlass für kontroverse Diskussionen. Von verhaltenstherapeutischer Seite wurde argumentiert, dass in einem der Studienzentren die KVT-Bedingung nicht lege artis durchgeführt worden war.

Aufgrund zahlreicher Wirksamkeitsnachweise wird die IPT in nationalen
und internationalen Leitlinien zur
Akut- und Erhaltungstherapie unipolarer Depressionen empfohlen.

Angesichts der zahlreichen Wirksamkeitsnachweise wird die IPT in nationalen und internationalen Leitlinien zur Behandlung unipolarer Depression **empfohlen**. In den Leitlinien des Canadian Network for Mood and Anxiety Treatments (Parikh et al., 2009) wird formuliert, dass sich die IPT vor allem in der Akutbehandlung, aber auch in der Erhaltungstherapie der unipolaren Depression als wirksam erweist. Eine Überlegenheit der IPT gegenüber KVT oder Pharmakotherapie und eine Überlegenheit der Kombination von IPT und Pharmakotherapie gegenüberüber alleiniger IPT werden nicht angenommen. In der englischen NICE-Leitlinie (National Institute for Clinical Health and Excellence [NICE], 2009) zur Behandlung depressiver Erwachsener sind detaillierte Empfehlungen zu finden. Die IPT wird hier als eine der Monotherapien bei persistierenden subklinischen Depressionen sowie bei leichten bis moderaten Depressionen empfohlen. Liegt eine moderate bis schwere Depression vor, ist die IPT mit einer pharmakotherapeutischen Behandlung zu kombinieren. Die Behandlung sollte 16–20 wöchentliche Sitzungen über einen Zeitraum von drei bis vier Monaten umfassen; bei schwerer Depression sollten in den ersten zwei bis drei Wochen zwei Sitzungen pro Woche stattfinden. In der deutschen S3-Leitlinie (2009) zur Behandlung unipolarer Depression wird die IPT auch bei Komorbiditäten der Depression mit Angststörungen, Persönlichkeitsstörungen (Borderline, paranoid, ängstlich-vermeidend, dependent) und chronischem Schmerz als geeignetes Therapieverfahren empfohlen.

Positive Wirksamkeitsnachweise
konnten für die Bulimia Nervosa und
Binge Eating Disorder sowie vereinzelt auch für weitere Störungsbereiche erbracht werden.

In anderen Störungsbereichen konnten positive Wirksamkeitsnachweise für bipolare Störungen (Frank, Swartz & Boland, 2007), für die Bulimia Nervosa und Binge Eating Disorder (s. Rieger et al., 2010) erbracht werden. Vereinzelte randomisierte Kontrollstudien sowie unkontrollierte Pilotstudien lieferten erste Hinweise für die Wirksamkeit der IPT in weiteren Indikationsbereichen (z. B. Panikstörung: Lipsitz et al., 2006; Insomnie: Müller-Popkes & Hajak, 1996) sowie für variierende Therapieformate (z. B. Gruppentherapie bei Posttraumatischer Belastungsstörung: z. B. Ray & Webster, 2010). Im Bereich der Substanzabhängigkeiten konnte eine Überlegenheit der IPT gegenüber der Vergleichsgruppe nicht bestätigt werden (Carrol, Rounsaville & Gawin, 1991; Rounsaville et al., 1983). In der Behandlung der sozialen Phobie erwies sich die IPT einer supportiven Kontrollgruppe als nicht überlegen (Lipsitz et al., 2008) und der KVT als signifikant unterlegen (Stangier et al., 2011). Eine aktuelle und detaillierte Übersicht zum Stand der Wirksamkeitsüberprüfung der IPT ist bei Schramm (2010) zu finden.

Indikationen und Kontraindikationen

Nach Schramm (2010) gelten für die IPT folgende Indikationsbereiche:
Abgesicherte Indikation: akute unipolare Major Depression, wobei der Beginn der Depression möglichst mit belastenden Lebensereignissen bzw. Lebensphasen in Zusammenhang steht
Kontraindikationen: psychotische depressive oder manische Merkmale, komorbide Substanzabhängigkeit, Vorgeschichte von schwerer, komplexer Traumatisierung, ausgeprägte Persönlichkeitsstörung, andere primäre psychiatrische Störung, reine Dysthymie sowie fehlende Hinweise auf die Relevanz eines interpersonellen Problembereichs.

Die IPT gehört derzeit nicht zu den
von den Krankenkassen erstatteten
Richtlinienverfahren.

Der Wissenschaftliche Beirat Psychotherapie formulierte in seinem Gutachten von 2006 zur **wissenschaftlichen Anerkennung** der IPT, dass die IPT aufgrund positiver Wirksamkeitsnachweise in den Indikationsbereichen der affektiven Störungen (depressive Episoden, bipolare Störung und rezidivierende depressive Störungen in Kombination mit Pharmakotherapie) und Essstörungen (Bulimia Nervosa und Binge Eating Disorder) als wissenschaftlich anerkannt gelten kann. Angesichts fehlender oder unzureichender Wirksamkeitsnachweise in anderen Störungsbereichen wurde die IPT allerdings nicht als Verfahren für die vertiefte Ausbildung zum Psychologischen Psychotherapeuten empfohlen. Gleiches gilt für den Bereich der Kinder- und Jugendlichenpsychotherapie: Für keinen Störungsbereich konnte hier die wissenschaftliche Anerkennung der IPT festgestellt werden. Die IPT gehört damit bislang nicht zu den Richtlinienverfahren, die in Deutschland von den Krankenkassen erstattet werden (es ist anzunehmen, dass IPT-Techniken in Deutschland zurzeit im Rahmen von KVT- oder PD-Behandlungen angeboten und abgerechnet werden). Berücksichtigt werden muss an dieser Stelle, dass der Begutachtung der wissenschaftlichen Anerkennung der IPT empirische Arbeiten zugrunde liegen, die bis zum Jahr 2006 veröffentlicht wurden. Neuere und zukünftige Ergebnisse zur Wirksamkeit der IPT in einem breiten Indikationsbereich werden ausschlaggebend dafür sein, ob sich die IPT als psychotherapeutisches Richtlinienverfahren etablieren wird.

Schramm, E. (2010). *Interpersonelle Psychotherapie. Mit dem Original-Therapiemanual von Klerman, Weissman, Rounsaville und Chevron* (3. Aufl.). Stuttgart: Schattauer.

▶ **Weiterführende Literatur**

5.6   Literaturverzeichnis

Ablon, J. S. & Jones, E. E. (2002). Validity of controlled clinical trials of psychotherapy: Findings from the NIHM Treatment of Depression Collaborative Research Program. *American Journal of Psychiatry, 159,* 775-783.

Carrol, K. M., Rounsaville, B. J. & Gawin, F. H. (1991). A comparative trial of psychotherapies for ambulatory cocaine abusers: Relapse prevention and interpersonal psychotherapies. *American Journal of Drug and Alcohol Abuse, 17,* 229-247.

Cuijpers, P., Geraedts, A. S., van Oppen, P., Andersson, G., Markowitz, J. C. & van Straten, A. (2011). Interpersonal psychotherapy for depression: A meta-analysis. *American Journal of Psychiatry, AiA,* 1-12.

Elkin, I., Shea, M. T., Watkins, J. T., Imber, S. D., Sotsky, S. M., Collins, J. F. et al. (1989). National Institute of Mental Health Treatment of Depression Collaborative Research Program. General effectiveness of treatments. *Archives of General Psychiatry, 46,* 971-982.

Frank, E., Swartz, H. A. & Boland, E. (2007). Interpersonal and social rhythm therapy: An intervention addressing rhythm dysregulation in bipolar disorder. *Dialogues in Clinical Neuroscience, 9,* 325-332.

Klerman, G. L., Weissman, M. M., Rounseville, B. & Chevron, E. (1984). *Interpersonal psychotherapy of depression.* Northvale, NJ: Jason Aronson Inc.

Lipsitz, J. D., Gur, M., Miller, N. L., Forand, N., Vermes, D. & Fyer, A. J. (2006). An open pilot study of interpersonal psychotherapy for panic disorder (IPT-PD). *Journal of Nervous and Mental Disease, 194,* 440-445.

Lipsitz, J. D., Gur, M., Vermes, D., Petkova, E., Cheng, J., Miller, N. et al. (2008). A randomized trial of interpersonal therapy versus supportive therapy for social anxiety disorder. *Depression and Anxiety, 25,* 542-553.

Lueboonthavatchai, P. & Thavichachart , N. (2010). Universality of interpersonal psychotherapy (IPT) problem areas in Thai depressed patients. *BMC Psychiatry, 10,* 87.

Müller-Popkes, K. & Hajak, G. (1996). Interpersonal psychotherapy in treatment of patients with primary insomnia: Preliminary data of polysomnographic macro-analysis. *Wiener Medizinische Wochenschrift, 146,* 303-305.

National Instiute for Clinical Health and Excellence (2009). *Depression: The treatment and management of depresssion in adults (partial update of NICE clinical guideline 23),* www.nice.org.uk/nicemedia/live/12329/45888/45888.pdf.

Parikh, S. V., Segal, Z. V., Grigoriadis, S., Ravindran, A. V., Kennedy, S., Lam, R. W. et al. (2009). Canadian Network for Mood and Anxiety Treatments (CANMAT): Clinical guidelines for the management of major depressive disorder in adults. II. Psychotherapy alone or in combination with antidepressant medication. *Journal of Affective Disorders, 117,* 15-25.

Ray, R. D. & Webster, R. (2010). Group interpersonal psychotherapy for veterans with posttraumatic stress disorder: A pilot study. *International Journal of Group Psychotherapy, 60,* 131-140.

Rieger, E., van Buren, D. J., Bishop, M., Tanofsky-Kraff, M., Welch, R. & Wilfley, D. E. (2010). An eating disorder-specific model of interpersonal psychotherapy (IPT-ED): Causal pathways and treatment implications. *Clinical Psychology Review, 30,* 400-410.

Rounsaville, B. J., Glazer, W., Wilber, C. H., Weissmann, M. M. & Kleber, H. D. (1983). Short-term interpersonal psychotherapy in methadone-maintained opiate addicts. *Archives of General Psychiatry, 40,* 629-636.

Schneider, D., Zobel, I., Härter, M., Kech, S., Berger, M. & Schramm, E. (2008). Wirkt die Interpersonelle Psychotherapie besser bei Frauen als bei Männern? Ergebnisse einer randomisierten, kontrollierten Studie. *Psychotherapie, Psychosomatik, Medizinische Psychologie, 58,* 23-31.

Schramm, E. (2010). *Interpersonelle Psychotherapie. Mit dem Original-Therapiemanual von Klerman, Weissman, Rounsaville und Chevron* (3. Aufl.). Stuttgart: Schattauer.

Stangier, U., Schramm, E., Heidenreich, T., Berger, M. & Clark, D. M. (2011). Cognitive therapy vs. interpersonal psychotherapy in social anxiety disorder. A randomized controlled trial. *Archives of General Psychiatry, 68* (7), 692-700.

Wissenschaftlicher Beirat Psychotherapie (2006). Gutachten zur wissenschaftlichen Anerkennung der Interpersonellen Psychotherapie (IPT). *Deutsches Ärzteblatt, 103,* 2492-2494, www.wbpsychotherapie.de/downloads/ipttext.pdf.

? Kap. 5, Bd. 2: Kontrollfragen

Die Antworten auf die folgenden Fragen finden Sie im Lerncenter zu diesem Kapitel unter ▶ www.lehrbuch-psychologie.de (Projekt Klinische Psychologie und Psychotherapie für Bachelor).

1. Mit welchem Ziel wurde die Interpersonelle Psychotherapie (IPT) entwickelt?
2. Was sind ihre grundlegenden Annahmen?
3. Was sind die vier Problembereiche der IPT?
4. Welche Behandlungsphasen gibt es in der IPT?
5. Welche therapeutischen Techniken werden verwendet?
6. Was für IPT-Erweiterungen gibt es?
7. Welche Wirksamkeitsnachweise liegen zur IPT vor?

6 Cognitive Behavioral Analysis System of Psychotherapy (CBASP)

Nikola Stenzel, Daniel Keil und Tobias Fehlinger

Lernziele

— Einen Überblick über den theoretischen Hintergrund von CBASP bekommen.
— Die Behandlungsziele von CBASP kennenlernen.

— Einen Einblick in das praktische Vorgehen (Situationsanalysen und interpersonelle Strategien) bekommen.
— Einen Überblick über die Wirksamkeitsnachweise erhalten.

6.1 Beschreibung

6.1.1 Besonderheiten chronisch depressiver Erkrankungen

Neueren Erkenntnissen zufolge verlaufen 20–30 % aller Depressionen chronisch (Gilmer et al., 2005; Keller et al., 1995). Als chronisch wird eine Depression bezeichnet, wenn sie länger als zwei Jahre anhält, unabhängig von den in dieser Zeit erfolgten Behandlungsversuchen (American Psychiatric Association, 2000; ▸ Kap. 4, Bd.1).

> 20–30 % der depressiven Erkrankungen nehmen einen chronischen Verlauf.

Der Beginn der chronisch depressiven Symptomatik liegt in 70 % der Fälle vor dem 21. Lebensjahr (Kaplan & Klinetob, 2000). Bei den Betroffenen besteht eine hohe Komorbidität zu Achse-I-Störungen (Angsterkrankungen, Substanzmissbrauch) und Achse-II-Störungen (z. B. Cluster-C-Persönlichkeitsstörungen; Russell et al., 2003).

Mehrere Studien belegen, dass chronische Depressionen im Vergleich zu anderen Depressionsformen mit höherer **psychosozialer Beeinträchtigung** und höherer **Inanspruchnahme des Gesundheitssystems** einhergehen: Die Betroffenen begehen häufiger Suizidversuche, müssen öfter stationär aufgenommen werden und haben einen höheren Medikamentenbedarf (Arnow & Constantino, 2003; Greenberg et al., 2003).

> Chronische Depressionen gehen mit einer hohen Beeinträchtigung und einer starken Inanspruchnahme des Gesundheitssystems einher.

Während sich für die Behandlung episodischer Depressionen durch Kognitive Verhaltenstherapie (KVT; ▸ Kap. 3) oder Interpersonelle Psychotherapie (IPT; ▸ Kap. 5) zumindest initial recht gute Effekte ergeben, sind chronische Depressionen sehr viel

Chronisch Depressive sprechen sowohl auf Medikamente als auch auf Psychotherapie schlecht an.

schwerer zu behandeln: Vergleicht man die Therapieerfolgsraten beider Patientengruppen, sprechen die chronisch depressiven Patienten sowohl auf Medikation als auch auf Psychotherapie schlechter an (Dunner, 2001). Zudem ist die Spontanremissionsrate von chronischer Depression sehr gering (unter 10 %; McCullough, 2003).

6.1.2 Theoretischer Hintergrund

Zur Optimierung der Behandlung chronisch depressiver Patienten hat James McCullough das Cognitive Behavioral Analysis System of Psychotherapy (CBASP, McCullough, 2000; dt.: Schramm et al., 2006) entwickelt.

▶ **Definition**
Cognitive Behavioral Analysis System of Psychotherapy (CBASP)

> ── Definition ──────────
> Das **Cognitive Behavioral Analysis System of Psychotherapy (CBASP)** ist ein psychotherapeutisches Konzept, das speziell für die Behandlung chronischer Depressionen entwickelt wurde.

Nach CBASP weisen chronisch depressive Patienten aufgrund ungünstiger Lernerfahrungen Defizite in ihrer kognitiv-emotionalen Entwicklung im interpersonellen Kontext auf.

Dieser eklektizistische Ansatz greift auf Sichtweisen und Techniken aus kognitiven, emotions-fokussierten, verhaltenstherapeutischen, interpersonellen und psychodynamischen Verfahren zurück. McCullough integrierte diese zu einem speziell auf chronisch Depressive zugeschnittenen Behandlungsprogramm.

Der zugrunde liegende Gedanke bei CBASP ist, dass chronisch depressive Patienten bzgl. ihrer Psychopathologie einige **Besonderheiten** aufweisen, die sie für bestehende Therapieansätze weniger zugänglich machen. In Anlehnung an Piaget und psychodynamische Störungsmodelle geht McCullough davon aus, dass Menschen mit chronischer Depression **Defizite in ihrer kognitiv-emotionalen Entwicklung** aufweisen, welche auf traumatisierende, interpersonelle Erfahrungen der Betroffenen (z. B. emotionale Vernachlässigung, frühe Verlusterfahrungen, Misshandlungen) zurückgeführt werden können. Diese Defizite äußern sich nach McCullough v. a. darin, dass die Wahrnehmung chronisch depressiver Personen »von ihrer Umwelt entkoppelt« ist. Damit ist gemeint, dass die Wahrnehmung der Betroffenen so stark von ihrer (durch interpersonelle Lernerfahrungen geprägten) negativen Weltsicht beeinflusst wird, dass sie nicht richtig mitbekommen, wie sich ihr Umfeld ihnen gegenüber tatsächlich verhält. Stattdessen neigen sie dazu, Reaktionen von Mitmenschen z. B. als »feindselig« oder »gegen sie gerichtet« zu interpretieren. Durch diese **Entkopplung von Wahrnehmung und Realität** verringert sich die Sensitivität der Betroffenen für wichtige interpersonelle Signale und damit die Fähigkeit, angemessen und effektiv auf ihre Umwelt zu reagieren. Gleichzeitig wird das Verhalten der Betroffenen nicht mehr durch äußere Konsequenzen gesteuert. Der ängstlich-vermeidende Lebensstil, den viele Betroffene aufgrund ihrer frühen negativen Erfahrungen herausgebildet haben, wirkt sich zusätzlich nachteilig aus und unterstützt diesen negativen Teufelskreis aus Misstrauen und Rückzug. McCullough geht davon aus, dass die Betroffenen aufgrund dieser kognitiven Probleme im zwischenmenschlichen Kontext häufig **Misserfolge** erleben und **weniger positive zwischenmenschliche Beziehungen** entwickeln. Der damit verbundene Mangel an positiven sozialen Bindungen und Interaktionen wird als zentrale Ursache für die Entwicklung und Chronifizierung depressiver Symptome gesehen.

Möglicherweise fehlen chronisch Depressiven die Voraussetzungen, um von herkömmlichen therapeutischen Interventionen profitieren zu können. Hier soll CBASP ansetzen.

Darüber hinaus wird bei CBASP davon ausgegangen, dass chronisch depressive Menschen aufgrund ihrer psychopathologischen Besonderheiten nicht in der Lage sind, ihre egozentristische, depressive Weltsicht zu korrigieren, auch wenn sie andere Erfahrungen machen. Es **fehlen** ihnen die notwendigen **Voraussetzungen**, um von üblicher therapeutischer Kommunikation und üblichen Interventionen (z. B. KVT) profitieren zu können. Mithilfe von direkt auf diese Problematik zugeschnittenen Interventionen soll die Wahrnehmung der Patienten geschult und ihr dysfunktionales Verhalten verändert werden.

6.2 Praktisches Vorgehen

6.2.1 Behandlungsziele

Die CBASP-Therapie verfolgt folgende Therapieziele:

- Der chronisch depressive Patient soll lernen, die **unmittelbaren Konsequenzen** seines dysfunktionalen Verhaltens zu erkennen. So entsteht z. B. dadurch, dass die Betroffenen sich in vielen Situationen voreingenommen verhalten (z. B. feindselig, zurückhaltend, misstrauisch), oft eine negative, distanzierte Interaktion mit ihren Mitmenschen (die Betroffenen isolieren sich, es gelingt ihnen nicht, ihre Bedürfnisse durchzusetzen etc.). Die daraus häufig resultierende Frustration im Umgang mit anderen verstärkt depressive Tendenzen.
- Der Patient soll lernen, den »Stimuluscharakter« einzuschätzen, den er für andere hat, sowie erkennen, welchen »Stimuluswert« andere für ihn haben. Damit ist gemeint, dass er erkennen soll, **wie er** auf andere **wirkt** bzw. welche Reaktionen sein Verhalten bei anderen hervorruft und umgekehrt.
- Er soll neue **Fertigkeiten** und Bewältigungsstrategien in den für ihn bisher als frustrierend erlebten interpersonellen Situationen erlernen. Der Patient soll lernen, wie er sich verhalten kann, damit er im Umgang mit anderen öfter das erreicht, was er erreichen möchte.
- Zusätzlich sollen, wenn notwendig, frühe interpersonelle **Traumata bearbeitet** werden, die den Patienten und seine soziale Wahrnehmung geprägt haben.

Da nach McCullough bei Personen mit chronischer Depression die meisten Probleme im interpersonellen Bereich auftreten, liegt der Fokus der CBASP-Therapie auf dem **interpersonellen Lernen**. Im Laufe der Behandlung werden sowohl Alltagssituationen des Patienten als auch interpersonelle Situationen in der Therapie (in Form der Beziehung zum Therapeuten) als Lernumgebung für den Patienten genutzt. Auf diese Behandlungsmethoden soll im Folgenden genauer eingegangen werden.

6.2.2 Spezifische Behandlungsmethoden und Vorgehensweisen

Situationsanalyse und Fertigkeitstraining

Ziel der Situationsanalyse ist es, dass die Patienten mithilfe strukturierter **Analysen konkreter interpersoneller Alltagssituationen** lernen, ihr Verhalten und die daraus entstehenden Konsequenzen besser einzuschätzen. Dazu werden in der Therapie interpersonelle Situationen analysiert, die für den Patienten unbefriedigend verlaufen sind (Beispiel: Ein Patient ließ sich an der Arbeitsstelle von einem Kollegen Überstunden aufbürden, obwohl er einen wichtigen anderen Termin hatte). Daran anknüpfend wird erarbeitet, welche Denk- und Verhaltensweisen das Erreichen der Ziele des Patienten wahrscheinlicher machen würden. Im Folgenden wird der prototypische Ablauf einer Situationsanalyse kurz skizziert, in ◘ Tabelle 6.1 ist ein entsprechendes Beispiel dargestellt.

Die Situationsanalyse gliedert sich in zwei Phasen: Eine **Explorationsphase** und eine **Lösungsphase**.

Im Rahmen der **Explorationsphase** soll der Patient ein Verständnis dafür entwickeln, warum eine Situation für ihn unbefriedigend verlaufen ist.

- **Schritt 1:** Der Patient schildert zunächst eine kurze, klar umrissene Situation aus seinem Alltag, die nicht so verlaufen ist, wie er es sich gewünscht hat. Diese soll er

Therapieziele

Interpersonelles Lernen steht im Mittelpunkt der CBASP-Therapie.

Mithilfe der Situationsanalyse lernen die Patienten ihr Verhalten und dessen Folgen besser einzuschätzen.

Eine Situationsanalyse besteht aus einer Explorations- und einer Lösungsphase.

Explorationsphase

aus der Beobachterperspektive beschreiben, d. h. seine eigenen Gedanken und Gefühle gehen nicht in die Beschreibung mit ein.

— **Schritt 2:** Es wird erarbeitet, wie der Patient die Situation für sich wahrgenommen und interpretiert hat. An dieser Stelle können sowohl Gedanken des Patienten in der Situation als auch Gefühle festgehalten werden.

— **Schritt 3:** Der Patient soll schildern, wie er sich konkret in der Situation verhalten hat (dafür werden sowohl verbale als auch nonverbale Aspekte des Verhaltens einbezogen; es wird wieder aus der Beobachterperspektive beschrieben).

— **Schritt 4:** Es wird festgehalten, wie die Situation ausgegangen ist (»tatsächliches Ergebnis«).

— **Schritt 5:** Der Patient soll konkret beschreiben, welchen Ausgang der Situation er sich gewünscht hätte (»erwünschtes Ergebnis«). Das erwünschte Ergebnis sollte prinzipiell erreichbar und vom Patienten selbst zu beeinflussen sein. Oft fällt es den Patienten zu Beginn der Behandlung schwer, ein erwünschtes Ergebnis so zu formulieren, dass es in ihrem eigenen Einflussbereich liegt. Im Beispiel der Tabelle würde der Patient antworten: »Er soll nicht immer mich fragen.« Das erwünschte Ergebnis wird dann so umformuliert, dass es für den Patienten potenziell erreichbar ist: »Ich möchte ihm sagen, dass ich auch pünktlich Feierabend machen möchte.«

— **Schritt 6 + 7:** Im Folgenden werden tatsächliches und erwünschtes Ergebnis der Situation einander gegenübergestellt, und der Patient wird dazu angehalten, diese zu vergleichen.

Vor allem zu Beginn der Therapie erreichen die Patienten oft nicht das erwünschte Ergebnis. Durch den Vergleich von tatsächlichem und erwünschtem Ergebnis werden bei dem Patienten daher oft starke negative Emotionen hervorgerufen. Durch die Erarbeitung des **adaptiven Verhaltens** in der Lösungsphase und die Durchführung entsprechender Rollenspiele reduziert sich der negative Affekt. Mit dem Prinzip der negativen Verstärkung soll also die Erarbeitung und spätere Anwendung des adaptiven Verhaltens gefördert werden.

Im Rahmen der **Lösungsphase** wird zusammen mit dem Patienten erarbeitet, wie er selbst sein erwünschtes Ergebnis besser erreichen kann.

— **Schritt 1:** Zunächst werden die Interpretationen des Patienten näher betrachtet. Eine funktionale Interpretation sollte in der Situation verankert sein, d. h. zutreffend beschreiben, was objektiv in der Situation geschieht. Zusätzlich soll die Interpretation dem Patienten dabei helfen, sein gewünschtes Ergebnis zu erreichen. Wenn eine Interpretation diese Kriterien nicht erfüllt, wird sie gestrichen und ggf. revidiert. Im Anschluss an die Überprüfung der Interpretationen wird zusammen mit dem Patienten eine adaptive, also günstigere Handlungsinterpretation (in der Therapie auch einfach »Schlachtruf« genannt) entwickelt (»Was könnten Sie sich sagen, das Ihnen hilft, sich so zu verhalten, wie Sie sich verhalten möchten?«).

— **Schritt 2:** Therapeut und Patient erarbeiten das adaptive interpersonelle Verhalten und üben es ein. Häufig muss der Patient dabei eine neue Fertigkeit erwerben (z. B. anderen widersprechen oder eigene Bedürfnisse klar äußern) oder sich im Gebrauch dieser Fertigkeit üben. Dies erfolgt in Form von Rollenspielen. Das Verhalten des Patienten soll dabei sukzessive »geshaped« (ausgeformt) werden.

— **Schritt 3 + 4:** Zum Abschluss wird zur Generalisierung des Gelernten gemeinsam mit dem Patienten herausgearbeitet, was er durch die Situationsanalyse gelernt hat und wie dies auf weitere Situationen anzuwenden ist.

Interpersonelle Strategien

Ein wichtiger Teil der CBASP-Therapie ist die Arbeit mit interpersonellen Strategien. Aus diesem Grund ist die therapeutische Beziehung im CBASP von großer Bedeutung. Um interpersonelles Lernen zu ermöglichen, muss der Therapeut für den Patienten zu

---

Lösungsphase

Mithilfe von Situationsanalysen entwickeln die Patienten interpersonelle Fertigkeiten, die das Erreichen ihrer Ziele wahrscheinlicher machen.

Der Therapeut muss sich in der Therapie in gewissem Maße persönlich einbringen (»disciplined personal involvement«).

▫ Tab. 6.1 Ablauf einer Situationsanalyse (Beispiel)

Explorationsphase	
Situationsbeschreibung	
Therapeut (Th):	»Was ist passiert?«
Patient (Pat):	»Kurz vor Feierabend betrat mein Kollege das Büro. Er legte einen Stapel Unterlagen auf meinen Schreibtisch und sagte: ›Das kannst du doch heute noch erledigen, oder? Ich muss jetzt leider weg.‹ Ich sage nur ›Äh, ja klar …‹. Er verließ den Raum und ich blieb allein zurück.«
Interpretation der Situation	
Th:	»Was hat diese Situation für Sie bedeutet?«
Pat:	»Wenn ich das jetzt übernehme, kann ich wieder nicht pünktlich Feierabend machen. Was ich will, interessiert hier eh' keinen. Ich kann mich sowieso nicht durchsetzen.«
Verhalten des Patienten	
Th:	»Wie haben Sie sich in der Situation verhalten?«
Pat:	»Ich sagte, dass ich das übernehmen kann. Sonst entgegnete ich nichts. Meine Gestik war sparsam, die Stimme leise, die Mimik unentschlossen, kein Blickkontakt.«
Tatsächliches Ergebnis	
Th:	»Wie ist die Situation für Sie ausgegangen?«
Pat:	»Der Kollege verließ den Raum und ich blieb allein mit der Arbeit zurück.«
Erwünschtes Ergebnis	
Th:	»Wie hätten Sie sich gewünscht, dass die Situation ausgeht?«
Pat:	»Ich wollte ihm sagen, dass ich auch pünktlich Feierabend machen möchte.«
Vergleich von tatsächlichem und erwünschtem Ergebnis	
Th:	»Haben Sie erreicht, was Sie wollten?«
Pat:	»Nein.«
Übergang zwischen Explorations- und Lösungsphase	
Th:	»Wenn nein, warum nicht?«
Pat:	»Ich habe mich nicht getraut, das zu sagen, was ich wollte.«
Lösungsphase	
Veränderung der ungeeigneten Interpretationen	
Th:	»Trägt die Interpretation dazu bei, dass Sie Ihr erwünschtes Ergebnis erreichen? Ist sie in der Situation verankert?«
Pat:	»Erste Interpretation: in Situation verankert, hilfreich. Zweite Interpretation: nicht in Situation verankert, nicht hilfreich. Dritte Interpretation: nicht in Situation verankert, nicht hilfreich. Handlungsinterpretation (»Schlachtruf«): »Sag, dass du auch pünktlich Feierabend machen möchtest!«
Erarbeitung adaptiven Verhaltens und Durchführung eines Rollenspiels/Fertigkeitstrainings	
Th:	»Wenn Sie die Situation angesichts Ihrer revidierten Interpretationen betrachtet hätten, hätten Sie sich anders verhalten? Wie?«
Pat:	»Ich hätte laut und klar gesagt, dass ich auch pünktlich gehen wollte.«
Zusammenfassung des Gelernten	
Th:	»Was haben Sie in dieser Situationsanalyse gelernt?«
Pat:	»Ich sollte meine Bedürfnisse äußern, sonst habe ich gar keine Chance, dass sie berücksichtigt werden.«
Generalisierung und Übertragung des Gelernten auf den Alltag	
Th:	»Wie lässt sich das auf ähnliche Situationen übertragen?«
Pat:	»Wenn er mich das nächste Mal fragt, sage ich, was ich möchte.«

einer wichtigen Bezugsperson werden und ihm eine »neue interpersonelle Realität« vermitteln. Dafür ist es erforderlich, dass sich der Therapeut in der Therapie auch in gewissem Maße **persönlich einbringt** (DPI, »disciplined personal involvement«). Das bedeutet, dass der Therapeut authentisch auf den Patienten reagiert und sich in bestimmten Therapiesituationen selbst öffnet und seine Gefühle und Gedanken preisgibt. Voraussetzung dafür ist zum einen die Bereitschaft des Therapeuten, offen mit persönlichen Gefühlen, Haltungen und Reaktionen auf den Patienten einzugehen. Zum anderen ist es wichtig, dass der Therapeut die kritischen Punkte in den interpersonellen Kontakten des Patienten genau kennt und versteht, wie das Denken und Verhalten des Patienten von seinen Bezugspersonen beeinflusst und geprägt wurde. Aus diesem Grund wird in den ersten Sitzungen gemeinsam mit dem Patienten eine Übertragungshypothese erarbeitet.

Liste prägender Bezugspersonen

Zur Erarbeitung der Übertragungshypothese wird zunächst zusammen mit dem Patienten eine **Liste prägender Bezugspersonen** (»significant other history«) erstellt. Dabei soll der Patient die Personen nennen, die seiner Meinung nach maßgeblichen Einfluss auf sein Leben genommen und ihn geprägt haben (z. B. der Vater, die Mutter, ein Lehrer, die erste Beziehung etc.). Im nächsten Schritt werden Informationen über die Bezugspersonen und den Einfluss, den sie auf den Patienten hatten, gesammelt. Dafür stellt der Therapeut z. B. folgende Fragen: »Welche Auswirkungen hatte das Verhalten Ihrer Mutter auf Ihr Leben?«, »Auf welche Weise hat die Beziehung zu Ihrer Mutter Sie geprägt?« (z. B. Beschreibung der Mutter: »Sie war immer sehr streng und hat mein Verhalten genau beobachtet. Wenn ich einen Fehler gemacht habe oder sie mit mir unzufrieden war, habe ich Hausarrest und Schläge bekommen. Positive Dinge wurden hingegen als selbstverständlich betrachtet«).

kausale Schlussfolgerungen (Stempel)

Daraus werden **kausale Schlussfolgerungen** (»Stempel« oder »Prägungen«) erarbeitet, z. B.: »Das Verhalten meiner Mutter führte dazu, dass ich heute auf folgende Weise über mich denke: Weil meine Mutter mir vermittelte, dass man immer alles 100%ig machen muss und für Fehler bestraft wird, fühle ich mich, als ob ich ein wertloser Mensch bin, wenn ich etwas falsch mache.«

Die Übertragungshypothese hilft dem Therapeuten, kritische Punkte in interpersonellen Situationen schneller zu erkennen.

Im Folgenden wird gemeinsam mit dem Patienten erarbeitet, welche Auswirkungen diese Erfahrungen auf die therapeutische Beziehung haben können. Dabei spielen **vier Übertragungsbereiche** eine besondere Rolle: Nähe/Intimität, Scheitern/Versagen, Äußern emotionaler Bedürfnisse sowie Ausdruck negativen Affektes. Zu diesen Bereichen werden therapeutische Übertragungshypothesen erarbeitet. Ein Beispiel für den Bereich Scheitern/Versagen könnte sein: »Wenn ich in der Therapie einen Fehler mache, wird mein Therapeut mich abwerten und sich von mir abwenden.« Die **Übertragungshypothese** sagt also vorher, welche Reaktion der Patient in kritischen interpersonellen Situationen (»hot spots«) vom Therapeuten erwartet und wie der Patient selbst in solchen Situationen reagieren wird. Sie ist eine wichtige Voraussetzung für die interpersonelle Diskriminationsübung.

Anhand der interpersonellen Diskriminationsübung soll der Patient neue Lernerfahrungen bzgl. relevanter Übertragungssituationen machen.

Mithilfe der **interpersonellen Diskriminationsübung (IDÜ)** soll der Patient am konkreten Beispiel neue interpersonelle Lernerfahrungen machen. McCullough geht davon aus, dass es im Rahmen der Therapie zu potenziell problematischen Übertragungssituationen (»hot spots«) kommt, in denen der Patient aufgrund seiner Erfahrungen vom Therapeuten ein bestimmtes Verhalten erwartet. Ein entsprechendes Beispiel in unserem Fall wäre, wenn der Patient verspätet zum Therapietermin erscheint. Er würde in diesem Fall ein ablehnendes Verhalten des Therapeuten erwarten, wie es aufgrund seiner Übertragungshypothese formuliert ist. Der Therapeut (der die Übertragungshypothese kennt) würde sich nun inkonsistent zu den Erwartungen des Patienten verhalten. Er wäre teilnahmsvoll, würde sich nach dem Grund der Verspätung erkundigen und Verständnis zeigen (z. B. mithilfe des disziplinierten persönlichen Sich-Einlassens: »Wissen Sie, eigentlich bin ich einfach froh, dass Sie es heute hierher geschafft haben. Ich weiß ja, dass es Ihnen momentan nicht gut geht und Sie durch Ihre

Arbeitssituation sehr belastet sind. Ich hatte mir schon Sorgen um Sie gemacht«). Dieses inkonsistente Verhalten allein würde jedoch wahrscheinlich nicht ausreichen, um die Sichtweise des chronisch depressiven Patienten zu verändern. Aufgrund seiner »von der Umwelt entkoppelten Wahrnehmung« würde der Patient vielleicht noch nicht einmal realisieren, dass der Therapeut sich anders verhält als erwartet. Deswegen wird der Patient explizit dazu angeleitet, zwischen dem tatsächlichen Verhalten des Therapeuten und dem (erwarteten negativen) Verhalten seiner Bezugspersonen systematisch zu differenzieren. Dazu kann der Therapeut z. B. folgende Fragen stellen: »Wie würde Ihre Mutter (Vater, Ehemann) reagieren, wenn …?«, »Wie habe ich gerade reagiert?«, »Wie unterscheidet sich meine Reaktion von der Ihrer Mutter (Ihres Vaters, Ihres Mannes)?«, »Was bedeutet das?« Fragen dieser Art fördern das Diskriminationsvermögen des Patienten. Die negativen interpersonellen Erfahrungen des Patienten und das reale Verhalten des Therapeuten werden dabei systematisch gegenübergestellt. Diese Gegenüberstellung soll dazu dienen, dem Patienten neue Lernerfahrungen in Bezug auf die relevanten Übertragungssituationen zu ermöglichen.

6.2.3 CBASP im stationären Setting

CBASP ist in seiner ursprünglichen Form als ambulante Psychotherapie entwickelt worden. Eine große Zahl chronisch depressiver Patienten wird jedoch in Deutschland im Laufe ihrer Erkrankung **zusätzlich stationär** behandelt. Um zu berücksichtigen, dass im stationären Setting neben der Einzel- auch die Gruppentherapie eine große Rolle spielt, wurde im Universitätsklinikum Freiburg in Anlehnung an die ambulante CBASP-Therapie ein stationäres multidisziplinäres CBASP-Konzept entwickelt (Brakemeier et al., 2011). Dabei wird die CBASP-Einzeltherapie durch eine **CBASP-Gruppentherapie** sowie CBASP-Bezugspflegegespräche und andere spezifische Konzepte (z. B. Körper- und Bewegungstherapie) ergänzt. Idealerweise ist das gesamte Stationsteam (Ärzte, Psychologen, Fachtherapeuten und Pflegepersonal) in der Umsetzung der CBASP-Strategien geschult. Vor allem die CBASP-Gruppentherapien erweisen sich als eine sehr sinnvolle Ergänzung, da die Patienten dabei durch Modelllernen und Rollenspiele voneinander profitieren können. Erste Studien weisen darauf hin, dass das Konzept gut durchführbar ist und vielversprechende kurz- und langfristige Ergebnisse erzielt (Brakemeier et al., 2011). Mittlerweile haben einige Kliniken das stationäre CBASP-Konzept bzw. Teile davon auf Depressionsstationen implementiert.

CBASP-Gruppentherapie

6.3 Empirische Absicherung

CBASP wurde von McCullough speziell für chronische Depressionen entwickelt und an die Besonderheiten dieser Patientengruppe angepasst. Aus diesem Grund hat es einen relativ **engen Indikationsbereich** und wurde bisher nur an chronisch depressiven Patienten evaluiert. Da CBASP ein relativ neues Verfahren ist, ist die Überprüfung der Wirksamkeit noch nicht vollständig abgeschlossen. In einer multizentrischen Studie an chronisch depressiven Patienten wurde die Wirkung einer Kombinationstherapie aus CBASP und einem Antidepressivum mit der Wirkung von Monotherapien (CBASP oder ein Antidepressivum) verglichen. Dabei stellte sich heraus, dass CBASP **genauso wirksam** war wie die Monotherapie mit dem Antidepressivum und dass die Kombinationstherapie (CBASP und Antidepressivum) von allen drei Treatments die besten Effekte aufwies (Keller et al., 2000). Weitere Analysen dieser Daten zeigten, dass bei chronisch depressiven Patienten mit einer Vorgeschichte von **frühkindlicher Traumatisierung** die Behandlung mit CBASP einer rein medikamentösen Behandlung überlegen war (Nemeroff et al., 2003). Darüber hinaus zeigte sich, dass CBASP auch als **Erhaltungsthe-**

Erste Analysen zeigen, dass CBASP erfolgreich in der Behandlung chronisch depressiver Erkrankungen ist. Da es aber auch weniger eindeutige Ergebnisse gibt, sind weitere Untersuchungen notwendig.

rapie wirksam war. Nach zwölf Monaten wies die Patientengruppe, die mit CBASP weiterbehandelt worden war, eine geringere Rückfallrate auf als die Gruppe, bei denen nur noch in regelmäßigen Abständen Testungstermine stattfanden (Klein et al., 2004).

Bei der Interpretation der oben beschriebenen Ergebnisse muss beachtet werden, dass sie alle auf der **gleichen Stichprobe** beruhen. Ihre Generalisierbarkeit ist also möglicherweise eingeschränkt. Jedoch wurden mittlerweile auch weitere positive Wirksamkeitsstudien publiziert. In einer randomisiert kontrollierten Studie von Schramm et al. (2011) wurde eine Gruppe chronisch depressiver Patienten mit CBASP, die andere mit IPT behandelt. Nach Abschluss der Behandlung zeigten sich signifikant höhere Remissionsraten in der CBASP-Gruppe als in der IPT-Gruppe (57 % vs. 20 %). In einer anderen Studie zur Effektivität von CBASP (Kocsis et al., 2009) zeigten sich **weniger eindeutige** Ergebnisse. In dieser Studie erhielten chronisch depressive Patienten, die auf eine medikamentöse Behandlung hin nicht angesprochen hatten (Phase 1) im Anschluss entweder ein weiteres Medikament, supportive Psychotherapie oder CBASP (Phase 2). Im Vergleich zu der Medikamentengruppe konnte jedoch keine der beiden Psychotherapieformen den Behandlungserfolg steigern, auch die zwei Psychotherapien unterschieden sich nicht in ihrer Wirksamkeit. Kritiker monieren, dass die Bedingungen für psychotherapeutische Interventionen in dieser Untersuchung nicht optimal waren. So bestand die Stichprobe möglicherweise aus Patienten, die sich vor allem auf die medikamentöse Behandlung einließen und die Psychotherapie eher als »Anhängsel« akzeptierten. Verschiedene Studien zeigen nämlich, dass Therapiepräferenz und Erwartungen des Patienten einen wichtigen Einfluss auf das Behandlungsergebnis haben (Nock & Kazdin, 2001). Außerdem war die Anzahl der therapeutischen Sitzungen in der Studie relativ gering (ca. 12,5 bei CBASP und 13,1 bei der supportiven Psychotherapie). Neuere Studien zeigen aber, dass bei chronischen Depressionen deutlich mehr Sitzungen (mind. 18) erforderlich sind, um Therapieerfolge zu realisieren (Cuijpers et al., 2009). Trotzdem sind weitere Untersuchungen zur Wirksamkeit von CBASP notwendig. Dabei sollte v. a. die **Wirksamkeit im Vergleich** mit anderen evidenzbasierten Verfahren untersucht und der Frage nach der **differenziellen Wirksamkeit** für bestimmte Patientengruppen nachgegangen werden. Aktuell wird die Wirksamkeit von CBASP sowohl in den Niederlanden (Wiersma et al., 2008) als auch in Deutschland durch große multizentrische Studien untersucht, wobei CBASP in der deutschen Studie mit der Wirksamkeit von supportiver Psychotherapie (SYSP) bei Patienten mit frühem Depressionsbeginn verglichen wird. Für diese und die niederländische Studie liegen jedoch noch keine Ergebnisse vor. Die erwähnte erste offene Studie zum stationären Konzept konnte positive kurz- und langfristige Effekte zeigen (Brakemeier et al., 2011). Daher wird auch dieses Konzept nun in Form einer randomisiert kontrollierten Studie weiter hinsichtlich Wirksamkeit, Prädiktoren und Wirkmechanismen untersucht. Nach wie vor ist CBASP die einzige Therapieform, für die bei chronischer Depression in einer randomisierten Studie ein wesentlicher additiver Effekt zu Pharmakotherapie gezeigt werden konnte.

▶ **Weiterführende Literatur**

McCullough, J. P. (2000). *Treatment for chronic depression. Cognitive Behavioral Analysis System of Psychotherapy.* New York: Guilford Press.

Schramm, E., Caspar, F. & Berger, M. (2006). Spezifische Therapie für chronische Depression – Das »Cognitive Behavioral Analysis System of Psychotherapy« nach McCullough. *Nervenarzt, 77,* 355-371.

Schramm, E., Schweiger, U., Hohagen, F. & Berger, M. (2006). *Psychotherapie für chronische Depression. Cognitive Behavioral Analysis System of Psychotherapy (CBASP) von James P. McCullough. Deutsche Übersetzung und Bearbeitung.* München: Elsevier.

Wambach, K. & Rief, W. (2009). Praktische Erfahrungen mit dem Cognitive Behavioral Analysis System of Psychotherapy (CBASP). Ein Fallbericht. *Zeitschrift für Psychiatrie, Psychologie und Psychotherapie, 57(4),* 277-284.

▶ **Internet**

Europäisches CBASP-Netzwerk: www.cbasp-network.org
Amerikanische Homepage des CBASP-Netzwerks: www.cbasp.org

6.4   Literaturverzeichnis

American Psychiatric Association (2000). *Diagnostic and statistical manual of mental disorders* (4th ed., text rev.). Washington, DC: American Psychiatric Association.

Arnow, B. A. & Constantino, M. J. (2003). Effectiveness of psychotherapy and combination treatment for chronic depression. *Journal of Clinical Psychology, 59* (8), 893-905.

Brakemeier, E. L., Engel, V., Schramm, E., Zobel, I., Schmidt, T., Hautzinger, M., et al. (2011). Feasibility and outcome of Cognitive Behavioral Analysis System of Psychotherapy (CBASP) for chronically depressed inpatients: A pilot study. *Psychotherapy and Psychosomatics, 80,* 191-194.

Cuijpers, P., Muñoz, R. F., Clarke, G. N. & Lewinsohn, P. M. (2009). Psychoeducational treatment and prevention of depression: The »Coping with Depression« course thirty years later. *Clinical Psychology Review, 29,* 449-458.

Dunner, D. L. (2001). Acute and maintenance treatment of chronic depression. *Journal of Clinical Psychiatry, 62(suppl. 6),* 10-16.

Gilmer, W. S., Trivedi, M. H., Rush, A. J., Wisniewski, S. R., Luther, J., Howland, R. H., Yohanna, D., Khan, A. & Alpert, J. (2005). Factors associated with chronic depressive episodes: A preliminary report from the STAR-D project. *Acta Psychiatrica Scandinavica, 112* (6), 425-433.

Greenberg, P. E., Kessler, R. C., Birnbaum, H. G., Leong, S. A., Lowe, S. W., Berglund, P. A. et al. (2003). The economic burden of depression in the United States: How did it change between 1990 and 2000? *Journal of Clinical Psychiatry, 64* (12), 1465-1475.

Kaplan, M. & Klinetob, N. (2000). Childhood emotional trauma and chronic posttraumatic stress disorder in adult outpatients with treatment-resistant depression. *Journal of Nervous and Mental Disease, 188* (9), 596-601.

Keller, M. B., Klein, D. N., Hirschfeld, R. M. A., Kocsis, J. H., McCullough, J. P., Miller, I. et al. (1995). Results of the DSM-IV mood disorders field trial. *American Journal of Psychiatry, 152,* 843-849.

Keller, M. B., McCullough, J. P., Klein, D. N., Arnow, B. A., Dunner, D. L., Gelenberg, A. J. et al. (2000). A comparison of nefazodone, the Cognitive Behavioral-Analysis System of Psychotherapy, and their combination for the treatment of chronic depression. *New England Journal of Medicine, 342* (20), 1462-1470.

Klein, D. N., Santiago, N. J., Vivian, D., Blalock, J. A., Kocsis, J. H., Markowitz, J. C. et al. (2004). Cognitive-Behavioral Analysis System of Psychotherapy as a maintenance treatment for chronic depression. *Journal of Consulting and Clinical Psychology, 72,* 681-688.

Kocsis, J. H., Gelenberg, A. J., Rothbaum, B. O., Klein, D. N., Trivedi, M. H., Manber, R. et al. (2009). Cognitive Behavioral Analysis System of Psychotherapy and Brief Supportive Psychotherapy for augmentation of antidepressant nonresponse in chronic depression: The REVAMP trial. *Archives of General Psychiatry, 66,* 1178-1188.

McCullough, J. P. (2000). *Treatment for chronic depression. Cognitive Behavioral Analysis System of Psychotherapy.* New York: Guilford Press.

McCullough, J. P. (2003). Treatment for chronic depression using Cognitive Behavioral Analysis System of Psychotherapy (CBASP). *Journal of Clinical Psychology, 59* (8), 833-846.

Nemeroff, C. B., Heim, C. M., Thase, M. E., Klein, D. N., Rush, J., Schatzberg, A. F. et al. (2003). Differential responses to psychotherapy versus pharmacotherapy in patients with chronic forms of major depression and childhood trauma. *Proceedings of the National Academy of Science of the United States of America, 100,* 14293-14296.

Nock, M. K. & Kazdin, A. E. (2001). Parent expectancies for child therapy: Assessment and relation to participation in treatment. *Journal of Child and Family Studies, 10,* 155-180.

Russell, J. M., Kornstein, S. G., Shea, M. T., McCullough, J. P., Harrison, W. M., Hirschfeld, R. M. et al. (2003). Chronic depression and comorbid personality disorders: Response to sertraline versus imipramine. *Journal of Clinical Psychiatry, 64,* 554-561.

Schramm, E., Schweiger, U., Hohagen, F. & Berger, M. (2006). *Psychotherapie für chronische Depression. Cognitive Behavioral Analysis System of Psychotherapy (CBASP) von James P. McCullough. Deutsche Übersetzung und Bearbeitung.* München: Elsevier.

Schramm, E., Zobel, I., Dykierek, P., Kech, S., Brakemeier, E.-L., Külz, A. et al. (2011). Cognitive behavioral analysis system of psychotherapy versus interpersonal psychotherapy for early-onset chronic depression: A randomized pilot study. *Journal of Affective Disorders, 129,* 109-116.

Wiersma, J. E., van Schaik, D. J., van Oppen, P., McCullough, J. P., Schoevers, R. A., Dekker, J. J. et al. (2008). Treatment of chronically depressed patients: A multisite randomized controlled trial testing the effectiveness of Cognitive Behavioral Analysis System of Psychotherapy (CBASP) for chronic depressions versus usual secondary care. *BMC Psychiatry, 8,* 18.

? **Kap. 6, Bd. 2: Kontrollfragen**

Die Antworten auf die folgenden Fragen finden Sie im Lerncenter zu diesem Kapitel unter ▶ www.lehrbuch-psychologie.de (Projekt Klinische Psychologie und Psychotherapie für Bachelor).

1. Was charakterisiert chronisch verlaufende Depressionen?
2. Nennen Sie die Behandlungsziele von CBASP.
3. Was sind die therapeutischen Behandlungsmethoden und Vorgehensweisen von CBASP?
4. Wie wirksam ist CBASP?

7 Psychodynamische Therapien

Marta Filipek, Maike Hartmann und Sara Schneider

> **Lernziele**
> - Einen Überblick über die theoretischen Grundlagen psychodynamischer Ansätze gewinnen.
> - Gemeinsamkeiten und Unterschiede zwischen verschiedenen psychodynamischen Ansätzen kennen.
> - Psychodynamische Techniken benennen und beschreiben können.
> - Die Wirksamkeit psychodynamischer Verfahren abschätzen können.

7.1   Beschreibung

Die Bezeichnung »Psychodynamische Psychotherapie« wird vom Wissenschaftlichen Beirat Psychotherapie (WBP) als Oberbegriff für verschiedene, aus der Psychoanalyse hervorgegangene Therapieformen verwendet (▶ Exkurs).

> »Psychodynamische Psychotherapie« ist ein Oberbegriff für in der Psychoanalyse verwurzelte Psychotherapieformen.

Exkurs

Die Psychoanalyse

Die Psychoanalyse wurde gegen Ende des 19. Jahrhunderts von dem Wiener Neurologen Sigmund Freud (*1856 Freiberg, Mähren, † 1939 London) begründet. Er ging davon aus, dass das menschliche Handeln, Erleben und Denken von unbewussten und dynamischen psychischen Kräften beeinflusst wird. Auf dieser Annahme basiert Freuds Instanzenmodell, nach dem sich das psychische System in drei Komponenten gliedert: Es (Triebe, instinktive Bedürfnisse), Ich (mit vielfältigen Funktionen, u. a. Denken, Wahrneh-

mung, Steuerung, Abwehrmechanismen) und Über-Ich (elterliche und gesellschaftliche Werte, Ge- und Verbote, Moralvorstellungen). Freuds Konzept des Unbewussten beeinflusste diverse Disziplinen, z. B. Entwicklungspsychologie, Psychopathologie, Psychotherapie, Sozial- und Kulturtheorie etc. (vgl. Ermann, 2010). Freuds Schüler (z. B. Jung und Adler) entwickelten die Freudschen Theorien weiter. Dadurch, dass viele jüdische Psychoanalytiker während des Nationalsozialismus Deutschland verließen, entwickelten sich unabhängig vonei-

▼

nander v. a. in London und den USA neue Zentren, was der Entstehung diverser psychoanalytischer Schulen Vorschub leistete. Zu den wichtigsten gehört die Ich-Psychologie nach Anna Freud (später Hartmann), die Selbstpsychologie nach Kohut und die Objektbeziehungstheorie nach Klein (später Balint und Winnicott).

Der Wechsel von der »Ein-Personen-Psychologie« (Triebtheorie und Ich-Psychologie) zur »Zwei-Personen-Psychologie« (Objektbeziehungstheorie und Selbstpsychologie), in welcher nicht mehr ein geschlossenes intrapsychisches System im Fokus steht, sondern (»Objekt-«)Beziehungserfahrungen, kennzeichnet den ersten Paradigmenwechsel in den psychodynamischen Ansätzen.

Insbesondere in der amerikanischen Selbstpsychologie (Kohut) und der englischen Objektbeziehungstheorie (Klein, Bion, Meltzer) wandte sich das Interesse von der Trieblehre, der psychosexuellen Entwicklung des Kindes und dessen innerseelischen Konflikten (mit dem Ödipuskomplex als zentralem Konflikt nach Freud) ab und hin zu den frühen (»prä-ödipalen«) zwischenmenschlichen Beziehungserfahrungen. Diese gelten als von Trieben motiviert und schlagen sich in Form von inneren Objekten und Objektbeziehungen nieder (als Basis für die Entwicklung des Selbst).

Nach dem Tod Freuds 1939 entwickelte sich in London eine »controversial discussion« zwischen den Trieb- und Ich-Psychologen einerseits und den Objektbeziehungstheoretikern andererseits. Es kam zur Bildung einer »middle group«, zu der auch Balint und Winnicott gehörten, deren Fokus sich auf die Beobachtung der realen Interaktion zwischen Mutter (bzw. der frühen Bezugsperson) und Kind richtete und die das klassisch psychoanalytische Prinzip der Deutung um das Prinzip der (entwicklungsfördernden) Beziehung ergänzte.

In jüngster Zeit zeichnet sich ein weiterer Paradigmenwechsel innerhalb der psychodynamischen Ansätze ab: die »intersubjektive Wende« (Ermann, 2010, S. 52 ff.). Die Intersubjektivisten (allen voran Stolorow, Brandchaft und Atwood, s. Stolorow, Brandchaft & Atwood, 1996) betrachten das Selbst nicht mehr als intrapsychische Struktur, sondern als Resultat einer wechselseitigen, »intersubjektiven Bezogenheit« (Altmeyer & Thomä, 2008; Stolorow, Brandchaft & Atwood, 1996).

Die Psychodynamischen Psychotherapien sollten als ein Verfahren angesehen werden.

Eine Differenzierung der verschiedenen psychodynamischen Behandlungsansätze lässt sich anhand der zugrunde liegenden theoretischen Annahmen, Therapiedauer, Setting und Art der therapeutischen Interventionen (Abstinenz und Neutralität vs. aktives und unterstützendes Vorgehen des Therapeuten) vornehmen. Diese bestehenden Unterschiede bieten dem WBP zufolge jedoch keine wissenschaftliche Grundlage dafür, die verschiedenen psychodynamisch orientierten Psychotherapien als unterschiedliche Verfahren zu betrachten (sozialrechtlich gelten heute in Deutschland die tiefenpsychologisch fundierte und die analytische Psychotherapie als zwei getrennte Verfahren). Daher empfiehlt er, die Psychodynamischen Psychotherapien **als ein Verfahren** anzusehen. Zudem stellen eine Reihe zentraler Thesen und Grundannahmen eine gemeinsame Basis dar (◘ Tab. 7.1; z. B. Ermann, 2006, 2008, 2009, 2010).

► **Definition**
Strukturelles Defizit

┌─ **Definition** ─────────────────────────────────
Unter einem **strukturellen Defizit** versteht man Defizite der Persönlichkeitsstruktur oder Defizite bzgl. psychischer Funktionen, die z. B. für die Selbst- und Fremdwahrnehmung, für die Steuerung von Affekten, Impulsen und Beziehungen sowie für Abwehr, Kommunikation, Bindung oder Beziehungsgestaltung wichtig sind. Es wird davon ausgegangen, dass strukturelle Defizite durch unzureichende Entwicklungsbedingungen oder Beziehungserfahrungen, in denen die Bedürfnisse des Kindes nicht hinreichend befriedigt wurden (im Extremfall durch frühe Traumatisierungen), entstehen. In diesem Zusammenhang wird auch von »strukturellen Störungen« gesprochen.

Tab. 7.1 Gemeinsame theoretische Grundlagen psychodynamischer Behandlungsverfahren	
Psychischer Determinismus	Es wird davon ausgegangen, dass unbewusste Bedürfnisse einer Person ihre Wahrnehmung, ihre Gefühle und ihr Verhalten mit beeinflussen.
Einzigartigkeit	Ein Symptom kann dem Anschein nach bei unterschiedlichen Personen gleich sein, aber jeweils eine andere psychodynamische Ätiologie haben.
Fließender Übergang zwischen Gesundheit und Pathologie	Bereits Freud ging davon aus, dass Gesundheit und neurotische Pathologie auf einem Kontinuum verlaufen. Der Unterschied zwischen Gesunden und neurotisch Kranken gilt nicht als qualitativer, sondern als quantitativer. Bei jedem Menschen besteht demnach unter bestimmten Bedingungen die Gefahr, sich über einen kürzeren oder längeren Zeitraum auffällig zu verhalten. Aus diesem Grund gelten die Übergänge zwischen »gesund« und »krankhaft (neurotisch)« als fließend.
Unbewusstes	Ein Teil unserer mentalen und affektiven Abläufe entzieht sich unserem Bewusstsein und beeinflusst unser Verhalten, Fühlen und Denken. Die Psychodynamische Therapie zielt darauf ab, Unbewusstes bewusst zu machen, um das Verhalten und die Symptome besser zu verstehen. Es wird u. a. angenommen, dass Träume, Versprecher (Lapsus linguae), »Vergessensphänomene« oder Veränderungen in der Tonlage Aufschlüsse über unbewusste Motive und Prozesse geben können.
Abwehrmechanismen	In der Psychoanalyse wird davon ausgegangen, dass sog. Abwehrmechanismen von jedem Menschen von frühester Kindheit an angewandt werden, um ein psychisches Gleichgewicht zu gewährleisten. Dabei werden schmerzhafte und unangenehme Gefühle durch die Abwehrmechanismen vom Bewusstsein ferngehalten. Hier handelt es sich um zum größten Teil unbewusst ablaufende Prozesse. Einige Abwehrmechanismen gelten als »reifer« als andere. Die Analyse der von einer Person eingesetzten Abwehrmechanismen kann Hinweise darauf geben, wie die Psyche dieser Person organisiert ist (Ich-Psychologie nach A. Freud).
Innerpsychischer Konflikt	Hierbei handelt es sich um die Annahme, dass gegensätzliche Forderungen, wie z. B. eigene Wünsche und verinnerlichte moralische oder elterliche Ansprüche, miteinander in Konflikt treten können und dass diese Konflikte einen großen Einfluss auf das Seelenleben ausüben. Wenn es den Abwehrmechanismen nicht hinreichend gelingt, Konflikte vom Bewusstsein fernzuhalten, können starke Konflikte zur »neurotischen Symptombildung« führen.
Kindheit	Die Erfahrungen und Erlebnisse der ersten Lebensjahre haben in der Psychoanalyse einen besonderen Stellenwert. Es wird davon ausgegangen, dass sich die Psyche in dieser Zeit stufenweise entwickelt und die frühen (Bindungs-)Erfahrungen und Erlebnisse einen direkten Einfluss auf die Art und Weise des Ablaufs der verschiedenen Entwicklungsstufen und somit auf das weitere Leben des Menschen als Erwachsener haben. Manche Symptome im Erwachsenenalter seien z. B. auf Mangelerfahrungen in frühen Entwicklungsstufen zurückführbar. In diesem Fall wird nach Freud von einer »Fixierung« gesprochen.
Symptom	Das Symptom wird den psychodynamischen Theorien zufolge entweder als Lösungsversuch eines unbewussten innerpsychischen Konfliktes oder als Ausdruck eines sog. »strukturellen Defizits« (▶ Definition) gesehen.

7.1.1 Diagnostik

Auf standardisierte Vorgehensweisen (»objektive Methoden«) wurde in den Psychodynamischen Therapien lange verzichtet. Auch aktuell wird ein **wenig strukturiertes Vorgehen** weiterhin bevorzugt. Dadurch soll zum einen der Patient die Möglichkeit bekommen, den Gesprächsverlauf (die »Szene«) unbewusst zu gestalten, zum anderen soll der Therapeut die Möglichkeit bekommen, die subjektive Realität des Patienten sowie seine Beziehungsgestaltung zu erfassen. Beides liefert dem behandelnden Therapeuten Informationen, die ihm bei der Diagnostik behilflich sein sollen (»Szenisches Verstehen« nach Argelander, s. Argelander 1970; Drews 2000).

Auf eine Richtungsänderung deutet die 1996 erschienene **Operationalisierte Psychodynamische Diagnostik (OPD)** hin. Sie wird zunehmend als psychodynamische Ergänzung zu den deskriptiven und phänomenologischen Diagnosemanualen ICD-10 und DSM-IV eingesetzt. Die 2006 erschienene zweite Version (OPD-2) ist kein rein diagnostisches Instrument mehr, sondern soll auch unmittelbar zur Therapieplanung, Ressourcenerfassung und Veränderungsmessung dienen (Arbeitskreis OPD, 2006; Cierpka & Arbeitskreis OPD, 2006).

Bevorzugung eines wenig strukturierten Vorgehens

Zur strukturierten Erfassung der psychodynamischen Diagnostik wurde die OPD entwickelt.

7

Achsen der OPD
Bei der OPD handelt es sich um ein multiaxiales System, das aus folgenden fünf Achsen besteht:
- Krankheitserleben und Behandlungsvoraussetzungen
- Beziehung
- Konflikt
  - Individuation vs. Abhängigkeit: Konflikt zwischen Strebungen nach Abhängigkeit/Geborgenheit einerseits und Autonomie andererseits
  - Unterwerfung vs. Kontrolle: Konflikt zwischen den Strebungen nach Herrschaft, Macht und Kontrolle einerseits und der Hingabe und Unterwerfung andererseits
  - Autarkie vs. Versorgung: Konflikt zwischen dem Bedürfnis nach Hilfe/Passivität einerseits und Selbstständigkeit/Aktivität andererseits
  - Selbstwertkonflikt: Konflikt zwischen den Strebungen nach Idealisierung anderer (mit korrespondierender Selbstentwertung und Gefühlen von Minderwertigkeit) einerseits und kompensatorischer Selbstidealisierung und -überhöhung andererseits
  - Schuldkonflikt: übermäßige Schuldannahme vs. gänzliche Ablehnung, bzw. Zuweisung der Schuld an andere
  - Ödipal-sexuelle Konflikte: Erlangen vs. Vermeiden von Anerkennung der körperlichen Attraktivität als Mann/Frau
  - Identitätskonflikt: Ein Gefühl von Identitätsunsicherheit und -inkonstanz wird chronisch oder rezidivierend empfunden vs. überspielt (z. B. durch Identifizierung mit sozialen oder beruflichen Rollen)
- **Struktur** (Selbst- und Objektwahrnehmung, Steuerung von Affekten, Impulsen und Beziehungen, Kommunikation nach innen und außen, Bindung an innere und äußere Objekte)
- **Psychische und psychosomatische Störungen gemäß ICD-10**

Der Einfluss der Vergangenheit auf die Gegenwart wird analysiert, damit der Patient Einsicht in die Entstehung seiner Problematik erhält.

Gemeinsames therapeutisches Bestreben der verschiedenen psychodynamisch orientierten Ansätze ist es, dass Patienten einen **sinnvollen Zusammenhang** zwischen den vergangenen Erfahrungen (dem »Dort und Damals«) und dem gegenwärtigen Erleben (dem »Hier und Jetzt«) herstellen. Um dies zu erreichen, wird unter anderem darauf hingearbeitet, die **Einsicht** des Patienten in seine Gefühle, Erlebens- und Verhaltensmotive zu fördern. Der Patient soll so ein Verständnis für seine aktuellen Schwierigkeiten entwickeln, wodurch eine anschließende Veränderung des Erlebens und Verhaltens bzw. eine größere Selbstakzeptanz sowie eine Überwindung der Probleme bewirkt werden soll.

Im Fokus der Behandlung steht das Aufdecken der Ursachen, die der Symptombildung zugrunde liegen.

Häufig steht nicht das Symptom selbst im **Fokus der Behandlung**, sondern das Aufdecken der unbewussten Hintergründe, die zum Entstehen des Symptoms geführt haben können oder das Aufdecken der symbolischen Bedeutung der Symptome. Die angewandte Methodik ist die sog. Hermeneutik, d. h. ein deutendes und interpretierendes Vorgehen.

7.2 Psychodynamische Therapieverfahren

7.2.1 Psychoanalyse

Vergangene Beziehungserfahrungen sollen in einer intensiven emotionalen Beziehung wiedererlebt und korrigiert werden.

Die Psychoanalyse gehört zu den Psychodynamischen Langzeittherapien und sieht sich selbst als »intensivste« Form Psychodynamischer Psychotherapie. Sie betrachtet sich als

Verfahren, das auf eine **Veränderung der Persönlichkeitsstruktur** abzielt. Basis für diese grundlegende Veränderung des Patienten (»Analysanden«) ist der Aufbau einer intensiven emotionalen Beziehung mit dem Analytiker. Unbewusste Konflikte sowie konfliktbehaftete frühere Beziehungserfahrungen und -muster des Analysanden sollen aktiviert und in der Beziehung zum Analytiker (durch Übertragung) wiedererlebt und positiv gelöst werden (»emotional korrigierende Erfahrung«; Alexander & French, 1946). Der Fokus liegt dabei auf dem subjektiven Realitätserleben des Patienten. Eine wichtige Rolle bei der Behandlung spielt der Regressionsprozess, d. h. ein zeitlich begrenzter Rückzug auf frühere psychische Entwicklungsstufen.

In der klassischen Psychoanalyse geht der Analysand im Laufe der Behandlung aus einer dem Analytiker gegenübersitzenden Haltung in eine entspannte **Liegeposition** über, aus der er den Psychoanalytiker nicht sehen kann. Dieses Vorgehen soll zum einen den Analysanden von den (mimischen und gestischen) Einflüssen des Analytikers abschirmen und dafür sorgen, dass der Analysand so wenig wie möglich von den Einstellungen, Bewertungen und Erwartungen des Analytikers beeinflusst wird. Er soll so möglichst nah bei sich, seinen Wünschen und Fantasien bleiben. Zum anderen sei in dieser Position die Selbst- und Fremdkontrolle verringert, was die »freie Assoziation« (◘ Tab. 7.2) und somit auch die Regression fördere.

Die Psychoanalyse ist eine nicht-direktive Form der Therapie. Der offene Therapieverlauf zielt darauf ab, unbewusst-problematische, mentale und affektive Prozesse bewusst zu machen. Um dies zu erreichen, werden die in ◘ Tabelle 7.2 wiedergegebenen therapeutischen Techniken eingesetzt.

> Die Liegeposition erfüllt verschiedene Funktionen.

> psychoanalytische Techniken

Definition

In der Psychoanalyse wird davon ausgegangen, dass das Aufdecken unbewusster Motive Abwehr erzeugt, die sich im therapeutischen Prozess als **Widerstand** zeigt. Es wird angenommen, dass sich der Widerstand immer gegen das Wirksamwerden einer Intervention richtet. Zu typischen Widerstandsreaktionen zählen u. a. Verpassen von Sitzungen, Zuspätkommen, Schweigen, andauerndes und automatisiertes Ablehnen von Deutungsvorschlägen, Weitschweifigkeit oder Verschweigen wichtiger Informationen.

> ► **Definition**
> **Widerstand**

Durchgeführt wird die Psychoanalyse häufig mit einer Frequenz von drei bis fünf 45-minütigen Sitzungen pro Woche und einer Dauer von drei bis fünf Jahren. In bestimmten Fällen kann die Behandlung länger dauern, da weder Sitzungszahl noch Therapiedauer festgesetzt oder begrenzt werden. Aufgrund des hohen Aufwands, der hohen Kosten und des Mangels an Zielsetzung wird diese Form der Behandlung nicht im Rahmen des deutschen Versorgungssystems durchgeführt.

> Merkmale der Psychoanalyse
> Frequenz: unbegrenzt (häufig 3–5 Sitzungen pro Woche à 45 Min.)
> Dauer: unbegrenzt (häufig 3–5 Jahre)
> Sitzungsanzahl: unbegrenzt
> Setting: im Liegen

7.2.2 Analytische Psychotherapie

Bei der analytischen Psychotherapie handelt es sich im Grunde um eine den Rahmenbedingungen des Versorgungssystems Rechnung tragende Form der Psychoanalyse. Der Fokus der Behandlung liegt im Unterschied zur klassischen Psychoanalyse stärker auf der **Bewältigung der Symptome und Störungen**. Der Prozess wird als weniger tiefgreifend verstanden, wobei jedoch auch hier eine »strukturelle Änderung« (und nicht lediglich die Reduktion von Symptomen) angestrebt wird.

Bei der Durchführung bleibt die Liegeposition eine Option, manchmal sitzen sich Patient und Therapeut jedoch gegenüber. Die Behandlung ist mit einer Frequenz von ein bis drei 50-minütigen Sitzungen pro Woche über einen Zeitraum von ein bis drei Jahren weniger intensiv als die der Psychoanalyse. Die vom Versorgungssystem getra-

> Merkmale der analytischen PT
> Frequenz: 1–3 Sitzungen à 50 Min. pro Woche
> Dauer: 1–3 Jahre
> Sitzungsanzahl: 80 bis max. 300
> Setting: im Sitzen oder Liegen

◘ Tab. 7.2 Psychoanalytische Techniken

Freie Assoziation	Die Technik der freien Assoziation gilt als Grundregel der psychoanalytischen Behandlung. Der Analysand wird dazu aufgefordert, alles, was ihm durch den Sinn geht, auszusprechen und dabei Zensur und Kontrolle weitestgehend beiseite zu lassen. Das bedeutet, dass der Analysand keinen Gedanken unausgesprochen lassen sollte, egal wie unsinnig, zusammenhangslos, unangenehm, beängstigend oder unwichtig ihm dieser erscheint. Unbewusste Motive sollen hierdurch die Möglichkeit erhalten, ausgedrückt zu werden. Dabei kann der Analytiker z. B. auch einzelne Wörter herausgreifen und den Analysanden dazu frei assoziieren lassen.
Gleichschwebende Aufmerksamkeit	Die gleichschwebende Aufmerksamkeit des Analytikers ist das »Gegenstück« zur freien Assoziation des Analysanden. Im Idealfall löst sich der Analytiker gänzlich von seinen Annahmen, Ideen und vor allem von seinem theoretischen Wissen, um aufnahmebereit für Neues und für die Einzigartigkeit des Analysanden und seiner Äußerungen zu sein.
Technische Neutralität	Der Analytiker wertet nicht und ist neutral, wenn es um religiöse, moralische und gesellschaftliche Fragen geht. Dies beinhaltet auch, dass er keine Ratschläge gibt, sich und seine persönlichen Einstellungen (z. B. bei Entscheidungsfindungen) heraushält, nicht Partei ergreift, nicht wissbegierig ist und seine Gefühle und Ansichten nicht preisgibt.
Abstinenz	Abstinenz bedeutet den Verzicht auf Erfüllung eigener Bedürfnisse und Wünsche des Therapeuten in der Therapie sowie den Verzicht auf die Realisierung eigener Wert- und Normvorstellungen.
Klären	Klären (auch: »klarifizieren«) impliziert Nachfragen, Zusammenfassen und Ordnen des Materials, um Klarheit über die subjektiv erlebte Realität des Patienten zu erreichen. Dies beinhaltet die begleitenden Gefühle, Gedanken und Impulse, Vermutungen und Fantasien.
Konfrontieren	Beim Konfrontieren wird der Analysand u. a. auf widersprüchliche/konflikthafte Aspekte, nonverbales Verhalten, Widerstand (▶ Definition) oder körperliche Vorgänge hingewiesen. Dabei müssen gewisse Leitlinien befolgt werden (z. B. taktvolle Formulierungen, Wahl des Zeitpunktes, Beachtung einer Gegenübertragung etc.).
Deuten	Das Deuten wird als das Übersetzen der Produktionen des Patienten in ihre unbewussten Vorläufer betrachtet. Erstellt wird die Deutung auf Basis aller dem Analytiker zu Verfügung stehenden Informationsquellen (verbales und nonverbales Verhalten des Analysanden, Übertragungs- und Widerstandsreaktion etc.). Bei den Deutungen handelt es sich um Hypothesen, die dem Analysanden in Form von Vorschlägen vermittelt werden. Ziel ist das Herstellen eines Zusammenhangs zwischen dem manifesten Erleben und Verhalten des Patienten und seinen unbewussten Motiven, Wünschen und Gefühlen. Das Verständnis des Analysanden für sich selbst und sein Verhalten soll gefördert werden, indem ihm die unbewussten oder vorbewussten Prozesse bewusst werden.
Durcharbeiten	Unter Durcharbeiten wird der Prozess des Überwindens der Widerstände des Analysanden verstanden. Eine durch Deutung erzielte Einsicht reicht meist nicht aus, um bereits relevante Veränderungen zu erzielen. Durcharbeiten bezeichnet das wiederholte Klären, Konfrontieren und Deuten der relevanten Themen solange, bis eine Veränderung erreicht ist.
Übertragung	Übertragung ist die unbewusste Wiederholung vergangener Beziehungserfahrungen sowie damit verbundener Erwartungen, Affekte, Wünsche etc., die der Analysand in der Vergangenheit erlebt hat und die er in der Beziehung zum Analytiker wiedererlebt. Während der Behandlung wird mithilfe der Übertragungsdeutung darauf hingearbeitet, die Übertragung transparent und bewusst zu machen, da »sie umso stärker wirkt, je weniger man ihr Vorhandensein ahnt« (Freud, 1910a, S. 55).
Gegenübertragung	Die bewussten und unbewussten Reaktionen des Analytikers auf den Analysanden und dessen Übertragung werden »Gegenübertragung« genannt.

gene Sitzungsanzahl liegt bei maximal 240, in Ausnahmefällen bei bis zu 300 50-minütigen Sitzungen. Im Hinblick auf die Techniken bestehen zur Psychoanalyse kaum Unterschiede.

7.2.3 Tiefenpsychologisch fundierte Psychotherapie

Innere und äußere Konflikte, die zu den aktuellen Beeinträchtigungen führen, stehen im Vordergrund der Behandlung.

In den tiefenpsychologisch fundierten Psychotherapien wird den aktuellen Lebensbelastungen sowie den aktuellen sozialen und interpersonellen Beziehungen eine wichtige Rolle zugeschrieben, wodurch **aktuelle psychosoziale Konflikte** neben den inneren Konflikten stärker im Fokus der Behandlung stehen. Diese Form der Therapie gilt als weniger intensiv und aufwändig als die Psychoanalyse oder die analytische Psychotherapie und stellt die am häufigsten eingesetzte Form der dynamischen Psychotherapie dar (Rudolf et al., 2002).

Die Frequenz der Sitzungen und die Dauer der Behandlung können bei der tiefenpsychologisch fundierten Psychotherapie stark variieren. Die vom Versorgungssystem getragene Sitzungsanzahl liegt zwischen 25 und maximal 100 50-minütigen Sitzungen, welche in der Regel ein (max. zwei) Mal pro Woche stattfinden. Die Frequenz der Sitzungen wird **den Bedürfnissen der Patienten** stärker angepasst als in der Psychoanalyse und der analytischen Psychotherapie. So kann eine tiefenpsychologisch fundierte Psychotherapie z. B. über einen längeren Zeitraum mit sehr niedrig frequentierten Sitzungen stattfinden, etwa wenn eine andauernde therapeutische Beziehung dem Patienten zugute kommt (niederfrequente Therapie in einer längerfristig Halt gewährenden therapeutischen Beziehung). Einige aus der Psychoanalyse stammende Techniken, wie z. B. die Deutung oder Förderung der Regression, werden hier nur eingeschränkt genutzt. Die Behandlung findet im Sitzen statt. Die Position des Therapeuten ist wesentlich aktiver. Seine Interventionen können emotional unterstützend sein oder dazu dienen, den Problemlöseprozess zu fördern. Es wird insgesamt fokussierter vorgegangen, zudem finden neben den verbalen Deutungen auch nonverbale, erlebnisaktivierende Techniken ihren Platz.

> Merkmale der tiefenpsychologisch fundierten PT
> Frequenz und Dauer: werden den Bedürfnissen des Patienten angepasst
> Sitzungszahl: 25 bis max. 100 à 50 Min.
> Setting: im Sitzen

7.2.4 Psychodynamische Kurzzeittherapie

Bei der Psychodynamischen Kurzzeittherapie (Sonderformen: Fokaltherapie, Kurztherapie) wird ein **klar umrissenes Problem** in einem zu Beginn der Therapie festgelegten Zeitraum behandelt. Es können, wie auch in den anderen Psychodynamischen Therapien, innere unbewusste Konflikte bearbeitet werden, jedoch werden diese möglichst in der Anfangsphase der Therapie identifiziert und müssen dem spezifischen und zu behandelnden Problem zugrunde liegen. Die therapeutischen Interpretationen beziehen sich vor allem auf die gegenwärtigen Lebensumstände und das Verhalten des Patienten.

> Die Psychodynamische Kurzzeittherapie fokussiert auf die Behandlung eines klar definierten Problems, welches in einem kurzen, festgelegten Zeitraum behandelt wird.

Die Behandlung findet im Sitzen, von Angesicht zu Angesicht, statt. Die Anzahl der Sitzungen kann individuell abgesprochen werden. Die Dauer kann sich mit 8–25 50-minütigen Sitzungen über drei bis sechs Monate erstrecken. In einigen Fällen können die Sitzungen in 25-minütige Sitzungen geteilt werden, um die Dauer der Behandlung zu steigern. Die Position des Therapeuten ist aktiv. Er folgt dem Patienten nicht in alle Erlebensbereiche, sondern ist darauf bedacht, den Therapieprozess durch seine Interventionen auf die besprochenen Therapieziele gerichtet zu halten (Fokussierung).

> Merkmale der Psychodynamischen Kurzzeittherapie
> *Frequenz und Dauer:* hängen von der Absprache zwischen Patient und Therapeut ab
> *Sitzungsanzahl:* 8–25 Sitzungen à 50 Min.
> *Setting:* im Sitzen

7.3   Empirische Absicherung

Lange Zeit standen die Verfechter der Psychodynamischen Psychotherapie einer empirischen Untersuchung der Wirksamkeit dieses Therapieansatzes ablehnend gegenüber. Sie vertraten die Meinung, dass sich die Komplexität der durch die Therapie in Gang gesetzten psychischen Vorgänge mit den zu Verfügung stehenden Instrumenten nicht erfassen ließe. Die überzeugenden Wirksamkeitsbelege anderer Verfahren und die diesen Belegen in der Versorgungsplanung mittlerweile zugeschriebene Bedeutung führten jedoch dazu, dass diese Position zunehmend aufgegeben wurde und sich auch die Vertreter psychodynamischer Verfahren der empirischen Wirksamkeitsprüfung zu stellen begannen. Zu diesem Zweck wurden zunehmend auch manualisierte, störungsbezogene, psychodynamische Therapieprogramme entwickelt.

> Lange Zeit begegneten psychodynamische Schulen der empirischen Effektivitätsforschung mit Skepsis. Dies beginnt sich jedoch zunehmend zu ändern.

Im Bereich der **Psychodynamischen Langzeittherapien** wirkt sich die traditionell kritische Haltung gegenüber empirischer Forschung jedoch nach wie vor dahingehend aus, dass methodisch hochwertige Effektivitätsnachweise (etwa in Form von randomisierten kontrollierten Studien) Mangelware sind bzw. – wie z. B. für die klassische Lang-

> Es existiert kaum empirische Forschung zu Psychodynamischen Langzeittherapien.

zeitpsychoanalyse – gar nicht existieren. In der Folge existieren im Bereich Psychodynamischer Langzeittherapien weniger Studien als dies vor dem Hintergrund der Verbreitung dieser Verfahren zu erwarten wäre.

Die positiven Befunde zur Effektivität Psychodynamischer Langzeittherapien werden teilweise in Bezug auf Methodik und Validität der Schlussfolgerungen heftig kritisiert.

In den wenigen existierenden Studien wird von bedeutsamen und stabilen Effekten berichtet (z. B. Grande et al., 2006; Knekt et al., 2008a, b; Leichsenring et al., 2005, 2008), welche im Rahmen einer Metaanalyse von Leichsenring und Rabung (2008; 11 RCTs und 12 Beobachtungsstudien) mit Prä-Post-Effektstärken von d = 0.96 quantifiziert wurden. Die methodische Qualität dieser Studie und die Validität der von den Autoren gezogenen Schlüsse wurde jedoch von einer Vielzahl von Autoren z. T. heftig kritisiert (z. B. Bhar et al., 2010; Coyne et al., 2011; Littell & Shlonsky, 2010; Rief & Hofmann, 2009; Roseborough, 2010).

In einer weiteren Metaanalyse berichteten De Maat et al. (2009) von großen Effektstärken (d = 0.87) für die Prä-Post-Veränderungen, die zum Follow-Up-Zeitpunkt nochmals anstiegen (d = 1.18). Dabei fanden sich stärkere Effekte für die Symptomreduktion als für die Veränderung der Persönlichkeitsstruktur. Die Autoren wiesen allerdings auch auf die teilweise unbefriedigende methodische Qualität der einbezogenen Studien hin. In einer Metaanalyse der Cochrane Collaboration (Malmberg, Fenton & Rathbone, 2010) zur Wirksamkeit von Psychodynamischen Psychotherapien bei Schizophrenie wird sich aufgrund der verfügbaren Befunde deutlich gegen die Anwendung der Psychodynamischen Psychotherapien im stationären Bereich für Schizophrenie ausgesprochen.

Für die Therapie hospitalisierter schizophrener Patients wird vom Einsatz psychodynamischer Verfahren abgeraten.

Die **Psychodynamische Kurzzeittherapie** ist die derzeit am besten empirisch untersuchte Form der Psychodynamischen Therapien. In einer 2009 aktualisierten Metaanalyse der Cochrane Collaboration wurden 23 RCTs einbezogen (Abbass et al., 2006). Die Ergebnisse zeigten signifikante Verbesserungen bzgl. verschiedener Symptome und Erkrankungen (Depressionen, Angststörungen, stressbedingten physischen Beschwerden, interpersonellen Beschwerden und Persönlichkeitsproblemen) nach Psychodynamischen Kurzzeittherapien im Vergleich zu verschiedenen Kontrollgruppen. Sie blieben meist auch langfristig stabil. Auch bei diesen Ergebnissen wiesen die Autoren auf die große Heterogenität der Studienqualität hin und darauf, dass unter dem Therapie-Label eine Vielzahl sehr unterschiedlicher therapeutischer Vorgehensweisen subsummiert wurde. In einer von Driessen et al. (2010) veröffentlichen Metaanalyse zur Effektivität Psychodynamischer Kurzzeittherapie zur Behandlung von Depressionen zeigten sich große Effektstärken im Prä-Post-Vergleich (Cohens d = 1.34). Die Effekte waren über ein Jahr stabil. Gleichzeitig ergab sich unmittelbar nach Beenden der Therapie eine Unterlegenheit der psychodynamischen Verfahren gegenüber anderen Therapiemethoden, die jedoch im 3- bzw. 12-Monats-Follow-Up nicht mehr signifikant war (Driessen et al., 2010). In einer weiteren aktuelleren Überblicksarbeit analysierte Shedler (2010) acht Metaanalysen verschiedener Therapieformen (aus den Jahren 1980–2009), die insgesamt 160 Wirksamkeitsstudien enthielten. Dabei fand er Hinweise auf zumeist große Prä-Post-Effekte bei den durchschnittlich weniger als ein Jahr dauernden Psychodynamischen Therapien sowie Hinweise auf eine Tendenz zu ansteigenden Effektstärken mit zunehmenden Katamnesezeiträumen.

Die nachhaltige Wirksamkeit von Psychodynamischen Kurzzeittherapien konnte bei verschiedenen Störungen nachgewiesen werden.

Vor diesem Hintergrund erscheint die Schlussfolgerung gerechtfertigt, dass Psychodynamische Kurzzeittherapien sich für verschiedene Anwendungsbereiche als effektiv erwiesen haben. Allerdings gibt es bislang kaum Hinweise dafür, dass diese Verfahren anderen, gut untersuchten Methoden in Bezug auf Symptomreduktion und Persönlichkeitsveränderungen überlegen sind. Nach wie vor besteht in diesem Bereich Bedarf an methodisch hochwertigen Therapievergleichsstudien.

Es ist nicht belegt, dass psychodynamische Verfahren anderen, empirisch validierten Therapieformen überlegen sind.

Beutel, M. E., Doering, S., Leichsenring, F. & Reich, G. (2010). *Psychodynamische Psychotherapie*. Göttingen: Hogrefe.

Gottwik, G. (2009). *Intensive psychodynamische Kurzzeittherapie nach Davanloo*. Berlin: Springer.

Laplanche, J. & Pontalis, J. B. (1972). *Das Vokabular der Psychoanalyse*. Frankfurt: Suhrkamp.

Reimer, C. & Rüger, U. (2006). *Psychodynamische Psychotherapien*. Heidelberg: Springer.

Rudolph, G. (2010). *Psychodynamische Psychotherapie*. Stuttgart: Schattauer.

Thomä, H. & Kächele, H. (1985). *Lehrbuch der analytischen Psychotherapie, Bd 1: Grundlagen*. Heidelberg: Springer.

► **Weiterführende Literatur**

7.4   Literaturverzeichnis

Abbass, A. A., Hancock, J. T., Henderson, J. & Kisely, S. R. (2006). Short-termpsychodynamic psychotherapies for commonmental disorders. *Cochrane Database of Systematic Reviews, Issue 4,* Art. No. CD004687, doi:10.1002/14651858.CD004687.pub3.

Alexander, F. & French, T. M. (1946). Psychoanalytic therapy: *Principles and application*. New York: Ronald Press.

Altmeyer, M. & Thomä, H. (2008). *Die vernetzte Seele*. Stuttgart: Klett-Cotta.

Arbeitskreis OPD (2006). *Operationalisierte Psychodynamische Diagnostik OPD-2. Das Manual für Diagnostik und Therapieplanung*. Bern: Huber.

Argelander, H. (1970). *Das Erstinterview in der Psychotherapie*. Darmstadt: Wissenschaftliche Buchgesellschaft.

Bhar, S. S., Thombs, B. D., Pignotti, M., Bassel, M., Jewett, L., Coyne, J. C. et al. (2010). Is longer term psychodynamic psychotherapy more effective than shorter term therapies? Review and critique of the evidence. *Psychotherapy and Psychosomatics, 79* (4), 208-216.

Cierpka, M. & Arbeitskreis OPD (2006). OPD-2. Die neue Version der Operationalisierten Psychodynamischen Diagnostik. *Psychotherapeut, 51* (2), 171-174.

Coyne, J. C., Sunil, A. C., Bhar, S., Pignotti, M., Tovote, A. K. & Beck, A. T. (2011). Missed opportunity to rectify or withdraw a flawed metaanalysis of longer-term psychodynamic psychotherapy. *Psychotherapy and Psychosomatics, 80,* 53-54.

De Maat, S., de Jonghe, F., Schoevers, R. & Dekker, J. (2009). The effectiveness of long-term psychoanalytic therapy: A systematic review of empirical studies. *Harvard Review of Psychiatry, 17* (1), 1-23.

Drews, S. (Eds.) (2000). *Zum szenischen Verstehen in der Psychoanalyse*. Stuttgart: Brandes & Apsel.

Driessen et al. (2010). The efficacy of short-term psychodynamic psychotherapy for depression: A meta-analysis. *Clinical Psychology Review, 30,* 25-36.

Ermann, M. (Hrsg.) (2006). *Was Freud noch nicht wusste*. Frankfurt: Brandes & Apsel.

Ermann, M. (2008). *Freud und die Psychoanalyse*. Stuttgart: Kohlhammer.

Ermann, M. (2009). *Psychoanalyse in den Jahren nach Freud*. Stuttgart: Kohlhammer.

Ermann, M. (2010). *Psychoanalyse heute*. Stuttgart: Kohlhammer.

Freud, S. (1910a). *Über Psychoanalyse*. GW, Bd. 8, 1-60.

Grande, T., Dilg, R., Jakobsen, T., Keller, W., Krawietz, B., Langer, M. et al. (2006). Differential effects of two forms of psychoanalytic therapy: Results of the Heidelberg-Berlin study. *Psychotherapeutic Research, 16,* 470-485.

Knekt, P., Lindfors, O., Harkanen, T. et al. (2008a). Randomized trial on the effectiveness of long- and short-term psychodynamic psychotherapy and solution-focused psychotherapy on psychiatric symptoms during a 3-year follow-up. *Psychological Medicine, 38,* 689-703.

Knekt, P., Lindfors, O., Laaksonen, M. A., Raisalto, R., Haaramo, P., Järviikoski, A. et al. (2008b). Effectiveness of short-term and long-term psychotherapy on work ability and functional capacity: A randomized clinical trial on depressive and anxiety disorders. *Journal of Affective Disorders, 107,* 95-106.

Leichsenring, F., Biskup, J., Kreische, R. & Staats, H. (2005). The Göttingen study of psychoanalytic therapy: First results. *The International Journal of Psychoanalysis, 8,* 433-455.

Leichsenring, F., Kreische, R., Biskup, J., Staats, H., Rudolf, G. & Jakobson, T. (2008). Die Göttinger Psychotherapiestudie. Ergebnisse psychoanalytischer Langzeittherapien bei depressiven Störungen, Angststörungen, Zwangsstörungen, somatoformen Störungen und Persönlichkeitsstörungen. *Forum der Psychoanalyse, 24,* 193-204.

Leichsenring, F. & Rabung, S. (2008). Effectiveness of long-term psychodynamic psychotherapy: A meta-analysis. *Journal of the American Medical Association, 300,* 1551-1565.

Littell, J. & Shlonsky, A. (2010). Making sense of meta-analysis: A critique of »The effectiveness of long-term psychodynamic psychotherapy«. *Clinical Social Work Journal,* doi:10.1007/s10615-010-0308-z.

Malmberg, L., Fenton, M. & Rathbone, J. (2010). Individual psychodynamic psychotherapy and psychoanalysis for schizophrenia and severemental illness. *Cochrane Database of Systematic Reviews, Issue 3,* Art.No. CD001360, doi:10.1002/14651858.CD001360.

Rief, W. & Hofmann, S. G. (2009). Die Psychoanalyse soll gerettet werden. Mit allen Mitteln? *Nervenarzt, 80*, 593-597.

Roseborough, D. (2010). There are some things I don't want to know: Leichsenring and Rabung's long road to the 2008 JAMA report. *Clinical Social Work Journal,* doi:10.1007/s10615-010-0302-5.

Rudolf, G., Grande, T., Dilg, R. et al. (2002). Structural changes in psychoanalytic therapies – the Heidelberg-Berlin Study on longterm psychoanalytic therapies (PAL). In: Leuzinger-Bohleber, M. & Target, M. (Eds.), *Outcomes of psychoanalytic treatment. Perspectives for therapists and researchers* (pp. 201-222). London: Whurr.

Shedler, J. (2010). The efficacy of psychodynamic psychotherapy. *American Psychologist, 65,* 98-109.

Stolorow, R. D., Brandchaft, B. & Atwood, G. E. (1996). *Psychoanalytische Behandlung. Ein intersubjektiver Ansatz*. Frankfurt: Fischer.

---

❷ Kap. 7, Bd. 2: Kontrollfragen

Die Antworten auf die folgenden Fragen finden Sie im Lerncenter zu diesem Kapitel unter ▶ www.lehrbuch-psychologie.de (Projekt Klinische Psychologie und Psychotherapie für Bachelor).

1. Welches gemeinsame Ziel haben die Psychodynamischen Psychotherapien?

2. Nennen und beschreiben Sie vier theoretische Grundannahmen der Psychodynamischen Therapie.

3. Nennen und beschreiben Sie mindestens zwei Konflikte, die in der OPD erfasst werden.

4. Erklären Sie die Bezeichnung »strukturelle Störung«.

5. Nennen und beschreiben Sie vier Techniken der Psychodynamischen Therapie.

8 Paar- und Familientherapie und systemische Ansätze

Judith Kowalsky

Lernziele
— Einen Überblick über den Bereich der systemischen Therapie gewinnen.
— Grundzüge und spezifische Methoden familien-/paartherapeutischer Ansätze und Ergebnisse hinsichtlich deren Wirksamkeit kennenlernen.

8.1 Grundlagen der systemischen Therapie

8.1.1 Beschreibung

In der systemischen Therapie liegt der Fokus auf dem **sozialen Kontext** psychischer Störungen. Zusätzlich zum Patienten, dem »Symptomträger« (»Indexperson«), werden auch andere Personen in die Therapie mit einbezogen, die in einer aktuellen relevanten Beziehung zu dem Patienten stehen. Systemische Ansätze bezeichnen also nicht den Patienten an sich als »krank«, sondern sehen die Interaktionen mit den Mitgliedern des Bezugssystems sowie die Beziehungsstrukturen innerhalb dieses Systems als fehlerhaft an. Zu dem **Bezugssystem** gehören die Familie, Freunde und Arbeitskollegen, aber auch Ärzte oder Therapeuten als professionelle Helfer des Patienten. Die Struktur und besonders die Kommunikation innerhalb des Bezugssystems sind nach dem systemischen Ansatz das, was die Symptome des Patienten verursacht. In diesem Ansatz liegt der grundlegende Unterschied zu individualpsychologischen Therapieformen.

In der Therapie soll herausgearbeitet werden, wie die unterschiedlichen Personen miteinander **interagieren**, z. B. welche Rollenverteilung herrscht oder welche Kommunikationsmuster dominant sind. Einerseits werden dabei die Auswirkungen der Interaktionen innerhalb der Familie auf die Symptome des Indexpatienten betrachtet, andererseits aber auch die Bedeutung der Symptome für das familiäre System. Als Interven-

In systemischen Ansätzen wird nicht der Patient allein, sondern die Strukturen und Kommunikationsmuster in seinem Bezugssystem als ursächliche und aufrechterhaltende Faktoren für seine Probleme angesehen.

Ziel der Therapie ist es, die bestehenden Interaktions- und Kommunikationsmuster aufzudecken und deren konstruktive Veränderung zu ermöglichen.

tion soll die Kommunikation innerhalb des Systems und nach Möglichkeit dadurch die gesamte Familienstruktur (d. h. Beziehungen, Hierarchien, Interaktionsmuster) verändert werden. Dabei geht es nicht darum, herauszufinden, wo in der Person die zurückliegenden Ursachen für die Symptome der Störung liegen, sondern welche Rahmenbedingungen innerhalb des Systems verändert oder neu geschaffen werden müssen, um die Entwicklung alternativer und konstruktiver Kommunikations- und Verhaltensformen zu unterstützen.

8.1.2 Geschichtliche Wurzeln

Die systemische Therapie entwickelte sich aus unterschiedlichen Ansätzen, unter anderem aus der frühen Familientherapie.

Es gibt keine einheitliche Definition der systemischen Therapie, da sich dieser Ansatz nicht – wie beispielsweise die Psychoanalyse – aus einer vergleichsweise konsistenten Theorie einer bekannten Persönlichkeit entwickelt hat. Historisch betrachtet ist die systemische Therapie eine **Weiterentwicklung der frühen Familientherapie** der 1950er-Jahre in den USA. Damals begannen einige Psychotherapeuten, die Familien der Patienten in die Behandlung mit einzubeziehen. Heute kann Familientherapie als eine Anwendungsform systemischen Vorgehens innerhalb spezieller Rahmenbedingungen/bei einer bestimmten Patientengruppe angesehen werden.

Zu den wichtigsten Vertreterinnen aus den USA zählt Virginia Satir, die z. B. die Technik der Familienskulptur entwickelte.

Virginia Satir wird häufig als »Mutter der systemischen Therapie« bezeichnet. Als bekannteste Vertreterin der experimentellen bzw. erlebnisorientierten Familientherapie entwickelte sie viele Techniken für die systemische Therapie, die auch heute noch Anwendung finden, wie z. B. die **Familienskulptur**. Hierbei bekommt ein Mitglied die Aufgabe, die eigene Familie räumlich so zu positionieren, dass sich eine subjektiv stimmige Repräsentation der aktuellen emotionalen Beziehungen zwischen den beteiligten Personen ergibt. Für diese Abbildung der Skulptur können sowohl der Abstand der Personen im Raum als auch Körperhaltung und Gestik, Größenverhältnisse, Gesichtsausdruck oder Blickkontakt genutzt und verändert werden. Sprachliche Mittel sollten beim Bauen der Skulptur nach Möglichkeit nicht verwendet werden. Bei der Besprechung der gebauten Skulptur werden die Gefühle und Empfindungen der aufgestellten Personen erfragt.

Weitere Entwicklungsstränge sind die strukturelle Familientherapie von Minuchin, die strategische Familientherapie von Haley sowie paartherapeutische Ansätze.

Die strukturelle Familientherapie von Salvador Minuchin (Minuchin & Fishman, 1985) und die strategische oder auch problemlösende Familientherapie von Jay Haley (1977) sind weitere Entwicklungsstränge aus den USA der 1960er-Jahre. In der strukturellen Familientherapie werden aus den Interaktionen der Mitglieder Informationen über die **Familienstrukturen** (»family map«, Beziehungslandkarte) und die darin enthaltenen Probleme abgeleitet. Eine wichtige Rolle für ein gesundes Familiensystem spielen beispielsweise klare Grenzen zwischen den Familienmitgliedern/-subsystemen (◘ Tab. 8.1) sowie die Bereiche Autorität, Allianzen/Koalitionen, Einfluss und hierarchische Gliederung. Während der Therapie werden die bestehenden Grenzen überprüft und gegebenenfalls verändert. In der strategischen Familientherapie verwendet der Therapeut spezielle Strategien und Taktiken (z. B. paradoxe Interventionen, ▶ Beispiel), um die Familie lösungsorientiert zu führen (direktiver Ansatz) und um mit möglichst kurzen Interventionen handlungsorientiert und wirkungsvoll zu arbeiten.

Die **Paartherapie** ist eine spezielle Unterform der Familientherapie, bei der die Interaktion der beiden Partner verändert werden soll.

Paradoxe Interventionen

Paradoxe Interventionen sollen festgefahrene Situationen lösen und die Sicht der Beteiligten darauf verändern. Man verhält sich hierbei genauso bzw. sagt genau das, was nicht erwartet wird. Auf diesem Weg wird gerade durch die Anwendung des problematischen (Kommunikations-)Verhaltens dessen Funktion verdeutlicht.

Nachfolgend ein anschauliches Beispiel für die Wirksamkeit einer paradoxen Intervention:

Carolins Eltern sind am Verzweifeln. Jeden Tag aufs Neue herrscht in ihrer Wohnung das blanke Chaos. Die Kleider ihrer 7-jährigen Tochter säumen den Weg durch die Drei-Zimmer-Wohnung, Kuscheltiere bevölkern die Sitzgelegenheiten der Familie, und der Küchentisch wird tagtäglich zum Mal-und Basteltisch der Tochter umfunktioniert.

Carolins Eltern versuchten anfangs durch Schimpfen und später durch Bestrafungen wie Hausarrest oder Fernsehverbot mehr Sinn für Ordnung bei ihrer Tochter zu erreichen. Doch nichts veränderte auch nur ansatzweise Carolins Verhalten.

Dann versprachen sie Carolin, dass sie für jeden Tag, an dem sie es schaffe, die Wohnung so richtig schön unordentlich zu machen, eine kleine Überraschung bekäme.

Nach einer Woche gewohnter Unordnung in der Wohnung und Überraschungen für Carolin hörte diese plötzlich auf, die ganze Wohnung in ihren persönlichen Spielplatz zu verwandeln.

8.1.3 Theoretische Grundlagen

Unter dem Begriff »systemische Therapie« werden unterschiedliche theoretische Interventionsansätze zusammengefasst. Die zentrale Idee, die aus der Systemtheorie in die systemische Therapie übernommen wurde, ist die **Fokussierung auf die Wechselbeziehungen** innerhalb familiärer Systeme. Diese enthalten Subsysteme, wobei jedes Subsystem bestimmte Funktionen erfüllt. Beispielsweise gewährleistet das Elternsystem die Versorgung und Erziehung der Kinder und kann durch unterschiedliche therapeutische Maßnahmen gestützt bzw. gestärkt werden (◘ Tab. 8.1).

Die einzelnen beweglichen Teile stehen in ständiger Interaktion miteinander, wodurch das ganze System im Gleichgewicht gehalten wird (**Homöostase**). Das Verhalten eines einzelnen Mitglieds ist immer sowohl Ursache als auch Wirkung des Verhaltens der übrigen Mitglieder (**Zirkularität**). Eine Familie gilt als gesund, wenn die Subsysteme ihre Funktionen erfüllen.

Die zentralen Funktionen familiärer Systeme bestehen in:
- Alltagsbewältigung und Aufgabenerfüllung
- Intimität (d. h. Nähe und Bindung zwischen den einzelnen Mitgliedern)
- Entwicklung des Einzelnen bei Aufrechterhaltung des Ganzen (d. h. angemessenes Verhältnis zwischen Gemeinsamkeit/Miteinander und Individualität)
- Emotionalität (d. h. Umgang mit emotionalen Prozessen als wichtiger Aspekt des Erlebens und Verhaltens)

◘ **Tab. 8.1** Drei funktionale Familiensysteme (Subsysteme)

Subsystem	Funktion	Maßnahmen zur Stützung
Ehesystem	gemeinsame Interessen, gegenseitige Unterstützung, Sexualität	Kommunikationstraining, gemeinsame Aktivitäten, ggf. Sexualtherapie
Elternsystem	Schulter-an-Schulter-System (auf gleicher hierarchischer Ebene), Versorgung der Kinder, Vorbildfunktion	Elterntraining, Verstärkung, gegenseitige Unterstützung fördern
Geschwistersystem	soziale Lernprozesse unter Gleichberechtigten, Bündnisse (z. B. gegen die Eltern)	als Gruppe ansprechen, gemeinsames Spiel, Förderung von vorübergehenden Konfliktsituationen (z. B. gemeinsam gegen die Eltern)

◘ Tab. 8.2 Kriterien zur Einschätzung von Systemen

Kriterium	Beschreibung
Besetzung und Funktionalität der Subsysteme	Wer gehört zu welchem System? Welche Funktion erfüllt das Subsystem innerhalb des Gesamtsystems?
Grenzen	diffus (durchlässig) vs. starr (minimaler Informationsaustausch zwischen Subsystemen)
Beziehungen	Triaden (Dreiecksbeziehungen): stabil vs. instabil oder pervers (z. B. Triangulation, wenn Elternteil und Kind sich gegen anderen Elternteil verbünden)
Hierarchie	funktional (kompetente Mitglieder treffen Entscheidungen und setzen sie durch) oder dysfunktional (inkompetente Mitglieder geraten über Essstörungen, Zwänge etc. »nach oben«, z. B. Kinder)
Entwicklungsstand	Entwicklungsphasen: Verliebtheit, Beziehung, Haushalt, Eheschließung, Geburt der Kinder etc.

- Rollenverhalten
- Kohäsion (d. h. Zusammenhalt und Zugehörigkeitsgefühl der Mitglieder)
- Kommunikation
- Kontrolle (z. B. durch klare Grenzen und Regeln innerhalb des Systems)

Theoretische Grundlagen liegen in der Systemtheorie: Wechselbeziehungen innerhalb und zwischen Systemen, System-Umwelt-Grenzen, Homöostase und Zirkularität.

Auch das Konzept der **System-Umwelt-Grenzen** kommt aus der Systemtheorie. Dabei geht es darum, welche Grenzen das System nach außen hat. Die Grenzen und ihre Angemessenheit sollen in der systemischen Therapie überprüft werden. Grenzen und weitere Kriterien zur Einschätzung von Systemen finden sich in ◘ Tabelle 8.2.

Settingvarianten

Da die Familie oder der Partner häufig den Bezugsrahmen des Patienten darstellen, wird die systemische Therapie oft im Familien-/Paarsetting angewandt. Allerdings ist auch die Einbeziehung anderer Bezugssysteme denkbar, beispielsweise des beruflichen Umfelds. Es ist außerdem möglich, eine **systemische Einzeltherapie** durchzuführen. Das Verhalten und Denken der abwesenden Bezugspersonen wird dabei hypothetisch erfragt (z. B. durch zirkuläre Fragen) und so in die Therapie mit einbezogen.

8.2   Indikationen und Kontraindikationen

8.2.1   Indikationen

Eine systemische Therapie ist dann indiziert, wenn das Bezugssystem des Patienten und die Interaktionen im System relevant für die Störung sind

Eine besondere Indikation für die systemische Therapie besteht immer dann, wenn die Problematik des Patienten hauptsächlich im **interpersonellen** Bereich liegt, also wenn das System, das den Indexpatienten umgibt, relevant für die Entwicklung und/oder Aufrechterhaltung der psychischen Störung ist. Direkt in die Therapie sollten allerdings immer nur diejenigen Personen einbezogen werden, die eine relevante Rolle für das Problem darstellen. Voraussetzung dafür ist, dass die Systemmitglieder motiviert werden können, das Problem des Indexpatienten als ein gemeinsames anzusehen und umzuformulieren (»Das Problem des Indexpatienten ist ein Problem der Familie«).

8.2.2   Kontraindikationen

Als Kontraindikation gelten u. a. ein fehlender Behandlungsauftrag, mangelnde Therapiebereitschaft des den Patienten umgebenden Systems sowie vorwiegend intrapsychisch bedingte Probleme des Patienten

Im Falle klar abzugrenzender **intrapsychischer** Konflikte des Patienten ist eine Therapie im Einzelsetting die effektivere Behandlungsmethode und somit dem systemischen Ansatz vorzuziehen. Eine weitere Kontraindikation liegt vor, wenn das den Patienten umgebende System nicht bereit ist, an der Therapie teilzunehmen. Systemische Mehrpersonensettings sind auch dann kontraindiziert, wenn dem Therapeuten die nötigen Qualifikationen fehlen oder wenn die Gefahr besteht, dass Offenheit während der Therapie später mit Gewalt, Missbrauch oder Repression beantwortet wird. In diesen Fällen wäre keine Aussicht auf fruchtbare Arbeit gegeben. Schließlich ist bei Störungen, aufgrund derer Patienten dazu neigen, Schuld tendenziell eher auf andere zu projizieren (antisozial, narzisstisch), zu bedenken, dass die systemische Sichtweise den Patienten darin zusätzlich bestärken könnte.

8.3 Durchführung

8.3.1 Diagnostik und Therapie – eine Einheit

In der systemischen Therapie gibt es keine strikte Unterscheidung zwischen einer Explorations- und einer Interventionsphase. Die Methoden, die zur Diagnostik eingesetzt werden, wie beispielsweise das zirkuläre Fragen oder die Familienskulptur (◘ Tab. 8.3), haben häufig neben dem Ziel der Informationserfassung auch bereits **therapeutische Wirkung**. Zur Diagnose von Familien- und Paarstrukturen werden beispielsweise folgende Fragen gestellt:

- Wie werden Emotionen und Konflikte thematisiert?
- Wie ist das Verhalten der einzelnen Personen in einer typischen Konfliktsituation?
- Was sind typische Kommunikationsmuster, wenn es um die Bereiche »Sexualität«, »Emotionen«, »Regeln und Grenzen«, »Pflichterfüllung« etc. geht?

Es gibt verschiedene standardisierte und psychometrisch evaluierte **Verfahren** zur Diagnose familiärer und partnerschaftlicher Interaktionen (z. B. standardisierte Beobachtungsverfahren), zur Fragebogendiagnostik der Familie als Ganzes (z. B. Familien-Identifikations-Test, FIT; Remschmidt & Mattejat, 1999) und zu einzelnen Beziehungen innerhalb eines Systems. Der Einsatz symbolisch-metaphorischer Verfahren, zu denen unter anderem das Genogramm oder die Familienskulptur zählen, ist eine wichtige Besonderheit der systemischen Therapie (◘ Tab. 8.3). Als psychometrisch evaluiertes Familienskulpturverfahren ist beispielsweise der Familien-Systemtest (FAST; Gehring, 1993) zu nennen.

> Explorations- und Interventionsphase lassen sich in der systemischen Therapie nur schwer voneinander trennen. Viele Diagnosemethoden haben bereits eine therapeutische Wirkung.

> Zu den bekanntesten diagnostischen Verfahren gehören das Genogramm oder die Familienskulptur.

◘ **Tab. 8.3** Systemische Methoden/Behandlungstechniken

Methode/Technik	Beschreibung	Ziel
Zirkuläre Fragen	kein direktes Erfragen, sondern über Dritte (»Was denken **Sie**, was **er** denkt?«)	Beziehungen und Sichtweisen der Personen übereinander sollen erfasst werden
Familienskulptur	Beziehungen und Verhalten von Familienmitgliedern zueinander werden symbolisch dargestellt (durch Distanz, Mimik, Gestik etc.)	systemisches Verständnis über sich selbst und die Beziehungen zu anderen entwickeln
Reframing	Umdeuten einer Situation/von Verhalten, »einen anderen Rahmen geben«	neue Sichtweisen entwickeln, Umdenken, einen anderen Sinn geben
Kommunikationstraining	Kommunikationsfertigkeit wird trainiert, typische Fehler werden aufgedeckt und behoben	mehr/bessere Verständigung, zielorientierte Diskussionen, konstruktive Gespräche
Joining	Therapeut bindet sich in die bestehenden Strukturen ein, statt sie »von außen« verändern zu wollen	kooperatives Arbeitsbündnis zwischen Therapeut und Klienten, tragfähige Vertrauensbeziehung
Genogramm	bestimmte Symbole liefern »harte Fakten« (Namen, Daten, Berufe, Krankheiten) und »weiche Informationen« (Glaubenssätze, Atmosphäre, Streitthemen)	übersichtliche Darstellung von komplexen Informationen über Familiensysteme, durch parallele Erzählungen weitere Hintergründe erfahren

8.3.2 Therapeutische Haltung

Das Verhalten des Therapeuten gegenüber den einzelnen Systemmitgliedern wird als respektvoll definiert, gleichzeitig wird eine gewisse Respektlosigkeit gegenüber pathogenen Ideen vertreten. Damit eng verknüpft ist auch der Anspruch der **Allparteilichkeit**, der zum Ziel hat, eine unabhängige Perspektive zu wahren und die Vorgänge und Interaktionen innerhalb des Systems nicht zu bewerten.

Die systemische Therapie zeichnet sich weiterhin durch eine ausgeprägte **Ressourcenorientierung** aus. Dabei wird davon ausgegangen, dass alle benötigten Ressourcen, die zur Lösung eines Problems nötig sind, bereits im Patienten vorhanden sind und in der Therapie entdeckt und nutzbar gemacht werden können. Ressourcen können z. B. funktionale Beziehungen oder gegenseitige Unterstützung sein, aber auch Kompromissfähigkeit, Zugehörigkeitsgefühl sowie materielle Sicherheit. Häufig werden potenzielle Ressourcen jedoch nicht wahrgenommen oder genutzt. Exemplarisch wäre ein Mann, der die Hilfe seiner Frau zwar braucht, aber nicht annehmen/einfordern kann, weil ihn dies in seiner »Männlichkeit« verletzen würde; oder eine Familie, die verfügbare therapeutische Angebote nicht nutzt, weil die Familienmitglieder Angst vor Stigmatisierung haben.

8.3.3 Paartherapeutische Ansätze

Systemische Ansätze, die in der Tradition empirisch-wissenschaftlicher KVT-Ansätze entwickelt wurden, fokussieren vor allem auf die Behandlung von Paarproblemen. Nicht nur in Familien, auch in Partnerschaften wird ein konstruktiver Umgang mit Konflikten oder Problemen oft durch festgefahrene Verhaltensmuster erschwert. Einige **typische Charakteristika** unzufriedener Paare sind erhöhte Konfliktbereitschaft, lange Konfliktdauer, schnelle Eskalation, starre Kommunikationsmuster (Vorwürfe, Kritik, Abwertung des Partners etc.), geringe Selbstöffnung sowie Nähe-Distanz-Probleme. Die systemische Sichtweise findet sich in der Annahme wieder, dass zirkuläre Prozesse die Konflikte des Paares aufrechterhalten. In verschiedenen Trainingsprogrammen und Therapiemethoden soll für beide Partner ein Rahmen geschaffen werden, in dem sie ihre Bedürfnisse und Wünsche, Ängste oder Befürchtungen ausdrücken und effektiv an der Veränderung dysfunktionaler Kommunikations- und Verhaltensmuster arbeiten können.

EPL – Ein Partnerschaftliches Lernprogramm Das EPL nach Thurmaier, Engl und Hahlweg (1995) folgt dem Grundsatz »Das Geheimnis zufriedener Paare ist das Gespräch« und ist durch seine präventive Ausrichtung nicht für den Einsatz bei Paaren gedacht, die bereits schwerwiegende Probleme haben. Vielmehr ist es ein Trainingsprogramm für junge Paare, die ihre Beziehung vertiefen, die Paarzufriedenheit erhöhen und Problemen vorbeugen wollen. Durch gezielte **Gesprächstrainings** und **Gesprächsregeln** (☐ Tab. 8.4) sollen Paare lernen,

- sich so auszudrücken, dass beim Gegenüber auch das ankommt, was man sagen will,
- so zuzuhören, dass man den Partner versteht und
- Meinungsverschiedenheiten/Differenzen fair auszutragen.

Zusätzlich zu diesem gezielten Kommunikationstraining werden spezielle Problemlösefähigkeiten vermittelt.

In einer fünfjährigen Längsschnittstudie konnten die Autoren des EPL kurz- und längerfristig positive Effekte des EPL-Trainings gegenüber den Kontrollbedingungen ohne Intervention bzw. mit herkömmlichen Ehevorbereitungswochenenden nachweisen, und zwar unabhängig von Alter, Geschlecht, Schulbildung oder Herkunft (Stadt vs.

◻ Tab. 8.4 Die zehn Gesprächsregeln des EPL

Regeln für den Sprecher	Regeln für den Zuhörer
Ich-Gebrauch	Aufnehmendes Zuhören
Konkrete Situationen ansprechen	Zusammenfassen
Konkretes Verhalten ansprechen	Offene Fragen
Beim Thema bleiben	Verstärkung von gutem Gesprächsverhalten
Selbstöffnung	Rückmeldung des ausgelösten Gefühls

Land) der Teilnehmer (Thurmaier, 1997). Es zeigten sich größere Lernerfolge hinsichtlich der Kommunikationsqualität (kurzfristig: d = 0.68; nach 3 Jahren: d = 0.70), eine günstigere Entwicklung der Ehezufriedenheit (stabile Zufriedenheit über den gesamten Beobachtungszeitraum) sowie geringere Trennungs- und Scheidungsraten (EPL: nach 1,5 Jahren keine, nach 3 Jahren 1,6 % und zur 5-Jahres-Erhebung 3,9 % Scheidungen gegenüber 6,9 %, 16,7 % und 23,8 % der Kontrollpaare).

Verhaltenstherapie mit Paaren   Aufbauend auf einer generellen Übersicht von Heekerens (2000) zur (langfristigen) Effektivität verhaltenstherapeutischer Paartherapie (◻ Tab. 8.5) setzte Bodenmann (2000, 2004) gezielt an den für unzufriedene Paare typischen Reaktionsmustern an. Durch festgefahrene Verhaltensweisen (z. B. Provokation, Rückzug) werden konstruktive Lösungen behindert. Während des Programms üben die Partner systematisch **neue Kommunikations- und Problemlösestrategien** ein und lernen, diese in den Alltag zu übertragen. Das Interventionsprogramm von Bodenmann enthält unter anderem folgende Elemente:

- Sensibilisierung für das Problem
- Wissensvermittlung zum Ablauf und zur Erfolgsaussicht durch Paartherapie
- Schaffung von Motivation: »Probleme sind bewältigbar!«
- Aufbau erforderlicher Kompetenzen durch gezielte Paarübungen
- Anleitung zum Training der Kompetenzen im Alltag (Transfer)
- Maßnahmen zur längerfristigen Aufrechterhaltung (im Sinne einer Rückfallprophylaxe)

Weitere Programme und Techniken   Neben den vorgestellten Ansätzen gibt es eine Reihe weiterer Partnerschaftsprogramme, wie z. B. Konstruktive Ehe und Kommunikation (KEK; Engl, Thurmaier & Black, 1999; vor allem für Paare mit mehrjähriger Beziehungserfahrung), Stressbewältigung für Paare (SPL; Engl, Ochsner-Trissl & Thurmaier, 2007) oder Triple P (»Positive Parenting Program«; Sanders, Cann & Markie-Dadds, 2003, ein breit angelegtes Präventionsprogramm für Eltern, das grundlegende Erziehungsfertigkeiten vermittelt, um psychischen Störungen bei Kindern vorzubeugen).

Eine Kurzübersicht wichtiger Einzeltechniken verhaltenstherapeutischer Ansätze ist in ◻ Tabelle 8.5 aufgeführt.

Die Verhaltenstherapie mit Paaren zielt auf das Erlernen und Übertragen neuer Kommunikations- und Problemlösestrategien.

◻ Tab. 8.5 Verhaltenstherapeutische Techniken in der Paartherapie

Kommunikations- und Konfliktlösetrainings	Rollentausch
Problemlösetrainings	Triangulierung
Entwickeln von Erklärungsmodellen	Kontingenzverträge und Verstärkung
Hausaufgaben	Bilanzierung
Gelenkte Dialoge	Reziprozitätstrainings

8.4   Empirische Absicherung

In einer neueren Metaanalyse wird die Wirksamkeit systemischer Therapie für verschiedene Störungen belegt. Bei **Erwachsenen** gilt sie für affektive Störungen, Essstörungen, psychische und soziale Faktoren bei somatischen Krankheiten, Abhängigkeit und Missbrauch sowie bei Schizophrenie und wahnhaften Störungen als empirisch validiert (von Sydow et al., 2007). Besonders die Ressourcenorientierung als spezielle Technik der systemischen Therapie zeigt sich als hoch wirksame Methode (Grawe & Grawe-Gerber, 1999).

Bei **Kindern und Jugendlichen** ist die Wirksamkeit der systemischen Therapie im Rahmen von affektiven Störungen und Belastungsstörungen, Essstörungen und anderen Verhaltensauffälligkeiten mit körperlichen Störungen, Verhaltensstörungen mit Beginn in der Kindheit und Jugend und Tic-Störungen, Persönlichkeits- und Verhaltensstörungen, Störungen der Impulskontrolle, Störungen der Geschlechtsidentität und Sexualstörungen, Störungen des Sozialverhaltens und jugendlicher Delinquenz, Abhängigkeit und Missbrauch sowie Schizophrenie und wahnhaften Störungen »gut belegt« (von Sydow et al., 2006).

Vom Wissenschaftlichen Beirat Psychotherapie (2008), dem Sachverständigenrat, der die wissenschaftliche Anerkennung von Psychotherapieverfahren prüfen soll, wurde 2008 die Anerkennung der systemischen Therapie in Deutschland für Erwachsene empfohlen; allerdings wird sie von den Kassen derzeit noch **nicht finanziert**.

Hinsichtlich der Wirksamkeit verhaltenstherapeutischer Ansätze für Paare veröffentlichte Heekerens (2000) die folgende Übersicht, welche eine langfristige Effektivität der Interventionen bestätigt (◘ Tab. 8.6).

◘ **Tab. 8.6** Effektstärken (Cohen's d) für Paartherapien im Allgemeinen

Bereich	Effektstärke Prä-Post	Effektstärke Prä-Follow-Up
Gesamt	0.71–0.78	0.54
Verhaltensänderungen	0.54–0.79	0.52–0.75
Kognitive Veränderungen	0.35–0.78	0.08–0.18
Emotionale Veränderungen	0.56–0.61	–

▶ **Weiterführende Literatur**

Kaiser, P. (2000). *Partnerschaft und Paartherapie*. Göttingen: Hogrefe.
von Schlippe, A. (2003). *Lehrbuch der systemischen Therapie und Beratung*. Göttingen: Vandenhoeck & Ruprecht.

8.5   Literaturverzeichnis

Bodenmann, G. (2000). *Stress und Coping bei Paaren*. Göttingen: Hogrefe.
Bodenmann, G. (2004). *Verhaltenstherapie mit Paaren*. Bern: Huber.
Engl, J., Ochsner-Trissl, A. & Thurmaier, F. (2007). *Stressbewältigung mit Partnerschaftlichem Lernprogramm (SPL)*. Handbuch für ausgebildete Kursleiter. München: Institut für Forschung und Ausbildung in Kommunikationstherapie e. V.
Engl, J., Thurmaier, F. & Black, C. (1998, 1999). *Konstruktive Ehe und Kommunikation (KEK). Ein Kurs zur Weiterentwicklung von Partnerschaft*. Vorher-nachher-Ergebnisse, bzw. 1½-Jahres- Ergebnisse: Entwicklung von Kommunikationsqualität, Ehequalität und individuellen Allgemeinbeschwerden. München: Institut für Forschung und Ausbildung in Kommunikationstherapie e. V.
Gehring, T. M. (1993). *FAST. Familiensystemtest. Manual*. Göttingen: Beltz-Test.
Grawe, K. & Grawe-Gerber, M. (1999). Ressourcenaktivierung: Ein primäres Wirkprinzip in der Psychotherapie. *Psychotherapeut 44*, 63-73.

Haley, J. (1977). *Direktive Familientherapie. Strategien für die Lösung von Problemen*. München: Pfeiffer.

Heekerens, H. P. (2000). Wirksamkeit therapeutischer Hilfen für Paare. In: Kaiser, P. (Hrsg.), *Partnerschaft und Paartherapie* (S. 405-421). Göttingen: Hogrefe.

Minuchin, S. M. & Fishman, H. C. (1985). *Praxis der strukturellen Familientherapie*. Freiburg: Lambertus.

Remschmidt, H. & Mattejat, F. (1999). *Familien-Identifikations-Test (FIT)*. Göttingen: Hogrefe.

Sanders, M. R., Cann, W. & Markie-Dadds, C. (2003). The Triple P – Positive Parenting Programme. A universal population-level approach to the prevention of child abuse. *Child Abuse Review, 12,* 155-171.

von Sydow, K., Beher, S., Retzlaff, R. & Schweitzer-Rothers, J. (2007). Systemische Therapie bei Störungen des Erwachsenenalters. Eine Metainhaltsanalyse von 28 randomisierten Primärstudien. *Psychotherapeut, 52,* 187-211.

von Sydow, K., Beher, S., Schweitzer-Rothers, J. & Retzlaff, R. (2006). Systemische Familientherapie bei Störungen des Kindes und Jugendalters. Eine Metainhaltsanalyse von 47 randomisierten Primärstudien. *Psychotherapeut, 51,* 107-143.

Thurmaier, F. (1997). *Ehevorbereitung – ein Partnerschaftliches Lernprogramm (EPL). Methodik, Inhalte und Effektivität eines präventiven Paarkommunikationstrainings*. München: Institut für Forschung und Ausbildung in Kommunikationstherapie e. V.

Thurmaier, F., Engl, J. & Hahlweg, K. (1995). *Ehevorbereitung – ein Partnerschaftliches Lernprogramm EPL: Kursleitermanual*. München: Institut für Forschung und Ausbildung in Kommunikationstherapie e. V.

Wissenschaftlicher Beirat Psychotherapie nach §11 PsychThG (2008). *Gutachten zur wissenschaftlichen Anerkennung der Systemischen Therapie*. Berlin: WBP, www.wbpsychotherapie.de/page.asp?his=0.1.17.71.83 (06.06.2010).

❓ Kap. 8, Bd. 2: Kontrollfragen ─────────────────────────

Die Antworten auf die folgenden Fragen finden Sie im Lerncenter zu diesem Kapitel unter ▶ www.lehrbuch-psychologie.de (Projekt Klinische Psychologie und Psychotherapie für Bachelor).

1. Was sind die Wurzeln der systemischen Therapie?
2. Was ist die zentrale Annahme dieser Therapieform?
3. Nennen und beschreiben Sie zwei Methoden der systemischen Therapie!
4. Welche speziellen Formen der Paartherapie kennen Sie?
5. In welchen Fällen ist die Anwendung systemischer Therapieansätze kontraindiziert?

9 Kompetenztrainings

Mareike Stumpenhorst und Matthias Berking

Lernziele

- Relevanz, Vorgehen und Effektivität von Trainings sozialer Kompetenzen einschätzen können.
- Relevanz, Vorgehen und Effektivität des Trainings emotionaler Kompetenzen einschätzen können.
- Relevanz, Vorgehen und Effektivität von allgemeinen Problemlösetrainings einschätzen können.

Für die Bewältigung eines Problems ist es oft notwendig, dass Patienten Verhaltensänderungen vornehmen. Diese erfordern zum einen eine ausreichende Motivation und zum anderen die Fähigkeit, die neuen Verhaltensweisen auch auszuüben. Je nach Problem sind dafür verschiedene Fertigkeiten oder Kompetenzen erforderlich. Im Kontext der Psychotherapie haben sich **soziale** und **emotionale Kompetenzen** sowie allgemeine **Problemlösekompetenzen** als besonders relevant erwiesen. Vor diesem Hintergrund werden im Folgenden einige Verfahren vorgestellt, mit denen diese Kompetenzen systematisch trainiert werden können.

> Die systematische Förderung relevanter Kompetenzen ist ein zentraler Wirkfaktor psychotherapeutischer Behandlungen.

9.1   Training sozialer Kompetenzen

9.1.1   Theoretischer Hintergrund

Bei einer Reihe von Störungsbildern (v. a. soziale Phobie, Depression) wird angenommen, dass Defizite in der **sozialen Kompetenz** eine wichtige Rolle bei Entstehung und Aufrechterhaltung der Symptomatik spielen. Etwaige Defizite beziehen sich dabei auf die prinzipielle Verfügbarkeit der notwendigen Fertigkeiten (z. B. »Ich weiß nicht, was ich sagen soll, wenn ich mit jemandem flirten will«) und/oder auf die Fähigkeit, diese Kompetenzen praktisch umzusetzen (»Ich weiß genau, was ich sagen will, aber ich

> Soziale Kompetenzdefizite können für die Aufrechterhaltung verschiedener Störungen eine Rolle spielen.

► Definition
Soziale Kompetenz

krieg' kein Wort über die Lippen, wenn ich ihn/sie sehe«). Soziale Kompetenzdefizite können Patienten sowohl bei der Befriedigung wichtiger (interpersonaler) Bedürfnisse als auch beim Aufbau einer tragfähigen therapeutischen Beziehung behindern. Ob dies tatsächlich der Fall ist, muss im Einzelfall geprüft werden.

> **Definition**
>
> **Soziale Kompetenz** umfasst die Menge spezifischer Fertigkeiten, die für das effektive Erreichen persönlicher Ziele im interpersonalen Kontext notwendig ist. Dazu gehören folgende Fertigkeiten:
> - Sympathien anderer gewinnen (z. B. durch Blickkontakt aufnehmen, lächeln, etwas sagen, was den anderen interessiert, Komplimente machen)
> - eigene Interessen durchsetzen (Nein-Sagen, eigene Forderungen mit fester Stimme und selbstbewusster Körperhaltung vortragen)
> - stabile Beziehungen aufbauen (sich in andere einfühlen, eigene Bedürfnisse zurückstellen)
> - konstruktiv mit Konflikten umgehen (konträre Sichtweisen/Wünsche klären, Kompromisse eingehen)
> - um Hilfe bitten, Hilfe anbieten (Hilfsbedürftigkeit bei sich und anderen nicht als Schwäche sehen)
> - Kritik konstruktiv austeilen und nutzen (Kritikpunkte konkret und verhaltensbezogen formulieren, Kritik als hilfreiches Feedback sehen)

9.1.2 Diagnostik

Vor der Durchführung eines sozialen Kompetenztrainings ist zu klären,
- ob beim Patienten bedeutsame Kompetenzprobleme vorliegen,
- auf welche Arten von Situationen sie sich beziehen und
- ob sie in einer relevanten Beziehung zu den Behandlungszielen stehen.

Trainings sozialer Kompetenzen sollten auf einer systematischen Kompetenzanalyse aufbauen.

Als Ergänzung einer diesbezüglichen Exploration können verschiedene standardisierte Verfahren herangezogen werden. Dazu zählen u. a. der Interpersonal Competence Questionnaire (ICQ; Kanning, 2006), der Unsicherheitsfragebogen (U-Fragebogen; Ullrich de Muynck & Ullrich, 1977) und das strukturierte Interview zur operationalisierten Fertigkeitsdiagnostik (OFD; Stenzel, Krumm & Rief, 2010).

9.1.3 Konkretes Vorgehen (am Beispiel des GSK)

Erste Ansätze, soziale Kompetenzen systematisch zu trainieren, wurden bereits Mitte des letzten Jahrhunderts entwickelt (Salter, 1949). Zu den aktuell populären und wissenschaftlich gut untersuchten Trainings gehören das Assertiveness Training Programm (ATP) von Ullrich und Ullrich de Muynck (2001, 2003, 2004) und das **Gruppentraining zur Förderung sozialer Kompetenzen (GSK)** von Hinsch und Pfingsten (2007), auf das im Folgenden näher eingegangen wird.

Das GSK unterscheidet drei Situationstypen: Typ R (Recht durchsetzen), Typ B (Beziehungen) und Typ S (um Sympathie werben).

Das GSK ist ein halbstandardisiertes Gruppenprogramm, das in sieben Sitzungen mit einer Dauer von je zweieinhalb Stunden durchgeführt werden kann. Die Gruppengröße beläuft sich auf acht bis zehn Personen (bei zwei Trainern). Beim GSK wird davon ausgegangen, dass zur Bewältigung der unterschiedlichen, voneinander abgrenzbaren Klassen von Situationen eine Vielzahl von verschiedenen Fertigkeiten nötig ist, die jeweils gezielt trainiert werden sollen. Folgende Situationstypen werden unterschieden:

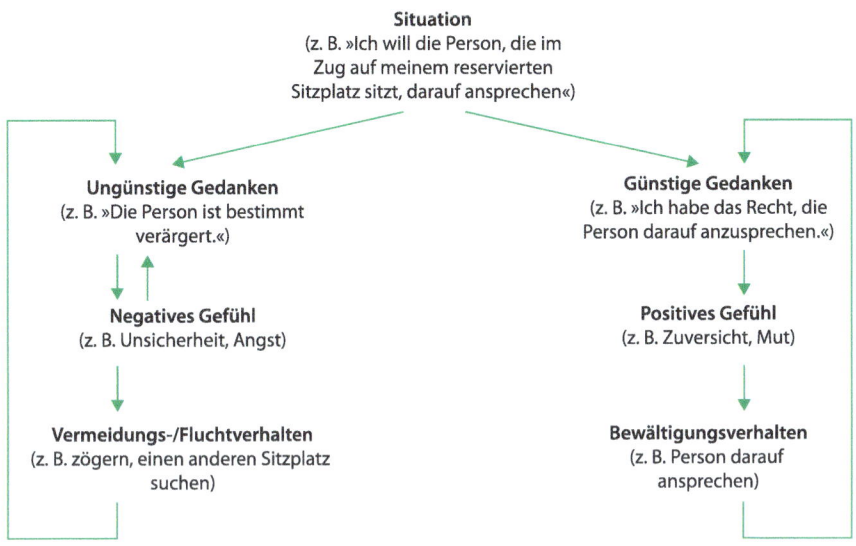

■ **Abb. 9.1** Erklärungsmodell sozial (in-)kompetenten Verhaltens

- **Typ R (Recht durchsetzen):** rechtlich oder konventionell begründete Ansprüche und Forderungen durchsetzen (z. B. einen beschädigten Artikel im Geschäft reklamieren)
- **Typ B (Beziehungen):** Aufnahme und Aufrechterhaltung persönlicher Beziehungen (z. B. ein Gespräch auf einer Party initiieren)
- **Typ S (um Sympathie werben):** Anliegen durchsetzen, auch wenn mir dies nicht per Gesetz zusteht, sondern ich dafür auf die Sympathie des Gegenübers angewiesen bin (z. B. in einer Warteschlange vorgelassen werden)

Im Folgenden werden wichtige Trainingselemente des GSK vorgestellt.

Erklärungsmodell sozialkompetenten Verhaltens Zu Beginn wird den Patienten ein Erklärungsmodell für eine selbstunsichere bzw. selbstsichere Verhaltenssequenz verdeutlicht. Dieses wird zunächst an einem konkreten, alltäglichen Beispiel erläutert. Anschließend wird gemeinsam mit den Patienten die Struktur des Schemas herausgearbeitet (■ Abb. 9.1).

Sozialkompetentes Verhalten wird anhand eines Erklärungsmodells verdeutlicht.

Diskriminationsübung Das Diskriminationstraining dient der Unterscheidung zwischen selbstsicheren, unsicheren und aggressiven Verhaltensweisen (■ Tab. 9.1). Im Training wird zunächst in Kleingruppen eine mögliche Zuordnung erarbeitet, die anschließend in der Großgruppe diskutiert wird. Diese Übung ist u. a. deswegen von

Die Patienten lernen mithilfe von Diskriminationsübungen zwischen sicheren, unsicheren und aggressiven Verhaltensweisen zu unterscheiden.

■ **Tab. 9.1** Unterscheiden lernen zwischen selbstsicherem, unsicherem und aggressivem Verhalten

Merkmal	Sicher	Unsicher	Aggressiv
Stimme	laut, klar, deutlich	leise, zaghaft	brüllend, schreiend
Formulierung	eindeutig	unklar, vage	drohend, beleidigend
Inhalt	präzise Begründung, Ausdrücken eigener Bedürfnisse, Benutzung von »ich«, Gefühle werden direkt ausgedrückt	überflüssige Erklärungen, Verleugnung eigener Bedürfnisse, Benutzung von »man«, Gefühle werden indirekt ausgedrückt	keine Erklärung und Begründung, Drohungen, Beleidigungen, Kompromisslosigkeit, Rechte anderer werden ignoriert
Gestik, Mimik	unterstreichend, lebhaft, entspannte Körperhaltung, Blickkontakt	kaum vorhanden oder verkrampft, kein Blickkontakt	unkontrolliert, drohend, wild gestikulierend, kein Blickkontakt bzw. Anstarren

großer Bedeutung, weil selbstunsichere Personen selbstsichere Verhaltensweisen bereits als »aggressiv« beurteilen.

Anhand von Rollenspielen kann sozial kompetentes Zielverhalten eingeübt werden.

Rollenspiele Mithilfe von Rollenspielen üben die Patienten soziale Zielverhaltensweisen ein. Rollenspiele dienen aber auch als Exposition mit gefürchteten Situationen (▶ Beispiel). Als Rollenspielpartner fungieren i.d.R. die Trainer.

Beispiel

Rollenspielsituation aus dem Bereich Beziehungen (Typ B)
Situation: Auf einer Feier macht Ihnen ein guter Bekannter ein Kompliment zu Ihrem Aussehen, über das Sie sich sehr freuen.

Instruktion: Drücken Sie Ihre positiven Gefühle (z. B. Ihre Freude) klar und deutlich aus. Halten Sie dabei Blickkontakt.

Instruktionen des Trainers und Modellierungen helfen bei der Vermittlung von Informationen zum Zielverhalten. Annäherungen an das Zielverhalten werden systematisch verstärkt.

Ein Rollenspiel besteht zumeist aus fünf Phasen: (1) Vorbesprechung, (2) erstes Rollenspiel, (3) erstes Feedback, (4) zweites Rollenspiel (gleiche Situation), (5) zweites Feedback.

Die Optimierung des aufzubauenden Verhaltens kann über Instruktion, Modellierung und/oder Rückmeldung erfolgen:

- Unter **Modellierung** versteht man die Vermittlung des Zielverhaltens über die direkte Vorführung dieses Verhaltens (z. B. Modellrollenspiele, Zeigen von Videoaufnahmen oder Bildern).
- **Instruktionen** bezeichnen schriftliche oder mündliche Anweisungen oder die Angabe von Regeln zur Ausführung des Zielverhaltens (z. B. »Achten Sie darauf, Blickkontakt mit Ihrem Partner zu halten, und erklären Sie Ihren Standpunkt mit ruhiger, nicht zu leiser Stimme«).
- **Rückmeldungen** (Feedback) bzw. Verstärkungen des gewünschten Verhaltens beziehen sich darauf, was an der Performanz des Patienten bereits gut war und wo noch Verbesserungen möglich sind.

Entspannungsübungen und konstruktive Selbstinstruktionen sind weitere wichtige Elemente im GSK.

Entspannungsübungen/Selbstinstruktionen Entspannungstechniken helfen Patienten im konstruktiven Umgang mit Aufregung oder Angst und stärken das Vertrauen in die eigenen Bewältigungskompetenzen. Effektive Selbstinstruktionen erleichtern die Ausführung neu erworbener Verhaltensweisen angesichts von Schwierigkeiten.

9.1.4 Wirksamkeit

Die Wirksamkeit sozialer Kompetenztrainings konnte für verschiedene Störungsbilder und Patientengruppen bestätigt werden.

Die Wirksamkeit sozialer Kompetenztrainings konnte für zahlreiche Störungsbilder und Patientengruppen bestätigt werden. Überzeugende Wirksamkeitsnachweise liegen beispielsweise für Depressionen, Partnerschaftsprobleme, Schizophrenien und substanzbezogene Störungen vor (Bauer, 2007). Als besondere Stärke dieser Ansätze wird gesehen, dass Patienten **praktisch und verhaltensnah** neue Verhaltensweisen zur besseren Bewältigung sozialer Alltagssituationen erlernen.

9.2   Training emotionaler Kompetenzen (TEK)

9.2.1 Theoretischer Hintergrund

Emotionsregulationsdefizite sind für die Entstehung und Aufrechterhaltung psychischer Störungen maßgeblich.

Defizite in der **Emotionsregulation** gelten als bedeutender Faktor für die Entstehung und Aufrechterhaltung verschiedener psychischer Störungen. Es wird angenommen, dass nicht ausreichend regulierte Emotionen definierende Merkmale psychischer Stö-

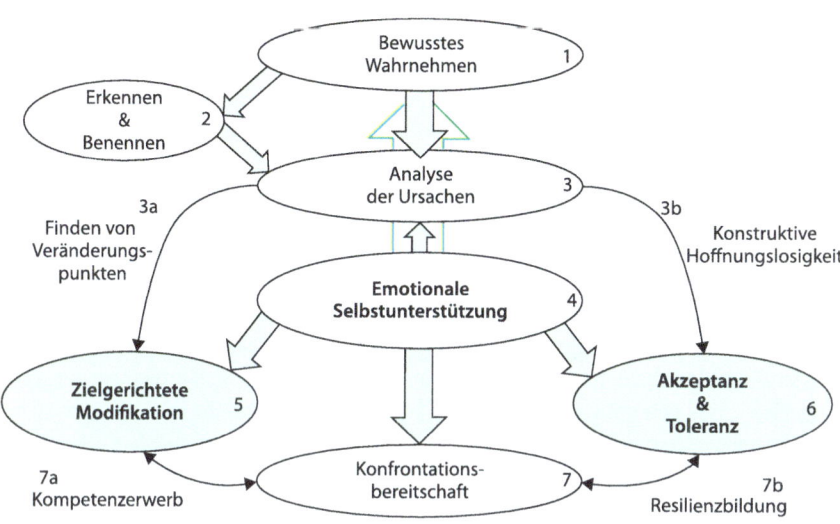

◻ **Abb. 9.2** Adaptive Emotions-
regulation als situationsabhängiges
Zusammenspiel emotionaler
Kompetenzen

rungen sein können (z. B. Angst bei Angststörungen) und/oder dysfunktionale Regula-
tionsversuche auslösen, die als kognitive oder behaviorale Symptome psychischer Störungen gelten (z. B. Essattacken zur Reduktion von Anspannung oder Langeweile bei
Essstörungen). Vor diesem Hintergrund ist die Vermittlung adaptiver Emotionsregulationsstrategien ein zentrales Ziel präventiver und psychotherapeutischer Maßnahmen.

Definition ──

Emotionsregulation wird definiert als die Menge aller Prozesse, die am Monitoring,
der Evaluation und Modifikation emotionaler Reaktionen, insbesondere deren Intensität und zeitlicher Dauer, beteiligt sind.

▶ **Definition
Emotionsregulation**

Aber welche **Kompetenzen** gilt es dabei zu berücksichtigen? In dem in ◻ Abbildung 9.2
dargestellten Modell adaptiver Emotionsregulation (TEK-Modell) von Berking (2010)
werden potenziell relevante emotionale Kompetenzen spezifiziert. Dazu zählen die
Fähigkeiten, affektive Zustände (d. h. Emotionen, Stimmungen, Stressreaktionen und
motivationale Impulse, vgl. Gross & Thompson, 2009)
━ bewusst wahrzunehmen,
━ sie korrekt zu identifizieren und zu benennen,
━ ihre Ursachen zu verstehen,
━ sie zu verändern bzw.
━ sie zu akzeptieren und zu tolerieren, wenn Veränderung nicht möglich ist,
━ sich erfahrungsoffen in Situationen zu begeben, die diese Gefühle auslösen und
━ sich während der Konfrontation mit negativen Gefühlen innerlich »liebevoll« zu
  unterstützen (anstatt sich für die eigenen emotionalen Reaktionen zu kritisieren
  und abzuwerten).

Eine zentrale Annahme des TEK-Modells der adaptiven Emotionsregulation besagt,
dass die Veränderungs- und Akzeptanz-/Toleranzkompetenzen letztlich für die Aufrechterhaltung der psychischen Gesundheit entscheidend sind. Von den anderen Kompetenzen im Modell wird angenommen, dass sie nur insofern relevant sind, als dass sie
den erfolgreichen Einsatz der Modifikations- und/oder der Akzeptanz-/Toleranzkom-
petenzen erleichtern.

Eine weitere Annahme des Modells besagt, dass den meisten Emotionsregulations-
kompetenzen ein aversives Erfahrungspotenzial zugeschrieben werden muss. In die-

Die Fähigkeit, belastende affektive
Reaktionen verändern und/oder
akzeptieren und aushalten zu
können, ist von zentraler Bedeutung
für die psychische Gesundheit.

Während des Versuchs, die eigenen Emotionen zu regulieren, erfahren Patienten oft eine kontinuierliche Verschlechterung ihrer Stimmung.

sem Sinne ist es z. B. schmerzhaft, belastende Emotionen bewusst zu spüren oder zu überlegen, warum es einem gerade schlecht geht. Außerdem werden beim Versuch, Emotionen zu verändern, oft Misserfolge erlebt, da sich Emotionen nicht willkürlich beeinflussen lassen. In den sich dann oft notgedrungen anschließenden Versuchen, belastende Emotionen zu akzeptieren, fühlen sich Patienten hilflos, weil sie über keine konkreten Handlungsalternativen verfügen, mit denen sich das Ziel des Akzeptierens erfolgreich anstreben ließe. In der Folge oszillieren sie zwischen nicht erfolgreichen Veränderungs- und Akzeptanzbemühungen hin und her, während die Stimmung immer schlechter wird. Mit dieser zunehmenden **Stimmungsverschlechterung** wächst die Gefahr, dass impulsive Verhaltensmuster ausgelöst werden, die primär dem Zweck der kurzfristigen Stimmungsverbesserung dienen, ohne Rücksicht auf mögliche negative langfristige Folgen. Bei diesen Verhaltensmustern kann es sich um konstituierende Elemente einer sich entwickelnden psychischen Störung handeln (z. B. Essattacke bei Essstörungen, Vermeidungsverhalten bei Angststörungen, Drogenkonsum bei substanzbezogenen Störungen, Sich-Sorgen bei Generalisierter Angststörung, Hilf- und Hoffnungslosigkeitsgedanken bei Überforderung). Durch die kurzfristig positiven Effekte werden diese Verhaltensmuster selektiv verstärkt und treten zukünftig häufiger auf. Auf diese Weise können dysfunktionale Versuche der Emotionsvermeidung letztlich zum Ausgangspunkt für die Entwicklung einer psychischen Störung werden. Vor diesem Hintergrund erscheint es wichtig, im Prozess der Emotionsregulation selbst die eigene Stimmung kontinuierlich zu monitorieren und bei Bedarf wieder zu »reparieren«. Diese Kompetenz wird im TEK-Modell als **effektive Selbstunterstützung** bezeichnet.

9.2.2 Diagnostik

Für die Erfassung emotionaler Kompetenz existieren mittlerweile eine Reihe von diagnostischen Verfahren.

Um sich ein Bild von den emotionalen Kompetenzen eines Patienten zu machen, können ergänzend zur Exploration im Gespräch (»Was für ein Gefühl ist das? Wie gehen Sie damit um? Können Sie es akzeptieren, dass dieses Gefühl da ist? Wie versuchen Sie, aus dem Gefühl heraus zu kommen? Klappt das?« etc.) standardisierte Verfahren eingesetzt werden, wie z. B. der Emotion Regulation Questionnaire (ERQ; Abler & Kessler, 2009), die Negative Mood Regulation Scale (NMR, dt.: Backenstrass et al., 2008), der Fragebogen zur Selbsteinschätzung emotionaler Kompetenzen (SEK-27; Berking & Znoj, 2008; SEK-ES; Ebert, Christ & Berking, 2012), die Difficulties with Emotion Regulation Scale (DERS; dt.: Ehring et al., 2012), der Affective Style Questionnaire (ASQ; Graser et al., 2012), die Trait-Meta-Mood Scale (TMMS, dt.: Otto et al., 2001), der Emotionale-Kompetenz-Fragebogen (EKT; Rindermann, 2009) oder das Interview zur operationalisierten Fertigkeitsdiagnostik (OFD; Stenzel, Krumm & Rief, 2010).

9.2.3 Konkretes Vorgehen (am Beispiel des TEK)

Das TEK integriert bewährte Methoden der Emotionsregulation zu einem systematischen Training.

Im Prinzip lassen sich fast alle psychotherapeutischen Methoden als Mittel zur Stärkung emotionaler Kompetenzen verstehen. Das im Folgenden dargestellte Training emotionaler Kompetenzen (TEK) nach Berking (2010) zeichnet sich dadurch aus, dass es explizit und ausschließlich auf die Förderung **emotionaler Kompetenzen** fokussiert und diese systematisch trainiert. Dabei werden bewährte therapeutische Methoden zu einem systematischen Training integriert. Den Kern des Trainings stellt die Vermittlung der in ◘ Abbildung 9.3 dargestellten Kompetenzen dar.

TEK-Sequenz: Einsatz der TEK-Kompetenzen in einer festgelegten Reihenfolge zur Bewältigung belastender affektiver Reaktionen

Aufbauend auf einer psychoeduktiven Einleitung über Ursachen und Funktionen von Emotionen wird die Notwendigkeit jeder einzelnen TEK-Kompetenz zunächst mithilfe eines neuropsychotherapeutischen Modells hergeleitet. Dann wird für jede

Kompetenz eine Übung vorgestellt, mit der sich diese systematisch trainieren lässt. Die Übungen dauern zunächst ca. 20 Minuten, werden aber in der Folge zunehmend verkürzt, so dass sie im späteren Verlauf in wenigen Minuten, letztlich sogar in wenigen Sekunden praktiziert werden können. Die einzelnen Kompetenzen bauen dabei so aufeinander auf, dass sie in Belastungssituationen als sog. **TEK-Sequenz** hintereinander eingesetzt werden können.

Inhaltlich lassen sich die TEK-Kompetenzen drei größeren Gruppen evidenzbasierter Interventionen zuordnen: Die ersten beiden Kompetenzen dienen im Sinne einer »**applied relaxation**« (z. B. Öst, 1987) der möglichst schnellen Reduktion überschießenden psychophysiologischen Arousals, welches bei vielen belastenden Gefühlen eine wichtige Rolle spielt. Mit Muskel- und Atementspannung wird dieses Arousal reduziert, was oft einen ersten Schritt zur Reduktion der Intensität des belastenden Gefühls darstellen kann. Zusätzlich wird mit dem »inneren Zur-Ruhe-Kommen« die Selbstregulationsfähigkeit des Organismus gestärkt und damit die Grundlage für den erfolgreichen Einsatz weiterer Emotionsregulationsstrategien geschaffen. Die Basiskompetenzen 3 bis 5 basieren in Anlehnung an die achtsamkeits- und akzeptanzbasierten Interventionsformen und der Emotion-Focused Therapy auf der Annahme, dass man »bei einer Emotion erst einmal ankommen muss, um sie dann verändern zu können« (Greenberg, 2002). Die damit einhergehende Fokussierung auf die **Validierung** (Linehan, 1993) negativer Gefühle verhindert, dass ein (zu) schneller Einsatz von veränderungsorientierten Techniken das grundlegende Vermeidungsverhalten von Patienten gegenüber negativen Emotionen (»experiential avoidance«) verstärkt. Diese Verstärkung ist problematisch, da der Kampf gegen belastende Gefühle oft ein zentraler aufrechterhaltender Mechanismus im Störungsgeschehen ist (Hayes, Strohsahl & Wilson, 1999; ▶ Exkurs). Bei der Würdigung der Meriten akzeptanzbasierter Interventionen sollte allerdings nicht vergessen werden, dass die Fertigkeiten der **Analyse und aktiven Veränderung** belastender Emotionen (Basiskompetenzen 6 und 7) in einer Vielzahl tendenziell veränderungsorientierter (KVT-) Interventionsprogramme mit großem Erfolg eingesetzt werden.

3 Gruppen von TEK-Kompetenzen: Entspannung, Achtsamkeit und Selbstunterstützung sowie Analyse und Regulation

Exkurs

Akzeptieren – warum das denn?

Patienten haben oft Schwierigkeiten, belastende Gefühle zu akzeptieren. Stattdessen sind sie darauf fixiert, solche Gefühle möglichst schnell nicht mehr spüren zu müssen. Da sich Emotionen der direkten willkürlichen Kontrolle entziehen und auch über bewusst eingesetzte Emotionen oder Verhaltensweisen nur in begrenztem Umfang beeinflussbar sind, ist es allerdings sehr schwierig, das Ziel der Emotionsabschwächung zu erreichen. Je rigider Patienten in einer solchen Situation an dem Ziel der Emotionsreduktion festhalten, umso mehr wird das Nicht-Erreichen dieses Ziels weitere negative Emotion auslösen. Damit entsteht ein Teufelskreis, in dem der Kampf gegen Emotionen diese nur verstärkt. Deswegen ist es wichtig, dass Patienten auch lernen, Emotionen – zumindest für die Zeit, in der sie diese nicht verändern können – zu akzeptieren und auszuhalten.

Die systematische Förderung eines regelmäßigen Trainings ist ein zentrales Element des TEK.

Eine weitere zentrale Annahme des Trainings besagt, dass für eine nachhaltig erfolgreiche Behandlung vieler psychischer Störungen das **regelmäßige, tägliche Praktizieren** relevanter emotionaler Kompetenzen eine zentrale Rolle spielt. Deswegen ist es Ziel des Trainings, dass die Teilnehmer zumindest über den intensiven Trainingszeitraum von sechs Wochen die erarbeiteten Kompetenzen mindestens einmal am Tag in einer 20–30 Minuten dauernden Übung und mindestens dreimal am Tag in fünf bis zehn Sekunden dauernden Übungen praktizieren. Um ein solches Training realisieren zu können, werden die Teilnehmer von den Trainern durch gezielte Motivationsarbeit und mithilfe eines mit den jeweiligen Trainingsinhalten synchronisierten SMS-Coachings unterstützt. Am Ende des Kurses wird systematisch herausgearbeitet, wie die Teilnehmer individuell relevante Elemente des TEK als Alltagsrituale langfristig in ihren Tagesablauf integrieren und selbstständig weiter praktizieren können.

9.2.4 Einsatzgebiete und Wirksamkeit

Das TEK ist primär als Gruppentraining konzipiert, es ist aber auch in der Einzeltherapie einsetzbar.

Das TEK kann als flankierende Maßnahme während einer ambulanten Einzeltherapie, als Teil eines stationären Behandlungsangebotes oder zur Präventionsarbeit mit Risikogruppen eingesetzt werden. In klinischen Settings sollte das Training immer Bestandteil eines umfassenden Behandlungsplans sein, der auch die jeweils indizierten störungsspezifischen Interventionen beinhaltet. Außerdem sollten in klinischen Settings alle Trainingsteilnehmer auch in einzeltherapeutischer Behandlung sein. So können die im TEK gemachten Lernerfahrungen individuell vertieft und der Transfer in den Alltag der Patienten gezielt gefördert werden. Grundsätzlich ist das TEK als **Gruppentraining** konzipiert, es ist aber mit geringfügigen Modifikationen auch in der Einzeltherapie einsetzbar. Da das Training zum Teil relativ hohe Ansprüche an Aufmerksamkeit und Konzentrationsvermögen der Teilnehmer stellt, ist es wichtig, sowohl bei der Indikationsstellung als auch bei der Art der Darbietung darauf zu achten, dass die Teilnehmer sich nicht überfordert fühlen. Ergebnisse bisheriger Evaluationsstudien deuten daraufhin, dass das TEK sowohl bei Risiko- als auch bei klinischen Populationen als effektives Interventionsverfahren gelten kann (vgl. Berking, Meier & Wupperman, 2010; Berking et al., 2008).

9.3   Problemlösetrainings

9.3.1 Theoretischer Hintergrund

Viele Patienten definieren sich geradezu darüber, dass sie zumindest ein Problem nicht ohne fremde Hilfe lösen konnten – sonst hätten sie sich nicht in Therapie begeben.

► **Definitionen Problem & Problemlösen**

┌─ **Definitionen** ────────────────────────────────────
Problem: Besteht aus einem Ist-Zustand (wo ich bin), einem Soll-Zustand (wo ich hin will) und einer Barriere (die verhindert, dass ich den Soll-Zustand erreiche)
Problemlösen: Finden eines zuvor nicht ersichtlichen Weges, mit dem die Barriere und damit die Differenz von Ist- zu Soll-Zustand überwunden werden kann
└──

Die Stärkung genereller Problemlösekompetenzen ist ein zentrales übergeordnetes Therapieziel.

In Anbetracht der Vielfalt möglicher Probleme, denen die Patienten auch zukünftig noch begegnen werden, wäre es unökonomisch, den Behandlungsfokus ausschließlich auf das Erarbeiten konkreter Lösungen für spezifische Probleme zu legen. Stattdessen gilt es, Patienten am Beispiel des bearbeiteten Problems auch eine **generelle Heuristik für den Umgang mit Problemen** im Allgemeinen zu vermitteln. Mithilfe einer solchen

Heuristik können Patienten selbstständig nach Abschluss der Therapie auch Probleme bewältigen, die in der Therapie nicht konkret thematisiert wurden. Vor diesem Hintergrund haben verschiedene Autoren (z. B. D'Zurilla & Nezu, 2010) eine idealtypisches Schema für den Umgang mit Problemen, das Allgemeine Problemlösemodell erarbeitet (▶ Für die Praxis).

Für die Praxis

Allgemeines Problemlösemodell

Vorgehensweise

- Eine konstruktive Einstellung zum Problem aktivieren.
- Das Problem sorgfältig beschreiben (inkl. Ist- und Soll-Zustand und der Barriere, die verhindert, dass ich den erwünschten Zustand erreiche) und analysieren (Warum ist der Ist-Zustand, wie er ist? Warum ist mir der Soll-Zustand so wichtig? Was hält die Barriere aufrecht?).
- Ein Ziel setzen, das bei der Lösung des Problems weiterhilft (das Ziel muss relevant, realistisch und konkret sowie nicht identisch mit dem Soll-Zustand des Problems sein).
- Möglichst unkritisch eine Vielzahl von Ideen zusammentragen, wie das Ziel erreicht werden könnte (Brainstorming).

- Die Ideen bewerten (ggf. Vor- und Nachteile auflisten, gewichten und dann jeweils eine gewichtete Summe bilden, welche den Netto-Nutzen repräsentiert).
- Gute Ideen zu einem konkreten Plan zusammenstellen (Was mache ich wann, wo und wie? Mit welchen Schwierigkeiten muss ich rechnen? Wie gehe ich mit diesen Schwierigkeiten um?).
- Plan in die Tat umsetzen.
- Erfolg prüfen (wenn ja: Selbstverstärkung; wenn nein: Ursachenanalyse und in Abhängigkeit von den Ergebnissen: denselben Plan nochmal, neue Ideen sammeln, oder Ziel überdenken, Ansprüche reduzieren, ggf. Akzeptanz als Ziel setzen).

9.3.2 Diagnostik und konkretes Vorgehen

Um sich von den **Problemlösekompetenzen** des Patienten ein Bild zu machen, können während der Exploration im Gespräch u. a. die folgenden Fragen eingesetzt werden:
- Wie gehen Sie mit dem Problem um?
- Was ist Ihr Ziel in dieser Situation?
- Was fehlt Ihnen, um dieses Ziel erreichen zu können?
- Was für Ideen haben Sie, um Ihr Ziel zu erreichen?
- Wie haben Sie versucht, diese Idee umzusetzen?

Ergänzend können Fragebögen (z. B. Diagnostisches Inventar zur Erfassung der Problemlösefähigkeit, DIP; Dirksmeier, 1991; Fragebogen zum Problemlösen, PLF; König et al., 1985), Testverfahren (Means-End-Problem-Solving-Procedure; dt.: Kemmler & Borgart, 1982) und/oder Interviews wie das OFD (s.o.) zum Einsatz kommen.

Um die Problemlösekompetenzen des Patienten zu stärken, lässt sich im Sinne der **Selbstmanagementtherapie** (Kanfer, Reinecker & Schmelzer, 2006) der komplette Therapieprozess am Allgemeinen Problemlösemodell ausrichten. Anhand exemplarischer und in der Therapie behandelter Probleme wird der Patient dabei implizit in das Allgemeine Problemlösemodell eingeführt. Der Therapeut unterstützt die Vermittlung des Modells aber auch dadurch, dass er die hinter dem therapeutischen Vorgehen stehende Struktur (Probleme definieren, Ziele erarbeiten etc.) explizit transparent macht und den Patienten anhält, diese für den Umgang mit auftretenden Problemen selbstständig zu nutzen.

Problemlösetrainings werden dagegen in der Regel im Gruppensetting durchgeführt und fokussieren explizit und exklusiv auf die Förderung dieser generellen Problemlösekompetenz. Problemlösetrainings beginnen in der Regel mit einer psychoedukativen Einleitungsphase, in der die Relevanz guter Problemlösekompetenzen für

Fragen und Instrumente zur Erfassung von Problemlösekompetenzen

Selbstmanagementtherapie: Psychotherapie als exemplarisches Problemlösen

Problemlösetrainings: systematisches Üben des Allgemeinen Problemlösemodell an relevanten Problemen der Patienten

die Teilnehmer begründet und das Allgemeine Problemlösemodel vorgestellt wird. Anschließend werden für konkrete Probleme der Teilnehmer – mit Hilfe des Therapeuten und der anderen Gruppenmitglieder – Lösungen entwickelt und an deren Umsetzung gearbeitet. In der Abschlussphase liegt der Fokus auf dem zunehmend selbstständigen Einsatz der erworbenen Kompetenzen im Alltag der Patienten.

9.3.3 Wirksamkeit

Problemlösetrainings und -therapien gelten als hochwirksame Interventionsverfahren.

Problemlösetrainings werden als eigenständige Therapiemaßnahme, als Komponente von Stressbewältigungstrainings (z. B. Kaluza, 2011) und im Rahmen komplexerer KVT-basierter Behandlungsprogramme eingesetzt. Die Wirksamkeit des Verfahrens ist mittlerweile durch eine Vielzahl von Studien belegt. In einer Metaanalyse über verschiedene Anwendungsbereiche hinweg berichteten Malouff, Thorsteinsson und Schutte (2007) von durchschnittlichen Effekten von d = 1.37 und d = 0.54 im Vergleich zu unbehandelten bzw. Placebo-Kontrollgruppen. Speziell im Bereich der Behandlung depressiver Störungen berichteten Bell und D'Zurilla (2009) von einer Überlegenheit von Problemlösetrainings im Vergleich mit diversen aktiven und passiven Kontrollbedingungen im Rahmen einer gemittelten Effektstärke von d = 0.40. Problemlösetrainings erwiesen sich dabei als genauso effektiv wie andere empirisch-validierte psychosoziale und pharmakologische Behandlungsansätze. Komponentenanalysen zeigten in dieser Studie, dass die Trainings effektiver waren, wenn sämtliche Schritte des Problemlöseprozesses (inklusive der Aktivierung einer konstruktiven Einstellung zum Problem) thematisiert wurden.

▶ **Weiterführende Literatur**

Berking, M. (2010). *Training emotionaler Kompetenzen* (2. Aufl.). Heidelberg: Springer.
D'Zurilla, T. J. & Nezu, A. M. (1999). *Problem-solving therapy: A social competence approach to clinical intervention* (2nd ed.). New York: Springer.
Gross, J. J. (2009). *Handbook of Emotion Regulation*. New York: Guilford.
Hinsch, R. & Pfingsten, U. (2007). *Gruppentraining sozialer Kompetenzen (GSK)*. Weinheim: PVU.

9.4   Literaturverzeichnis

Abler, B. & Kessler, H. (2009) Emotion Regulation Questionnaire – Eine deutschsprachige Fassung des ERQ von Gross und John. *Diagnostica, 55*, 144-152.
Backenstrass, M., Pfeiffer, N., Schwarz, T., Catanzaro, S. J. & Mearns, J. (2008). Reliabilität und Validität der deutschsprachigen Version der Generalized Expectancies for Negative Mood Regulation (NMR). *Diagnostica, 54*, 43-51.
Bauer, M. (2007). Trainings sozialer Kompetenzen – Konzepte und Anwendungsgebiete. In: Hinsch, R. & Pfingsten, U. (Hrsg.), *Gruppentraining sozialer Kompetenzen (GSK)* (S. 73-89). Weinheim: PVU.
Bell, A. C. & D'Zurilla, T. J. (2009). Problem-solving therapy for depression: A meta-analysis. *Clinical Psychology Review, 29*, 348-353.
Berking, M. (2010). *Training emotionaler Kompetenzen* (2. Aufl.). Heidelberg: Springer.
Berking, M. & Znoj, H. J. (2008). Entwicklung und Validierung eines Fragebogens zur standardisierten Selbsteinschätzung emotionaler Kompetenzen (SEK-27). *Zeitschrift für Psychiatrie, Psychologie und Psychotherapie, 56*, 141-152.
Berking, M., Meier, C. & Wupperman, P. (2010). Enhancing emotion-regulation skills in police officers: Results of a controlled study. *Behavior Therapy, 41*, 329-339.
Berking, M., Wupperman, P., Reichardt, A., Pejic, T., Dippel, A. & Znoj, H. (2008). General emotion-regulation skills as a treatment target in psychotherapy. *Behaviour Research and Therapy, 46*, 1230-1237.
Dirksmeier, C. (1991). *Erfassung von Problemlösefähigkeit: Konstruktion und erste Validierung eines diagnostischen Inventars*. München: Waxmann.
D'Zurilla, T. J. & Nezu, A. M. (2010). Problem-solving therapy. In: Dobson, K. S. (Ed.), *Handbook of cognitive-behavioral therapies* (pp. 197-225). New York: Guilford Press.
Ebert, D., Christ, O. & Berking, M. (2012). Entwicklung und Validierung eines Fragebogens zur emotionsspezifischen Selbsteinschätzung emotionaler Kompetenzen (SEK-ES). *Diagnostica (im Druck)*.

Ehring, T., Tuschen-Caffier, B., Griepenstroh, T. & Berking, M. (2012). *Reliabilität und Validität der deutschsprachigen Version der Difficulties in Emotion Regulation Scale (DERS)*. Manuskript in Begutachtung.

Graser, J. G., Bohn, C., Kaleva, A., Schreiber, F., Hofmann, S. & Stangier, U. (2012). Der »Affective Style Questionnaire (ASQ)«: Deutsche Adaption und Validitäten. *Diagnostica (im Druck)*.

Greenberg, L. S. (2002). *Emotion-focused therapy: Coaching clients to work through their feelings*. Washington, DC: APA.

Gross, J. J. & Thompson, R. A. (2009). Emotion regulation: Conceptual foundations. In: Gross, J. J. (ed.), *Handbook of emotion regulation* (pp. 3-24). New York: Guilford.

Hayes, S. C., Strosahl, K. D. & Wilson, K. G. (1999). *Acceptance and commitment therapy: An experiential approach to behavioral change*. New York: Guilford Press.

Hinsch, R. & Pfingsten, U. (2007). *Gruppentraining sozialer Kompetenzen (GSK)*. Weinheim: PVU.

Kaluza, G. (2011). *Stressbewältigung: Trainingsmanual zur psychologischen Gesundheitsförderung*. Berlin: Springer.

Kanfer, F. H., Reinecker, H. & Schmelzer, D. (2006): *Selbstmanagement-Therapie*. Heidelberg: Springer.

Kanning, U. P. (2006). Development and validation of a German-language version of the Interpersonal Competence Questionnaire (ICQ). *European Journal of Psychological Assessment, 22*, 43-51.

Kemmler, L. & Borgart, J. (1982). Interpersonelles Problemlösen: Zu einer deutschen Fassung des Mittel-Ziel-Problemlösungs-Verfahrens von Spivack, Platt und Shure. *Diagnostica, 28* (4), 307-325.

König, F., Liepmann, D., Holling, H. & Otto, J. (1985). Entwicklung eines Fragebogens zum Problemlösen (PLF). *Zeitschrift für Klinische Psychologie, Psychopathologie und Psychotherapie, 33*, 5-19.

Linehan, M. M. (1993). *Cognitive-behavioral treatment of borderline personality disorder*. New York: Guilford Press.

Malouff, J. M., Thorsteinsson, E. B. & Schutte, N. S. (2007). The efficacy of problem solving therapy in reducing mental and physical health problems: A meta-analysis. *Clinical Psychology Review, 27*, 46-57.

Öst, L. G. (1987). Applied relaxation: Description of a coping technique and review of controlled studies. *Behaviour Research and Therapy, 25*, 397-409.

Otto, J., Döring-Seipel, E., Grebe, M. & Lantermann, E. D. (2001). Entwicklung eines Fragebogens zur Erfassung der wahrgenommenen emotionalen Intelligenz. Aufmerksamkeit auf, Klarheit und Beeinflussbarkeit von Emotionen. *Diagnostica, 47*, 178-187.

Rindermann, H. (2009). *Der Emotionale Kompetenzfragebogen*. Göttingen: Hogrefe Testzentrale.

Salter, A. (1949). *Conditioned Reflex Therapy*. New York: Capricorn.

Stenzel, N., Krumm, S. & Rief, W. (2010). Therapieplanung mithilfe des Interviews zur operationalisierten Fertigkeitsdiagnostik (OFD). *Verhaltenstherapie, 20*, 109-117.

Ullrich de Mynck, R. & Ullrich, R. (1977). *Der Unsicherheitsfragebogen. Testmanual U, Anleitung für den Therapeuten*. München: Pfeiffer.

Ullrich, R. & Ullrich de Muynck, R. (2001, 2003, 2004). *Das Assertiveness Training Programm (ATP)* (3 Bde.). Stuttgart: Klett-Cotta.

❓ Kap. 9, Bd. 2: Kontrollfragen

Die Antworten auf die folgenden Fragen finden Sie im Lerncenter zu diesem Kapitel unter ▶ www.lehrbuch-psychologie.de (Projekt Klinische Psychologie und Psychotherapie für Bachelor).

1. Welche Haupttypen sozial kompetenten Verhaltens lassen sich unterscheiden?
2. Welche therapeutischen Techniken prägen Trainings sozialer Kompetenzen?
3. Was versteht man unter emotionalen Kompetenzen? Welche Kompetenzen kennen Sie?
4. Warum ist das Akzeptieren-Können aversiver Gefühle für die psychische Gesundheit von Bedeutung?
5. Was versteht man unter einem Problem? Was unter Problemlösen?
6. Welche Schritte werden im Allgemeinen Problemlösemodell unterschieden?

10 Entspannungsverfahren

David Daniel Ebert und Judith Kowalsky

Lernziele

- ▬ Grundzüge von Entspannungsverfahren kennen lernen.
- ▬ Spezifische Methoden kennen und anwenden können.
- ▬ Indikationen und Kontraindikationen für Entspannungsverfahren beurteilen können.

10.1   Ziele und Grundlagen

Das Ziel von Entspannungsverfahren besteht darin, zu lernen, einen psychophysiologischen Entspannungszustand gezielt herstellen zu können. Entspannungsreaktionen dienen Regenerationszwecken und stellen ein Gegengewicht zur Stressreaktion dar, die dem Organismus eine Anpassung an Belastungssituationen ermöglicht. Entspannung beschreibt dabei einen psychophysiologischen Prozess, bei dem es zu einer **Absenkung des allgemeinen Erregungsniveaus** kommt. Auf der psychologischen Ebene geht dies oft mit einem verbesserten Wohlbefinden, einem Gefühl der Ausgeglichenheit und allgemeiner Zufriedenheit einher. Auf physiologischer Ebene schlägt sich Entspannung in einer Abnahme von Muskeltonus, Blutdruck und Herzfrequenz nieder, Blutgefäße und Bronchien weiten sich. Zentralnervös kommt es zu einer Zunahme der Alpha- und Theta-Wellen im EEG.

> Unter Entspannung versteht man das Absenken des psychophysiologischen Erregungsniveaus eines Organismus.

Definition

Entspannungsverfahren sind Methoden zur Absenkung des psychophysiologischen Erregungsniveus eines Organismus.

▶ **Definition**
Entspannungsverfahren

10.2   Darstellung einzelner Verfahren

Neben bestimmten Formen der Entspannung mit einer teils sehr langen Tradition (Yoga, Tai Chi, Herzensgebet, Meditation, imaginative Techniken) werden heute im Rahmen psychologischer Interventionen insbesondere die Progressive Muskelrelaxation (PMR), achtsamkeitsbasierte Verfahren (▶ Kap. 11, Bd. 2), das Autogene Training (AT), hypnotherapeutische und imaginative Techniken sowie verschiedene Formen des Biofeedbacks angewandt.

10.2.1   Progressive Muskelrelaxation (nach E. Jacobson)

Die Progressive Muskelrelaxation (PMR) ist ein ökonomisches, leicht erlernbares und effektives Entspannungsverfahren, das im Rahmen der Verhaltenstherapie häufig zum Einsatz kommt.

Beschreibung Die Progressive Muskelrelaxation (PMR) nach E. Jacobson (1888–1983) ist das im Rahmen von psychologischen und psychotherapeutischen Interventionen (z. B. im Rahmen der Verhaltenstherapie) am **häufigsten eingesetzte Entspannungsverfahren**. Durch das abwechselnde An- und Entspannen einzelner Muskelgruppen soll ein fortschreitender (= progressiver) psychophysiologischer Entspannungszustand erreicht werden. Wesentlicher Kern ist dabei das Kontrasterleben von aktiv hergestellter muskulärer Anspannung und bewusst wahrgenommener (muskulärer) Entspannung. Die PMR zeichnet sich durch eine ökonomische Anwendbarkeit (günstiges Aufwand-zu-Nutzen-Verhältnis) aus und lässt sich relativ schnell erlernen, da die Inhalte sehr konkret und nachvollziehbar sind.

Im Rahmen der PMR werden Muskelpartien abwechselnd angespannt und entspannt.

Durchführung Für die konkrete Durchführung nimmt der Patient in einer bequemen Position Platz und schließt die Augen. Der Therapeut weist ihn an, sich auf eine bestimmte Muskelgruppe (▶ Für die Praxis) zu konzentrieren. Auf das Startsignal des Therapeuten hin spannt der Patient die aktuelle Muskelgruppe bewusst leicht an und hält die Anspannung für ca. fünf bis sieben Sekunden. Anschließend wird der Patient aufgefordert, die Muskeln langsam wieder locker zu lassen und dabei ganz bewusst auf die empfundenen Unterschiede zwischen der **abklingenden An- und zunehmenden Entspannung** zu achten. Dieses Vorgehen wird für verschiedene Muskelgruppen wiederholt. Abweichungen bzgl. Muskelgruppenauswahl oder Reihenfolge sind prinzipiell möglich. Jacobson selbst arbeitete in der Ursprungsversion der PMR mit 30 Muskelgruppen, es existieren aber auch weniger zeitintensive Varianten, wie z. B. nach Bernstein und Borkovec (1978), die mit 16 Muskelpartien beginnen, welche im weiteren Verlauf aber auf bis zu vier reduziert werden können.

Für die Praxis

Entspannungsübungen mit PMR
Beispielhafte Reihenfolge der Muskelgruppen (Langform)

1. rechte Hand und Unterarm	2. Schultern	3. rechter Oberarm
4. Rücken	5. linke Hand und Unterarm	6. Bauch
7. linker Oberarm	8. Gesäß	9. Stirn und Kopfhaut
10. rechter Oberschenkel	11. Augen	12. rechter Unterschenkel
13. Nase	14. rechter Fuß	15. Lippen
16. linker Oberschenkel	17. Kiefer	18. linker Unterschenkel
19. Hals und Nacken	20. linker Fuß	

Ausschnitt aus einer PMR

»Gehen Sie mit Ihrer Aufmerksamkeit weiter zum Gesicht … Spannen Sie alle Muskeln im Gesicht an, indem Sie jetzt mit den Zähnen aufeinander beißen, die Mundwinkel nach außen ziehen und die Zunge gegen den Gaumen drücken, die Augen vorsichtig zusammenkneifen und die Stirn ganz leicht in Falten legen … Lassen Sie die anderen Muskeln im Körper dabei locker, und atmen Sie ruhig weiter, soweit das geht … (3 Sek. Pause) … Spüren Sie die Anspannung im Gesicht … Halten Sie die Anspannung … und lassen Sie dann jetzt beim nächsten Ausatmen ganz langsam wieder los … lassen die Muskeln im Gesicht wieder locker werden, … und achten auf den Unterschied zwischen der Anspannung von eben und der Entspannung, die Sie jetzt spüren … (5 Sek. Pause).«

Eine Weiterentwicklung der PMR stellt die angewandte Entspannung nach Öst dar (vgl. Öst, 1987). Mit dieser methodischen Vorgehensweise soll das Generalisieren der Entspannungsfähigkeit gefördert werden. In diesem Fall wird zunächst ein Entspannungsverfahren vermittelt, welches dann zunehmend verkürzt wird, so dass der Patient am Ende in der Lage ist, die Entspannungsreaktion bei Bedarf relativ schnell (in 5–30 Sek.) zu aktivieren. Dieses Verfahren hat sich z. B. in der Therapie der Generalisierten Angststörung als effektiv erwiesen, wo die Entspannungsreaktion zur systematischen Bewältigung akuter Sorgen eingesetzt wird. Zu berücksichtigen ist allerdings, dass angewandte Entspannung umso effektiver wirkt, je regelmäßiger der Patient das Entspannungsverfahren auch außerhalb der Problemsituation (in der Langform) trainiert. Die einzelnen Therapieschritte der angewandten Entspannung zeigt ◘ Tabelle 10.1.

Im verhaltenstherapeutischen Bereich wird die PMR häufig bei der Therapie von Angsterkrankungen mittels **systematischer Desensibilisierung** eingesetzt (▶ Kap. 3, Bd. 2). Durch eine stufenweise Konfrontation (in sensu) mit Angst auslösenden Reizen während eines durch die PMR hergestellten entspannten Zustandes soll es zu einer konditionierten Hemmung der Angstreaktion kommen (= reziproke Inhibition). Dies ist möglich, da Entspannung als ein Zustand definiert ist, der nicht zeitgleich mit Angst auftreten kann.

PMR wird häufig zur systematischen Desensibilisierung bei Angsterkrankungen eingesetzt.

Empirische Fundierung Die PMR gilt nicht nur als das am weitesten verbreitete, sondern auch als das wissenschaftlich am besten untersuchte Entspannungsverfahren. Eine Vielzahl von Studien konnte zeigen, dass die PMR vor allem als Maßnahme zur Stressbewältigung und Anspannungsreduktion, bei chronischen Schmerzzuständen (z. B.

PMR ist bei verschiedenen Beschwerden wirksam.

◘ **Tab. 10.1** Therapieschritte beim Einsatz der angewandten Entspannung

Sitzung	Ziel	Dauer	
Einführung PMR	Einführung und Übung der PMR	2 Sitzungen	Fortlaufendes intensives Training
Verkürzte PMR	Zusammenfassung mehrerer Muskelgruppen	1–2 Sitzungen	
Entspannung ohne vorherige Anspannung	Entspannung in 5–7 Minuten	1–2 Sitzungen	
Entspannung mit Selbstinstruktion	Entspannung in 2–3 Minuten	1–2 Sitzungen	
Entspannung in allen Lagen	Entspannung an verschiedenen Orten, in verschiedenen Körperhaltungen	1–2 Sitzungen	
Schnelle Entspannung	Entspannung in 20–30 Sekunden	1–2 Sitzungen	
Anwendung	Einsatz in Stresssituationen (in sensu und in vivo)	2–3 Sitzungen	

Spannungskopfschmerzen), essenzieller Hypertonie (Bluthochdruck), Generalisierter Angststörung, Schlafstörungen sowie bei allgemeinen psychosomatischen Beschwerden mittlere bis große Effekte erzielen kann (Grawe, Donati & Bernauer, 1994).

10.2.2 Biofeedback

Im Rahmen von Biofeedback-Methoden werden dem Bewusstsein unzugängliche körperliche Vorgänge durch technische Hilfsmittel wahrnehmbar gemacht.

Beschreibung Unter den Begriff »Biofeedback« fällt eine Reihe unterschiedlicher Methoden, deren gemeinsames Anliegen darin besteht, **physiologische Vorgänge**, die dem Bewusstsein meist schwer zugänglich sind, durch technische Hilfsmittel **wahrnehmbar** zu machen. Dies können optische oder akustische Signale sein, die beispielsweise physiologische Parameter wie Herzfrequenz, Muskeltonus, Atmung, Durchblutung, Hirnströme oder Hautleitfähigkeit (Bio) systematisch rückmelden (Feedback). Aufgabe des Patienten ist es dabei, diese körperlichen Vorgänge unter Zuhilfenahme der Feedbackfunktion in eine therapeutisch gewünschte Richtung zu verändern. Durch diese aktive Steuerung psychophysiologischer Prozesse lernt der Patient, seine Beschwerden entweder direkt (z. B. Blutdrucksenkung bei Hypertonie) oder indirekt (z. B. Förderung genereller Entspannungsfähigkeit) positiv zu beeinflussen.

Ein häufig genutztes Feedback-Signal ist die Hauttemperatur.

Ein häufig eingesetztes Feedback-Signal ist die an der Oberfläche gemessene **Hauttemperatur** (die zu unterscheiden ist von der Körpertemperatur). Die Hauttemperatur ist unter anderem von der Sympathikusaktivität abhängig. Je niedriger diese ist, desto höher sind die Durchblutung im Hautareal und damit die Hauttemperatur. So kann beispielsweise das Ansteigen der Hauttemperatur eines Patienten, während er aufgefordert wird, sich zu entspannen, mit einer proportional immer tiefer und leiser werdenden Tonfolge hörbar gemacht werden. Bereits kleine Veränderungen werden erfasst und über den Ton verstärkt.

Biofeedback kann in unterschiedlichen Formen ausgeübt werden. ◘ Tabelle 10.2 gibt eine Übersicht:

◘ Tab. 10.2 Formen des Biofeedback

Methode (Körperfunktion)	Ziel/Anwendungsgebiet
EEG-Feedback (elektrische Hirnaktivität)	Erhöhung der α- und θ-Wellen z. B. bei Epilepsie, Schlafstörungen, ADHS
EDA-Feedback (Hautleitfähigkeit)	Verringerung der Schweißdrüsenaktivität z. B. bei Ängsten
EMG-Feedback (Muskelaktionspotenziale)	Erniedrigung des muskulären Spannungsniveaus z. B. bei Schmerzen, Schlafstörungen, Bruxismus
Kardiovaskuläres Feedback (Herzschlag, Puls, Blutdruck)	Verminderung der sympathischen Aktivität z. B. bei Ängsten, Herzrhythmusstörungen, Hypertonie
Respiratorisches Feedback (Ein- und Ausatmung)	Atemfrequenzstabilisierung (Fokus auf Bauchatmung) z. B. bei chronischen Schmerzen, psychosomatischen Störungen, Asthma
Vasomotorisches Feedback (Vasokonstriktion/-Dilatation)	Verminderung der peripheren Durchblutung z. B. bei Migräne

Neben dem Erlernen der Kontrollstrategien ist deren Transfer in den Alltag wichtig.

Durchführung Anwender der Biofeedback-Methode sollten neben Kenntnissen über verschiedene Entspannungstechniken auch über Grundkenntnisse der rückgemeldeten körperlichen Vorgänge sowie der Funktionalität der verwendeten Geräte verfügen. Der Patient nimmt in der Regel vor einem Computerbildschirm Platz und bekommt die Instrumente angelegt. Je nach Biofeedback-Art können dies Elektroden oder andere

Messfühler sein. Anschließend folgt die Instruktion, wie mit dem technisch dargebotenen Signal verfahren werden soll (z. B. »Versuchen Sie, den Zeiger so weit wie möglich nach links zu bewegen, indem Sie die entsprechende Muskelpartie immer weiter entspannen«). Nach einer systematischen Übungsphase hat schließlich der **Transfer** der erlernten Kontrollstrategien in den Alltag besondere Bedeutung für den Therapieerfolg. Der Patient sollte die Selbstregulation letztlich sowohl im Labor als auch im realen Leben beherrschen, um seine individuellen Symptome selbst aktiv und effektiv zu beeinflussen. Durch den Einsatz von Biofeedback können beim Patienten Sensitivität für körperliche Vorgänge, selbstregulatorische Fähigkeiten und Selbstwirksamkeitserwartung steigen (▶ Fallbeispiel).

Beispiel

Fallbeispiel: Biofeedback

Herr G., ein 52-jähriger Marketing-Direktor, leidet seit etwa einem Jahr fast täglich unter Kopfschmerzen und Einschlafproblemen, was zu einer effektiven Schlafzeit von unter vier Stunden täglich führt. Die Beschwerden verstärkten sich deutlich vor einem halben Jahr, als die Arbeitsbelastung aufgrund einer Firmenfusion zunahm. Um trotz Kopfschmerzen arbeiten zu können, greift Herr G. etwa dreimal wöchentlich zu Schmerzmedikamenten. Sein Arzt diagnostizierte Bluthochdruck/essenzielle Hypertonie und riet ihm, neben einer Gewichtsreduktion mehr für seine Entspannung zu tun. In der Psychotherapie wird zunächst ein Stress-Entspannungs-Test durchgeführt, bei dem Herrn G.s Reaktion auf Stress (z. B. Kopfrechnen, eine Rede halten) anhand der Hautleitfähigkeit (Schweißdrüsenaktivität) und der Muskelaktivität in Stirn- und Schulter-Nacken-Muskulatur erfasst wird. Vor und nach der Stressphase wird Herr G. gebeten, sich möglichst zu entspannen, was ihm nicht gut gelingt. Es fällt auf, dass Herr G. einerseits stark mit Muskelanspannung und Schwitzen auf die Belastung reagiert, andererseits Unterschiede im Anspannungsniveau schlecht differenzieren kann. Zur Verbesserung der allgemeinen Entspannungsfähigkeit wird ein Biofeedback-Handerwärmungstraining durchgeführt. Außerdem wird dem Patienten die Progressive Muskelentspannung vermittelt, die er abends vor dem Einschlafen zuhause durchführt. Die Handtemperatur wird dem Patienten als Barometer rückgemeldet, das er durch Handerwärmung (als physiologischer Parameter für Zunahme der Entspannung) zum Ansteigen bewegen soll. Nach anfänglichen Schwierigkeiten gelingt es dem Patienten innerhalb von fünf Sitzungen recht gut, mithilfe von imaginierten Ruhebildern und Atementspannung die Handtemperatur zu steigern und sich innerlich zu entspannen. Neben der verbesserten Entspannungsfähigkeit entwickelt Herr G. eine zunehmend differenziertere Wahrnehmung für Anspannungszustände im Alltag, die er durch den Einsatz der erlernten Entspannungsstrategien kurzfristig reduziert. Gleichzeitig hat ihn die verbesserte Wahrnehmung seiner häufigen Anspannung motiviert, auch an seinem Lebensstil zu arbeiten. Insgesamt hat das Entspannungstraining die Kopfschmerzhäufigkeit auf etwa einmal wöchentlich reduziert und die Schlafzeit auf durchschnittlich 6,5 Stunden erhöht.

Empirische Fundierung Verschiedene Metaanalysen und Übersichtsarbeiten bestätigen die Effektivität von Biofeedback u. a. bei Kopfschmerzen von Spannungstyp, bei Migräne, bei Gesichtsschmerz, Rückenschmerzen, Hypertonie und ADHS (Rief & Birbaumer, 2010).

10.2.3   Imaginative Entspannungsverfahren

Beschreibung Der Begriff »imaginative Verfahren« steht stellvertretend für alle Verfahren, bei denen Veränderungen psychologischer und physiologischer Parameter über mentale Vorstellungsprozesse erreicht werden sollen. Es handelt sich hierbei nicht um eine fest umschriebene Methode mit einer eindeutigen Zielsetzung, vielmehr können mit imaginativen Techniken auch sehr **unterschiedliche Ziele** verfolgt werden (z. B. kognitive Probe neu zu erlernenden Verhaltens, Konfrontation mit Angst auslösenden Reizen, etc.). Entsprechend finden sich Elemente imaginativer Techniken innerhalb verschiedenster Verfahren wieder (z. B. Meditation, Hypnose, systematische Desensibilisierung, Autogenes Training).

Imaginative Verfahren lassen sich vielfältig einsetzen.

Die Durchführung kann je nach Indikation oder Kombination mit anderen Methoden variieren.

Durchführung Da imaginative Verfahren keine einheitliche Klasse darstellen, kann die konkrete Durchführung je nach Indikation oder Kombination mit anderen Methoden variieren. Wenn das Ziel des Einsatzes die Herstellung einer Entspannungsreaktion ist, folgt für die Durchführung, dass der Imaginationsinhalt für den Patienten mit Entspannung assoziiert sein sollte. Eine beispielhafte Anwendung ist die sog. **Fantasiereise**: Ein Sprecher oder Erzähler liest eine Geschichte vor, die den Zuhörer dazu anregen soll, aus der Vielfalt seiner Erfahrungen, Wünsche und Fantasien ein inneres Bild zu entwickeln (▶ Für die Praxis). Wichtig ist hierbei, dass sämtliche Sinne angesprochen werden, also dass Geräusche, Hautempfindungen, Geschmack und auch Gerüche vorkommen. Inhaltlich sind derartige Geschichten meist relativ einfach gehalten, damit sie möglichst viel Raum für individuelle Assoziationen und Interpretationen lassen. Dabei ist zu beachten, dass angenommen wird, dass ca. 10 % der Patienten nicht über ein ausgeprägtes Vorstellungsvermögen verfügen und der Einsatz von imaginativen Verfahren sich in diesem Fall folglich schwieriger gestalten kann.

Für die Praxis

Fantasiereise »Insel«

»Stell dir vor, du erwachst eines Morgens von den ersten Strahlen der Sonne auf deinen geschlossenen Augenlidern – Du riechst die morgenkühle Luft – Du hörst Möwen über dir – Als du deine Augen öffnest, siehst du, dass du auf einer Insel bist – Du liegst auf warmem, weichem Sand – Du siehst auf das offene, blaue Meer – Die Morgensonnenstrahlen spiegeln sich auf dem Wasser – Kleine Wellen rollen an den Strand und bringen ein paar Muscheln mit – Du siehst die Wellen ankommen und wieder fortgehen – Du siehst eine Weile den Wellen zu – Du atmest die klare Morgenluft ein – Sie ist frisch und salzig und schmeckt nach einem wunderschönen Tag – Du atmest tief durch und richtest dich auf – Du betrachtest die Insel, auf der du erwacht bist – Hohe Palmen breiten ihre Blätter über der Insel aus und spenden ihr Schatten – Du erhebst dich und gehst zu den Palmen – An einer Stelle stehen die Palmen besonders dicht – Dort wachsen Pflanzen mit großen Blättern – Zwischen den Pflanzen sprudelt eine kleine Quelle, an der du dich erfrischst – Du spazierst nun ein wenig über die Insel – Sie ist nicht sehr groß – Niemand stört deine Wege – Du hast die ganze Insel für dich allein – Ihre ganze Schönheit und Lieblichkeit ist nur für dich bestimmt – Du lässt die Augen schweifen über die Insel und das Meer – Du genießt die Ruhe und den Frieden – Du fühlst dich vollkommen glücklich – Du setzt dich wieder an den Strand und siehst noch eine Weile auf das Meer hinaus – Du atmest nun tief durch – Du reckst die Arme – Und streckst und räkelst dich wie eine Katze – Du öffnest langsam die Augen – Du gewöhnst dich an das helle Licht und kehrst langsam – ganz in deinem Tempo – wieder ins Hier und Jetzt zurück.« Beispiel aus: http://www.phantasiereisen.com.

Empirische Fundierung Zur Effektivität imaginativer Verfahren als Entspannungsverfahren gibt es aufgrund der großen Heterogenität gemäß der Richtlinien der Agency for Healthcare Research and Quality (AHRQ) keine ausreichenden empirischen Belege.

10.2.4 Hypnose

Ziel der Hypnose ist unter anderem die Herstellung maximaler Akzeptanz.

Beschreibung Bei hypnotherapeutischen Methoden wird der Patient in einen bewusstseinsveränderten, schlafähnlichen Trancezustand versetzt. Damit wird angestrebt, eine Haltung **minimalen Widerstands** bzw. **maximaler Akzeptanz** zu erzeugen, in der eine Vielzahl therapeutischer Interventionen möglich ist. Zum Beispiel können unter Hypnose kognitive Neubewertungen durchgeführt, aber auch die Kopplung von Vorstellungen und physiologischen Reaktionsmustern verändert werden. Hypnotische Verfahren enthalten also Entspannungselemente, gehen in der eigentlichen Zielsetzung aber weit über die reine Entspannung hinaus. Die Hypnose wird zu den imaginativen Verfahren gezählt.

Der Hypnotiseur setzt gezielt therapeutische Suggestionen ein.

Durchführung Der hypnotische Zustand wird mittels verschiedener Techniken der Tranceinduktion, wie z. B. Augenfixationsmethoden (Pendel) oder verbaler Anweisungen (Suggestionen), herbeigeführt. Durch diese speziellen Rituale engt sich die Wahrnehmung des Hypnotisierten zunehmend ein, und die Kritikfähigkeit des Patienten wird sowohl gegenüber externalen Reizen (z. B. Geräuschen) als auch internalen Reizen (Gedanken, Körperempfindungen) reduziert. Innerhalb dieses Zustands ist der Hypnotisierte in erhöhtem Maße beeinflussbar und für **therapeutische Suggestionen** empfänglich. Soll das Verfahren mit dem Ziel eingesetzt werden, Entspannung und Wohlbefinden zu fördern, kann der Therapeut den Patienten anleiten, sich Situationen vorzustellen, die für ihn mit Entspannung verbunden sind und ihm das Gefühl vermitteln, Energiereserven freizusetzen oder Situationen, die eine positive emotionale Bedeutung für ihn haben.

Allerdings unterscheiden sich Menschen besonders stark in der Fähigkeit, inwieweit sie hypnotisierbar sind oder nicht. Inzwischen geht man davon aus, dass **Hypnotisierbarkeit** als einigermaßen stabiles Persönlichkeitsmerkmal betrachtet werden kann ($r_{tt} \sim 60$). Nur 10–20 % aller Menschen werden demnach als gut bis sehr gut, 60–70 % als mittelmäßig und 10 % als nicht hypnotisierbar eingeschätzt.

> Die meisten Menschen sind nur mittelmäßig gut hypnotisierbar.

Empirische Fundierung Hypnotherapeutischen Techniken wird (jedoch meist in Verbindung mit verhaltenstherapeutischen Kurzprogrammen) eine gute Wirksamkeit beispielsweise bei chronischen Schmerzen bestätigt. Des Weiteren liegen positive Wirksamkeitsnachweise im Rahmen von Rauchstopp-Interventionen, bei Geburtsschmerz, Zahnbehandlungen, Warzen, Schlafstörungen und vereinzelt bei Angststörungen vor. Wenig wirksam gelten hypnotische Verfahren bei Abhängigkeitserkrankungen und Bluthochdruck.

> Hypnotherapeutischen Techniken können beispielsweise bei chronischen Schmerzen helfen.

10.2.5 Autogenes Training (nach J. H. Schultz)

Beschreibung Das Autogene Training (AT) ist ein auf der Grundlage der Hypnose entwickeltes Verfahren. Dabei leitet der Anwender – wie dem Begriff »autogen« bereits zu entnehmen ist – den Entspannungszustand durch konzentrative Autosuggestionen selbst ein. Intention des Begründers J.H. Schultz (1884–1970) war es, auf diesem Weg eine größere Unabhängigkeit des Patienten vom Hypnotiseur zu erreichen. Im Vergleich zur PMR erreicht der Anwender beim AT die Entspannung vorwiegend über kognitive Aufmerksamkeitsprozesse.

> Beim Autogenen Training (AT) leitet der Anwender den Entspannungszustand selbst ein.

Durchführung Die Übungen des AT sollten idealerweise – wie die meisten gängigen Techniken – in einem ruhigen, leicht abgedunkelten Raum und in einer für den Patienten angenehmen Position (im Liegen, Sitzen oder in der sog. Droschkenkutscherhaltung) durchgeführt werden. Zu Beginn geht es vor allem darum, einströmende Gedanken, Bilder, Vorstellungen und Assoziationsketten schrittweise abzuschalten. Hierzu kann der Therapeut ein festgelegtes Ritual vorschalten, das die Teilnehmer beispielsweise mit der wiederholt und ruhig aufgesagten suggestiven Formel »Ich bin ganz ruhig« physiologisch dahingehend deaktiviert, dass sie im weiteren Verlauf die eigentlichen Übungen des AT ausführen können. Im Folgenden geht der Therapeut die **sechs Standardübungen** des AT durch, welche sich direkt auf die relevanten psychophysiologischen Prozesse (Atmung, Herzschlag, Durchblutung) beziehen (▶ Für die Praxis). Hierbei sollen sich die Patienten etwas vorstellen, das sich im Anschluss auch tatsächlich einstellt. Durch regelmäßiges Trainieren lernt der Patient nach und nach, diese Übungen selbst durchzuführen und somit die Entspannung auch ohne Instruktion des Therapeuten einzuleiten.

> In sechs Standardübungen wird durch das wiederholte Aufsagen von bestimmten Formeln das vegetative Nervensystem beeinflusst.

Für die Praxis

Die sechs Standardübungen des AT

- Schwereübung: »Beide Arme sind schwer … ganz … schwer.«
- Wärmeübung: »Beide Arme sind warm … angenehm … warm.«
- Herzübung: »Das Herz schlägt ruhig … und kräftig.«
- Atmungsübung: »Die Atmung ist ruhig … und gleichmäßig.«
- Sonnengeflechtsübung: »Der Bauch ist warm … strömend warm.«
- Stirnkühleübung: »Die Stirn ist kühl … angenehm kühl.«

Bei der Herzübung ist zu beachten, dass diese bei einigen Patienten (v. a. mit Beschwerden im Bereich der inneren Medizin) zu verstärktem Herzklopfen führen kann und in diesem Fall nicht ganz unproblematisch einzusetzen ist. Eine Möglichkeit wäre, das Wort »Herz« durch »Puls« zu ersetzen. Sollte auch dies nicht funktionieren, so ist auf die Herzübung zu verzichten. Bei ähnlichen Problemen innerhalb anderer Übungen kann ebenso vorgegangen werden.

Standard-, Oberstufen- und spezielle Übungen

Neben den dargestellten psychophysiologischen Standardübungen gibt es sog. Oberstufenübungen (die z. T. psychoanalytische, imaginative oder auch meditative Techniken integrieren) und spezielle Übungen (z. B. organspezifische Formeln), welche in ihrer Zielstellung jedoch über Entspannung hinausgehen und daher hier nicht weiter dargestellt werden sollen.

Empirische Fundierung Trotz der großen Verbreitung des Verfahrens ist die wissenschaftliche Befundlage zur Wirksamkeit des AT um einiges weniger eindeutig als beispielsweise bei der PMR. Bei folgenden Krankheitsbildern liegen mehrere Studien vor, die eine Verbesserung durch AT im Bereich mittlerer Effektstärken belegen: Kopfschmerzen, Hypertonie, Asthma bronchiale, funktionelle Schlafstörungen, unspezifische somatoforme Symptome und Neurodermitis. Bei Vergleichen mit anderen psychologischen Interventionen (Verhaltenstherapie, Biofeedbackzeigt, PMR etc.) zeigte sich allerdings im Mittel eine leicht geringere Effektivität des AT (Stetter & Kupper, 2002).

10.3   Indikationen und Kontraindikationen

10.3.1   Indikationen

Zu den klassischen Einsatzgebieten von Entspannungsverfahren zählen Angst-, Schlaf- und somatoforme Störungen.

Grundsätzlich sollte der Einsatz von Entspannungsverfahren immer dann erwogen werden, wenn ein erhöhtes psychophysiologisches Erregungsniveau zur Aufrechterhaltung der zu behandelnden Symptomatik beiträgt. Vor diesem Hintergrund gelten u. a. Angst-, Schlaf- und somatoforme Störungen als **klassische Anwendungsgebiete**. Darüber hinaus konnten positive Effekte bei Konzentrationsstörungen, aggressivem Verhalten, ADHS und einer Reihe körperlicher Erkrankungen (z. B. Herz-Kreislauf-Beschwerden wie Hypertonie) nachgewiesen werden.

Entspannungsverfahren lassen sich dabei zum einen in Form einer regelmäßig praktizierten Übung zur generellen Steigerung des Entspannungsniveaus einsetzen, zum anderen können sie als Hilfestellung für die erfolgreiche Bewältigung akuter Belastungssituationen dienen (sog. **angewandte Entspannung**, vgl. Öst, 1987, s. o.).

Zu den Vorteilen von Entspannungsverfahren zählt die geringe Wahrscheinlichkeit unerwünschter Nebenwirkungen.

Bei entsprechender Adaptation ist der Einsatz von Entspannungsverfahren prinzipiell ab dem Kleinkindalter, z. B. in Form von Entspannungsgeschichten, bis ins hohe Alter möglich. Bei angemessener Berücksichtigung von Kontraindikationen gilt die geringe Wahrscheinlichkeit unerwünschter Nebenwirkungen als großer **Vorteil** von Entspannungsverfahren.

Zu den wichtigsten **Kontraindikationen** zählen:

- Hypotonie (niedriger Blutdruck): Bei Patienten mit niedrigem Blutdruck sind alle Verfahren, die eine zusätzliche Weitung der Gefäße verursachen, kontraindiziert. Dies gilt ebenso für den Einsatz bei vagovasalen Synkopen (neural vermittelnde Bewusstlosigkeit) oder bei Patienten mit einer Blut-/Spritzenphobie, deren zentrales Kennzeichen ein Abfallen des Blutdrucks ist.
- Im Bereich der körperlichen Erkrankungen gelten darüber hinaus Gefäßspasmen, Bradykardie (Herzschlag unter 60 Schläge pro Minute), bestimmte Atemwegserkrankungen (z. B. Asthma, da hier durch die Atemverlangsamung die Ateminsuffizienz verstärkt werden kann) und akute Migräneattacken als Kontraindikationen (u. a. Grawe, Donati & Bernauer, 1994).
- Akute Psychosen: Entspannungsverfahren eignen sich nicht zur Bewältigung akuter psychotischer Symptomatik, werden aber erfolgreich zur Rezidivprophylaxe nach Abklingen der akuten Symptome eingesetzt.

Entspannungsverfahren werden bei den meisten Störungen nicht als alleinstehende Intervention, sondern als Komponenten eines umfassenden Therapieplans eingesetzt.

10.3.2 Mögliche Probleme bei der Durchführung

Neben den vielfältigen Anwendungsbereichen von Entspannungsverfahren einerseits und klaren Kontraindikationen andererseits gibt es auch Bereiche, in denen ihr Einsatz mit **spezifischen Problemen** verbunden sein kann. Diese Probleme müssen nicht zwingend gegen den Einsatz dieser Verfahren sprechen, sollten aber zumindest bei der Planung der konkreten Umsetzung berücksichtigt werden.

- Sexuelle Missbrauchsopfer: Für Patienten mit sexuellen Missbrauchserfahrungen kann bereits das Setting (z. B. stiller und abgedunkelter Raum, mit geschlossenen Augen auf dem Boden liegen) traumatische Erinnerungen auslösen und sogar bis hin zu Panikattacken führen.
- Panikattacken: Auch wenn sich Entspannungsverfahren grundsätzlich positiv auf eine Angstsymptomatik auswirken können (z. B. zur Reduktion des allgemeinen Anspannungsniveaus), erscheint es problematisch, sie als ausschließliche Methode zur Angstreduktion innerhalb einer Panikattacke einzusetzen. Verschiedene Studien zeigen, dass der langfristige Erfolg in der Therapie von Panikstörungen abnimmt, wenn Patienten instruiert werden, während der Paniksituation zu entspannen (evtl. weil Entspannung als Vermeidungsverhalten eingesetzt wird). In besonderen Fällen kann es darüber hinaus auch zu einer paradoxen Reaktion kommen (sog. »relaxation induced anxiety«, RIA), also zu einem durch die Entspannung ausgelösten Angstzustand.
- Angst vor Kontrollverlust: Die mit dem Zustand der Entspannung verbundene Passivität kann bei Patienten mit Angst vor Kontrollverlust aversive Gefühle auslösen.

Auch wenn sich Entspannungsverfahren vielfältig einsetzen lassen, sollte sich die Auswahl eines geeigneten Verfahrens immer nach der empirischen Befundlage bzgl. der konkreten vorliegenden Störung sowie den individuellen Bedürfnissen und ggf. den Vorerfahrungen des Patienten richten.

Rief, W. & Birbaumer, N. (Hrsg.) (2010). *Biofeedback. Grundlagen, Indikationen, Kommunikation, praktisches Vorgehen in der Therapie.* Stuttgart: Schattauer.
Vaitl, D. & Petermann, F. (Hrsg.) (2004). *Entspannungsverfahren. Das Praxishandbuch.* Weinheim: PVU.

Kontraindikationen sind u. a. Hypotonie und akute Psychosen.

Mögliche Probleme können bei sexuellem Missbrauch, Panikattacken und Angst vor Kontrollverlust entstehen.

▶ **Weiterführende Literatur**

10.4   Literaturverzeichnis

Bernstein, D. & Borkovec, T. (1978). *Entspannungs-Training. Handbuch der progressiven Muskelentspannung.* München: Pfeiffer.

Grawe, K., Donati, R. & Bernauer, F. (1994). *Psychotherapie im Wandel. Von der Konfession zur Profession – Entspannungsverfahren.* Bern: Hogrefe.

Öst, L. G. (1987). Applied relaxation: Description of a coping technique and review of controlled studies. *Behavioral Research and Therapy, 25,* 397-409.

Rief, W. & Birbaumer, N. (Hrsg.) (2010). *Biofeedback. Grundlagen, Indikationen, Kommunikation, praktisches Vorgehen in der Therapie.* Stuttgart: Schattauer.

Stetter, F. & Kupper, S. (2002). Autogenic training: A meta-analysis of clinical outcome studies. *Applied Psychophysiology and Biofeedback, 27* (1), 45-98.

? Kap. 10, Bd. 2: Kontrollfragen

Die Antworten auf die folgenden Fragen finden Sie im Lerncenter zu diesem Kapitel unter ▶ www.lehrbuch-psychologie.de (Projekt Klinische Psychologie und Psychotherapie für Bachelor).

1. Welches Ziel verfolgen Entspannungsverfahren allgemein?
2. Nennen Sie vier physiologische Parameter, die einen hohen Entspannungszustand charakterisieren!
3. Nennen Sie drei verschiedene Entspannungsverfahren!
4. Welches Rational liegt Biofeedback-Methoden zugrunde?
5. Was versteht man unter angewandter Entspannung?

11 Achtsamkeitsbasierte Interventionsverfahren

Matthias Berking

Learnziele

- Achtsamkeit definieren können.
- Die wichtigsten achtsamkeitsbasierten Interventionsmethoden kennen.
- Einen Überblick die Effektivität und potenzielle Wirkfaktoren achtsamkeitsbasierter Vorgehensweisen gewinnen.
- Ein Bewusstsein für spezifische Chancen, aber auch Risiken dieser Verfahren entwickeln.

11.1   Beschreibung

Definition

Achtsamkeit (engl. »mindfulness«) lässt sich definieren als ein selbstregulatorischer Prozess, der auf das bewusste, nicht wertende Erleben der aktuell wahrnehmbaren subjektiven Erfahrungen abzielt. Zu diesen Erfahrungen zählen Körperempfindungen und andere Sinneseindrücke, Gedanken, Erwartungen, Vorstellungen, Erinnerungen und Gefühle.

▶ Definition
    Achtsamkeit

Ein achtsamer Umgang mit diesen Erfahrungen zeichnet sich durch **Offenheit, Neugier, Akzeptanz** und **Selbstunterstützung** aus. Zuweilen wird der Begriff »achtsam« auch im Sinne von »sorgsam«, »vernünftig« und »überlegt« gebraucht. Auch wenn sich Achtsamkeit trainieren und bis zu einem gewissen Ausmaß automatisieren lässt, bedarf der Prozess in der Regel einer bewussten Initiierung

Achtsamkeit ist ein multidimensionales Konstrukt, das u. a. die Dimensionen Fokussierung auf die Wahrnehmung, Akzeptanz und Selbstunterstützung umfasst.

Verwendung des Cartoons mit freundlicher Genehmigung vom Thieme-Verlag. Aus Berking, M. & Znoj, H.-J. (2006). Achtsamkeit und Emotionsregulation: When East meets West – Chancen und Risiken. Psychotherapie im Dialog, 7(3), 307–312; DOI 10.1055/s-2006-940071

und Aufrechterhaltung. Damit bildet Achtsamkeit gewissermaßen den Gegenpol zu ruminativen, negativ-bewertenden, auf Vermeidung aversiver Erfahrungen ausgerichteten und oft hoch-automatisierten Verarbeitungsmodi, welche als Risikofaktoren für die Entstehung psychischen Leidens gesehen werden. Zur Illustration findet sich im Folgenden eine Kurzanleitung für eine Achtsamkeitsübung, welche bei vielen Ansätzen eine zentrale Rolle spielt (▶ Für die Praxis).

Für die Praxis

Atemmeditation – die Mutter aller Achtsamkeitsübungen

1. Nimm eine dir genehme Meditationshaltung ein (wichtig: Rücken gerade, Kopf aufrecht, Augen geschlossen oder auf einen festen Punkt gerichtet), und bleibe soweit möglich für einen zuvor festgelegten Zeitraum in dieser Haltung.
2. Richte deine Aufmerksamkeit auf den Atem … Spüre im Bauchraum, wie dieser ganz von alleine ein- … und wieder aus- … strömt.
3. Wenn du willst, kannst du beim Einatmen innerlich »ein« und beim Ausatmen »aus« sagen (achte aber darauf, dass du mit mindestens 80 % deiner Aufmerksamkeit bei der Empfindung des Ein- und Ausatmens im Bauchraum bleibst und lediglich mit 20 % deiner Aufmerksamkeit beim »Ein- und Aus-Sagen«).
4. Nach einer Weile wirst du merken, dass du abgeschweift bist und an etwas anderes denkst. Das ist ganz normal.

Mach dir an dieser Stelle eine kurze mentale Notiz, z. B. »abgeschweift« oder »Gedanken«, und komme mit der Aufmerksamkeit wieder liebevoll zurück zum Atem.

5. Möglicherweise wirst du auch unangenehme Körperempfindungen wahrnehmen und den Impuls, die Stellung zu wechseln. Versuche dann so gut es geht, diese einfach nur zu beobachten und dir auch hier eine mentale Notiz (»Körperempfindungen«) zu machen, und kehre dann mit der Aufmerksamkeit wieder liebevoll zurück zum Atem. (Genauso kannst du mit anderen Ablenkungen verfahren, wie z. B. »Geräusche«, »Ärger«, »Sorgen« oder »Verlangen«.)
6. Wenn die vorher festgelegte Zeit abgelaufen ist, löse die Meditationshaltung vorsichtig auf, und bedanke dich bei dir für deinen Einsatz.

11.2 Historie

Es gibt viele Übereinstimmungen zwischen buddhistischen und kognitiv-verhaltenstherapeutischen Konzepten.

Die systematische Kultivierung von Achtsamkeit als Mittel zur Reduktion menschlichen Leidens begann bereits vor ca. 2.500 Jahren mit den Lehren des Siddhartha Gautama. Beim Studium der überlieferten Zitate des »Buddha« (»Erwachter«) fällt auf, dass sich viele buddhistische Konzepte (▶ Exkurs) durch eine erstaunliche **Kompatibilität** zu kognitiv-verhaltenstherapeutischen Erklärungs- und Veränderungstheorien auszeichnen.

Exkurs

Buddhistische Weisheiten

Von der Art des Denkens hängt alles ab. Vom Denken geht alles aus, wird alles gelenkt und geschaffen. Wer schlecht redet oder handelt, dem folgt Leid wie das Rad den Hufen des Zugtieres. Nicht außerhalb, nur in sich selbst soll man den Frieden suchen. Der Mensch leidet, weil er Dinge zu

besitzen und zu behalten begehrt, die ihrer Natur nach vergänglich sind.
    Zugeschrieben: Siddharta Gautam Buddha, ca. 430 v. Chr.

Gemeinsamkeiten und Unterschiede von buddhistischer Lehre und KVT-Ansätzen

So werden beispielsweise dysfunktionale kognitive Prozesse und Verhaltensweisen im **Buddhismus** als zentrale Ursache menschlichen Leidens gesehen. Ganz im Sinne motivationaler Störungsmodelle (z. B. Grawe, 2004) werden Kognitionen und Verhaltensweisen dabei primär als Konsequenzen motivationaler Kräfte konzeptualisiert (»Begehren« und »Nicht-Wollen«) und die Quelle des Leidens primär im »Verhaften« an nicht-erreichbaren Zielen gesehen. Aufbauend auf der Annahme, dass alle Erfahrungen vergänglich sind, wird die Schlussfolgerung gezogen, dass eine wirkliche Befreiung vom

»Leid« nur dann zu erzielen ist, wenn man sich von den Tendenzen »Begehren« bzw. »Nicht-Wollen« distanziert. In der damit einhergehenden Festlegung auf »Bedürfnislosigkeit« (und der damit einhergehenden Auflösung des »Selbst«) als dem ultimativ anzustrebenden Zustand unterscheidet sich der Buddhismus von den meisten westlichen Therapieschulen, speziell von den tendenziell eher auf Veränderung und Zielerreichung ausgerichteten traditionellen **KVT-Ansätzen**. Allerdings sind sich auch klassische KVT-Ansätze der Bedeutung akzeptanzorientierter Vorgehensweisen bewusst gewesen. So wird beispielsweise in der kognitiven Therapie nach Ellis explizit dazu aufgefordert, erst am »Problem mit dem Problem« zu arbeiten. Dazu wird im sog. sekundären ABC die Bewertung der emotionalen/behavioralen/physiologischen Reaktionen auf die problematische Situation und deren Folgen herausgearbeitet und bei Bedarf modifiziert, um die Akzeptanz des Problems zu fördern (s. Ellis, 1977; ▶ Kap. 3).

Nachdem achtsamkeitsbasierte Ansätze in der empirisch orientieren klinischen Psychologie in den letzten drei Jahrzehnten allenfalls als Randphänomen zur Kenntnis genommen wurden, haben sie seit einigen Jahren beachtlich an **Popularität** gewonnen. Vor allem im US-amerikanischen Raum vergeht zurzeit kein Monat, in dem nicht ein neues »mindfulness-based CBT-treatment« für eine spezifische Störung oder Problemkonstellation vorgestellt wird. Als mögliche **Gründe** für diese Entwicklung ist (über den generellen Innovationsdruck hinaus) zu berücksichtigen:

- Ein allgemein vermeidungsorientierter Umgang mit aversiven Erfahrungen wird zunehmend als transdiagnostisch relevanter Faktor für Entstehung und Aufrechterhaltung psychischer Störungen gesehen. Achtsamkeit liefert einen theoretischen Bezugspunkt und konkrete Handlungsempfehlungen, wie solche Vermeidungstendenzen reduziert werden können.
- Es wird zunehmend anerkannt, dass der Einsatz veränderungsorientierter Techniken bei Patienten Veränderungsdruck auslösen kann, der therapeutische Fortschritte erschweren kann. In diesem Sinne haben beispielsweise einige Patienten Schwierigkeiten, sich auch unter Anleitung gezielt zu entspannen, weil sie durch die Zielvorgabe wieder in ihr altes Leistungsdenken rutschen, was Entspannung verhindert. Durch die Vermittlung a) einer allgemeinen Einstellung à la »Alles darf sein (inklusive Anspannung)«, b) konkreter Techniken zur Akzeptanzförderung (»einfach nur wahrnehmen und beschreiben«) und c) einer Stärkung der toleranzbezogenen Selbsteffizienz (»Ich bin gut im Aushalten unangenehmer Gefühle«) kann der Veränderungsdruck reduziert werden, was die tatsächliche Veränderung – in diesem Fall die Entspannung – erheblich erleichtern kann.
- Die Psychotherapieforschung belegt mittlerweile eindeutig, dass problematische Erlebens- und Verhaltensweisen auch mit modernen KVT-Methoden nicht beliebig modifizierbar sind. Deswegen muss davor gewarnt werden, bei Patienten und Therapeuten unrealistische Veränderungserwartungen zu wecken, die dann nicht erfüllt werden und die Veränderungsmotivation reduzieren und die therapeutische Beziehung belasten. In diesem Sinne muss man beispielsweise sorgfältig darauf achten, dass Patienten die Vermittlung eines kognitiven Störungsmodells nicht interpretieren als: »Du musst nur anders denken, und schon bist Du nicht mehr depressiv …« und sich dann über Selbstvorwürfe weiter belasten, weil ihnen das nicht sofort, komplett und nachhaltig gelingt. Eine frühzeitige Fokussierung auf Erfahrungsoffenheit und Akzeptanz bei nicht oder schwer veränderbaren Problembereichen kann solchen Entwicklungen entgegenwirken.
- In den letzten Jahren fanden sich zunehmend Belege für die Effektivität achtsamkeitsbasierter Verfahren in der Behandlung psychischer Störungen (s. u.). In der Folge nahm auch die Grundlagenforschung im Bereich Achtsamkeit deutlich zu. Mittlerweile liegen auch hier einige Studien vor, die Zusammenhänge zwischen Achtsamkeit und Indikatoren psychischer Gesundheit belegen (z. B. Brown & Ryan, 2003).

> Es gibt mehrere Gründe für die zunehmende Anerkennung achtsamkeitsbasierter Vorgehensweisen.

11.3   Klinische Anwendung

vielfältige Varianten achtsamkeitsbasierter Interventionen

Achtsamkeit lässt sich auf verschiedene Arten fördern und kann in psychotherapeutischen Behandlungen einen gänzlich unterschiedlichen Stellenwert einnehmen. Das Spektrum der **Einsatzmöglichkeite**n reicht von mehrwöchigen, rigorosen, sogenannten »Retreats«, in denen von 4 Uhr morgens bis 10 Uhr abends verschiedene Arten von ein- bis zweistündigen Sitz-, Steh-, Geh-, Liege-, Ess- und Arbeitsmediationen praktiziert werden, immer mit dem Fokus auf der kontinuierlichen (Wieder-)Ausrichtung der Aufmerksamkeit auf den jeweiligen Meditationsfokus (z. B. Atem, Empfindung in den Fußsohlen beim Gehen), bis hin zu einer kleinen Variation der Instruktion beim Durchführen der Progressiven Muskelrelaxation (PMR) im Rahmen einer KVT-Behandlung (»Spüren Sie genau, was Sie gerade in Ihrem Körper wahrnehmen können … einfach nur wahrnehmen, ohne zu bewerten …«). Je nach Bedeutung des Konzeptes im Rahmen des therapeutischen Vorgehens wird dabei gelegentlich unterschieden zwischen eher achtsamkeitsbasierten (Achtsamkeit stellt zentrales Behandlungselement dar) und eher achtsamkeitsassoziierten (Achtsamkeit ist eine unter mehreren eingesetzten Vorgehensweisen) Verfahren. Innerhalb der großen Menge der Anwendungsmöglichkeiten haben sich die folgenden strukturierten Verfahren mittlerweile in der Versorgungslandschaft etabliert.

11.3.1   Mindfulness-Based Stress Reduction (MBSR)

Elemente der formalen Praxis

Dieses hochstrukturierte Programm zur »achtsamkeitsbasierten Stressreduktion« wurde von dem Molekularbiologen Jon Kabat-Zinn (1990) in den 1970er-Jahren entwickelt und zählt zu den etabliertesten achtsamkeitsbasierten Ansätzen. MBSR wurde ursprünglich zur Behandlung von Schmerzpatienten entwickelt, die anderweitig »austherapiert« waren. Das Training besteht aus einem acht- bis zehnwöchigen Gruppenkurs, im Rahmen dessen sich die Teilnehmer einmal pro Woche für ca. zweieinhalb Stunden treffen, um Achtsamkeitsfertigkeiten zu trainieren und Stress- und Copingstrategien zu diskutieren. In der sechsten Woche findet zudem ein ganztägiges Intensivtraining von etwa acht Stunden statt. Die wichtigsten Elemente der sog. **formalen Praxis** sind:

- Body-Scan-Übung, bei der die Aufmerksamkeit sukzessive auf verschiedene Körperstellen gelenkt wird
- Sitzmeditation
- Hatha-Yoga-Positionen, welche mit sanften Dehnübungen die Achtsamkeit für Körperempfindungen trainieren

MBSR besteht aus formaler Atem-
Meditation und Yoga-Übungen
sowie informellen Achtsamkeitsübungen im Alltag.

Als **informelle Meditation** wird die bewusste Aufmerksamkeitslenkung auf alltägliche Tätigkeiten wie etwa Gehen, Essen oder Abwaschen verstanden. Die Teilnehmer werden aufgefordert, auch außerhalb des angeleiteten Trainierens regelmäßig zu meditieren, und zwar täglich mindestens 45 Minuten an sechs Tagen pro Woche. Von den Lehrenden wird gefordert, dass sie über ausgewiesene Meditationserfahrung verfügen. Mittlerweile ist die **Effektivität** von MBSR bei einer Vielzahl von Störungen, wie z. B. Depressionen, Essstörungen, Generalisierter Angststörung, Krebs oder Hautkrankheiten untersucht worden. In einer Metaanalyse kritisierte Baer (2003) zwar die methodische Qualität vieler dieser Studien, fand aber Effektstärken im mittleren Bereich. In einer neueren Metaanalyse zu den Effekten von MBSR und MBCT (s. u.) zeigten sich darüber hinaus sogar große Effekte in Bezug auf die Reduktion von Angst- und affektiven Symptomen bei klinischen Stichproben (Hofmann et al., 2010).

11.3.2 Mindfulness-Based Cognitive Therapy for Depression (MBCT)

MBCT wurde von Segal, Williams und Teasdale (2002) speziell zur **Rückfallprävention bei Patienten mit unipolarer Depression** entwickelt. In dem Verfahren werden aus MBSR entlehnte achtsamkeitsbasierte Interventionen mit den Vorgehensweisen kognitiv-verhaltenstherapeutischer Depressionsbehandlung kombiniert. Es wird angenommen, dass bei Personen, die bereits depressive Episoden erlebt haben, schon leicht dysphorische Stimmungen ausreichen, um depressogene Denkmuster auszulösen, welche dann zum Rückfall führen. Achtsamkeitsbasierte Verfahren sollen den Patienten zum einen helfen, depressogene Gedanken frühzeitig zu erkennen und antidepressives Coping einzusetzen. Im Speziellen sollen die Patienten dabei lernen, dass diese Gedanken nicht die Realität sind, sondern lediglich Gedanken, die kommen und gehen. Damit liegt der Fokus in MCBT im Gegensatz zur kognitiven Therapie nach Beck oder Ellis nicht so sehr auf der Veränderung der Denkinhalte, sondern auf einer größeren Distanz (»decentering«) bei gleichzeitiger Akzeptanz gegenüber den eigenen Gedanken. Eine Reihe von hochwertigen Studien bestätigt mittlerweile die Effektivität von MBCT bei rezidivierenden unipolaren Depressionen (z. B. Segal et al., 2010).

> MBCT kombiniert KVT mit achtsamkeitsbasierten Interventionen, um Rückfälle bei depressiven Patienten zu verhindern.

11.3.3 Mindfulness-Based Relapse Prevention (MBRP)

MBRP wurde von Bowen, Chawla und Marlatt (2010) als achtwöchiges Gruppenprogramm zur Behandlung von Abhängigkeitserkrankungen entwickelt. MBRP integriert das Rational achtsamkeitsbasierter Vorgehensweisen und Techniken (v. a. MBSR und MBCT) und das Rational und die Vorgehensweisen des kognitiv-verhaltenstherapeutischen Rückfallpräventionsprogramms von Marlatt und Gordon (1985). Die achtsamkeitsbasierten Techniken zielen v. a. darauf ab, dass Patienten lernen, **motivationale Impulse**, die zum Substanzkonsum drängen (sowie diesen vorausgehende Körperempfindungen, Emotionen, Gedanken etc.) achtsam wahrzunehmen, ohne auf sie zu reagieren. Um diese Kompetenz zu üben, werden formale und informelle Achtsamkeitsübungen eingesetzt. Zur Integration von Achtsamkeit im Alltag bzw. beim Einsatz von Achtsamkeitsfertigkeiten in Hochrisikosituationen wird das konkrete Vorgehen durch das Akronym **SOBER** vorgegeben: **S**top – **O**bserve – **B**reath – **E**xpend (your awareness beyond the breath to other sensations/perceptions) – **R**eact wisely.

> Bei MBRP werden motivationale Impulse achtsam wahrgenommen, ohne auf sie zu reagieren.

Obwohl der Einsatz von Achtsamkeitsverfahren in der Behandlung von Alkoholismus eine lange Tradition hat, sind wissenschaftlich hochwertige Studien in diesem Bereich selten. Im Bereich von MBRP belegen **erste Pilotstudien** die Wirksamkeit des Verfahrens. Diese Studien deuten darauf hin, dass die Patienten die Achtsamkeits-Skills auch nach Ende der Behandlung selbstständig weiter üben müssen, damit der Effekt erhalten bleibt. Inwieweit bzw. bei welchen Patienten MBRP effektiver ist als klassische KVT-orientierte Vorgehensweisen, bleibt abzuwarten.

11.3.4 Dialectic Behavior Therapy (DBT)

Die DBT wurde von Marsha Linehan (1993) ursprünglich zur Behandlung der Borderline-Persönlichkeitsstörung (▶ Kap. 9, Bd. 1) entwickelt. Mittlerweile existieren auch modifizierte Varianten für Essstörungen, affektive Störungen, Substanzmissbrauch, PTBS, Sexualstraftäter und ADHS. Die Vermittlung von Achtsamkeitsfertigkeiten gilt in der DBT als zentrales Therapieziel. Diese werden als **Core-Skills** gesehen, da sie die Grundlage für den erfolgreichen Einsatz der Emotionsregulations-, interpersonellen und Distress-Toleranz-Fertigkeiten bilden. Sie werden von allen Skills als erste einge-

> Achtsamkeit als Core-Skills in der DBT

führt, besonders intensiv in den »Tagebuch-Karten« monitoriert und zu Beginn eines jeden anderen Fertigkeitenmoduls wiederholt. Dabei werden die folgenden Fertigkeiten unterschieden (◘ Tab. 11.1):

◘ Tab. 11.1 Achtsamkeitsfertigkeiten in der DBT

Art der Skills	Skill/Fertigkeit	Definition
Was-Skills (Skills, die beschreiben, was beherrscht und praktiziert werden sollte)	Wahrnehmen	Die eigenen Erfahrungen (z. B. Emotionen) können bewusst wahrgenommen, erlebt und gespürt werden.
	Beschreiben	Die Erfahrungen können (innerlich) in Worte gefasst werden.
	Teilhaben	Das Wahrnehmen und Beschreiben der eigenen Erfahrungen führt nicht zu einer Isolation vom aktuellen Geschehen, sondern geht einher mit der aktiven, möglichst spontanen Partizipation am aktuellen Geschehen, im besten Fall mit dem Aufgehen in der aktuellen Handlung (»Flow«).
Wie-Skills (Skills, die beschreiben, wie die Was-Skills eingesetzt werden sollen)	Bewertungsfrei	Wahrnehmen, Beschreiben und Teilhaben sollten ohne eine wertende Einschätzung der Valenz der aktuellen Erfahrung (auf der Gut- vs. Schlecht-Dimension) erfolgen. Im Gegensatz zu klassischen kognitiven Ansätzen liegt der Fokus hier nicht auf einer positiven Bewertung, sondern darauf, Bewertungen gänzlich zu unterlassen.
	Fokussiert	Die Aufmerksamkeit sollte möglichst komplett auf den einen Gegenstand der aktuellen Wahrnehmung oder Handlungsplanung gerichtet und nicht auf die verschiedensten Wahrnehmungen, Gedanken, Erinnerungen etc. aufgeteilt sein.
	Effektiv (vs. richtig)	Der Fokus der Informationsverarbeitung sollte eher darauf gerichtet sein, welches Verhalten einen in der aktuellen Situation zum Ziel führt, und nicht so sehr, was man vor dem Hintergrund der eigenen Standards für angemessen hält. (Auch wenn man es für richtig erachtet, dem Chef nach ungerechtfertigter Kritik gehörig die Meinung zu sagen, so bestünde doch ein »achtsamer Umgang« mit dieser Situation darin, den Blick auf mögliche Folgen des Verhaltens zu lenken und ggf. den Ärger herunterzuschlucken, um so langfristige Ziele zu erreichen. Anm.: Dieser Aspekt von Achtsamkeit findet sich bei anderen Autoren eher selten.)

Achtsamkeit als Kompetenz des Therapeuten

Neben der Vermittlung von Achtsamkeit als Kompetenz bei Patienten gilt Achtsamkeit auch auf Seiten des Therapeuten als wichtige **Kompetenz**. Sie erleichtert unter anderem den effektiven Umgang mit herausfordernden Patienten bzw. den zuweilen intensiven affektiven Reaktionen und Verhaltensimpulsen, die in der Interaktion beim Therapeuten entstehen können. Während die Effektivität von DBT mittlerweile als sehr gut belegt gelten kann, gibt es bislang jedoch kaum belastbare Befunde, die klären, inwieweit die Vermittlung von Achtsamkeitsfertigkeiten für die Effektivität von DBT verantwortlich ist.

11.3.5   Acceptance and Commitment Therapy (ACT)

Statt Unangenehmes zu vermeiden und so den eigenen Handlungsspielraum einzuengen, versucht ACT durch Förderung der Akzeptanz unangenehmer Empfindungen und Ausrichtung an positiven Zielen ein erfülltes Leben zu ermöglichen.

Hayes, Strosahl und Wilson (1999) postulieren aufbauend auf der sogenannten »Relations-Frame-Theorie«, dass die (über automatisierte sprachliche Bewertungen vermittelte) rigide Tendenz, aversive Erfahrungen zu vermeiden, zur Entwicklung psychischer Störungen führt. Für die Aufrechterhaltung der Störung sei dann der Versuch, die Symptome zu kontrollieren (und so die damit verbundenen aversiven Erfahrungen zu vermeiden) von entscheidender Bedeutung (»Control is not the solution, control is the problem«). An dieser Stelle setzt die transdiagnostisch ausgerichtete Acceptance and Commitment Therapy (ACT, gesprochen als ganzes Wort) an. Negative Emotionen sollen als notwendiger Bestandteil der menschlichen Existenz gesehen werden, welche bei Bedarf **akzeptiert und ausgehalten** werden können (»Anxiety embraced is not a problem at all«). Verhalten soll nicht dem Ziel der maximalen Schmerzreduktion dienen, sondern dem Verfolgen und Erreichen von positiven und intrinsisch-motivierten

Zielen. ACT ist störungsübergreifend konzipiert und beinhaltet Elemente aus Verhaltens- und Gestalttherapie sowie Achtsamkeitsübungen, die dabei helfen, die eigenen Gedanken, Gefühle und Wahrnehmungen zu akzeptieren (»acceptance«). Für verschiedene Lebensbereiche werden außerdem persönliche Ziele gesetzt, die engagiert und selbstverantwortlich verfolgt werden sollen (»commitment«). Ziel von ACT ist also nicht die Symptomreduktion bei Krankheiten oder Störungen, sondern primär die Förderung eines **erfüllten Lebens**. Allerdings zeigen mittlerweile die Ergebnisse einer Reihe von Studien (u. a. bei Angststörungen, Krebserkrankungen, Depressionen, chronischen Schmerzen, Diabetes, Trichotillomanie, Epilepsie, Nikotinabhängigkeit und Schizophrenie), dass auch die psychopathologische Symptombelastung abnimmt. In einer Metaanalyse von Powers, Zum Vörde Sive Vörding und Emmelkamp (2009) über 18 randomisierte Studien aus diversen Anwendungsfeldern wird eine mittlere Effektstärke von g = 0.42 für die Effektivität von ACT berichtet.

11.3.6   Vipassana- und Zen-Meditation

Unter diesen Oberbegriffen lassen sich eine **Reihe von Verfahren** subsumieren, die sich in der konkreten Vorgehensweise und dem zugrunde liegenden Rational teilweise deutlich unterscheiden. Gemeinsames Band ist jedoch die meditative Praxis, die v. a. in der Fokussierung auf den Atem oder andere Körperempfindungen besteht. Achtsamkeit wird dabei u. a. in mehrtägigen Kursen praktiziert, welche durch Spenden und ehrenamtliche Tätigkeiten finanziert werden. Die Teilnehmer legen für diese Zeit oft eine Art Schweigegelübde ab und folgen einem streng geregelten Tagesablauf, der zum überwiegenden Teil bzw. ausschließlich auf das Training von Achtsamkeit ausgerichtet ist. Ergänzend können je nach Tradition »Koans« (bewusstseinserweiternde Kontemplationen, z. B. bezogen auf die Frage: »Wie klingt das Klatschen einer Hand?«), Rezitationen, »Niederwerfungen« (nicht vor einem Gott; Vipassana- und Zen-Schulen sehen i.d.R. die eigene Erfahrung als höchste Realität an; der Buddha wird als ein Vorbild gesehen und als ein solches verehrt) oder Visualisierungsübungen zum Einsatz kommen. In empirischen Studien zeigten sich bei erfahrenen Meditierenden u. a. veränderte ERP-Muster (Cahn & Polich, 2009), die auf eine geringere Reaktivität auf Ablenkungsreize hindeuten, erhöhtes Wohlbefinden (Falkenström, 2010) sowie weniger Stresssymptome (Ostafin et al., 2006). Aufgrund fehlender Langzeit-RCTs ist bei vielen dieser Studien jedoch noch nicht ausreichend geklärt, in welchem Maße es sich dabei um Trainings- oder Selektionseffekte handelt. Nichtsdestotrotz spricht die Befundlage dafür, dass intensive Meditation erhebliche Effekte auf die für die Informationsverarbeitung relevanten Prozesse und Strukturen haben kann.

> Eine Vielzahl verschiedener Schulen und Gruppen bieten meditative Verfahren an, die auf Achtsamkeitsförderung abzielen.

11.3.7   Compassion and Loving Kindness-Ansätze

Ebenfalls auf buddhistische Lehren zurückgehende Verfahren, die auf Achtsamkeit aufbauen und diese zur Bewusstwerdung des eigenen »Verhaftet-Seins« und Leidens nutzen, um dann einen Schritt weiter zu gehen und **Mitgefühl** (»compassion«) mit sich selbst und i.d.R. allen anderen »fühlenden Wesen« zu trainieren. Mitgefühl ist dabei nicht mit Selbstmitleid zu verwechseln. Vielmehr wird es definiert als ein »warmes Gefühl der Anteilnahme, das verbunden ist mit dem Wunsch, mir und/oder anderen zu helfen«. Die Aktivierung von Mitgefühl bildet dann wiederum die Grundlage für einen bewussten und **fürsorglichen Umgang** mit sich selbst und anderen (»acts of loving kindness«). Ansätze dieser Art wurden in den letzten Jahren u. a. von Paul Gilbert (z. B. 2011) in die westliche Therapielandschaft integriert und wissenschaftlich evaluiert. Erste empirische Befunde belegen das therapeutische Potenzial dieser Vorge-

> Mitgefühl als therapeutischer Wirkfaktor

hensweisen, lassen aber noch keine Aussagen darüber zu, in welchen Anwendungsfeldern diese Verfahren möglicherweise effektiver sind als klassische KVT-Ansätze. Vermutlich profitieren von Compassion and Loving Kindness-basierten Übungen vor allem (selbst-)kritische Patienten und Patienten mit Ärgerproblemen.

11.4 Potenzielle Wirkmechanismen

Auch wenn die diesbezügliche Forschung noch ganz am Anfang steht, lassen sich die folgenden Prozesse als potenziell relevant für die Effekte achtsamkeitsbasierter Verfahren sehen:

Routinen, Exposition und Reaktionsverhinderung

Exposition und Reaktionsverhinderung Sämtliche achtsamkeitsbasierte Interventionen fordern und fördern die (nicht-bewertende) bewusste Wahrnehmung aversiver Erfahrungen bei gleichzeitigem Fokus, auf diese nicht mit automatisierten Vermeidungsreaktionen zu reagieren. In diesem Sinne zeichnen sich formale Achtsamkeitsübungen durch prolongierte monotone Routinen aus (z. B. 1–50 Minuten auf den Atem oder die Fußsohlen achten). Da diese Routinen auch komplett automatisiert ausgeführt werden können, ist im Arbeitsgedächtnis viel Kapazität frei, welche (bei entsprechender Disposition) zur Arbeit an aktuell unbefriedigten Zuständen einlädt. Die kognitive Beschäftigung mit diesen Problemen wird zu aversiven Gedanken, Erinnerungen, Vorstellungen und Emotionen führen. Ein achtsamer Umgang mit diesen aversiven Erfahrungen besteht darin, sie kurz bewusst, aber neutral wahrzunehmen und dann wieder mit der Aufmerksamkeit zum Meditationsfokus zurückzukehren, ohne den in der Regel gleichzeitig ausgelösten Vermeidungsimpulsen zu folgen. Speziell bei Übungen, die in einer formalen, unbeweglichen Haltung praktiziert werden (z. B. Sitzmeditation) wird die Aktivierung aversiven Erlebens noch durch unangenehme Körperempfindungen (»meditators pain«) gefördert, welche mit dem unbeweglichen Verharren in dieser Position (z. B. beim Knien oder Sitzen im Schneider- oder Lotussitz) einhergehen. Diese aversiven Körperempfindungen lösen den Impuls aus, die Haltung zu ändern. Die Übung besteht aber darin, die Empfindungen und die durch sie ausgelösten Vermeidungsimpulse sowie weitere körperliche und kognitive Reaktionen neutral wahrzunehmen und ihnen nicht nachzugeben, sondern weiter in der unbequemen Haltung zu verharren und die aversiven Erfahrungen möglichst akzeptierend wahrzunehmen (bis es gar nicht mehr anders geht, man sich bei sich selbst für die geleistete Arbeit beglückwünscht und eine andere Haltung einnimmt). Es wird angenommen, dass eine mit Reaktionsverhinderung kombinierte Konfrontation mit aversiven Reizen dabei hilft, Reiz-Reaktions-Verbindungen zu entkoppeln, bei denen auf einen aversiven Reiz (z. B. dysphorische Stimmung) mit Vermeidungsverhalten (z. B. Alkohol trinken) reagiert wird. Da solche Vermeidungstendenzen als relevant für die Entstehung und Aufrechterhaltung einer Vielzahl von Störungen gesehen werden können, ist anzunehmen, dass eine solche Reduktion der affektiven Reaktivität als transdiagnostisch relevanter Wirkfaktor achtsamkeitsbasierter Verfahren gesehen werden kann.

Veränderung von Metakognitionen

Aufbau funktionaler Metakognitionen Der Versuch, mit der Aufmerksamkeit beim Meditationsfokus zu bleiben, führt i.d.R. zu der Erfahrung, dass das Gehirn (bzw. der »Geist«, engl. »mind«) ständig Gedanken produziert und dass diese kommen und gehen. Dadurch können die eigenen Gedanken bewusster wahrgenommen, reflektiert und ggf. auch modifiziert werden. Bedeutsamer als die Änderung konkreter Gedanken sind jedoch Metagedanken, die sich auf die Einschätzung belastender Gedanken beziehen. In diesem Sinne ermöglichen achtsamkeitsbasierte Verfahren, diese als »mentale Phänomene, die kommen und gehen« einzuschätzen und nicht als ein notwendigerweise valides Abbild der Realität zu sehen. Solche Metakognitionen können erheblich dazu beitragen, dass z. B. dysfunktionale Kognitionen nicht zu dysfunktionalen Reaktionen führen. Wenn ein depressiver Patient den Gedanken hat »Ich bin nichts wert«, sieht er diesen nach einem Achtsamkeitstraining im besten Fall eher als ein »Produkt seines Geistes, welcher ständig Gedanken generiert, mit denen man achtsam umgehen sollte«, nimmt in der Folge diese Gedanken dann (ohne sie weiter zu bewerten) bewusst wahr und konzentriert sich wieder auf den Atem. Dadurch werden ruminative Gedankenschleifen unterbrochen, die andernfalls zur Aufrechterhaltung der Depression geführt hätten.

Stärkung von Toleranz und Akzeptanz Schafft es der Meditierende, das in Achtsamkeitsübungen z. T. gezielt induzierte aversive Erleben (»meditators pain«) auszuhalten und wahrzunehmen, ohne den Vermeidungsimpulsen nachzugeben, beweist er sich seine eigene Belastbarkeit. Dies kann sich in Schlussfolgerungen und Annahmen im Sinne von »Ich kann auch extrem aversive Erfahrungen aushalten« und »Ich muss aversive Erfahrungen nicht um jeden Preis vermeiden, ich kann auch einfach erst einmal wahrnehmen, was da in mir passiert, ohne darauf zu reagieren« niederschlagen. Schlussfolgerungen dieser Art können dann in der Folge den Vermeidungsdruck gegenüber aversivem inneren Erleben reduzieren. Damit sinkt aber auch die Wahrscheinlichkeit, dass der Betroffene zu dysfunktionalen Verhaltensweisen greift, um das aversive Erleben zu vermeiden.

Aushaltekompetenzen

Ablenkung Die eben schon angesprochene, anhaltende, repetitive Neuausrichtung der Aufmerksamkeit auf i.d.R. sensorische Inputs hilft dabei, Teufelskreise aus negativen Gefühlen und Gedanken zu durchbrechen, welche bei fast allen Störungen eine Rolle spielen und oft dafür sorgen, dass keine externen Inputs mehr verarbeitet werden. Wenn Ablenkung nicht rigide zur Vermeidung aversiven Erlebens eingesetzt wird (wozu achtsamkeitsbasierte Verfahren aufgrund ihrer Akzeptanzorientierung nicht einladen), kann sie als wichtiger Wirkfaktor gesehen werden.

Ablenkung

Selbstfürsorge und Selbstmanagement Durch die kontinuierlich angestrebte Fokussierung fällt es leichter, mögliche Antezedenzien von Störungsverhalten bewusst wahrzunehmen und ihnen mit gezieltem Copingverhalten zu begegnen. Ein ausgeprägtes Bewusstsein bzgl. der eigenen »Unachtsamkeit« und der daraus möglicherweise resultierenden Folgen (z. B. Griff zur Flasche) motiviert dazu, etwas für das eigene Wohlbefinden zu tun. Außerdem ist anzunehmen, dass mit der kontinuierlichen willentlichen Ausrichtung der Aufmerksamkeit eine für exekutive Prozesse zentrale Grundkompetenz trainiert wird.

Selbstfürsorge und -management

Entspannung Auch wenn Entspannung im Sinne einer Down-Regulation der psychophysiologischen Erregung nicht das Ziel achtsamkeitsbasierter Ansätze ist, so hat die Fokussierung der Aufmerksamkeit auf den Atem (oder auf einen ähnlichen Meditationsfokus) bei gleichzeitiger Einstellung oder Reduktion der körperlichen Aktivität i.d.R. einen beruhigenden Effekt. Da die Gedanken aber immer wieder von diesem Fokus abschweifen und sich v. a. Patienten mit unbefriedigenden Zuständen und Problemen beschäftigen, stellt sich in der Meditation schnell ein Wechsel von relativ entspannten Passagen und Phasen des Abschweifens und der Problembetrachtung ein. Vor diesem Hintergrund ist anzunehmen, dass auch systematische Desensibilisierung (▶ Kap. 3) zur Effektivität achtsamkeitsbasierter Verfahren beiträgt.

Entspannung

Euthymes Erleben Von vielen Meditierenden wird darüber hinaus der ruhige Zustand, der ggf. auch mit anderen Meditierenden geteilt wird, als angenehme (gemeinschaftliche) Aktivität erlebt. Zuweilen stellen sich beim Meditieren auch äußerst angenehme Zustände ein, die mit Gefühlen von Euphorie einhergehen. Bei entsprechender kogni-

euthymes Erleben

tiver Verarbeitung kann dies dazu führen, dass die Meditierenden lernen, dass sie allein durch die Betrachtung des Atems einen Zustand von Zufriedenheit, Ruhe und Glück herbeiführen können. In der Folge kann sich die Erkenntnis einstellen, dass sie vielleicht nicht in dem Maße, in dem sie vorher dachten, auf das Erreichen der vielen Ziele angewiesen sind, die sie bislang als Wege zum Glück ansahen.

Transzendenz Die eben angesprochenen, euphorisierenden Meditationszustände umfassen zuweilen auch ein starkes Verbundenheitsgefühl mit anderen Personen und der Welt im Allgemeinen. Diese Empfindungen wurden mit Begriffen wie »Transzendenz des Selbst« oder »ozeanische Selbstentgrenzung« beschrieben. Oft beinhalten diese Zustände ein starkes Mitgefühl mit allen Lebewesen (im Sinne von »Alle fühlenden Wesen teilen dasselbe Schicksal, dass sie getrieben von ihren Begierden im Rahmen ihrer Möglichkeiten nach ihrem Glück suchen, oft aber nicht erkannt haben, dass dieses nicht durch die Befriedigung der Begierden erzielt werden kann«). Mit einem affektiv-kognitiven Shift dieser Art geht in der Regel eine Reduktion von negativen Bewertungen des Selbst und der anderen einher. Dies reduziert auch die Ängste vor zukünftigen Selbst- und Fremdabwertungen (Ellis hat in diesem Zusammenhang den Begriff der »ego-anxiety« geprägt) sowie Ärger auf sich und auf andere, was sich wiederum positiv auf die psychische Gesundheit auswirken kann.

11.5 Potenzielle Risiken und Fazit

Zahlreiche Belege dokumentieren das Potenzial achtsamkeitsbasierter Verfahren. Klinische Psychologen sollten sich also mit diesen Verfahren und ihren Einsatzmöglichkeiten vertraut machen. Ihr Einsatz wird allerdings durch eine Reihe von Faktoren erschwert:

1. **Konstruktdefinition:** Unterschiedliche Auffassungen über das Konzept und seinen Stellenwert führten schon im Buddhismus zur Bildung immer neuer, verschiedener Strömungen oder Schulen, die den Begriff jeweils nach ihren eigenen Vorstellungen interpretierten. Die aktuelle westliche Psychologie bemüht sich zurzeit intensiv um eine klare Definition, aber auch hier ist unklar, wer eigentlich die Definitionshoheit besitzt. Viel spricht dafür, dass Achtsamkeit als ein multidimensionales Konstrukt gesehen werden sollte. Welche Dimensionen (bewusste Fokussierung, Aufmerksamkeitslenkung auf die Sensorik, Bewertungsfreiheit, Akzeptanz, Erfahrungsoffenheit, Selbstkontrolle, Selbstunterstützung etc.) dabei als konstituierende Elemente von Achtsamkeit gelten können, ist bislang allerdings noch ungeklärt. Vor diesem Hintergrund empfiehlt es sich, in zukünftigen Studien die einzelnen Dimensionen des Konstruktes separat zu erfassen und jeweils einzeln mit Blick auf ihre Bedeutung für die psychische Gesundheit zu untersuchen. Hinzu kommt, dass viele Definitionen von Achtsamkeit einer logischen Konstruktprüfung nicht standhalten. So stellt sich beispielsweise bei der vielgebrauchten Definition, Achtsamkeit sei die »Konzentration auf den Augenblick«, die Frage, wie man sich auf einen Augenblick konzentrieren kann bzw. ob nicht ein ruminatives Sich-Beschäftigen mit einem aktuellen Problem auch eine Konzentration auf den Augenblick und als solche einen Akt der Achtsamkeit darstelle. Vor diesem Hintergrund sollte in zukünftiger Achtsamkeitsforschung rigoroser auf das Einhalten logisch-wissenschaftlicher (Definitions-)Kriterien geachtet werden.

2. **Messprobleme:** Die Erfassung von Achtsamkeit in wissenschaftlichen Studien erfolgt bislang fast ausschließlich über Fragebögen (z. B. Freiburger Fragebogen zur Achtsamkeit, FFA; Mindfulness Attention Awareness Scale, MAAS; Kentucky Inventory of Mindfulness Skills, KIMS; Toronto Mindfulness Scale, TMS; Cognitive and Affective Mindfulness Scale Revised, CAMS-R; Five Factors Mindfulness

(Margin notes:)

Transzendenz

Erschwernisse

Konstruktdefinition

Erfassung von Achtsamkeit

Questionnaire, FFMQ; Self-Other Four Immeasurables, SOFI). Je nach der zugrunde gelegten Achtsamkeitsdefinition erfassen diese Verfahren z. T. deutlich unterschiedliche Bereiche. Darüber hinaus unterliegen sie den üblichen Einschränkungen von retrospektiven Selbstauskunftsverfahren. Vor diesem Hintergrund wäre die Entwicklung und der Einsatz alternativer Erfassungsmethoden äußerst wünschenswert (ambulatorisches Assessment, Interviews, Verhaltenstests).

3. **Kulturelle Aspekte und Passungsfragen**: »Meditieren? Wo bin ich denn hier gelandet?« So oder so ähnlich reagieren Patienten zuweilen, wenn sie zur Teilnahme an achtsamkeitsbasierten Verfahren eingeladen werden. Oft sind dies dieselben Patienten, die schon der Psychotherapie gegenüber skeptisch eingestellt waren und die jetzt »ihre schlimmsten Erwartungen bestätigt sehen«. Ablehnende Reaktionen dieser Art sind sicherlich zum Teil auf Nicht-Wissen und auf die Angst vor dem Unbekannten zurückzuführen, sodass sie durch positive Erfahrungen mit den Übungen reduziert werden können. Nichtsdestotrotz gilt es gerade bei der Einführung dieser Verfahren in jedem Einzelfall zu prüfen, ob der jeweilige Patient für achtsamkeitsbasierte Verfahren motivierbar erscheint und wie sich eine solche Motivation am besten aufbauen lässt. Eine in diesem Sinne »systemimmanente« Motivationsförderung könnte z. B. darin bestehen, dass bei einem sehr westlichwissenschaftlich orientierten Patienten der Einsatz meditativer Verfahren mit fMRT-Studien zu den Effekten gezielter Aufmerksamkeitslenkung vorbereit wird.

Motivierbarkeit

4. **Gefahr der Überforderung:** Ein zu schneller Einsatz von stark strukturierten und fordernden Achtsamkeitsübungen birgt das Risiko, dass die Patienten überfordert werden, Misserfolge erleben und unter Umständen letztlich die Therapie abbrechen. Als prominentes Beispiel lässt sich in diesem Zusammenhang Marsha Linehan zitieren, die aufgrund ihrer eigenen positiven Erfahrungen mit intensiver Zen-Meditation diese auch mit Borderline-Patienten durchführen wollte. Dabei musste sie allerdings feststellen, dass ihre Patienten die notwendige Konzentration und Impulskontrolle für längere Mediationsphasen nicht aufbringen konnten. Vor diesem Hintergrund ist zu fordern, dass achtsamkeitsbasierte Interventionen gut auf die Möglichkeiten des jeweiligen Patienten abgestimmt werden (z. B. indem zumindest am Anfang Meditationsphasen drastisch verkürzt werden oder der Schwerpunkt eher auf informelle und vergleichsweise angenehme Übungen gelegt wird).

Anforderungsgrad sollte im klinischen Kontext individuell auf den Patienten abgestimmt werden.

5. **Achtsamkeit allein reicht im klinischen Setting oft nicht aus:** Im Sinne des Uniformitätsmythos (dass alle Störungen mit einer Theorie erklärt und mit einer Therapie behandelt werden können) muss davor gewarnt werden, der Vielzahl psychischer Probleme ausschließlich mit achtsamkeitsbasierten Verfahren entgegenzutreten. Auch wenn sich diese Verfahren durch ihren transdiagnostischen Anwendungsbereich auszeichnen, sollten Therapeuten in der Lage sein, andere Verfahren einzusetzen oder diese mit achtsamkeitsbasierten Verfahren zu kombinieren, wenn dies aufgrund von Effektivitätsstudien oder auf der Basis der individuellen Fallkonzeption indiziert sein sollte.

Indikation von achtsamkeitsbasierten Verfahren sorgfältig klären und bewährte Alternativen prüfen

Achtsamkeitsbasierte Interventionen zeichnen sich nachweislich durch ein bedeutsames Wirkpotenzial aus. Zudem gibt es plausible Annahmen, welche Prozesse für die gefundenen Effekte verantwortlich sein könnten. Vor diesem Hintergrund gilt es, die Vorbehalte, die sich über lange Zeit in der empirisch-ausgerichteten klinischen Psychologie gehalten haben, zu überwinden und achtsamkeitsbasierte Verfahren verstärkt in den wissenschaftlichen Diskurs einzubeziehen. Mit Blick auf die evidenzbasierte Indikation dieser Verfahren sollte bedacht werden, dass achtsamkeitsbasierte Interventionen ihre Effektivität zwar mittlerweile in einer Vielzahl von Studien bewiesen haben, dass es bislang aber **wenige methodisch hochwertige Studien** gibt, die untersuchen, inwieweit achtsamkeitsbasierte Vorgehensweisen anderen Verfahren, wie z. B. KVT, überlegen sind. In den wenigen vergleichenden Therapiestudien zu diesem Thema

weitere Forschung nötig

finden sich bislang relativ wenige Hinweise auf eine generelle oder spezifische Überlegenheit achtsamkeitsbasierter Verfahren. So scheint für die therapeutische Praxis ein offener, aber auch kritisch-reflektierter und auf den jeweiligen Patienten abgestimmter Umgang mit diesen Verfahren angemessen.

▶ **Weiterführende Literatur**

Gilbert, P. (2011). *Compassion Focused Therapy: The Distinctive Features.* London: Routledge.

Heidenreich, T. & Michalak, J. (Eds.) (2009). *Achtsamkeit und Akzeptanz in der Psychotherapie.* Tübingen: DGVT-Verlag.

Huppertz, M. (2011). *Achtsamkeitsübungen.* Paderborn: Junfermann.

Kabat-Zinn, J. (1990). *Full catastrophy living: Using the wisdom of your body and mind to face stress, pain and illness.* New York: Delacorte Press.

Michalak, J., Heidenreich, T. & Williams, J. M. G. (2012). *Achtsamkeit.* Göttingen: Hogrefe.

Segal, Z. V., Williams, J. M. G. & Teasdale, J. D. (2002). *Mindfulness-based cognitive therapy for depression: A new approach to preventing relapse.* New York: Guilford Press.

Witkiewitz, K., Marlatt, G. A. & Walker, D. (2005). Mindfulness-based relapse prevention for alcohol and substance use disorders. *Journal of Cognitive Psychotherapy, 19,* 211-228.

11.6   Literaturverzeichnis

Baer, R. (2003). Mindfulness training as a clinical intervention: A conceptual and empirical review. *Clinical Psychology, 10,* 125-143.

Bowen, S., Chawla, N. & Marlatt, G. A. (2010). *Mindfulness-based relapse prevention for addictive behaviors: A clinician's guide.* New York: Guilford Press.

Brown, K. W. & Ryan, R. M. (2003). The benefits of being present: Mindfulness and its role in psychological well-being. *Journal of Personality and Social Psychology, 84,* 822-848.

Cahn, B. R. & Polich, J. (2009). Meditation (Vipassana) and the P3a event-related brain potential. *International Journal of Psychophysiology, 72,* 51-60.

Ellis, E. (1977). *Reason and emotion.* Secaucus: Citadel Press.

Falkenström, F. (2010). Studying mindfulness in experienced meditators: A quasi-experimental approach. *Personality and Individual Differences, 48,* 305-310.

Gilbert, P. (2011). *Compassion focused therapy: The distinctive features.* London: Routledge.

Grawe, K. (2004). *Neuropsychotherapie.* Göttingen: Hogrefe.

Hayes, S. C., Strosahl, K. D. & Wilson, K. G. (1999). *Acceptance and Commitment Therapy.* New York: Guilford Press.

Hofmann, S. G., Sawyer, A. T., Witt, A. A. & Oh, D. (2010). The effect of mindfulness-based therapy on anxiety and depression: A meta-analytic review. *Journal of Consulting and Clinical Psychology, 78,* 169-183.

Kabat-Zinn, J. (1990). *Full catastrophy living: Using the wisdom of your body and mind to face stress, pain and illness.* New York: Delacorte Press.

Linehan, M. M. (1993). *Cognitive-behavioral treatment of borderline personality disorder.* New York: Guilford Press.

Marlatt, G. A. & Gordon, J. R. (Eds.) (1985). *Relapse prevention: Maintenance strategies in the treatment of addictive behaviors.* New York: Guilford Press.

Ostafin, B. D., Chawla, N., Bowen, S., Dillworth, T. M., Witkiewitz, K. & Marlatt, G. A. (2006). Intensive mindfulness training and the reduction of psychological distress: A preliminary study. *Cognitive and Behavioral Practice, 13,* 191-197.

Powers, M. B., Zum Vörde Sive Vörding, M. B. & Emmelkamp, P. M. (2009). Acceptance and commitment therapy: A meta-analytic review. *Psychotherapy and Psychosomatics, 78,* 73-80.

Segal, Z. V., Bieling, P., Young, T., MacQueen, G., Cooke, R., Martin, L. et al. (2010). Antidepressant monotherapy vs sequential pharmacotherapy and mindfulness-based cognitive therapy, or placebo, for relapse prophylaxis in recurrent depression. *Archives of General Psychiatry, 67,* 1256-1264.

Segal, Z. V., Williams, J. M. G. & Teasdale, J. D. (2002). *Mindfulness-based cognitive therapy for depression: A new approach to preventing relapse.* New York: Guilford Press.

---

❷ Kap. 11, Bd. 2: Kontrollfragen

Die Antworten auf die folgenden Fragen finden Sie im Lerncenter zu diesem Kapitel unter ▶ www.lehrbuch-psychologie.de
(Projekt Klinische Psychologie und Psychotherapie für Bachelor).

1. Was sind die zentralen Dimensionen von Achtsamkeit?

2. Welche therapeutischen Verfahren nutzen achtsamkeitsbasierte Techniken?

3. Aus welchen Übungen besteht MBSR, und worauf liegt der Fokus bei der Durchführung?

4. Für welche Patientengruppen wurden MBCT, MBRP und DBT entwickelt?

5. Was sind zentrale Annahmen von ACT?

6. Welche Wirkmechanismen werden für die achtsamkeitsbasierten Interventionsprogramme diskutiert, und wo liegen die Stärken dieses Ansatzes?

12 Internetbasierte psychologische Interventionen

David Daniel Ebert und Doris Erbe

Lernziele

- Einen Überblick über Inhalte, Vorgehensweisen und Anwendungsgebiete von internetbasierten Interventionen gewinnen.
- Die aktuelle empirische Evidenz internetbasierter Konzepte für verschiedene Störungsbilder und Anwendungsbereiche einschätzen können.
- Chancen und Grenzen internetbasierter Konzepte benennen können.

Das **Internet** ist zum selbstverständlichen Teil unseres Alltags geworden. Auch in der psychosozialen Versorgung mehren sich Konzepte, die versuchen, das Potenzial dieses Mediums für psychologische und psychotherapeutische Interventionen zu nutzen. Im folgenden Kapitel soll eine Einführung in Inhalte, Anwendungsbereiche sowie Chancen und Grenzen internetbasierter psychotherapeutischer Interventionen gegeben werden.

12.1   Formen internetbasierter Konzepte

12.1.1   Störungsbezogene Informationsangebote

Störungsbezogene Psychoedukationsprogramme, in denen Patienten Wissen über Symptomatik, Ursachen sowie mögliche Behandlungsformen für ihre Probleme vermittelt wird, stellen ein zentrales Element vieler evidenzbasierter Therapieverfahren dar. Inzwischen lassen sich aber auch für fast alle psychischen Störungen Informationsangebote im Internet finden, auf denen sich Betroffene und Angehörige über Symptome, Ursachen und mögliche Behandlungsformen informieren und mit anderen Betrof-

Störungsbezogene Informationsangebote im Internet können entstigmatisierend und emotional entlastend wirken, variieren aber stark in ihrer Qualität.

Tab. 12.1 Auswahl störungsbezogener Informationsangebote im Internet

Bereich	Adresse	Inhalt	Zielgruppe
Depression	www.kompetenznetz-depression.de	Störungsinformationen, Behandlungsmöglichkeiten, Selbsttest, Literatur, regionale Krisendienste und Einrichtungen, Links, Forum	Betroffene, Angehörige, Fachleute
Angststörungen	www.angst.hexal.de	Informationen zu Krankheitsbild und Therapie, Lexikon, Therapeutensuche	Betroffene, Angehörige, Fachleute
Essstörungen	www.bzga-essstoerungen.de	Informationen zum Thema Essstörungen für Betroffene und Angehörige, Informationsmaterialien, Präventionsangebote, Selbsttest, BMI-Rechner, Literatur und Links	Betroffene, Angehörige, Lehr- und Mittlerkräfte
Alkoholmissbrauch und Abhängigkeit	www.alkoholsucht.btonline.de	Informationen, Literatur, kostenpflichtige Telefon-Hotline	Interessierte, Betroffene
	www.kenn-dein-limit.info	Informationen, Selbsttest, Präventionstipps, Wissenstest, Informationen zu Beratungsstellen	Jugendliche
Drogenmissbrauch und Abhängigkeit	www.suchtmittel.de	Informationen zu Drogen und anderen Süchten, Forum, Selbsttests, aktuelle themenbezogene Nachrichten, Lexikon	Betroffene, Interessierte
Schizophrenie	www.kns.kompetenznetz-schizophrenie.info	Störungsinformationen, Informationen zu Behandlungsmöglichkeiten und Einrichtungen, Literatur, Links, Forum, Beratungs-Hotline, Erfahrungsberichte	Betroffene, Fachleute
Somatoforme Störungen	www.schmerzliga.de	Störungsinformationen, Informationen zu Selbsthilfegruppen, Therapie, Literatur, Forum, Downloads, Hilfen und Tipps	Betroffene, Interessierte, Fachleute,
Borderline	www.borderline-plattform.de	Informationen zu Störungsbild und Therapie, Chat, Forum, Links, Informationen zum Thema Selbsthilfegruppen	Betroffene, Angehörige
Suche nach Psychotherapeuten	www.psychotherapiesuche.de	Therapeutenverzeichnis der Deutschen Psychologen Akademie, Informationen über verschiedene Psychotherapieverfahren	Betroffene

fenen austauschen können. Die Nutzung dieser **niedrigschwelligen Angebote** kann emotional entlasten und entstigmatisieren (»Ich bin nicht allein«) sowie das Identifizieren und Wahrnehmen effektiver Behandlungsangebote für Betroffene erleichtern. Problematisch ist allerdings, dass die Qualität dieser Informationsquellen stark variiert und der Laie hochwertige Angebote nur schwer von minderwertigen unterscheiden kann. Daher sollten Psychotherapeuten sich einen Überblick über verbreitete Online-Informationsangebote verschaffen, um Patienten so bei Bedarf verlässlich beraten und ggf. diese Angebote auch selbst effektiv nutzen zu können. Zu diesem Zweck sind in ▪ Tabelle 12.1 verschiedene Informationsangebote aufgelistet.

12.1.2   Online-basierte Interventionen

► **Definition Online-basierte Interventionen**

> **Definition**
> **Online-basierte Interventionen** sind therapeutische Angebote, die unter Nutzung des Mediums Internet das Ziel verfolgen, Betroffene bei der Bewältigung einer psychischen/psychosomatischen Symptomatik zu unterstützen und/oder ihr präventiv entgegenzuwirken.

Im Gegensatz zu Informationsangeboten wird in online-basierten Interventionen nicht nur Wissen vermittelt, sondern auch mithilfe von bewährten psychologischen/psychotherapeutischen Techniken versucht, aktiv beim Patienten **emotionale und kognitive Lernprozesse** auszulösen und zu begleiten. Bestehende Programme lassen sich unter anderem danach unterscheiden, in welchem Ausmaß sie therapeutische Unterstützung integrieren und in welcher Phase sie innerhalb der gesundheitlichen Versorgungskette eingesetzt werden.

> Online-basierte Interventionen verfolgen das Ziel, beim Patienten emotionale und kognitive Lernprozesse zu fördern.

12.1.3 Einteilung nach Ausmaß der therapeutischen Unterstützung

Therapeutenkontakt in Echtzeit Online-Interventionen können die üblicherweise ausschließlich face-to-face stattfindende Kommunikation auf den virtuellen Raum übertragen. Patient und Therapeut kommunizieren in diesem Fall dann z. B. schriftlich asynchron (zeitversetzt) per E-Mail oder synchron (zeitgleich) per Chat (▶ Beispiel). Mit der zunehmenden technischen Entwicklung werden wahrscheinlich auch videobasierte Chats zunehmend an Relevanz gewinnen. Der Vorteil gegenüber klassischer Beratung und Therapie ist im Wesentlichen, dass die Kommunikation je nach Konzept **ortsunabhängig** und bei asynchron verlaufenden Konzepten auch **zeitunabhängig** ablaufen kann.

> Internetbasierte Interventionen mit Therapeutenkontakt in Echtzeit übertragen die Kommunikation von Beratungs- und Therapieangeboten in den virtuellen Raum.

Beispiel

Virtuelle Beratungsstelle »kids-hotline«

Die »kids-hotline« (▶ www.kids-hotline.de) ist eine virtuelle Beratungsstelle, die vom Verein Kinderschutz e.V. getragen wird. Sie berät online junge Menschen bis 21 Jahre in kostenloser und anonymer Form zu allen Themen in deren Leben. Kinder und Jugendliche können dabei in Foren zu Themen wie Familie, Schule und Ausbildung, Liebe und Sexualität oder Wut und Gewalt sowohl untereinander als auch mit Fachleuten und ehrenamtlichen gleichaltrigen Peers diskutieren. Des Weiteren haben die User die Möglichkeit, über Chats bzw. E-Mails im Gruppen- oder Einzelsetting Beratung zu erhalten. Beispielsweise findet jeden Montag um 20 Uhr eine 90-minütige »Online-Sprechstunde« zu verschiedenen Themen statt. Sie besteht aus dem öffentlichen Chat, dem »Wartezimmer« sowie parallelen Einzel- oder Kleingruppen-Chats mit maximal drei Usern zum selben Thema.

Self-Help- und Guided-Self-Help-Interventionen Andere Ansätze integrieren hingegen keinerlei therapeutische Unterstützung (Self-Help-Interventionen; ▶ Beispiel) oder nur eine geringe therapeutische Begleitung (Guided-Self-Help). Wesentliches Ziel dieser Programme ist es, Betroffene bei der **selbstgesteuerten Bewältigung ihrer Beschwerden** mit evidenzbasierten Methoden zu unterstützen. Die Patienten arbeiten dabei mehr oder wenig selbstständig standardisierte und sich als wirksam erwiesene psychologische Interventionen durch und erhalten dabei nur so viel therapeutische Begleitung, wie es für eine erfolgreiche Bewältigung notwendig erscheint. ◻ Tabelle 12.2 zeigt eine Auswahl verschiedener störungsspezifischer Self-Help- und Guided-Self-Help-Interventionen.

> Self-Help- und Guided-Self-Help-Interventionen verfolgen das Ziel, Betroffene bei der selbstständigen Bewältigung ihrer Beschwerden zu unterstützen.

Der Großteil dieser Interventionen beruht dabei auf sich als wirksam erwiesenen, **kognitiv-verhaltenstherapeutischen Techniken**, was vor allem daran liegen mag, dass sich diese Programme durch ihre vergleichsweise hoch ausgeprägte Strukturiertheit, Standardisierung und Methodenfokussierung für eine Online-Nutzung besonders eignen. Bewährte Face-to-face-Elemente, die üblicherweise auch in Online-Interventionen genutzt werden, sind z. B. Psychoedukationsmodule, Verhaltenstraining, Entspannungstraining, Expositionsverfahren oder auch Techniken der kognitiven Umstrukturierung.

> Internetbasierte Interventionen nutzen überwiegend kognitiv-verhaltenstherapeutische Vorgehensweisen.

Cuijpers et al. (2010) zeigten in einer Metaanalyse, dass Ansätze, die auf empirisch fundierten Self-Help-Methoden aufbauen und minimale Anleitung (Guided-Help) in-

> Traditionelle psychotherapeutische Face-to-face-Interventionen sind Guided-Self-Help-Ansätzen nicht immer überlegen.

Tab. 12.2 Übersicht einer Auswahl von störungsspezifischen Online-Interventionen

Name	Störungsbereich	Adresse / Literatur	Setting und Interventionsform	Inhalt und Vorgehensweise
Beating the Blues	Depression	www.beatingtheblues.co.uk	Stand-Alone-Intervention oder therapieflankierende Maßnahme; Self-Help oder in Kombination mit 24-stündigem Telefonsupport	Acht aufeinander aufbauende Module (Psychoedukation, kognitive Umstrukturierung, Rückfallprävention etc.) und zusätzliche Wahlmodule (Verhaltensaktivierung, Problemlösungstraining, Schlafmanagement etc.)
Virtual Clinic	Depression, Generalisierte Angststörung, Panikstörung, soziale Phobie, Depression und Angst gemischt	www.crufadclinic.org	Guided-Self-Help, ausschließlich in Kombination mit hausärztlicher Betreuung; laufende online-basierte Fortschrittskontrolle psychopathologischer Symptomatik durch den betreuenden Arzt; Erinnerungsanrufe bei mangelnder Compliance durch eine Arzthelferin	Vier verschiedene störungsspezifische Interventionen auf einer Plattform, differenzielle Zuweisung durch den Hausarzt. Je 4–6 Sessions über 6–8 Wochen, alle Kurse bestehend aus Psychoedukation, kognitiven und behavioralen Techniken, Rückfallprävention und Monitoring des Symptomverlaufs; zusätzlich Exposition und Vermittlung symptomunspezifischer Copingstrategien (Entspannungsverfahren etc.) in Abhängigkeit von der Störung
Interapy	PTBS, Burnout, Depression, Panikstörung	www.interapy.nl	Echtzeittherapeutenkontakt, Stand-Alone	Störungsspezifische strukturierte regelmäßige Schreibaufgaben, 5–10 Wochen, schriftliche Rückmeldungen durch einen Psychotherapeuten, Psychoedukation, Monitoring des Symptomverlaufs
ES[S]-PRIT	Essstörungen	www.proyouth.eu	Prävention	Screening des Risikos, an einer Essstörung erkrankt zu sein; in Abhängigkeit des Ergebnisses Zugang zu verschiedenen Bereichen des Programms: Monitoring des individuellen Wohlbefindens und Essverhaltens, Zugang zu wöchentlichen Aufgaben zur Auseinandersetzung mit dem eigenen Schönheitsideal, fachlich moderiertes Forum, regelmäßiger Gruppenberatungs-Chat, Einzelberatungs-Chat, Weiterleitung in weiterführende Beratungs- und Therapieangebote

tegrieren, nicht unbedingt weniger wirksam sein müssen als face-to-face durchgeführte psychotherapeutische Interventionen. Sie werteten 21 randomisierte klinische Studien mit insgesamt 810 Teilnehmern aus, in denen Guided-Self-Help-Ansätze (Internet-, Video-, oder Buch-basiert) systematisch mit traditioneller Face-to-face-Psychotherapie für Depressionen und Angststörungen verglichen wurden. Weder für Depression noch für Angststörungen zeigte sich eine Überlegenheit der face-to-face durchgeführten psychotherapeutischen Interventionen gegenüber den Guided-Self-Help-Ansätzen.

Beispiel

Self-Help-Programm »Fearfighter«

Fearfighter (▶ www.fearfighter.com) ist ein internetbasiertes Self-Help-Programm zur Bewältigung von Angstsymptomen. Es kombiniert in Anlehnung an bewährte Face-to-face-KVT-Programme Methoden der Psychoedukation, Problemanalyse und Exposition mit der Vermittlung von Copingstrategien. Um ihre Eignung für das Programm zu überprüfen, durchlaufen die Teilnehmer zunächst ein

online-basiertes Screening-Verfahren. Gleichzeitig kann so auch eine Kontraindikation (z. B. eine akute Suizidgefahr) ausgeschlossen werden. Im Sinne eines Psychoedukationsprogrammes werden dem Patienten auf Basis von Text- und Video-basierten Fallbeispielen Informationen über Symptome, Ursachen und aufrechterhaltende Faktoren von Angst vermittelt. Mithilfe von Angsttagebüchern und einer an-

▼

schließenden Problemanalyse arbeiten die Teilnehmer individuell Angst auslösende und aufrechterhaltende Bedingungen heraus. Der Patient wird dann angeleitet, sich zunächst imaginativ und später auch in vivo mit Angst auslösenden Situationen zu konfrontieren. Programmbegleitend werden fortlaufend individuelle psychopathologische Symptome erfasst und Veränderungen rückgemeldet. Patienten können das Programm entweder selbstständig im Sinne eines

Self-Help-Programms, als Guided-Self-Help-Programm mit partieller Unterstützung durch Therapeuten (insgesamt eine Stunde über die Dauer der Behandlung) oder auch als flankierende Ergänzung zu einer Face-to-face-Therapie durchführen. Das Programm wurde inzwischen in verschiedenen Studien evaluiert und hat sich in der Guided-Self-Help-Variante als gleichwertig wirksam erwiesen wie klassische Face-to-face-Psychotherapien.

Die meisten bisher verfügbaren internetbasierten Interventionen sind standardisiert aufgebaut. Alle Patienten durchlaufen entsprechend der Vorgehensweise einer manual-basierten Psychotherapie, wie sie auch in der klassischen kognitiven Verhaltenstherapie face-to-face üblich ist, Schritt für Schritt die gleichen Interventionen. Inzwischen gibt es aber auch eine Reihe von **Online-Therapie-Zentren** (z. B. ▶ www.minddistrict.de), in denen zahlreiche komplette Therapiemodule und einzelne Behandlungsbausteine für die am weitesten verbreiteten psychischen Störungen verfügbar sind. Therapeuten können dann daraus eine auf die individuellen Bedürfnisse ihres Klienten zugeschnittene Therapie zusammenstellen. Beispielsweise kann eine klassisch aufgebaute online- oder face-to-face-basierte Therapie von unipolaren Depressionen um ein Modul »Exposition bei Ängsten« oder »Entspannungsverfahren« erweitert werden. Die Therapeuten können dabei wählen, ob die gesamte Therapie online stattfindet und sie ihrem Klienten online Rückmeldungen zu durchgeführten Aufgaben geben oder ob Patienten zwischen den Face-to-face-Sitzungen einzelne Module durcharbeiten, entsprechende Aufgaben selbstständig durchführen und die Ergebnisse dann in der nächsten Face-to-face-Sitzung besprochen werden.

Online-Therapie-Zentren ermöglichen es unter anderem, klassische Therapien um Online-Elemente zu ergänzen.

Einteilung nach Anwendungsgebieten innerhalb der psychosozialen Versorgung

Internetbasierte Konzepte können an unterschiedlichen Stellen innerhalb der gesundheitlichen Versorgungskette sinnvoll zum Einsatz kommen. Neben der Konzeption als **Stand-Alone-Intervention** (alleinige Intervention) erscheinen solche Programme insbesondere als Element einer gestuften Versorgungskette (Stepped-Care) von großem Potenzial. In **Stepped-Care-Konzepten** wird angestrebt, das Ausmaß der therapeutischen Unterstützung in Abhängigkeit des tatsächlichen individuellen Bedarfs zu gestalten. Als **Step-Up-Intervention** können Self-Help- oder Guided-Self-Help-Ansätze den Patienten als erstes Element in der Behandlungskette angeboten werden. Sprechen Patienten nicht ausreichend auf die Intervention an (Non-Responder), erfolgt eine Weiterleitung in Angebote mit intensiverer therapeutischer Unterstützung (z. B. ambulante und anschließend stationäre Psychotherapie). Analog dazu schließen sich **Step-Down-Interventionen** mit niedriger Intensität an intensivere Maßnahmen an, wenn die Symptomatik abklingt bzw. eine geringere Frequenz oder Intensität in der Behandlung ausreichend ist als zuvor. Beispielsweise können internetbasierte Konzepte Patienten einer stationären Psychotherapie dabei unterstützen, die dort erzielten Behandlungserfolge langfristig zu stabilisieren (▶ Beispiel).

Internetbasierte Konzepte können u. a. als Stand-Alone-Interventionen, im Rahmen eines gestuften und an den Bedarf angepassten Behandlungskonzeptes (Stepped-Care), als therapieflankierende Maßnahmen oder im Rahmen der Prävention eingesetzt werden.

Step-down-Intervention »W-RENA«

Dem Großteil der Patienten einer stationären Psychotherapie wird empfohlen, im Anschluss an die stationäre Behandlung eine weiterführende ambulante Anschlusstherapie
durchzuführen. Allerdings sind die Wartezeiten auf eine solche ambulante Psychotherapie mit durchschnittlich drei bis
zwölf Monaten oft sehr lang, und/oder es bestehen für Patienten in ländlichen Gebieten Anfahrtswege, die aufgrund
der Länge nicht regelmäßig bewältigbar sind. Folglich fehlt
es vielen Patienten an der notwendigen Unterstützung, die
stationär erzielten Behandlungserfolge in ihren individuellen Alltag zu integrieren und langfristig aufrecht zu erhalten.
Mit internetbasierten Step-down-Interventionen können
diese Patienten zeitnah und ortsunabhängig unterstützt
werden. Ebert et al. (2008) entwickelten mit W-RENA (Web-
basierte Rehabilitationsnachsorge) ein entsprechendes

Konzept. In einem Web-Tagebuch reflektieren Patienten einmal wöchentlich die Umsetzung ihrer persönlichen Therapieziele in ihrem individuellen Alltag. Dazu erhalten sie regelmäßig Rückmeldung durch ehemalige Mitpatienten und einen
Kliniktherapeuten. Zeitgleich werden psychopathologische
Symptome anhand standardisierter Instrumente online erfasst, automatisch ausgewertet und dem begleitenden Therapeuten rückgemeldet. Für Krisenfälle steht den Patienten
eine 24-Stunden-Telefon-Hotline zur Verfügung. Eine randomisierte klinische Studie mit 400 Patienten zeigte, dass Patienten, die an der Intervention teilnahmen, ihre Therapieerfolge signifikant besser stabilisieren konnten als Teilnehmer einer Treatment-as-usual-Gruppe, die nur Zugang zu Maßnahmen der Routineversorgung hatten.

Internetbasierte Konzepte eignen sich auch als therapiebegleitende Maßnahmen.

Neben dem Einsatz vor oder nach einer Psychotherapie können internetbasierte Konzepte auch sinnvoll als **therapieflankierende Maßnahme** eingesetzt werden. Diese
Vorgehensweise wird in der Regel als »blended care« bezeichnet. Therapeuten im Rahmen einer ambulanten oder auch stationären Psychotherapie können z. B. zeitintensive
Routineaspekte, wie die Vermittlung von Störungswissen oder die Anleitung zur Selbst-
konfrontation, an internetbasierte Konzepte delegieren. Wertvolle Therapeutenzeit
kann so effektiv für Aspekte genutzt werden, für die tatsächlich die psychotherapeutischen Kompetenzen eines Behandlers im persönlichen Kontakt benötigt werden.
Auch in der primärärztlichen Versorgung können internetbasierte Konzepte eine sinnvolle, behandlungsunterstützende Ergänzung oder Alternative zur oft ausschließlich
medikamentösen Therapie von Angststörungen oder Depression sein.

Internetbasierte Ansätze haben insbesondere für die Versorgung Betroffener mit subklinischen Symptomen eine hohe Relevanz.

Als Maßnahme im Rahmen der **Prävention** können internetgestützte Screening-
verfahren helfen, Gruppen zu identifizieren, die einen oder mehrere Risikofaktoren für
eine psychische Erkrankung aufweisen. Diesen Risikogruppen können dann internetbasierte, störungsspezifische Self-Help-Präventionsangebote zur Verfügung gestellt
werden. Insbesondere für Betroffene mit bereits vorliegenden psychischen Beeinträchtigungen, die aber noch nicht die diagnostischen Kriterien einer psychischen Störung
erfüllen (indizierte Prävention) erscheinen internetbasierte Ansätze von hohem Nutzen. Für diese Zielgruppe existieren momentan nur eingeschränkt adäquate und kosten-
effektive Versorgungsangebote. Für Betroffene, die sonst nicht die benötigte Unterstützung erhalten, könnten evidenzbasierte Guided-Self-Help-Ansätze bereitgestellt werden, so dass es gar nicht erst zum Auftreten einer voll ausgeprägten psychischen Störung
kommt.

12.2   Empirische Absicherung

Für zahlreiche Störungsbilder existieren Evaluationsstudien mit vielversprechenden Ergebnissen.

Inzwischen existieren über 100 randomisierte klinische Studien zu internetbasierten
Konzepten, die das große Potenzial dieser Vorgehensweise für die Prävention und Behandlung von psychischen Störungen aufzeigen. Besonders gut erforscht sind die Störungsbereiche Angst sowie (leichte und mittelschwere) Depression (▶ Exkurs). Bisherige
Studien zeigen dabei Effektgrößen, die durchaus mit denen von Face-to-face-Interven-
tionen vergleichbar sind.

Metaanalysen zur Wirksamkeit von internetbasierten Interventionen

Andersson und Cuijpers (2009) werteten in einer Metaanalyse 15 Studien (mit insg. 2.446 Patienten) aus, die in einem randomisierten Design die Effektivität von internet- und computerbasierten Stand-Alone-Interventionen zur Behandlung von depressiven Störungen überprüften. Über alle Studien hinweg fanden sich signifikante positive Effekte bzgl. der Reduktion depressiver Symptome (mittlere Effektgröße: $d = 0.41$). Dabei zeigte sich, dass Interventionen, die eine therapeutische Begleitung integrierten (Guided-Self-Help) Interventionen ohne eine solche therapeutische Begleitung (Self-Help) im Mittel überlegen waren (Guided-Self-Help:

$d = 0.61$; Self-Help: $d = 0.25$). In einer weiteren Metaanalyse untersuchten Cuijpers et al. (2009) 23 randomisierte Studien zur Behandlung von Angststörungen mit internetbasierten Konzepten. Zehn Studien bezogen sich auf phobische Störungen, neun Studien auf Panikstörungen (mit und ohne Agoraphobie), drei Studien auf Posttraumatische Belastungsstörungen und eine Studie auf Zwangsstörungen. Auch hier fanden sich in allen Studien signifikante positive Effekte (mittlere Effektgröße: $d = 1.08$). Dabei zeigten sich zwischen den verschiedenen Angststörungen keine Unterschiede hinsichtlich der Effektivität.

Trotz der bisher vielversprechenden Ergebnisse befindet sich der Forschungsbereich internetbasierter Konzepte immer noch in den Anfängen. Die meisten der verfügbaren Studien beziehen sich bisher zumeist auf Stand-Alone-Interventionen. Sowohl die Anwendungsbereiche der Prävention und der therapieflankierenden Interventionen als auch der Step-Up- und Step-Down-Interventionen sind trotz des besonderen Potenzials des Mediums gerade für diese Anwendungsgebiete vergleichsweise **wenig erforscht**. Ebenso ist noch wenig über spezifische Indikationen und Kontraindikationen internetbasierter Konzepte bekannt. Als notwendige Voraussetzung für eine Teilnahme werden ein Internetzugang sowie Lese- und Schreibfähigkeiten angesehen. Bisherige Studien zur differenziellen Wirksamkeit konnten darüber hinaus jedoch noch keine konsistenten Moderatoren und/oder Prädiktoren identifizieren, die beispielsweise Aussagen darüber zulassen, für welche spezifischen Patientenpopulationen solche Konzepte geeignet scheinen und für welche eher weniger. Gleichzeitig ist (wie allerdings auch im Face-to-face-Setting) wenig darüber bekannt, welche therapeutischen Wirkmechanismen (▶ Exkurs) für erzielte positive Veränderungen verantwortlich sind.

> Es existieren nur wenige empirische Informationen zur Indikation und Kontraindikation internetbasierter Konzepte.

Therapeutische Beziehung online

In Face-to-face-Psychotherapien gehört die therapeutische Beziehung zu den bisher bekannten Hauptwirkfaktoren. Doch welche Rolle spielt der Therapeut für den Erfolg innerhalb internetbasierter Konzepte? Lässt sich auch über das »unpersönliche« Medium Internet eine therapeutische Beziehung aufbauen? Im Rahmen einer Studie zur Evaluation des internetgestützten Verfahrens »Interapy« befragten Lange et al. (2003) die Teilnehmer u. a. nach deren Einschätzung des therapeutischen Kontaktes. Von den Teilnehmern charakterisierten 88 % den Kontakt mit ihrem Online-Therapeuten als angenehm, 80 % empfanden die Tatsache, dass der therapeutische Kontakt ausschließlich über das Internet stattfand, als positiv. Im Rahmen der oben beschriebenen W-RENA-Studie zur online-basierten Transferförderung erfassten die Autoren mittels des Helping Alliance Questionnaire auch die therapeutische Beziehungsqualität. Sowohl bei der Skala »therapeutische Beziehungszufriedenheit« als auch bei der Skala »Erfolgszufriedenheit« fanden sich aus-

geprägt hohe Werte. Vergleiche mit der zuvor erfassten therapeutischen Beziehungsqualität im Rahmen des stationären Aufenthaltes zeigten, dass sich die Beziehungsqualität während der Online-Behandlung in einem ähnlich hohen Bereich bewegte wie in der stationär stattfindenden Face-to-face-Therapie. Es scheint also grundsätzlich möglich, auch im Rahmen internetbasierter Interventionen eine funktionierende therapeutische Beziehung aufzubauen. Doch welchen Einfluss hat die therapeutische Beziehungsqualität auf den Therapieerfolg im Rahmen online durchgeführter Interventionen? Dies untersuchten Knaevelsrud und Mercker (2006) in einer Studie zur Behandlung Posttraumatischer Belastungsstörungen. Auch hier fanden sich im Mittel hohe Werte für die therapeutische Beziehungsqualität (operationalisiert anhand des Working Alliance Inventory). Im Kontrast zum bekannten positiven Zusammenhang zwischen therapeutischer Beziehungsqualität und Therapieerfolg im Rahmen von Face-to-face-Therapien fanden sich hier keine entsprechenden Zusammenhänge. Als eine potenzielle Erklärung ziehen die Autoren in Betracht, dass im Vergleich zu traditionellen Psychotherapien in internetbasierten Konzepten, die verstärkt auf angeleitete Selbsthilfe abzielen, die therapeutische Beziehung als unspezifischer Wirkfaktor eine untergeordnete Rolle spielen könnte.

Für die Praxis

Auf ▶ www.beacon.anu.edu.au findet sich eine regelmäßig aktualisierte Übersicht weltweit verfügbarer Online-Interventionen zur Behandlung von psychischen Störungen und eine Einschätzung ihres Evidenzlevels. Die Plattform ist ein Projekt des Centers for Mental Health Research der National University Australia, die regelmäßig weltweit verfügbare Online-Interventionen sichtet und hinsichtlich des Grades ihrer empirischen Absicherung einstuft.

12.3 Chancen und Grenzen

Internetbasierte Interventionen können die Reichweite psychotherapeutischer Maßnahmen erhöhen und den Zugang für Betroffene erleichtern.

Chancen Weltweit übersteigt der Bedarf an empirisch fundierten psychologisch-psychotherapeutischen Interventionen deren Verfügbarkeit bei Weitem. Selbst in Deutschland, wo die psychotherapeutische Versorgung als verhältnismäßig gut bewertet werden kann, belaufen sich Wartezeiten für eine Psychotherapie auf drei bis zwölf Monate. Schätzungen zufolge bleibt in Deutschland etwa die Hälfte der Betroffenen mit einer psychischen Störung unbehandelt. Durch den Einsatz von internetbasierten Konzepten könnte die Reichweite von effektiven psychotherapeutischen Interventionen erhöht werden. Beispielsweise könnte durch die grundsätzliche **Zeit- und Ortsunabhängigkeit** dieser Konzepte der Zugang zu evidenzbasierten Interventionen für Betroffene in Gebieten mit niedriger Versorgung oder für Menschen mit Mobilitätseinschränkung erleichtert werden. Berufstätige, die zu üblichen Praxiszeiten nicht die Möglichkeit haben, Angebote der Routineversorgung in Anspruch zu nehmen, könnten so ebenfalls abends und am Wochenende selbstständig und in eigenem Tempo an diesen Interventionen teilnehmen.

Anonymität und niedrigschwellige Hilfe sind weitere Vorteile.

Die mögliche **Anonymität** ist ein weiterer möglicher Vorteil. Trotz zunehmender gesellschaftlicher Akzeptanz von Psychotherapie besteht bei psychischen Problemen oft ein Schamgefühl, das eine Barriere für die tatsächliche Inanspruchnahme fachlicher Hilfe darstellt. Gleichzeitig besteht oft auch Unsicherheit oder Unwissen darüber, inwieweit psychologische Angebote bei der Bewältigung der individuellen Problematik hilfreich sein können. Durch die Möglichkeit, im Rahmen von Online-Angeboten zunächst **niedrigschwellig** anonym Hilfe suchen zu können, kann Betroffenen der Einstieg in weiterführende Face-to-face-Angebote erleichtert werden.

Durch internetbasierte Konzepte könnte Betroffenen mit subklinischer Symptomatik effektiv geholfen werden.

Im Rahmen eines **Stepped-Care-Ansatzes** könnten internetbasierte Konzepte das erste Element in der Behandlungskette sein. Anstatt wie üblich monatelang auf die Behandlung warten zu müssen, könnten Betroffene mit einer verhältnismäßig gering ausgeprägten Symptomatik sofort Unterstützung erhalten. Die dadurch frei gewordenen therapeutischen Ressourcen könnten dann dafür eingesetzt werden, dass Patienten mit komplexer und ausgeprägter Psychopathologie dringend benötigte Unterstützung unmittelbarer erhalten.

Internetbasierte (Guided)-Self-Help Konzepte betonen die aktive Rolle des Patienten bei der Problembewältigung.

Darüber hinaus geht es auch im Rahmen traditioneller verhaltenstherapeutischer Interventionen meist darum, dass Patienten aktiv neue Verhaltensweisen erproben, in ihren individuellen Alltag integrieren und langfristig aufrecht erhalten. Internetbasierte (Guided-)Self-Help-Konzepte betonen diese aktive Rolle des Betroffenen im Genesungsprozess von Anfang an und unterstützen so im Sinne von **Empowerment** die Betroffenen dabei, eigene Ressourcen zur Problemlösung einzusetzen.

Grenzen Neben all den potenziellen Vorteilen von internetbasierten Interventionen ist es – wie bei jedem anderen Verfahren – wichtig, Grenzen und Risiken der Vorgehensweise nicht außer Acht zu lassen. Wie dargelegt, fehlen zum jetzigen Zeitpunkt zuverlässige empirische Informationen zur Kontraindikation internetbasierter Interventionen. Offensichtlich ist, dass im Rahmen solcher Konzepte die Möglichkeit, auf Notfälle (z. B. Suizidalität) adäquat zu reagieren, stark eingeschränkt ist. Daher gilt akute **Suizidalität** in der Regel als Ausschlusskriterium. Um für Betroffene in Krisenfällen zeitnahe Unterstützung zu gewährleisten, integrieren deshalb verschiedene Konzepte eine telefonische Notfall-Hotline, bei der sich die Teilnehmer 24 Stunden am Tag melden können.

> Auf Notfälle kann im Rahmen von Online-Interventionen nur eingeschränkt adäquat reagiert werden.

Des Weiteren muss die Frage gestellt werden, bis zu welchem **Schweregrad** einer Störung solche Konzepte hilfreich sind. Es ist beispielsweise schwer vorstellbar, dass Patienten mit einer schweren depressiven Störung ausschließlich über das Internet erfolgreich behandelt werden können. Die gleiche Frage stellt sich für die Behandlung von Patienten mit einer komplexen Psychopathologie oder Patienten mit polymorbiden Störungen.

> Bislang ist noch ungeklärt, inwieweit für Patienten mit schweren Störungen, komplexer Psychopathologie oder zahlreichen Komorbiditäten die ausschließliche Behandlung übers Internet geeignet ist.

Darüber hinaus ist es, wie eingangs schon thematisiert, problematisch, dass Patienten nur unzulänglich zwischen qualitativ hochwertigen und weniger hochwertigen Angeboten differenzieren können. Hier fehlt es zum jetzigen Zeitpunkt noch an Standards und gesetzlichen Vorgaben, die dabei helfen können, die Qualität solcher Angebote sicher zu stellen bzw. Patienten helfen können, die Güte der Konzepte zu bewerten. Des Weiteren ist zu beachten, dass zum jetzigen Zeitpunkt in Deutschland noch das **Fernbehandlungsverbot** innerhalb des Psychotherapeutengesetzes gilt. Dieses besagt, dass Interventionen, in denen der therapeutische Kontakt ausschließlich online erfolgt, momentan nur zu Forschungszwecken durchgeführt werden dürfen.

> Aufgrund des Fernbehandlungsverbotes darf in Deutschland Psychotherapie, die ausschließlich über das Internet stattfindet, bislang nur im Rahmen von Forschungsprojekten angeboten werden.

In diesem Punkt sind andere Länder schon weiter: In Großbritannien beispielsweise werden Online-Interventionen wie das oben beschriebene Programm »Fearfighter« vom National Institute for Health and Clinical Excellence zur Behandlung von psychischen Störungen empfohlen. In Holland und Australien gehören internetbasierte psychotherapeutische Interventionen längst zur Routineversorgung und werden von den dort zuständigen Kostenträgern vollständig finanziert. In Holland wird erwartet, dass im Jahr 2015 ca. 10 % der Angebote zur Behandlung psychischer Störungen ausschließlich online erfolgen und 50 % der Behandlungen Online-Elemente in die Behandlung integrieren.

> In anderen Ländern sind internetbasierte Konzepte schon systematisch in die Versorgung von Menschen mit psychischen Störungen integriert.

Bauer, S. & Kordy, H. (2008). *E-Mental-Health: Neue Medien in der Psychosozialen Versorgung*. Heidelberg: Springer.
Wilhelm, F. & Pfaltz, M. (2009). Neue Technologien in der Psychotherapie. In: Margraf, J. (Hrsg.), *Lehrbuch der Verhaltenstherapie* (Bd. 1, S. 767-796). Berlin: Springer.

http://construct.haifa.ac.il/~azy/refthrp.htm

> ▶ **Weiterführende Literatur**

12.4 Literaturverzeichnis

> ▶ **Laufend aktualisierte Übersicht über Literatur zu internetbasierten Konzepten**

Andersson, G. & Cuijpers, P. (2009). Internet-based and other computerized psychological treatments for adult depression: A meta-analysis. *Cognitive Behaviour Therapy, 38,* 196-205.
Cuijpers, P., Donker, T., van Straten, A., Li, J. & Andersson, G. (2010). Is guided self-help as effective as face-to-face psychotherapy for depression and anxiety disorders? A systematic review and meta-analysis of comparative outcome studies, *Psychological Medicine, 40,* 1943-1957.
Cuijpers, P., Marks, I. M., van Straten, A., Cavanagh, K., Gega, L. & Andersson, G. (2009). Computer-aided psychotherapy for anxiety disorders: A meta-analytic review. *Cognitive Behaviour Therapy, 37,* 66-82.
Ebert, D., Tarnowski, T., Berking, M. & Sieland, B. (2008). Vernetzung von Psychotherapie und Alltag – Ein web-basiertes Nachsorgekonzept zur Stabilisierung von stationären Therapieerfolgen. In: Bauer, S. & Kordy, H. (Hrsg.), *Neue Medien in der Psychosozialen Versorgung* (S. 251-265). Heidelberg: Springer.
Knaevelsrud, C. & Maercker, A. (2006). Does the quality of the working alliance predict treatment outcome in online psychotherapy for traumatized patients? *J Med Internet Res, 8,* 4.
Lange, A., van de Ven, J. P., Schrieken, B. & Smit, M. (2003). Interapy burn-out, preventie en behandeling van burn-out via internet. *Directieve Ther, 23,* 121-145.

? **Kap. 12, Bd. 2: Kontrollfragen**

Die Antworten auf die folgenden Fragen finden Sie im Lerncenter zu diesem Kapitel unter ▶ www.lehrbuch-psychologie.de
(Projekt Klinische Psychologie und Psychotherapie für Bachelor).

1. Beschreiben Sie mögliche Vorteile eines Stepped-Care-Ansatzes. Warum könnten internetbasierte Interventionen darin eine nützliche Rolle spielen?

2. Nach welchen Kriterien lassen sich online-basierte Interventionen unterscheiden?

3. Warum eignen sich insbesondere kognitiv-verhaltenstherapeutische Techniken zur Umsetzung in Online-Angebote?

4. Zu welchen Ergebnissen gelangen Studien hinsichtlich der Effektivität internetbasierter Therapieprogramme?

5. Welche Chancen ergeben sich aus internetbasierten Interventionen bzgl. der psychotherapeutischen Versorgung in Deutschland?

13 Prävention

Bernd Röhrle, Catarina Behner und Hanna Christiansen

Lernziele

- Grundlegende Begrifflichkeiten der Prävention kennen.
- Über Typen und Anwendungsgebiete der Präventionsforschung Bescheid wissen.

- Einige Veränderungsmodelle beschreiben können.
- Über aktuelle Ergebnisse der Präventionsforschung und
  weitere Forschungsnotwendigkeiten informiert sein.

13.1   Grundlagen und Ziele

Psychische Störungen gehören weltweit zu den häufigsten Erkrankungen. Fast jeder Zweite entwickelt im Laufe seines Lebens eine psychische Störung, wobei die Erkrankungsraten stabil bleiben oder sogar steigen (WHO, 2001). Nach einer Studie von Wittchen et al. (2011) zum Ausmaß und zur Beeinträchtigung psychischer Störungen in Europa leiden konservativ geschätzt knapp 40 % der Bevölkerung unter psychischen Störungen. Das erste Auftreten liegt dabei in der Regel in der Kindheit und Jugend und zeigt im Langzeitverlauf eine Entwicklung hin zur Multimorbidität. Die Autoren folgern, dass aufgrund dieser hohen Raten psychischer Störungen bei der europäischen Bevölkerung und gleichzeitig völlig unzureichender professioneller Versorgung der Betroffenen herkömmliche Behandlungsansätze nicht ausreichen, sondern dass die frühe Erkennung und Behandlung, insbesondere präventive Ansätze, zwingend nötig sind, zum einen zur Reduktion der enormen Kosten des medizinischen Gesundheits- und Versorgungssystems, zum anderen aufgrund der ethischen Verantwortung der Schadensvermeidung.

> Psychische Störungen gehören weltweit zu den häufigsten Erkrankungen.

▶ **Definitionen
Prävention &
Salutogenese**

> **Definition**
>
> **Prävention** umfasst alle vorbeugenden Maßnahmen, die eine gesundheitliche
> Schädigung gezielt verhindern, weniger wahrscheinlich machen oder ihren Eintritt
> verzögern. Präventive Maßnahmen sollen die Rate des Neuauftretens von Krank-
> heiten, Behinderungen oder eines vorzeitigen Todes senken. Auch die Vermeidung
> von Rückfällen bzw. neuen Krankheitsepisoden wird angestrebt. Prävention ist ab-
> zugrenzen von der Gesundheitsförderung als Stabilisierung und Besserung von
> Wohlbefinden sowie von Faktoren, die uns gesund halten.
>
> Die **Salutogenese** geht auf Aron Antonovsky zurück. Er fragt nicht primär nach
> den Ursachen von Erkrankungen, sondern nach dem, was Menschen gesund erhält.
> Damit löst er sich vom klassischen medizinischen Verständnis, das pathogenetisch
> geprägt ist und nur nach der Entstehung und den Bedingungen von Krankheit fragt.

13.2   Formen

13.2.1   Unterscheidung hinsichtlich des Zeitpunktes der Intervention

Auf der zeitlichen Ebene werden primäre, sekundäre und tertiäre Präventionsansätze
voneinander unterschieden.

Primärprävention

Primärprävention richtet sich an **gesunde Individuen** ohne Anzeichen von Erkrankungen. Sie erhält die Gesundheit, indem sie dabei hilft, Risikofaktoren zu umgehen oder zu bewältigen, und indem sie entsprechende Schutzfaktoren und Ressourcen
zur Verfügung stellt. Beispielsweise kann im Sinne der Primärprävention soziale Kompetenz im Schulkontext durch Übungen zur emotionalen Bewältigung sozialer Formen
von Belastung gefördert werden.

Sekundärprävention

Als **Sekundärprävention** werden Interventionen bezeichnet, die bei **Risikopopulationen** oder Personen mit subliminalen Diagnosen (d. h., die Kriterien reichen für
eine Diagnose nicht ganz aus) angewendet werden. Um Erkrankungen in diesem Sta-
dium möglichst früh zu erkennen, finden vor allem Screeningverfahren Anwendung.
Bei auffälligen Werten erfolgen im Anschluss **Frühinterventionsmaßnahmen**, um so
die Erkrankung zu verhindern oder wenigstens Schwere und Verlauf der Erkrankung
günstig zu beeinflussen. Der Umgang mit Arbeitslosigkeit kann z. B. durch das Training von Copingfertigkeiten sowie durch eine Modifikation depressionsfördernder
Gedanken modifiziert werden. Ein Training zu erfolgversprechenden Verhaltensweisen
in Bewerbungssituationen soll die Vermittelbarkeit und Selbstwirksamkeit stärken
helfen.

Tertiärprävention

Tertiäre Präventionsmaßnahmen beschäftigen sich mit der Begrenzung von
Krankheitsfolgen und der Vermeidung erneuter Krankheitsepisoden (Chronifizierung). Schon erkrankte Personen werden so behandelt, dass die **Rückfallgefahr** sinkt
und auch keine dauerhaften Behinderungen zustande kommen (schwer von Behandlung und Rehabilitation abzugrenzen). Beispiele wären die Prävention eines erneuten
Rückfalls bei Kindern und Jugendlichen mit rezidivierender depressiver Symptomatik durch den Aufbau angenehmer Aktivitäten, die Verringerung irrationaler Kognitionen bei einer gleichzeitigen Vermehrung positiver Gedanken, die Stärkung sozialer
Fertigkeiten sowie die Ausgestaltung von Stressbewältigungs- und Problemlösefertigkeiten.

13.2.2 Unterscheidung hinsichtlich der Spezifität der Intervention

Im Hinblick auf die Art der Präventionszielgruppe werden universelle, selektive und indizierte Programme unterschieden.

Unter **universeller Prävention** versteht man Maßnahmen, die sich an die **gesamte Bevölkerung** richten. Interventionen dieser Art beziehen auch nicht oder nur schwach belastete Personen mit ein. Ein Beispiel wäre die umfassende Verbreitung von Informationen über Drogen und Drogenkonsum in Schulen, Familien, Netzwerken oder auf Gemeindeebene durch die Medien, durch kulturelle Veranstaltungen oder durch Schlüsselpersonen und -organisationen.

Die **selektive Prävention** befasst sich mit ausgesuchten, meist hochbelasteten **Risikopopulationen**. Zu Beginn der Intervention liegen jedoch noch keine Krankheitssymptome vor. Ein Beispiel wäre die Prävention psychischer Störungen bei Kindern psychisch kranker Eltern mithilfe von psychoedukativen Methoden, der Förderung der sozialen Ressourcen sowie des Einbezugs und der Entlastung der betroffenen Elternteile.

Eine Präventionsmaßnahme wird als **indiziert** bezeichnet, wenn bei der Zielgruppe bereits **Prodromalsymptome** einer zu vermeidenden Erkrankung vorliegen. Eine Intervention ist in diesen Fällen aus klinischer Sicht notwendig. Ein Beispiel wären Präventionsmaßnahmen bei jungen Mädchen mit subklinischen Essstörungen wie gestörtem Essverhalten, chronischem Diäthalten und abnormer gedanklicher Beschäftigung mit Figur und Gewicht. Solche Maßnahmen beinhalten neben einer kritischen Reflexion des Schlankheitsideals und einem Informationsteil über pubertäre Fettzunahme und Ernährungsverhalten auch die Stärkung des Selbstwertes, vor allem in Bezug auf das Figurbewusstsein.

universelle Prävention

selektive Prävention

indizierte Prävention

13.2.3 Unterscheidung hinsichtlich des Ansatzpunktes der Intervention

Hinsichtlich des Ansatzpunktes werden individuumszentrierte und umweltorientierte Präventionsprogramme unterschieden.

Die **individuumszentrierte Prävention**, auch als personenorientierte Prävention oder als Verhaltensprävention bekannt, richtet sich an **einzelne Personen** und deren Merkmale und Verhalten.

Ein Beispiel wäre die Reduktion der Folgeschäden externalisierenden Problemverhaltens (von störendem Verhalten in Alltagsroutinen bis hin zu delinquentem und gewalttätigem Verhalten) bei Kindern und Jugendlichen durch Aufbau sozialer Kompetenzen, Konfliktmanagement, Mediation und Entspannung.

Umweltorientierte Prävention setzt nicht am Individuum direkt, sondern an den **äußeren Bedingungen** an. Die physische, ökologische, soziale und kulturelle Umwelt der Betroffenen wird mit Ressourcen verschiedenster Art angereichert, so dass die Auftretenswahrscheinlichkeit objektiver Belastungen minimiert wird. Diese Art der Intervention wird auch als Verhältnisprävention bezeichnet. Ein Beispiel wäre die Reduktion externalisierenden Problemverhaltens durch Verbesserung der Lebenslage (Aufbau sicherer Wohngebiete und sozialer Unterstützungssysteme) und durch Beschränkung der Zugangsmöglichkeiten zu Gewaltmitteln.

individuumszentrierte Prävention

umweltorientierte Prävention

13.3   Zentrale Konzepte und Modelle

13.3.1   Risiko-Ressourcen-Modelle

unterschiedliche Risiko-Ressourcen-Modelle

Den **Risiko-Ressourcen-Modellen** zufolge ergibt sich die Wahrscheinlichkeit, an einer psychischen Störung zu erkranken, aus dem relativen Verhältnis von Schutzfaktoren (Kompetenzen, Umweltressourcen) und individuellen dispositionellen Verletzlichkeiten und Risiken (◘ Tab. 13.1). Je nach zugrundeliegendem Modell wird dieses Verhältnis unterschiedlich konzipiert:

- **Gleichgewichtsmodelle** gehen von der Existenz eines Schwellenwertes aus, der sich aus dem Zusammenspiel von Risiken und Ressourcen ergibt.
- **Schutz- oder Schildmodelle** weisen den Ressourcen die Funktion zu, keine Gefährdungen zuzulassen.
- **Kompensatorische Modelle** beschreiben die Fähigkeit von Ressourcen, Mängel auszugleichen.
- **Puffermodelle** gehen davon aus, dass Ressourcen die Wirkung von Stressoren mindern können.
- **Herausforderungsmodelle** nehmen an, dass Stressoren, die nicht in allzu intensiver Form auftreten, Protektoren aktivieren können.

◘ **Tab. 13.1** Überblick zu Risiken und Ressourcen der Risiko-Ressourcen-Modelle

Risikofaktoren	Ressourcen
Personengebundene Risikofaktoren – dispositionelle Faktoren (genetische Veranlagung, konstitutionelle Handicaps) – erworbene Faktoren (Entwicklungsrückstände, ungesunde Lebensweisen oder -stile, Verhaltensstörungen und Schulprobleme, geringer Selbstwert, geringer Kohärenzsinn, geringer Optimismus)	**Personale Ressourcen** – Resilienz (Fähigkeit, widerstandsfähig gegenüber äußeren Belastungen zu sein) – Wachstum – kognitive Fähigkeiten – soziale Kompetenzen – Stressbewältigungsfertigkeiten – zum Widerstand befähigende Eigenschaften (Selbstwert, Autonomie, internale Kontrollüberzeugung)
Umweltbelastungen bzw. pathogene Kontexte – schlechte soziale **Lage** – **kritische Lebensereignisse** – **chronische Belastungen** – **schlechtes familiäres Klima** – **schlechte soziale** Netzwerke	**Umweltressourcen** – kulturelle Güter – soziale Güter – materielle Güter

13.4   Systematik und Beispiele präventiver Maßnahmen

13.4.1   Aufbau belastungsunspezifischer Fertigkeiten

Um belastungsunspezifische Fertigkeiten aufzubauen, werden extra- und intrapersonale Ressourcen gefördert.

Präventive Maßnahmen, die belastungsunspezifische Fertigkeiten trainieren, fördern **extra-** und **intrapersonale Ressourcen**, die der Betroffene in möglichst vielen Lebenslagen anwenden kann. Ziel der präventiven Maßnahmen ist es, für jede Lebenslage allgemein schützende, extra- und intrapersonale Ressourcen bereitzustellen. Hierunter versteht man vor allem die Förderung folgender Fertigkeiten und Ressourcen:

- Entscheidungsfähigkeit
- Problemlösen
- kreatives Denken
- kritisches Denken

- effektive Kommunikation
- interpersonelle Fertigkeiten
- Selbstwahrnehmung
- Empathie
- Bewältigung von Gefühlen
- Stressbewältigung
- soziale Unterstützung
- materielle Sicherheit
- Zugang zu kulturell bedeutsamen Gütern

Unspezifisch sind auch **Entwicklungsinterventionen** (Early Intervention), die häufig langfristig angelegt sind. Sie sollen Entwicklungsverläufe – ausgehend von pränatalen Bedingungen bis ins hohe Lebensalter – günstig beeinflussen.

> Zu belastungsunspezifischen Präventionen gehören u. a. Entwicklungsinterventionen, soziale Kompetenztrainings, Programme zur Stressbewältigung sowie Problemlösetrainings.

13.4.2   Aufbau belastungsspezifischer Fertigkeiten

Bei diesen Programmen stehen **bedeutsame Stressoren**, mit denen Kinder und Jugendliche im Laufe ihrer Entwicklung konfrontiert werden können, im Vordergrund. Präventive Maßnahmen sind z. B.:

- Scheidungsbewältigung (Ausgleich von Interessen von Eltern und Kindern durch Mediationstechniken)
- Umgang mit Verlust/Trauer (Psychoedukation, Umgang mit Gefühlen, Stressbewältigung)
- Bewältigung kritischer Lebensphasen (z. B. Schulstufenübergänge; Beratung, soziale Unterstützung, Problemlösetraining)
- Hilfen für Kinder psychisch kranker Eltern (Psychoedukation, Familienintervention, Emotionsregulation, Bindungsschemata)
- Bewältigung von Arbeitslosigkeit, sexuellem Missbrauch und Kindesmisshandlung (präventive Hausbesuche, Eltern- und Kindertrainings, psychosoziale Dienste)

> Beim Aufbau belastungsspezifischer Fertigkeiten stehen bedeutsame Stressoren im Vordergrund.

13.4.3   Störungsspezifische Interventionen

Störungsspezifische Interventionen zielen darauf ab, einzelne psychische und physische **Störungen zu vermeiden** und dadurch Kosteneinsparungen zu erzielen. Ein Beispiel für ein Programm zur Prävention von Angststörungen und Depressionen ist das deutschsprachige Programm FREUNDE (▶ Beispiel). Darüber hinaus gibt es störungsspezifische Interventionen zu den Themen Suizidalität, Essstörungen, externalisierendes Problemverhalten, Drogenmissbrauch und körperliche Erkrankungen.

> Mit störungsspezifischen Interventionen sollen psychische und physische Störungen vermieden werden.

Beispiel

FREUNDE – Ein Programm zur Vorbeugung von Angst und Depression

Dieses universelle, deutschsprachige Trainingsprogramm zur Prävention von Angst und Depression von Essau und Conradt (2003) ist kognitiv-verhaltenstherapeutisch angelegt und richtet sich an Kinder zwischen acht und zwölf Jahren. In zehn 45–60-minütigen wöchentlichen Gruppensitzungen und zwei Auffrischungssitzungen lernen die Kinder:

- den Umgang mit angsterzeugenden Situationen und Problemlösefertigkeiten
- die Wahrnehmung der eigenen Körpersignale
- Entspannungstechniken

In vier zusätzlichen Elternsitzungen werden den Eltern die Programminhalte nähergebracht und eine Integration der Inhalte in das Erziehungsverhalten angestrebt.

13.5   Wirksamkeit

13.5.1   Effektivität

Bisherige Metaanalysen weisen eine **schwache bis mittlere Effektivität** für Präventionsmaßnahmen bzgl. psychischer Störungen bzw. gesundheitsrelevante präventive Interventionen auf. Störungsspezifische Interventionen erreichen nur kleine Effektstärken. Ein Grund hierfür ist das mangelhafte Wissen über Moderatoren, welche mögliche Effekte schwächen oder stärken können. Vielfach ist die Grundrate im Vorkommen psychischer Störungen zu gering, so dass der Nachweis, die Rate senken zu können, kaum möglich ist. Bei universellen Programmen stellt sich das Problem, dass sich gering ausgeprägte oder nicht vorhandene Symptombelastungen nur kaum oder nicht verändern können (Bodeneffekt). Viele psychische Störungen haben eine lange Entwicklungszeit, so dass sehr langfristig angelegte Studien notwendig sind, um die Effekte von frühzeitig eingesetzten präventiven Maßnahmen nachweisen zu können. Am effektivsten erweisen sich Programme zur Vermeidung von depressiven Störungen, wobei hier insbesondere solche erfolgreich sind, die sich an Risikopersonen richten (sekundäre oder selektive Prävention). Belastungsbezogene Präventionsformen erreichen im Durchschnitt kleine bis mittlere Effektstärken, wie auch Programme zur Förderung von Kompetenzen und Ressourcen. Da die Grundraten psychischer Störungen jedoch gering und deren Entstehungszeiträume in der Regel lang sind, ist es schwierig, die Wirkung einer Intervention an der Minderung von Inzidenzraten zu messen.

13.5.2   Effizienz

Die Analyse erfolgreicher Präventionsprogramme hinsichtlich inhaltlicher und struktureller Konzeption ergab eine Reihe von gemeinsamen Merkmalen, die den Erfolg der Programme begünstigen: **Erfolgreiche Maßnahmen** sind theoretisch gut begründet und zugleich individuen- und umweltzentriert. Sie betrachten sowohl Ressourcen als auch Defizite der Betroffenen und werden meist Setting-übergreifend eingesetzt. Erfolgreiche Programme sind kulturell angepasst, hochstrukturiert (manualisiert) und variabel in der Didaktik. Die Anleiter sind ausreichend geschult und legen im Umgang viel Wert auf Beziehungspflege. Des Weiteren sind die Programme in der Regel langfristig angelegt (mindestens neun Monate, kürzere höchstens bei Risikogruppen erfolgreich) und in die Regelversorgung implementiert.

13.6   Schlussfolgerungen und Ausblick

Die Präventionsforschung ist ein relativ junges Forschungsfeld, und es ist davon auszugehen, dass zukünftig in diesem Bereich weitere Fortschritte erzielt werden. Dies zeigt sich bereits an den vielfältigen Ansätzen der entwickelten Programme, die auf die Förderung sowohl der psychischen als auch physischen Gesundheit zielen und sich in allen Bereichen der Prävention finden (zeitlich, Zielgruppe, Ansatzpunkt).

Bisher eher **vernachlässigte Themen** im Bereich der Prävention und Gesundheitsförderung stellen der Umgang mit Armut, Einsamkeit sowie somatoforme Störungen dar. Auch Belastungen durch interkulturelle und andere soziale Konflikte wurden in der bisherigen Forschung nur wenig Aufmerksamkeit geschenkt. Da bislang auch entwicklungs-, geschlechts-, kultur- und sozioökonomische Aspekte in der Präventionsforschung vernachlässigt wurden, gilt es generell, Programme auf der Grundlage möglicher differenzieller Effekte zu entwickeln. Beispielsweise könnte ein Präventionsprogramm zur Reduktion postpartaler Depression an den Möglichkeiten zur Kinderbetreuung (Verhältnisprävention), aber auch an der Unterstützung der Mutter durch die Hebamme (selektive geschlechtsspezifische, individuumszentrierte Prävention) ansetzen. Die Effekte sollten dann differenziell für die unterschiedlichen Ansatzpunkte berichtet werden, da Verhältnis- und individuenorientierte Programme zunehmend kombiniert und bedarfsgerecht angeboten werden. Außer der Entwicklung präventiver Interventionen müssen auch die Implementation und Dissemination der bisherigen Erfolge mitbewertet und in die bestehende Angebotsstruktur psychosozialer Hilfen integriert werden. Bedarfs- und Kostenanalysen sind im Bereich der Prävention noch sehr selten. Zudem sollten die vorhandenen gesetzlichen Möglichkeiten, z. B. im Bereich der Kinder- und Jugendhilfe, ausgeschöpft werden.

Röhrle, B. & Sommer, G. (Hrsg.) (1999). *Prävention und Gesundheitsförderung* (Bd. 1). Tübingen: DGVT.
Röhrle, B. (Hrsg.) (2002). *Prävention und Gesundheitsförderung* (Bd. 2). Tübingen: DGVT.
Röhrle, B. (Hrsg.) (2007). *Prävention und Gesundheitsförderung* (Bd. 3: Kinder und Jugendliche). Tübingen: DGVT.

▶ **Weiterführende Literatur**

13.7 Literatur

Essau, C. A. & Conradt, J. (2003). *Freunde für Kinder – Gruppenleitermanual – Trainingsprogramm zur Prävention von Angst und Depression*. München: Reinhardt.
Wittchen, H. U., Jacobi, F., Rehm, J., Gustavsson, A., Svensson, M., Jönsson, B. et al. (2011). The size and burden of mental disorders and other disorders of the brain in Europe 2010. *European Neuropsychopharmacology, 21,* 655-679.
World Health Organization (2001). *The World Health Report 2001. Mental Health: New understandings, new hope.* Geneva: WHO.

? Kap. 13, Bd. 2: Kontrollfragen

Die Antworten auf die folgenden Fragen finden Sie im Lerncenter zu diesem Kapitel unter ▶ www.lehrbuch-psychologie.de (Projekt Klinische Psychologie und Psychotherapie für Bachelor).

1. Was ist das Ziel der Präventionsforschung?
2. Welche Formen der Prävention lassen sich unterscheiden? Nennen Sie jeweils ein Beispiel.
3. Was ist die Grundannahme der Risiko-Ressourcen-Modelle?
4. Wodurch zeichnen sich erfolgreiche Präventionsprogramme aus?

14 Wirkfaktoren in der Psychotherapie

Nikola Stenzel und Matthias Berking

┌─ Lernziele ───
│
│ ▬ Einen Einblick in Ursprünge und Hintergründe der   ▬ Einen exemplarischen Eindruck von therapeutischen In-
│   Forschung zu allgemeinen Wirkfaktoren bekommen.   terventionen zur Realisierung allgemeiner Wirkfaktoren
│ ▬ Wichtige Modelle und Vertreter der Wirkfaktorenfor-   erhalten.
│   schung kennen lernen.
│
└───

14.1   Einführung in die Wirkfaktorenforschung

In der Psychotherapieforschung existiert mittlerweile eine große Zahl an Studien, die die **Wirksamkeit von Psychotherapie belegen**. Das seit mehreren Jahren in den USA erscheinende Standardwerk *Handbook of Psychotherapy and Behavior Change* (Lambert, 2004) fasst in regelmäßigen Abständen die neuesten Befunde zusammen. Nach einer Metaanalyse von Lambert und Ogles (2004) liegen die durchschnittlichen Effektstärken über verschiedene Studien hinweg bei d = 0.75. Somit sind für die Wirkung von Psychotherapie im Allgemeinen mittlere bis große Effekte nachgewiesen. Vergleicht man jedoch die Wirkung verschiedener, sorgfältig konzipierter und umgesetzter Therapieformen miteinander, zeigen sich in vielen Studien nur **vergleichsweise moderate Unterschiede** (z. B. Luborsky et al., 2002; Wampold, 2001). Vor dem Hintergrund, dass die jeweiligen Interventionen auf unterschiedlichen Annahmen zu Entstehung und Aufrechterhaltung der Störung beruhen und dass zum Teil ganz verschiedene Techniken und Vorgehensweisen zum Einsatz kommen, stellt sich die Frage, wie sich solche Befunde erklären lassen.

Ein möglicher Grund könnte sein, dass die Wirkung von Psychotherapie nicht nur auf die Wirkmechanismen zurückzuführen ist, die die jeweilige Therapieform auszeichnen und die gemäß dem Störungs- und Veränderungsmodell der jeweiligen The-

Die Wirksamkeit von Psychotherapie im Allgemeinen wurde inzwischen mehrfach belegt. In einigen Studien zeigen sich jedoch nur vergleichsweise moderate Unterschiede in der Wirksamkeit verschiedener Therapieformen.

Die Wirkung von Psychotherapie kommt möglicherweise nicht nur über die jeweiligen spezifischen Wirkmechanismen, sondern auch über allgemeine Wirkfaktoren zustande, die den meisten Therapieformen gemeinsam sind.

rapieform für die belegten Erfolge verantwortlich sein sollen. Vielmehr könnten auch **Faktoren** bei der Veränderung eine Rolle spielen, die den **therapeutischen Prozess im Allgemeinen kennzeichnen** und unabhängig von den spezifischen Interventionen in den meisten Therapien realisiert werden (sog. unspezifische/zentrale/allgemeine Wirkfaktoren). Nimmt man z. B. an, dass die meisten Psychotherapeuten, unabhängig von ihrer therapeutischen Orientierung, freundlich und unterstützend mit ihren Klienten umgehen, könnte man daraus schlussfolgern, dass sich allein durch diesen positiven Kontakt gewisse (allgemein gültige) Effekte ergeben könnten.

Klassische Beispiele für potenzielle allgemeine Wirkfaktoren sind die therapeutische Beziehung und die Selbstwirksamkeit.

Die Annahme eines oder mehrerer **zentraler Wirkfaktoren** hat in der Psychotherapieforschung eine lange Tradition: So ging beispielsweise Carl Rogers (1951) davon aus, dass die Qualität der Beziehung zwischen Therapeut und Patient in der Therapie eine bedeutsame Rolle für die Veränderungen beim Patienten spielt. Bandura (1977) nahm hingegen an, dass die Stärkung der Selbsteffizienz des Patienten als ein zentraler Wirkfaktor gesehen werden müsse.

▶ **Definitionen**
   Spezifische Wirkfaktoren

   Allgemeine Wirkfaktoren

┌─ **Definitionen** ──────────────────────────────────────
│ **Spezifische Wirkfaktoren:** Typische/exklusive Merkmale eines therapeutischen
│ Verfahrens, welche für den Therapieerfolg verantwortlich sind.
│ **Allgemeine Wirkfaktoren:** Übergreifende Merkmale verschiedener therapeutischer
│ Verfahren, welche für den Therapieerfolg verantwortlich sind.
└───

14.2   Wichtige Modelle und Vertreter der Wirkfaktorenforschung

14.2.1   Common Component Model (Frank, 1961)

Als einer der frühen Vertreter der Wirkfaktorenforschung postulierte Frank vier zentrale Wirkfaktoren.

Einer der ersten Vertreter einer systematischen Forschung im Bereich der allgemeinen Wirkfaktoren war Frank (1961). In seinem »**common component model**« postulierte er **vier zentrale Wirkfaktoren**, die schulenübergreifend die Wirksamkeit von Psychotherapie erklären sollten:
1. eine intensive und vertrauensvolle Beziehung zwischen Hilfesuchendem und Hilfegebendem
2. die Vermittlung eines Behandlungsrationals
3. ein mit diesem Rational konsistentes Behandlungsvorgehen
4. das Bestehen eines formalisierten Behandlungsangebot an sich

Der Inhalt der therapeutischen Interventionen spielte für Frank eine untergeordnete Rolle.

Der Inhalt der therapeutischen Interventionen selbst wurde von Frank als weniger wichtig angesehen. Er bezeichnete sie vage als »therapeutische Rituale«. Für die Wirkung der »Rituale« sei nur wichtig, dass sie konsistent zu dem vermittelten Behandlungsrational und diesbezüglich glaubwürdig und plausibel seien.

14.2.2   Generic Model of Psychotherapy (Orlinsky & Howard, 1987)

Das Generic Model of Psychotherapy (GMP) stellt Faktoren und Prozesse, die für den Therapieerfolg relevant sind, und deren Zusammenspiel dar.

Einen weiteren wichtigen Beitrag zur Wirkfaktorenforschung haben Orlinsky und Howard (1987) geleistet. Auf der Grundlage umfassender theoretisch-konzeptioneller Analysen und metaanalytischer Untersuchungen haben sie im sog. **Generic Model of Psychotherapy (GMP)** versucht, Faktoren und Prozesse, die für den Therapieerfolg relevant sind, sowie das Zusammenspiel dieser Prozesse zu explizieren (◘ Abb. 14.1). Spezifische Interventionstechniken stellen in diesem Model nur eine Teilmenge der

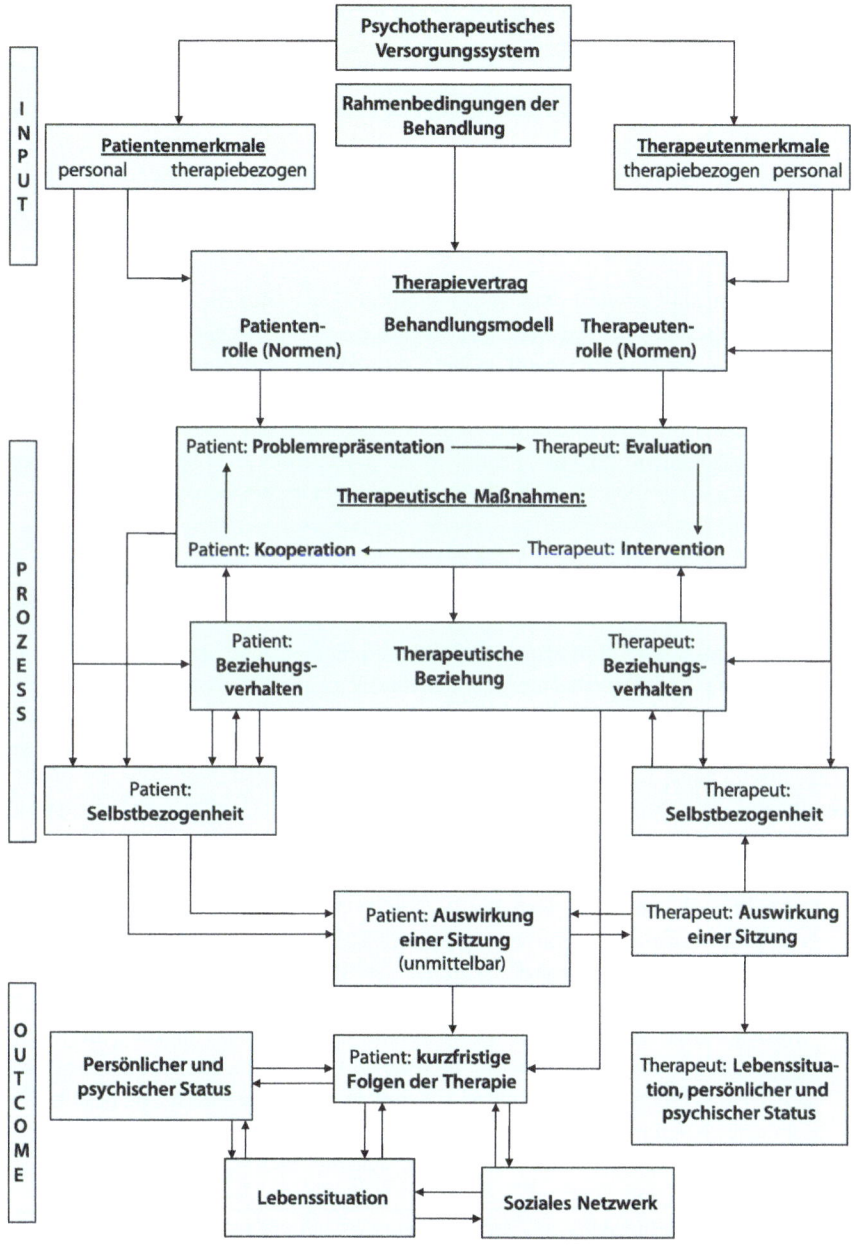

Kategorien dar, die für die Beschreibung des Therapieprozesses und für die Erklärung
des Therapieerfolgs als relevant angesehen werden. Zu den im GMP explizierten Variablen zählen:

- **Input-Variablen:** alle Ausgangs- und Settingmerkmale der Therapie, z. B. das Versorgungssystem, der Behandlungsrahmen sowie Charakteristika von Patient und
Therapeut
- **Prozess-Variablen:** Merkmale des Behandlungsprozesses an sich; diese werden von
den Autoren in sechs Kategorien unterteilt, die zueinander in Wechselwirkung
stehen:
  - Formale Aspekte (Therapievertrag und andere Rahmenbedingungen)
  - Technische Aspekte (bezogen auf therapeutische Maßnahmen)
  - Interpersonale Aspekte (therapeutische Beziehung)

Das GMP unterscheidet zwischen
Input-, Prozess- und Outcome-
Variablen.

- Intrapersonale Aspekte (innere Selbstbezogenheit, Selbstdisziplin und Selbstvertrauen, aber auch psychologische Offenheit etc.)
- Klinische Aspekte (unmittelbare Auswirkung einer Therapiesitzung)
- Zeitliche Aspekte (Charakteristika des Therapieablaufs, Interaktionsabfolgen etc.)
- **Outcome-Variablen:** kurz- und langfristige Behandlungsergebnisse (v. a. Veränderungen seitens des Patienten in Bezug auf Symptomatik, Funktionsbeeinträchtigungen, Lebensqualität und -zufriedenheit)

Im GMP spielt ähnlich wie im Modell von Frank (1961) die Beziehung zwischen Patient und Therapeut eine wichtige Rolle (im Modell als »interpersonale Aspekte« bezeichnet). Orlinsky und Howard benennen vier Faktoren, die die **Passung** zwischen Patient und Therapeut ausmachen und für den Erfolg einer Psychotherapie entscheidend sind: das Störungsbild des Patienten, das Behandlungsmodell des Therapeuten sowie die Person des Patienten und Therapeuten selbst. Je nachdem, in welcher Kombination diese aufeinander treffen, kann die Psychotherapie unterschiedlich gut wirken.

> Die Passung von Therapeut und Patient wird oft als relevant für den Therapieerfolg gesehen.

14.2.3 Wirkfaktoren nach Grawe

Im deutschsprachigen Raum wurde die Wirkfaktorenforschung maßgeblich von Klaus Grawe geprägt. Aufbauend auf eine große Metaanalyse zur Effektivität psychotherapeutischer Verfahren (Grawe, Donati & Bernauer, 1994) ging er davon aus, dass der Erfolg einer Therapie von der Realisierung der folgenden **Wirkfaktoren** abhängt (Grawe, 1998, 2004; Grawe, Donati & Bernauer, 1994):

> Nach Grawe hängt der Therapieerfolg von der Realisierung bestimmter Wirkfaktoren ab.

> Grawe unterschied zwischen den Wirkfaktoren »Problemaktualisierung«, »motivationale Klärung«, »Ressourcenaktivierung«, »therapeutische Beziehung« und »aktive Hilfe zur Problembewältigung«.

- **Problemaktualisierung**: Der Begriff »Problemaktualisierung« bezeichnet die Aktivierung der intrapsychischen Repräsentation des Problems auf Seiten des Patienten auf möglichst vielen Modalitäten (sensorisch, emotional, kognitiv, imaginativ, motivational, behavioral, somatisch). Es wird davon ausgegangen, dass problemrelevante Informationsverarbeitungsschemata aktiviert sein müssen, damit sie verstanden und verändert werden können. Die Problemaktualisierung wird daher auch als »Prinzip der realen Erfahrung« bezeichnet (Grawe, 1995).
- **Motivationale Klärung**: Der Begriff »Klärung« bezieht sich auf die Vermittlung eines funktionalen Verständnisses der eigenen Problematik. Dabei wird dem Patienten ein Störungsmodell vermittelt, welches möglichst plausibel ist, ein bestimmtes Verhalten ggf. normalisiert und entschuldigt und Ansatzpunkte für Veränderungs- und Akzeptanzkompetenzen beinhaltet. Mit der Spezifizierung »motivationale Klärung« wird angedeutet, dass der Fokus während der Modellvermittlung auf der Identifikation und auf dem Sich-Bewusst-Werden der motivationalen Faktoren liegt, die für die Aufrechterhaltung von Erlebens- und Verhaltensproblemen relevant sind. Bei diesen motivationalen Faktoren kann es sich um Bedürfnisse, Pläne, Ziele, Wünsche und Erwartungen handeln (ggf. auch um in diesem Sinne relevante Werte und Annahmen).
  Die motivationale Klärung kann sich auf zwei Ebenen beziehen: Zum einen darauf, dass der Therapeut für sich ein Modell bzgl. der Ziele und Werte des Patienten entwickelt, damit er diese in der Therapie systematisch berücksichtigen kann; zum anderen darauf, dass der Patient mithilfe von klärungsfordernden Interventionen des Therapeuten erkennt, welche Rolle seine Motive und Ziele bei der Entstehung und Aufrechterhaltung seiner Probleme einnehmen. Wenn man von motivationaler Klärung als therapeutischem Wirkfaktor spricht, ist üblicherweise diese zweite Ebene gemeint.
- **Ressourcenaktivierung**: Ressourcenaktivierung bedeutet die explizite oder implizite Nutzung der Stärken, Fähigkeiten, Potenziale, Möglichkeiten, Ziele, positiven

Stimmungen etc. zur Erreichung der Ziele des Patienten. Nach Grawe und Grawe-Gerber (1999, S. 67) stellen die Ressourcen eines Patienten »den Möglichkeitsraum des Patienten dar, in dem er sich gegenwärtig bewegen kann (…), sein positives Potential, das ihm zur Befriedigung seiner Grundbedürfnisse zur Verfügung steht«. Der Begriff der Ressourcen ist dabei nicht inhaltlich, sondern funktional definiert: Alles kann als Ressource gesehen werden, solange es genutzt werden kann, um wichtige Ziele zu erreichen. Die Betonung liegt dabei eher auf dem Nutzen, dem Sich-Bewusst-Machen und dem Erschließen von bereits vorhandenen Ressourcen (und nicht auf dem kompletten Neuaufbau neuer Ressourcen, welcher eher unter den Faktor Problembewältigung fallen würde, s. u.).

Mehrere Befunde der Psychotherapieforschung unterstreichen die Bedeutung der Ressourcenaktivierung für die Psychotherapie: Zum Beispiel zeigte sich in Nachanalysen der NIMH-Studie von Elkin et al. (1989), dass kognitive Therapie größere Effekte bei Patienten hatte, die die Behandlung mit geringeren kognitiven Verzerrungen begannen, wohingegen interpersonale Therapie besonders effektiv war bei Patienten, die schon zu Therapiebeginn eine bessere soziale Anpassung hatten (Sotsky et al., 1991). Diese Befunde lassen sich als Belege dafür deuten, dass die Nutzung und weitere Förderung der individuellen Stärken des Patienten für den Therapieerfolg förderlich sind.

- **Therapeutische Beziehung**: Eine große Zahl von Studien weist daraufhin, dass die therapeutische Beziehung signifikant mit dem Therapieerfolg assoziiert ist. Der Befund zeigt sich konsistent über verschiedene Störungsbilder und Therapieschulen hinweg (Priebe & McCabe, 2008). Dieser Zusammenhang mag dadurch begründet sein, dass ein stabiler positiver sozialer Kontakt bei einer Reihe von Patienten und Störungen schon für sich genommen eine heilende Wirkung ausübt und/oder dass eine gute Beziehung wichtig ist, um Patienten zu motivieren, erwiesenermaßen effektive Verfahren auch einzusetzen (Schulte & Eifert, 2002).

  Inzwischen herrscht allgemein Konsens darüber, dass therapeutische Beziehung und therapeutische Technik nicht unabhängig nebeneinander stehen. Sie werden vielmehr als interagierende Faktoren betrachtet, die gemeinsam zum Therapieerfolg beitragen. Norcross fasst dies folgendermaßen zusammen: »Effektive Therapeuten zeichnen sich dadurch aus, dass sie spezifische Methoden anwenden, tragfähige Beziehungen anbieten und sowohl unterschiedliche Methoden als auch Beziehungsangebote differenziert an der individuellen Person und am jeweiligen Rahmen ausrichten« (dt. Übers. aus Norcross, 2002, S. 13). Eine gute Therapiebeziehung kann also die Anwendung therapeutischer Techniken positiv beeinflussen, eine gelungene Umsetzung therapeutischer Techniken wiederum kann eine gute therapeutische Beziehung festigen.

- **Aktive Hilfe zur Problembewältigung**: Dieser Begriff bedeutet, dass der Therapeut den Patienten aktiv durch den Einsatz bzw. Erwerb bislang nicht nutzbarer Strategien darin unterstützt, seine Probleme besser zu bewältigen (Grawe, 1995). Der Fokus bewältigungsorientierter Interventionen liegt von daher auf der Vermittlung von Fertigkeiten und Kompetenzen, über die der Patient vorher nicht verfügt hat. Dabei muss zwischen der prinzipiellen Verfügbarkeit einer Kompetenz und der Fähigkeit, diese Kompetenz in Belastungssituationen auch einzusetzen, unterschieden werden. Bewältigungsorientierte Interventionen versuchen, diese beiden Problembereiche v. a. durch systematisches Erarbeiten und Einüben von Bewältigungskompetenzen (auch in Belastungssituationen) zu reduzieren.

Grawe ging davon aus, dass man diese Wirkfaktoren **nicht nicht realisieren** kann. Das heißt, dass, egal wie sich der Therapeut verhält, sein Verhalten irgendeinen Einfluss auf den Realisierungsgrad der oben aufgeführten Wirkfaktoren haben wird. Therapeuten bewegen sich während der Therapie quasi (ob sie wollen oder nicht) in einem fünfdimensionalen Raum, der von den Wirkfaktoren aufgespannt wird. In dem Maße, in dem die postulierten Wirkfaktoren relevant sind, sollte sich der Therapeut zu jedem Moment der Therapie bewusst sein, wie stark die jeweiligen Wirkfaktoren gerade ausgeprägt sind. Außerdem sollte der Therapeut darüber Bescheid wissen, wie stark er bei welchen Patienten in welchen Phasen der Therapie in welchen konkreten Situationen welchen Wirkfaktor aktivieren sollte. Und er sollte in der Lage sein, die verschiedenen Wirkfaktoren durch den Einsatz entsprechender Interventionen systematisch zu beeinflussen. Wenn diese drei Bedingungen gegeben sind, kann der Therapeut die Ausprägung der Wirkfaktoren an die aktuellen Erfordernisse in einer konkreten Situation optimal anpassen.

14.3   Praktische Umsetzung relevanter Wirkfaktoren

14.3.1   Problemaktualisierung

Bei der Problemaktualisierung gilt das Prinzip der realen Erfahrung.

Für die Realisierung des Wirkfaktors »Problemaktualisierung« können unterschiedliche therapeutische Vorgehensweisen genutzt werden. Wichtig ist dabei, dass der Patient das Problem in der Therapie in allen relevanten Modalitäten erlebt (sog. **Prinzip der realen Erfahrung**).

Möglichkeiten für entsprechende Interventionen sind z. B. die direkte Konfrontation eines Patienten mit der problematischen Situation (sensorische Schema-Aktivierung) und/oder die systematische Förderung der Aktivierung der kognitiven Repräsentation der Situation (symbolische Schema-Aktivierung). Zur Förderung der symbolisch-kognitiven Problemaktivierung lassen sich z. B. Konkretisierung und Verbildlichung des Gesprächs im Gespräch, systematisches Abfragen der einzelnen Modalitäten und/oder Imaginationsübungen einsetzen.

Ferner ist es förderlich, die Patienten in dem Setting zu behandeln bzw. das Setting herzustellen, in dem die Probleme auftreten: Paarprobleme sollten unter Einbeziehung beider Partner behandelt werden, zwischenmenschliche Schwierigkeiten in einer Gruppentherapie, Waschzwänge durch Übungen im häuslichen Umfeld etc.

Beispiel

Beispiel für die Realisierung des Wirkfaktors »Problemaktualisierung«

Ein Beispiel für die Realisierung der Problemaktualisierung ist die (verhaltenstherapeutische) Exposition bei einem Agoraphobie-Patienten. Hier begibt sich ein Therapeut mit einem Agoraphobiker z. B. in die volle und stickige Atmosphäre einer U-Bahn und lenkt die Aufmerksamkeit des Patienten gezielt auf Angst auslösende Reize. Damit wird das neuronale Netzwerk der Phobie möglichst komplett aktiviert. Wenn in dieser Situation korrektive Lernerfahrungen gemacht werden (z. B. die Erfahrung, dass nichts Schlimmes passiert), werden zentralnervöse Prozesse aktiviert, die die Aktivität des Angstschemas hemmen. Die zeitliche Kopplung von aktiviertem Angstschema und Aktivierung der Hemmmechanismen führt zu einer Kopplung, so das zukünftige Teile des Angstnetzwerks auch die Hemmmechanismen aktivieren, so dass es nicht mehr zu einer Aktivierung des Angstnetzwerkes kommt (Grawe, 2004). In diesem Sinne gilt: Keine Schema-Veränderung ohne Schema-Aktivierung.

14.3.2   Motivationale Klärung

klärungsfördernde Techniken

Der Wirkfaktor »motivationale Klärung« kann auf verschiedene Arten gefördert werden. **Klärungsfördernde Techniken** finden sich in den verschiedensten therapeutischen Schulen. So wird beispielsweise in psychodynamischen Ansätzen die Einsicht gefördert, dass das aktuelle emotionale Erleben oder Verhalten aus (konflikthaften) motivationalen Impulsen resultiert, welche wiederum auf prägende Erfahrungen in der (früh-)kindlichen Lerngeschichte im Umgang mit primären Bezugspersonen zurückgeführt werden können.

Klärungsorientierte Techniken können beispielsweise die Frage beinhalten: »Wann war das erste Mal, dass Sie dieses Gefühl hatten?« oder »Sehen Sie einen Zusammenhang zwischen Ihren Gefühlen Ihrem Vater gegenüber und den Gefühlen, die Ihr Mann bei Ihnen auslöst?«

klärungsorientierte Techniken

In der **Gesprächstherapie (GT)** zielt Klärung v. a. auf das Schaffen von unverzerrten kognitiven Repräsentationen der Erfahrung (v. a. Gefühle, Motive und Bedürfnisse) ab. In der klassischen GT wird diese Klärung v. a. durch die Verbalisierung emotionaler Erlebnisinhalte (VEE; »Das klingt, als wären Sie sehr ärgerlich auf Ihren Mann«) operationalisiert. In der zielorientierten GT sind dagegen auch konkrete Fragen zulässig (»Wie geht es Ihnen, wenn Sie daran denken, was Ihr Mann da zu Ihnen gesagt hat?«).

Klärung in der Gesprächstherapie

In der klassischen **Verhaltenstherapie** erfolgt Klärung im Rahmen der Verhaltensanalyse. Dazu werden gemeinsam mit dem Patienten aktuelle problematische Situationen und Verhaltensweisen nach dem SORCK-Schema analysiert (vgl. Kanfer & Saslow, 1965; ▶ Kap. 2, Bd. 1). Grawe (1980) erweiterte die klassische »horizontale« Verhaltensanalyse um die sogenannte »vertikale« Verhaltensanalyse, in der explizit geklärt wird, welche Ziele, Wünsche und Bedürfnisse hinter problemrelevanten Kognitionen, Emotionen und Verhaltensweisen stehen.

Klärung in der Verhaltenstherapie

Die vertikale Verhaltensanalyse wurde später in Anlehnung an die Arbeiten von Miller, Galanter und Pribram (1960) zur **Plananalyse** erweitert (z. B. Caspar, 1989). Unter Plänen werden dabei hierarchisch aufgebaute Soll-Werte verstanden, die das Verhalten des Individuums steuern und letztlich die Befriedigung von Grundbedürfnissen fördern sollen. In diesem Sinne ist die Plananalyse »eine systematische Art, sich (…) zu fragen, zu welchem Zweck eine Person etwas tut, welchen Motiven konkretes Handeln dient, oder umgekehrt gefragt, welche Mittel sie für wichtige Ziele einsetzt« (Caspar, 2007, S. 154). Das Resultat einer Plananalyse ist die Planstruktur, welche als Grundlage für die Fallkonzeption und Therapieplanung dienen kann, die sich aber auch zur Arbeit mit dem Patienten selbst eignet. Je höher man in der Hierarchie einer solchen Planstruktur geht, desto abstrakter werden die Pläne. Ganz oben stehen die Grundbedürfnisse, auf den unteren Hierarchieebenen findet man diskrete, also beobachtbare Verhaltensweisen (▶ Für die Praxis). Emotionen entstehen, wenn aktuelle Erfahrungen als relevant für bedeutsame Pläne eingeschätzt werden (z. B. wenn das Erreichen eines Zieles bedroht ist, entsteht Angst; wenn ein wichtiges Ziel als unerreichbar eingeschätzt wird, Traurigkeit; vgl. Berking, 2010).

Mit der Plananalyse wird eine Hierarchie der Ziele und Pläne eines Patienten erstellt, die ihn zu bestimmten (problematischen) Verhaltensweisen motivieren.

Für die Praxis

Durchführung einer Plananalyse

Bottom-Up-Ansatz

Um eine Plananalyse zu erstellen, kann zum einen im Sinne eines Bottom-Up-Ansatzes von auffälligen/problematischen Verhaltensweisen des Patienten ausgegangen und gefragt werden, was der Patient mit diesem Verhalten erreichen will (Therapeut (T): »Warum arbeiten Sie 14 Stunden am Tag?«). Wenn das hinter diesem Ziel stehende Verhalten geklärt ist (Patient (P): »Weil ich meinen Job nicht verlieren will«), lässt sich z. B. mit der Frage »Was würde der Verlust Ihres Arbeitsplatzes bedeuten?« (oder allgemeiner: »Was steht in dieser Situation für Sie auf dem Spiel?« »Und warum ist Ihnen Ihr Job so wichtig?«) das hierarchisch übergeordnete Ziel herausarbeiten (P: »Dass ich meinen Kindern nicht das bieten

▼

kann, was ich Ihnen gerne bieten möchte«). Durch ähnliche Fragen können dann jeweils weitere hierarchische übergeordnete Ziele (P: »Meine Kinder sollen es besser haben als ich es hatte«) expliziert werden (zu deren Erreichung die untergeordneten Ziele jeweils als Mittel gesehen werden können).

Top-Down-Methode

Andererseits können Zielhierarchien auch über die Top-Down-Methode abgeleitet werden. Dabei kann z. B. von den Grundbedürfnissen ausgegangen werden, die Grawe (1998, 2004) im therapeutischen Kontext für besonders relevant hielt: Lustgewinn/Unlustvermeidung, Orientierung/Kontrolle, Bindung und Selbstwerterhöhung. In Bezug auf diese Grundbedürfnisse oder hierarchisch hochstehende Ziele kann der Therapeut sich oder dem Patienten die Frage stellen, was der Patient tut, um beispielsweise das menschliche Grundbedürfnis nach guten zwischenmenschlichen Beziehungen zu befriedigen. Die Plananalyse lässt sich dabei für das Herausarbeiten einer möglichst vollständigen Zielstruktur des Patienten nutzen. Anhand dieser Zielstrukturen können dann Konflikte zwischen Zielen (»Diskordanz«, s. Grawe, 1998) oder Diskrepanzen zwischen Zielen und den Wahrnehmungen der Realität (»Inkongruenz«) identifiziert und Lösungen zur Reduktion solcher Probleme (»Inkonsistenzquellen«) gesucht werden. Da der Versuch einer möglichst vollständigen Modellierung des Zielsystems jedoch notwendigerweise zu einer erheblichen Komplexität führt – welche wiederum mehr Verwirrung stiften als Klärung bringen kann –, empfiehlt sich für den klärenden Einsatz des Verfahrens in der Praxis oft die Fokussierung auf einzelne Problembereiche.

Zur ökonomischen Erfassung relevanter Ziele und der Zielerreichung aus Sicht des Patienten wurden in der Grawe-Arbeitsgruppe der Fragebogen zur Analyse motivationaler Schemata (FAMOS; Berking, Jacobi & Grosse Holtforth, 2003; Grosse Holtforth & Grawe, 2000) und der Inkongruenzfragebogen (INK; Berking, Grosse Holtforth & Jacobi, 2003; Grosse Holtforth & Grawe, 2003) entwickelt und validiert.

Im Folgenden soll an einem kurzen Fallbeispiel veranschaulicht werden, wie eine Planstruktur aussehen kann (▶ Fallbeispiel).

Beispiel

Fallbeispiel: Planstruktur

Ein junger Student sitzt in seiner ersten Therapiesitzung. Er berichtet distanziert von seinen Problemen im Studium. Eigentlich überlege er, das Studium ganz abzubrechen, weil es für ihn nicht zufriedenstellend verlaufe. Er habe auch »gar keine Lust mehr hinzugehen«, da das Fach »zu eintönig« für ihn sei. Gegenüber der Therapeutin ist der Patient sehr verschlossen und einsilbig. Zu der Therapie hätten ihn seine Eltern überredet, er halte »von diesem Psychokram« eher wenig. Er gibt sich unnahbar und misstrauisch. Erst im Laufe der Therapie gelingt es der Therapeutin, Zugang zu dem Patienten zu bekommen: Er öffnet sich zunehmend und fasst Vertrauen zur Therapeutin. Nach und nach wird deutlich, dass der Patient unter starken Prüfungsängsten leidet und kurz vor der Exmatrikulation steht, was er seinen Eltern aus Angst vor deren Reaktion nicht berichtet hat. Der Patient hat sich zudem aus Scham von allen Kommilitonen distanziert und versucht nun seine Prüfungsängste mit exzessivem Lernen und Beruhigungsmitteln zu kompensieren.

Mithilfe der Plananalyse würde die Therapeutin in diesem Beispiel nun versuchen, den motivationalen Hintergrund des (problematischen) Verhaltens des Patienten zu ergründen.

Der Patient zeigt auf der Verhaltensebene zunächst ablehnendes Verhalten gegenüber der Therapeutin, nach der Anamnese deuten sich weitere dysfunktionale Verhaltensweisen wie exzessives Lernen, Missbrauch von Beruhigungsmitteln und sozialer Rückzug an. Diesen Verhaltensweisen liegen aber durchaus vernünftige Ziele zugrunde, etwa ein hervorragender Student zu sein oder Enttäuschung zu vermeiden. An oberster Stelle steht das Grundbedürfnis nach Selbstwerterhöhung und Selbstwertschutz. In ◘ Abbildung 14.2 ist dargestellt, wie aus dem übergeordneten Bedürfnis nach Selbstwerterhöhung und Selbstwertschutz auf der Verhaltensebene ungünstige Verhaltensweisen wie exzessives Lernen, nächtelanges Arbeiten, Missbrauch von Beruhigungsmitteln und ablehnendes Verhalten gegenüber der Therapeutin werden.

14.3.3 Ressourcenaktivierung

Der Patient soll sich seiner Fähigkeiten, Stärken und positiven Eigenschaften bewusst werden.

Zur therapeutischen Realisierung des Wirkfaktors »Ressourcenaktivierung« richtet der Therapeut sein Vorgehen darauf aus, dass der Patient sich seiner **Fähigkeiten, Stärken und positiven Eigenschaften** bewusst wird und dass er diese möglichst intensiv erfahren und letztlich effektiv zur Lösung seiner Probleme einsetzen kann (Grawe, 1995, 1998; Grawe & Grawe-Gerber, 1999; Schemmel & Schaller, 2003).

Ressourcenanalyse

Für eine optimale Umsetzung dieses Wirkfaktors ist es von zentraler Bedeutung, dass sich der Therapeut ein umfassendes Bild von den Ressourcen des Patienten macht. Bei der **Ressourcenanalyse** können u. a. folgende Bereiche berücksichtigt werden:

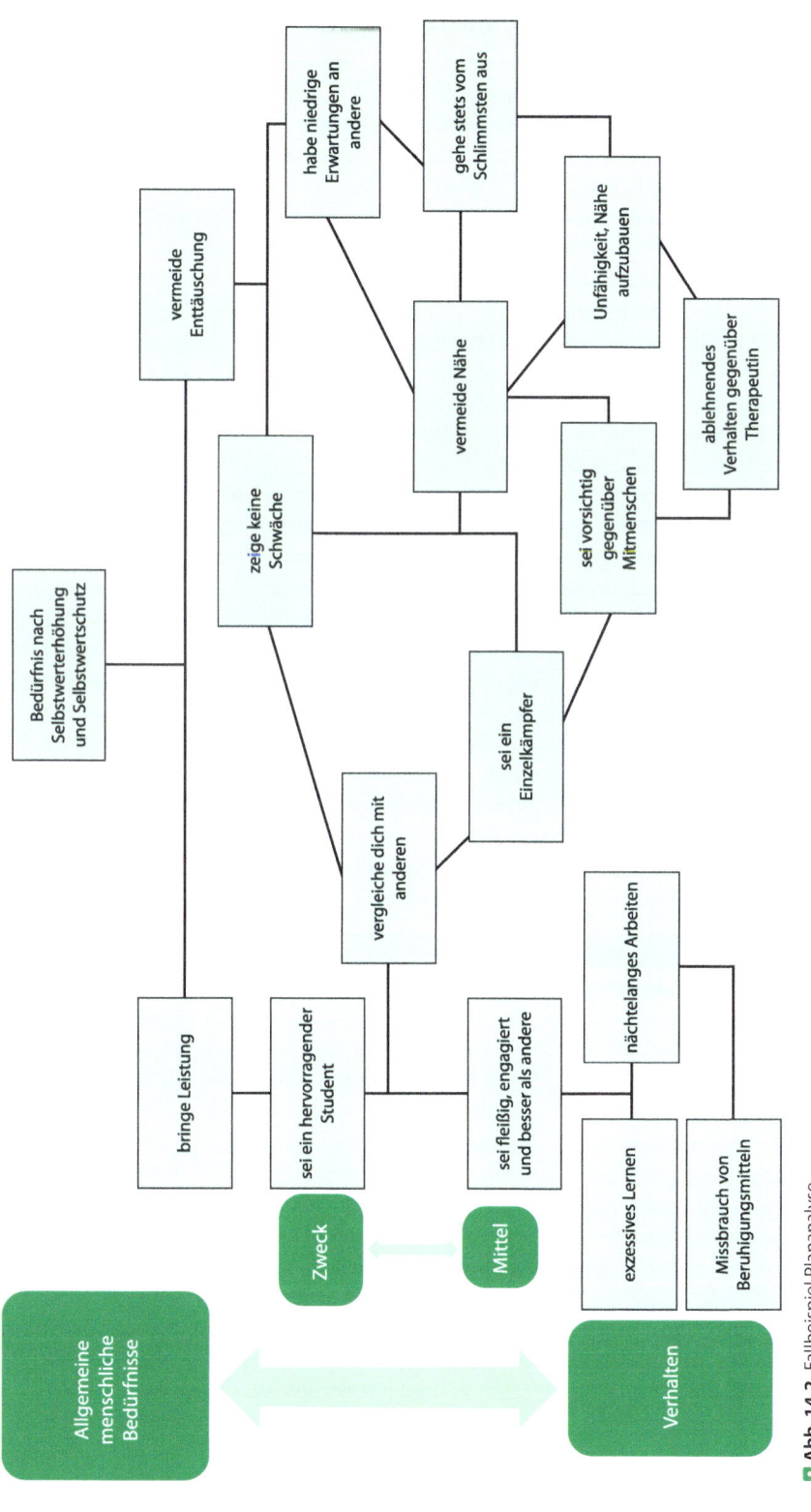

Abb. 14.2 Fallbeispiel Plananalyse

- **Interpersonale Ressourcen:** Welche unterstützenden Beziehungen gibt es? Welche Aspekte sind auch in problematischen Beziehungen noch positiv?
- **Motivationale Ressourcen:** Welche positiven Annäherungsziele hat der Patient noch? Wo hat er noch Zuversicht und Hoffnung?
- **Emotionale Ressourcen:** Wann erlebt der Patient noch positive Emotionen? Welche? Wie macht er das?
- **Mnestische Ressourcen:** Was gibt es an positiven Erinnerungen? Was für Erfolge hatte der Patient in der Vergangenheit?
- **Kompetenzbezogene Ressourcen:** (ggf. aus den bisherigen Leistungen ableitbar) Was für Kompetenzen stehen hinter den Erfolgen in der Vergangenheit? Lassen sich diese Kompetenzen vielleicht wieder aktivieren?

Neben der systematischen Exploration möglicher Ressourcen in diesen Bereichen können Ressourcen mit dem Berner Ressourceninventar (Trösken & Grawe, 2004) als Fremd- und Selbstbeurteilung erfasst werden.

> Ressourcenaktivierung kann implizit und/oder explizit erfolgen.

Das Aktivieren von identifizierten Ressourcen kann zum einen **implizit** geschehen, beispielsweise dadurch, dass der Therapeut einem humorvollen Patienten einen Witz erzählt, um so dessen Stimmung zu steigern. Alternativ oder ergänzend können Ressourcen **explizit** thematisiert und zur Lösung von Problemen eingesetzt werden. In diesem Sinne könnte der Therapeut den Patienten beispielsweise darauf aufmerksam machen, dass dieser offensichtlich über einen gesunden Humor verfüge und ihn fragen, ob sich dieser Humor nicht einsetzen ließe, um zumindest zeitweise die Stimmung zu verbessern.

> Versuche der expliziten Ressourcenzuschreibung stoßen oft auf Widerstand.

Die explizite Zuschreibung von Ressourcen provoziert allerdings bei Patienten oft **Widerstand.** Unter dem Einfluss von Wertlosigkeits- und Unkontrollierbarkeitsschemata sehen Patienten beispielsweise ihre eigenen Leistungen nicht als Erfolg oder fokussieren darauf, dass diese in der Vergangenheit liegen und in der Gegenwart alles schlecht läuft. Um Ressourcenaktivierung systematisch fördern zu können, ist deshalb ein kunstvoller Umgang mit dieser Art von Widerstand erforderlich. Dabei können die folgenden Strategien helfen (▶ Für die Praxis):

Für die Praxis

Strategien für die Realisierung des Wirkfaktors »Ressourcenaktivierung«

- Therapeuten sollten sich systematisch darin üben, potenzielle Ressourcen bei ihren Patienten wahrzunehmen; dies kann beispielsweise durch das Anlegen einer »inneren Liste« erfolgen, auf der für jeden Patienten mögliche Ressourcen notiert werden, sowie diese erkennbar sind (z. B. Therapeut merkt, dass Patient immer pünktlich kommt und macht sich eine innere Notiz, dass »Gut-Organisiert-Sein« möglicherweise zu den Ressourcen dieses Patienten zählt).
- Für jede mögliche Ressource gilt es, sich einen »Beleg« merken, mit dem sich die Überzeugung begründen lässt, dass der Patient über diese Ressource verfügt. Bei passender Gelegenheit kann die Ressource dann in Kombination mit dem Beleg dem Patienten zugeschrieben werden (z. B. »Kann es sein, dass Sie gut mit schwierigen Personen umgehen können? Es ist sehr konstruktiv, wie Sie mit Ihrem schwierigen Chef über Jahre zusammenarbeiten, im Gegensatz zu den vielen Kollegen, die wegen Ihres Chefs gekündigt haben«).

- Wenn Patienten dann eine alternative, problemlastigere Erklärung vorschlagen (»Ich bin nur zu feige zum Kündigen«), sollte nicht gleich auf das neu ins Spiel gebrachte Problem (feige sein) fokussiert werden (sonst kommt es zu einem »Problem-Hopping«). Stattdessen sollte der Therapeut dafür sorgen, dass die Ressource weiterhin im Fokus der Aufmerksamkeit steht (»Kann sein, dass das auch eine Rolle spielt; aber wenn Sie nicht kündigen wollten, müssten Sie ja mit Ihrem Chef auskommen, und dafür braucht es einiges an sozialer Kompetenz, oder?«).
- Den Richtwert dafür, ab wann etwas als eine besondere Leistung anerkannt werden kann, gilt es oft mit Blick auf die in der Regel problematische Ausgangssituation nach unten zu korrigieren. Wenn ein Patient z. B. nur über einen Sonderschulabschluss verfügt und von daher Bildung nicht als Ressource ansieht, lässt sich oft erarbeiten, dass es eine besondere Leistung ist, in der schwierigen Situation, in der sich der Patient in seiner Kindheit be-

fand, überhaupt einen Schulabschluss zu erzielen (wenn kein Abschluss erzielt wurde, lässt sich auch in der Anzahl der in der Schule verbliebenen Jahre eine Leistung sehen).

- Darüber hinaus ist diszipliniertes persönliches Einbringen des Therapeuten durch Äußerungen wichtig, in denen er zum Ausdruck bringt, wie beeindruckt er von den Leistungen des Patienten ist (z. B. »Also Sie gehen da ja sehr kritisch mit sich um und halten das vielleicht nicht für bewundernswert, weil Sie so hohe Ansprüche an sich stellen; aber ich für meinen Teil muss sagen, dass ich beeindruckt bin, wie Sie das alles hinbekommen haben … und frage mich, wie haben Sie das eigentlich geschafft?«).

- Bei anhaltendem Widerstand kann dieser direkt thematisiert werden (z. B. Therapeut: »Moment, lassen Sie uns einmal kurz innehalten und überlegen, was hier gerade passiert.« Patient: »Ich verstehe nicht, was meinen Sie …?« Therapeut: »Ich bemühe mich, Ihnen zu erarbeiten, was Sie bereits alles geschafft haben und was für Kompetenzen sich in diesen Leistungen zeigen … Ich mache das, weil ich glaube, dass wir dadurch wieder Mut fassen und einen Weg finden, um aus dieser Krise wieder herauszufinden … Aber jedes Mal, wenn ich so vorgehe, stellen Sie Ihre Erfolge infrage und lassen kein gutes Haar an sich … Wenn wir das jetzt noch eine Weile so weiter machen, wohin wird uns das führen? … Wollen Sie das? … Was wäre besser?«).

14.3.4 Therapeutische Beziehung

Die Realisierung des Wirkfaktors »therapeutische Beziehung« ist ein zentraler Punkt in verschiedenen therapeutischen Ansätzen. **Rogers** (1951) definierte im Rahmen seiner Gesprächspsychotherapie Empathie, Akzeptanz und Echtheit/Kongruenz als die drei therapeutische Basisvariablen, die zentral für die Gestaltung einer guten therapeutischen Beziehung sind:

Zur Realisierung einer guten therapeutischen Beziehung sind nach Rogers Empathie, Akzeptanz und Echtheit/Kongruenz wichtige Voraussetzungen.

- Mit **Empathie** ist gemeint, dass der Therapeut sich in den Patienten hineinversetzt, um dessen Gefühle und Erlebnisinhalte einfühlsam zu erfassen (empathisches Verstehen). Der empathische Therapeut sollte in der Therapie Verständnis für die Situation und Gefühle des Patienten zeigen.
- **Akzeptanz** (»positiv regard«) bedeutet, dass der Therapeut dem Patienten eine unbedingte positive Wertschätzung entgegenbringt. Dies umfasst nach Rogers Wärme, Respekt, Sympathie oder Anerkennung. Rogers geht davon aus, dass ein Patient nur aufgrund der Erfahrung bedingungsloser positiver Beachtung auch eine entsprechende bedingungslose positive Selbstbeachtung entwickeln kann.
- **Echtheit** oder **Kongruenz** bezeichnet die authentische Kommunikation des Therapeuten. Damit ist gemeint, dass der Therapeut als Person selbst und auch in der therapeutischen Kommunikation echt und authentisch ist (also nicht fassadenhaft verständnisvoll und einfühlsam) und dies gegenüber dem Patienten auch transparent macht.

Bei den therapeutischen Basisvariablen handelt es sich nach Rogers nicht um Methoden, die der Therapeut beliebig einsetzen kann, sondern um **therapeutische Grundhaltungen**, die er verinnerlicht haben muss, um sie umzusetzen. Sie sind miteinander verknüpft und bedingen sich zu einem gewissen Grad untereinander.

Grawe führte zur Gestaltung der therapeutischen Beziehung das Konzept der **komplementären Beziehungsgestaltung** ein (Grawe, 1992; Stucki & Grawe, 2007). Damit ist gemeint, dass der Therapeut sich bemühen sollte, die therapeutische Beziehung möglichst komplementär zu den individuellen Bedürfnissen, Motiven und Zielen des Patienten zu gestalten. Das heißt, der Therapeut verhält sich so, dass der Patient den Kontakt als förderlich für das Erreichen seiner Ziele erlebt. Im Vordergrund stehen bei diesem Prozess v. a. die (bewussten oder unbewussten) interpersonalen Beziehungsziele des Patienten, die im Kontakt mit dem Therapeuten aktiviert werden (z. B. beschützt zu werden, Zuwendung zu bekommen, in der eigenen Sicht des Problems

Nach Grawe sollte der Therapeut die Beziehung zum Patienten möglichst komplementär gestalten.

bestätigt zu werden). Ein solches Vorgehen wirkt sich in der Regel positiv auf die therapeutische Beziehung aus.

Als Beispiele für **komplementäre Reaktionen** auf ausgeprägte interpersonale Bedürfnisse und Ziele des Patienten wären zu nennen:

Beispiele für komplementäre Reaktionen

- Bei Bedürfnis nach Autonomie/Selbstbestimmung: möglichst großen Entscheidungsfreiraum lassen
- Bei Bedürfnis nach Hilfe und Unterstützung: sehr sorgsam agieren, für den Patienten da sein
- Bei Bedürfnis nach Status und Anerkennung: die Leistungen des Patienten hervorheben
- Bei Versagensängsten: Patienten nicht überfordern, Tempo anpassen
- Bei Angst, Schwäche zu zeigen und sich verletzbar zu machen: mit der Thematisierung des Problems warten
- Bei Angst, kritisiert zu werden: auf passende Formulierungen achten

Nach Sachse lassen sich durch eine komplementäre Beziehungsgestaltung »Punkte« auf dem »Beziehungskonto« sammeln.

Im Sinne von **Sachse** (2006) lassen sich durch diese Art der Beziehungsgestaltung »Punkte« auf dem »Beziehungskonto« sammeln. Endziel der Therapie ist allerdings nicht die Maximierung der **Punkte** auf dem **Beziehungskonto**, sondern die Lösung des Problems des Patienten. Dazu sind in der Regel auch konfrontative Maßnahmen notwendig. Diese werden von Patienten aber üblicherweise nur angenommen, wenn sich der Patienten in einer stabilen Beziehung wähnt. Deswegen muss der Therapeut durch komplementäres Beziehungsverhalten dafür sorgen, dass er stets genug Punkte auf dem Beziehungskonto hat, die er dann für den konstruktiven Einsatz konfrontativerer Verfahren einsetzen kann, welche Punkte kosten, so dass das Beziehungskonto anschließend durch komplementäre Maßnahmen wieder »aufgeladen« werden muss. Die therapeutische Kunst besteht oft darin, konfrontative Vorgehensweisen durch komplementäre Einbettung so an Patienten heranzutragen, dass sie sie annehmen können. Um dysfunktionale Ziele und Verhaltensweisen des Patienten nicht zu verstärken, ist es oft wichtig, sich komplementär zu den hierarchisch hochstehenden Zielen und Bedürfnissen (z. B. »finde Anerkennung«) zu verhalten und problematische, rigide, niedrigrangige Ziele oder Verhaltensweisen (»Alle müssen mich immer für den Tollsten halten!«; ▶ Beispiel) kritisch zu reflektieren.

Beispiel

Beispiel für eine Einleitung, mit der man eine kritische Rückmeldung an einen narzisstischen Patienten vorbereiten kann

Therapeut (T; freundlich, vertrauensvoll, zugewandt): »Also Herr X, wir kennen uns ja jetzt schon eine ganze Weile, oder?«
Patient (P): »Ja.«
T: »Ich habe den Eindruck gewonnen, dass ich Sie in der Zeit ganz gut kennen gelernt habe.«
P: »Mmh.«
T: »Ich habe Sie als jemanden kennen gelernt, den ich nicht schonen muss, dem ich offen gegenübertreten darf, und der die Stärke hat, auch mit konfrontierenden Äußerungen umzugehen …«
P: »Mmh, jaja.«
T: »Deswegen würde ich mich bei Ihnen trauen, etwas anders zu machen als bei anderen Patienten. Bei Ihnen würde ich mich trauen, Ihnen ganz offen und ungeschönt zu sagen, was ich von Ihrem Verhalten halte. Liege ich da richtig, dass ich das bei Ihnen machen kann?«

P: »Ja, irgendwie schon.«
T (direkter offener Blickkontakt): »Wollen Sie meine offene und ungeschönte Einschätzung Ihres Verhaltens hören?«
P: »Ja.«
T: »Offen gesagt glaube ich, dass Sie in der Situation, die Sie mir vorhin geschildert haben, weit hinter Ihren Möglichkeiten zurückgeblieben sind. Aus anderen Situationen kenne ich Sie als eine Person mit einem guten Verhandlungsgeschick, also als jemanden, der in der Lage ist, einen kühlen Kopf zu bewahren und auch in Konflikten eine intelligente Lösung zu finden. Aus diesem Grund glaube ich, dass Sie nicht gleich hätten zuschlagen müssen, sondern dass Sie die Situation auch anders hätten lösen können, oder liege ich da falsch?« etc.

Zur Erfassung der Qualität der therapeutischen Beziehung existiert eine Vielzahl an Messinstrumenten. Zu den gängigen Verfahren zählt beispielsweise der Helping Alliance Questionnaire (HAQ; dt.: Bassler, Potratz & Krauthauser, 1995) oder der Stundenbogen für die Allgemeine und Differentielle Einzelpsychotherapie (STEP; Krampen, 2002).

14.3.5   Aktive Hilfe zur Problembewältigung

Die **Vermittlung von Fertigkeiten** oder **Kompetenzen** hat in der Verhaltenstherapie eine lange Tradition. Bereits in den 70er-Jahren wurden Defizite in Bereichen wie Problemlösen, soziale Kompetenz oder Stressbewältigung mit der Entstehung und Aufrechterhaltung psychischer Störungen in Zusammenhang gebracht und Interventionen entwickelt, um diesen Defiziten entgegenzuwirken (D'Zurilla & Goldfried, 1971; Lazarus, 1966; Platt & Spivack, 1972). Das Wirkprinzip der »aktiven Hilfe zur Problembewältigung« kommt in verschiedenen therapeutischen Vorgehensweisen zum Tragen, etwa im Training sozialer Kompetenz mit sozial unsicheren, impulsiven oder aggressiven Patienten (Hinsch & Pfingsten, 1998), bei der Reizkonfrontation mit Agoraphobikern, beim Stressimpfungstraining nach Meichenbaum (1991), beim Problemlösetraining nach D'Zurilla und Goldfried (1971), beim Training emotionaler Kompetenzen (Berking, 2010) und in vielen weiteren Verfahren. Man kann dabei zwischen der Vermittlung **störungsspezifischer** (z. B. Reizkonfrontation bei Agoraphobikern) und **störungsübergreifender** Kompetenzen unterscheiden, die bei mehreren Erkrankungen eine Rolle spielen können (z. B. soziale Kompetenz oder Emotionsregulation). Eine wichtige Rolle kommt der Vermittlung von Fertigkeiten auch im Rahmen von **Präventionsprogrammen** gegen psychische Störungen und bei **Verhinderung von Rückfällen** zu. So findet sich insbesondere das Training sozialer Kompetenzen sowohl bei universellen präventiven, als auch bei störungsspezifischen Maßnahmen im Rahmen der Prävention von Angst- und affektiven Störungen.

> Durch die »aktive Hilfe zur Problembewältigung« erlernt der Patient Strategien, um mit seiner Erkrankung besser umgehen zu können.

Entscheidend bei der Umsetzung des Wirkfaktors »aktive Hilfe zur Problembewältigung« ist, dass der Patient sich mit seinen Problemen ernst genommen fühlt und die Erfahrung macht, diese zunehmend besser und selbstständiger bewältigen zu können. Letztlich soll durch die Verbesserung der individuellen Handlungskompetenz des Patienten auch seine individuelle **Selbstwirksamkeitserwartung** gesteigert werden, da sich gezeigt hat, dass diese ein wichtiger Indikator für den Therapieerfolg ist.

> Die individuelle Selbstwirksamkeitserwartung des Patienten soll gesteigert werden.

Eine **leichte Überschätzung** der eigenen Handlungskompetenzen kann adaptives Verhalten begünstigen: Die Betreffenden setzen sich höhere Ziele und strengen sich stärker an, diese zu erreichen (Renner & Schwarzer, 2003). Darüber hinaus zeigen Personen mit hoher Selbstwirksamkeit eine größere Ausdauer bei der Aufgabenbewältigung und eine geringere Anfälligkeit für Angststörungen und Depressionen (Bandura, 1997; Schwarzer, 1994). Zudem wenden Personen mit einer hohen Selbstwirksamkeit in Risikosituationen anstatt des früheren Problemverhaltens eher effektive Bewältigungsstrategien an und werden weniger häufig rückfällig (Lindenmeyer, 2000). Ein Zuviel an Selbstwirksamkeit und eine **starke Überschätzung** der eigenen Bewältigungsmöglichkeiten (inflationäre Selbstwirksamkeit, »overconfidence«; s. z. B. Demmel, 2002; Polivy & Herrman, 2002) kann sich hingegen negativ auf den Störungsverlauf auswirken. So ist »overconfidence« z. B. im Suchtbereich mit einer höheren Rückfallquote assoziiert. Wichtig ist daher, dass das Ausmaß der Selbstwirksamkeitserwartung einer Person zu ihren individuellen Bewältigungsmöglichkeiten passt.

> Leichte Überschätzung der eigenen Handlungskompetenzen kann sich positiv auf den Störungsverlauf auswirken, starke Überschätzung negativ.

Zusammenfassend spielt die direkte oder indirekte Förderung der Selbstwirksamkeit zwar eine sehr wichtige Rolle in der Behandlung psychischer Erkrankungen (Schneider & Rief, 2007), es ist jedoch auch wichtig, das optimale vom übertriebenen Maß der Selbstwirksamkeit zu unterscheiden und in der Intervention zu berücksichtigen, um eine angemessene Förderung zu erreichen (Demmel, 2002).

> das richtige Maß an Selbstwirksamkeit finden

14.4 Kritische Reflexion

Wirkfaktoren sind abstrakte Konstrukte, die nicht genau vorgeben, wie therapeutisch vorgegangen werden sollte.

Die Wirkfaktorenforschung hat wesentlich dazu beigetragen, dass weniger die Labels von Therapieschulen und stattdessen mehr das konkrete Verhalten der Therapeuten Gegenstand von Effektivitätsanalysen sind. Problematisch ist allerdings, dass es sich bei den postulierten Wirkfaktoren um relativ **abstrakte Konstrukte** handelt und deswegen auch auf diese Faktoren bezogene therapeutische Handlungsregeln abstrakt bleiben müssen. Sollten sich beispielsweise empirische Belege dafür finden lassen, dass Therapien effektiver sind, wenn sie mit einem verstärktem Fokus auf Ressourcenaktivierung beginnen und enden, so ist damit noch nicht ausreichend beschrieben, was der Therapeut konkret tun soll bzw. wann und wie er welche Ressourcen aktiviert. Dies spricht nicht zwingend gegen therapeutische Regeln auf der Ebene von Wirkfaktoren – im Gegenteil: Die Kombination aus einer relativ allgemeinen Vorgehensempfehlung und der Freiheit, die konkrete Umsetzung auf die Besonderheiten des Einzelfalls abzustimmen, kann in vielen Fällen als erfolgversprechendes Konzept gesehen werden. Nichtsdestotrotz müssen sich Praktiker und Forscher darüber bewusst sein, dass die Wirkfaktorenperspektive eher als übergeordnete Heuristik zu sehen ist, die in dem Maße sinnvoll genutzt werden kann, indem klar ist, wie die einzelnen Wirkfaktoren konkret zu realisieren sind.

▶ **Weiterführende Literatur**

Grawe, K. (1998). *Psychologische Therapie*. Göttingen: Hogrefe.
Grawe, K. (2004). *Neuropsychotherapie*. Göttingen: Hogrefe.
Lambert, M. J. (2004). *Bergin and Garfield's handbook of psychotherapy and behavior change*. New York: Wiley.
Norcross, J. C. (2002). *Psychotherapy relationships that work: Therapist contributions and responsiveness to patients*. Oxford: University Press.

14.5 Literaturverzeichnis

Bandura, A. (1977). Self-efficacy: Toward a unifying theory of behavioral change. *Psychological Review, 84,* 191-215.
Bandura, A. (1997). *Self-efficacy. The exercise of control.* New York: Freeman & Comp.
Bassler, M., Potratz, B. & Krauthauser, H. (1995). Der »Helping Alliance Questionnaire« (HAQ) von Luborsky. *Psychotherapeut, 40,* 23-32.
Berking, M. (2010). *Training emotionaler Kompetenzen.* Heidelberg: Springer.
Berking, M., Grosse Holtforth, M. & Jacobi, C. (2003). Reduction of incongruence in inpatient psychotherapy. *Clinical Psychology and Psychotherapy, 10* (2), 69-85.
Berking, M., Jacobi, C. & Grosse Holtforth, M. (2003). Veränderung klinisch relevanter Ziele und Therapieerfolg: Eine Studie an Patienten während einer kognitiven Verhaltenstherapie. *Zeitschrift für Psychotherapie, Psychosomatik, Medizinische Psychologie, 53* (3/4), 171-177.
Caspar, F. (1989). *Beziehungen und Probleme verstehen. Eine Einführung in die psychotherapeutische Plananalyse.* Bern: Huber.
Caspar, F. (2007). Plananalyse. In: Röhrle, B., Schlottke, P. F. & Caspar, F. (Hrsg.), *Lehrbuch Klinisch-Psychologische Diagnostik* (S. 149-166). Stuttgart: Kohlhammer.
Demmel, R. (2002). Inflationäre Selbstwirksamkeitserwartungen rückfälliger Patienten: Selbstüberschätzung oder Zweckoptimismus? *SUCHT – Zeitschrift für Wissenschaft und Praxis, 48,* 454-455.
D'Zurilla, T. J. & Goldfried, M. R. (1971). Problem solving and behavior modification. *Journal of Abnormal Psychology, 78* (1), 107-126.
Elkin, I., Shea, M. T., Watkins, J. T., Imber, S. D., Sotsky, S. M., Collins, J. F. et al. (1989). National Institute of Mental Health Treatment of Depression Collaborative Research Program: General effectiveness of treatments. *Archives of General Psychiatry, 46,* 971-982.
Frank, J. D. (1961). *Persuasion and healing: A comparative study of psychotherapy.* Baltimore: John Hopkins University Press.
Grawe, K. (1980). Die diagnostisch-therapeutische Funktion der Gruppeninteraktion in verhaltenstherapeutischen Gruppen. In: Grawe, K. (Hrsg.), *Verhaltenstherapie in Gruppen* (S. 88-223). München: Urban & Schwarzenberg.

Grawe, K. (1992). Komplementäre Beziehungsgestaltung als Mittel zur Herstellung einer guten Therapie-beziehung. In: Margraf, J. & Brengelmann, J. C. (Hrsg.), *Die Therapeut-Patienten Beziehung in der Ver-haltenstherapie* (S. 215-244). München: Röttger.

Grawe, K. (1995). Grundriss einer Allgemeinen Psychotherapie. *Psychotherapeut, 40,* 130-145.

Grawe, K. (1998). *Psychologische Therapie.* Göttingen: Hogrefe.

Grawe, K. (2004). *Neuropsychotherapie.* Göttingen: Hogrefe.

Grawe, K., Donati, R. & Bernauer, F. (1994). *Psychotherapie im Wandel. Von der Konfession zur Profession.* Göttingen: Hogrefe.

Grawe, K. & Grawe-Gerber, M. (1999). Ressourcenaktivierung: Ein primäres Wirkprinzip für die Psycho-therapie. *Psychotherapeut, 44,* 63-73.

Grosse Holtforth, M. & Grawe, K. (2000). *Fragebogen zur Analyse Motivationaler Schemata (FAMOS).* Göttin-gen: Hogrefe.

Grosse Holtforth, M. & Grawe, K. (2003). Der Inkongruenzfragebogen (INK). Ein Messinstrument zur Ana-lyse motivationaler Inkongruenz. *Zeitschrift für Klinische Psychologie und Psychotherapie, 32* (4), 315-323.

Hinsch, R. & Pfingsten, U. (1998). *Das Gruppentraining sozialer Kompetenzen (GSK). Grundlagen, Durchfüh-rung, Materialien.* Weinheim: Psychologie Verlags Union.

Kanfer, F. H. & Saslow, G. (1965). Behavioral analysis: An alternative to diagnostic classification. *Archives of General Psychiatry, 12* (6), 529-538.

Krampen, G. (2002). *STEP – Stundenbogen für die Allgemeine und Differentielle Einzelpsychotherapie.* Göttingen: Hogrefe.

Lambert, M. (2004). *Bergin and Garfield's handbook of psychotherapy and behavior change.* New York: Wiley.

Lambert, M. J. & Ogles, B. M. (2004).The efficacy and effectiveness of psychotherapy. In: Lambert, M. J. (Ed.), *Bergin and Garfield's Handbook of psychotherapy and behavior change* (pp. 139-193). New York: Wiley.

Lazarus, R. S. (1966). *Psychological stress and the coping process.* New York: McGraw-Hill.

Lindenmeyer, J. (2000). Rückfallprävention. In: Margraf, J. (Hrsg.), *Lehrbuch der Verhaltenstherapie* (Bd. 1, S. 565-584). Berlin: Springer.

Luborsky, L., Rosenthal, R., Diguer, L., Andrusyna, T. P., Berman, J. S., Levitt, J. T.et al (2002). The Dodo bird verdict is alive and well – mostly. *Clinical Psychology, 9* (1), 2-12.

Meichenbaum, D. (1991). *Intervention bei Stress: Anwendung und Wirkung des Stressimpfungstrainings.* Bern: Huber.

Miller, G. A., Galanter, E. & Pribram, K. H. (1960). *Plans and the structure of behavior.* New York: Holt, Rinehart & Winston.

Norcross, J. C. (2002). *Psychotherapy relationships that work: Therapist contributions and responsiveness to patients.* Oxford: University Press.

Orlinsky, D. & Howard, K. (1987). A generic model of psychotherapy. *Journal of Integrative & Eclectic psy-chotherapy, 6* (1), 6-27.

Platt, J. J. & Spivack, G. (1972). Social competence and effective problem-solving thinking in psychiatric patients. *Journal of Clinical Psychology, 28,* 3-5.

Polivy, J. & Herman, C. P. (2002). If at first you don't succeed. False hope of self-change. *American Psychologist, 57,* 677-689.

Priebe, S. & McCabe, R. (2008). Therapeutic relationships in psychiatry: The basis of therapy or therapy in itself? *International Review of Psychiatry, 20* (6), 521-526.

Renner, B. & Schwarzer, R. (2003). Social-cognitive factors in health behavior change. In: Suls, J. & Wallston, K. (Eds.), *Social psychological foundations of health and illness* (pp. 169-196). Oxford: Blackwell.

Rogers, C. R. (1951). *Client-centered therapy.* Boston: Houghton Mifflin.

Sachse, R. (2006). *Therapeutische Beziehungsgestaltung.* Göttingen: Hogrefe.

Schemmel, H. & Schaller, J. (Hrsg.) (2003). *Ressourcen. Ein Hand- und Lesebuch zur therapeutischen Arbeit.* Tübingen: dgvt-Verlag.

Schneider, J. & Rief, W. (2007). Selbstwirksamkeitserwartungen und Therapieerfolge bei Patienten mit anhaltender somatoformer Schmerzstörung (ICD-10: F45.4). *Zeitschrift für Klinische Psychologie und Psychotherapie, 36* (1), 46-56.

Schulte, D. & Eifert, G. H. (2002). What to do when manuals fail? The dual model of psychotherapy. *Clinical Psychology, 9,* 312-328.

Schwarzer, R. (1994). Optimistische Kompetenzerwartung: Zur Erfassung einer personalen Bewältigungs-ressource. *Diagnostica, 40,* 105-123.

Sotsky, S. M., Glass, D. R., Shea, M. T., Pilkonis, P. A., Collins, J. F., Elkin, I. et al. (1991). Patient predictors of response to psychotherapy and pharmacotherapy: Findings in the NIMH Treatment of Depression Collaborative Research Program. *American Journal of Psychiatry, 148,* 997-1008.

Stucki, C. & Grawe, K. (2007). Bedürfnis- und motivorientierte Beziehungsgestaltung. Hinweise und Hand-lungsanweisungen für Therapeuten. *Psychotherapeut, 52* (1), 16-23.

Trösken, A. & Grawe, K. (2004). Inkongruenzerleben aufgrund brachliegender und fehlender Ressourcen: Die Rolle von Ressourcenpotentialen und Ressourcenrealisierung für die psychologische Therapie. *Verhaltenstherapie & psychosoziale Praxis, 36,* 51-62.

Wampold, B. E. (2001). *The great psychotherapy debate – models, methods and findings.* London: Erlbaum.

❓ Kap. 14, Bd. 2: Kontrollfragen

Die Antworten auf die folgenden Fragen finden Sie im Lerncenter zu diesem Kapitel unter ▶ www.lehrbuch-psychologie.de (Projekt Klinische Psychologie und Psychotherapie für Bachelor).

1. Nennen Sie die Wirkfaktoren des Common Component Model von Frank (1961).
2. Welche allgemeinen Wirkfaktoren hat Grawe definiert? Beschreiben Sie ihre Bedeutung.
3. Beschreiben Sie kurz Sinn und Vorgehen der Plananalyse.

15 Psychotherapieforschung

Yvonne Nestoriuc, Matthias Berking und Winfried Rief

Lernziele

- Wichtige Gegenstandsbereiche der Psychotherapieforschung kennen.
- Mit den wichtigsten Methoden der Psychotherapieforschung vertraut sein.

- Relevante Ebenen unterscheiden können, auf denen der Erfolg psychotherapeutischer Behandlungen erfasst werden sollte.
- Potenzial und Qualität von Evaluations- und Prozessstudien sowie von Metaanalysen einschätzen können.

15.1   Ziele der Psychotherapieforschung

Wissenschaftlich fundierte Psychotherapie setzt eine adäquate Psychotherapieforschung voraus, in der **psychotherapeutische Methoden entwickelt, evaluiert, erklärt und optimiert** werden. Ein zentrales Ziel dieser Forschung ist es, Psychotherapeuten einen Anhaltspunkt und Leitfaden für die Planung möglichst erfolgversprechender Interventionen zur Verfügung zu stellen. Dazu müssen auf der Grundlage relevanter empirischer Befunde mit adäquaten Methoden **Gesetzmäßigkeiten** identifiziert werden, die Prognosen ermöglichen, inwieweit sich

- mit welchen Methoden
- bei welchen Patienten
- unter welchen Bedingungen
- welche Effekte

erzielen lassen. Mithilfe dieser allgemeinen Vorhersagen kann der Therapeut dann eine **individuelle Prognose** darüber erstellen, mit welchen Methoden er bei einem spezifischen Patienten am ehesten die gewünschten Erfolge erzielen kann.

> Psychotherapieforschung befasst sich mit Entwicklung, Evaluation und Optimierung von psychotherapeutischen Interventionen und mit der Identifikation von Prozessen, die für die Wirksamkeit solcher Interventionen verantwortlich sind.

Definitionen

Psychotherapie wird verstanden als »ein bewusster und geplanter interaktionaler Prozess zur Beeinflussung von Verhaltensstörungen und Leidenszuständen, die in einem Konsensus für behandlungsbedürftig gehalten werden, mit psychologischen Mitteln in Richtung auf ein definiertes Ziel mittels lehrbarer Techniken auf der Basis einer Theorie des normalen und pathologischen Verhaltens« (Strotzka, 1978).

Psychotherapieforschung beschäftigt sich mit der Wirksamkeit und Wirkweise psychotherapeutischer Interventionen. Sie bedarf der systematischen Definition und Erfassung psychotherapeutischer Änderungsprozesse und angenommener Wirkfaktoren. Ziel ist es, Effekte psychotherapeutischer Interventionen methodisch sinnvoll zu erfassen und diese in einen systematischen Zusammenhang mit möglichen Ursachen zu setzen. Dabei dient die Psychotherapieforschung der kontinuierlichen Weiterentwicklung psychotherapeutischer Interventionen im Sinne der Evidenzbasierung und Qualitätssicherung.

Therapeutische Interventionen können auf der Ebene komplexer Behandlungspakete und auf der Ebene konkreter therapeutischer Handlungen untersucht werden.

Neben der Effektivität einer Intervention sind deren Eignung für den Einsatz in der Routineversorgung und deren Effizienz oft weitere relevante Qualitätskriterien.

Zentrale Forschungsgebiete der Psychotherapieforschung

Eine solche Ausrichtung an empirischen Befunden und empirisch validierten Theorien bezieht sich zum einen auf die Therapieplanung auf der sog. **Makro-Ebene**, auf der Problembereiche identifiziert und Therapieziele mit dem Patienten zusammen erarbeitet werden und dann grundlegende therapeutische Vorgehensweisen bzw. Interventionen zu einem vorläufigen Therapieplan integriert werden. Zum anderen bezieht sich die empirische Fundierung idealerweise aber auch auf die **Prozess-Ebene** der Therapie, auf der der Therapeut in jeder Minute eine Vielzahl von Entscheidungen treffen muss, welches Unterziel er in einer bestimmten Situation gerade zu erreichen versucht und mit welchem Verhalten er dieses Ziel am ehesten erreichen kann.

Wirksamkeitsnachweise für einzelne therapeutische Verfahren werden dabei oft in Studien gewonnen, die Effekte standardisierter Vorgehensweisen in homogenen Stichproben unter streng kontrollierten Bedingungen untersuchen. Da sich dadurch oft bedeutsame Abweichungen vom therapeutischen Vorgehen in der Regelversorgung ergeben, ist es wichtig, zu klären, inwieweit Wirksamkeitsnachweise aus Forschungseinrichtungen auch für die alltägliche therapeutische **Versorgungspraxis** gelten.

Und letztlich gilt es im Sinne einer Optimierung der Versorgung von Patienten mit psychischen Störungen auch zu klären, mit welchen Methoden sich die erwünschten Effekte **am effizientesten** erzielen lassen. Die Identifikation möglichst ökonomischer Methoden erlaubt es, die in der Regel nur in begrenztem Umfang zur Verfügung stehenden (finanziellen) Mittel so zu nutzen, dass möglichst viele Betroffene davon profitieren.

In Abhängigkeit von diesen vorrangigen Zielen der Psychotherapieforschung lassen sich verschiedene Themenbereiche identifizieren, die für die Psychotherapieforschung von zentraler Bedeutung sind:

- **Grundorientierte Wirksamkeitsforschung:** Im Englischen als »efficacy research« bezeichnet, was im Deutschen oft mit »Effektivitätsforschung« übersetzt wird. Sie bezieht sich auf die klinische Wirksamkeit einer standardisierten Intervention unter optimalen Bedingungen. Der Fokus liegt in entsprechenden Studien auf der Maximierung der internen Validität, d. h. zu klären, ob potenzielle Verbesserungen wirklich auf eine bestimmte psychotherapeutische Intervention oder auf andere Einflüsse (wie Placebo-Effekte, systematische Unterschiede in den Ausgangsbedingungen zwischen Behandlungs- und Kontrollgruppen etc.) zurückzuführen sind. Deshalb werden hier die Ausgangsbedingungen (z. B. Hauptstörung) und mögliche Störvariablen genau kontrolliert. Damit wird die Interpretation bei solchen Studien erleichtert, allerdings zum Preis einer artifiziellen Homogenisierung der Krankheitsbilder und Behandlungsbedingungen.

- **Anwendungsorientierte Wirksamkeitsforschung.** Im Englischen als »effectiveness research« bezeichnet, was im Deutschen oft mit »Effizienzforschung« übersetzt wird. Sie bezieht sich auf die versorgungspraktische Wirksamkeit. Der Fokus entsprechender Studien liegt auf der externen Validität, d. h. zu klären, inwieweit therapeutische Maßnahmen unter den Bedingungen der Regelversorgung effektiv sind. Dafür werden möglichst realitätsnahe Stichproben und Behandlungsbedingungen untersucht, d. h. es werden nicht nur Personen mit »reinen« Depressionen oder anderen Störungsbildern aufgenommen, sondern Teilnehmer können auch komorbide Erkrankungsbilder »wie in der Praxis« aufweisen. Nachteil ist entsprechend, dass die Schlussfolgerung der Wirkung bezüglich einer bestimmten Psychotherapiemethode bei einem bestimmten Störungsbild weniger valide ist als bei Effektivitätsstudien.
- **Effizienzorientierte Wirksamkeitsforschung:** Im Englischen als »cost-effectiveness research« bezeichnet. Entsprechende Studien untersuchen die klinische und versorgungspraktische Wirksamkeit einer Intervention unter besonderer Berücksichtigung des Kosten-Nutzen-Verhältnisses. In diesem Sinne werden die Effekte der Intervention auf direkte oder indirekte Krankheitskosten in Bezug gesetzt zu den Kosten, die durch die Intervention selbst entstehen.
- **Prozessforschung:** Diese Forschung dient v. a. der Identifikation von Wirkmechanismen (»mechanisms of change«), die dafür verantwortlich sind, dass eine therapeutische Intervention zu bestimmten Effekten führt. Mit dem Wissen um die relevanten Prozesse lässt sich der Effekt psychotherapeutischer Interventionen auf diese Prozesse und so die Effektivität der Intervention erhöhen.

Exkurs

Unterscheidung von Psychotherapieforschung und Qualitätssicherung

Psychotherapieforschung muss unterschieden werden von **Qualitätssicherung**, auch wenn sich hier einige Überlappungsbereiche ergeben. Qualitätssicherung ist das geplante und systematische Vorgehen zur Dokumentation und Erreichung definierter Qualitätsstandards in der psychotherapeutischen Versorgung, wobei zwischen interner Qualitätssicherung und externer Qualitätskontrolle sowie zwischen Struktur-, Ergebnis- und Prozessqualität unterschieden wird.

15.2   Methoden der Psychotherapieforschung

15.2.1   Messung der Effekte von psychotherapeutischen Interventionen

Die Psychotherapieforschung befasst sich mit den Effekten psychotherapeutischer Interventionen. Aber wie diese Effekte erfasst werden können, ist eine Wissenschaft für sich. So konnten sich über viele Jahrzehnte die Vertreter verschiedener Psychotherapieschulen nicht einigen, wie Erfolg in der Psychotherapieforschung gemessen werden soll. Während frühe Behavioristen zum Beispiel den **Therapieerfolg** in der Phobiebehandlung dadurch erfassten, dass sie mit dem Zollstock den Abstand zwischen Patient und phobischem Objekt gemessen haben, war für manche Psychoanalytiker eine bestimmte innere Einsicht des Patienten oberstes Ziel, unabhängig davon, ob die klinische Symptomatik besser wurde oder nicht. In diesem Konflikt war ein Vorschlag von Schulte (1993) hilfreich, wonach es Therapieerfolg in Psychotherapiestudien immer auf mehreren Ebenen zu erfassen gilt. Als relevante Messebenen gelten:

Die Messung von Psychotherapieeffekten ist eine Wissenschaft für sich.

- **Ursache, Defekt, Prozess:** Je nach Theorie zum Störungsbild, Annahmen zur Störungsaufrechterhaltung und vermutetem Mechanismus der Veränderung müssen die zentralen Prozesse gemessen werden, die für die Veränderung als relevant angesehen werden. Wird zum Beispiel als zentral angesehen, dass Patienten Vermei-

In Bezug auf die Effekte psychotherapeutischer Interventionen müssen verschiedene Ebenen unterschieden werden.

dungsverhalten reduzieren, um Angststörungen zu überwinden, so muss Vermeidungsverhalten erfasst werden. Wird demgegenüber die Verbesserung von Fähigkeiten zur Emotionsregulation als zentraler Wirkmechanismus angenommen, so ist dies genau zu erfassen. Die Beispiele verdeutlichen, dass auf dieser Messebene durchaus theorie- und schulenspezifische Variablen erfasst werden können.

- **Symptomatik:** Bei Studien im klinischen Bereich ist die Erfassung der klinischen Symptomatik zwingend erforderlich. Nicht nur der Therapieforscher, sondern auch Vertreter des Gesundheitssystems möchten wissen, ob eine Behandlung eine Besserung bei dem speziellen Krankheitsbild bringt. Beispiele für Methoden zur Erfassung der Symptomatik wären der Einsatz entsprechender klinischer Skalen zur Messung von Depression, Ängsten oder allgemeiner Psychopathologie.
- **Krankheitsfolgen:** Selbst bei gleicher Schwere der klinischen Symptomatik können die Krankheitsfolgen höchst unterschiedlich sein. Während eine Person mit einer leichten Depression sich unter Umständen nicht mehr arbeitsfähig fühlt, gehen andere Betroffene mit deutlich schwererer klinischer Symptomatik weiterhin ihrem Beruf nach. Dies macht deutlich, dass Krankheitsfolgen wie Beeinträchtigungen in verschiedenen Lebensbereichen, Lebensqualität, Behandlungskosten und ähnliches zusätzlich zu den oben genannten Variablen erfasst werden müssen.
- **Nebenwirkungen:** Es gehört zu den Besonderheiten der Psychotherapieforschung, dass das Thema Nebenwirkungen über Jahrzehnte ignoriert wurde. Der Grund hierfür lag in der Überzeugung, dass Psychotherapie grundsätzlich nur Gutes bewirkt. Dies ist jedoch nicht korrekt. Empirische Untersuchungen zeigen, dass einige Patienten in psychotherapeutischer Behandlung Verschlechterungen anstatt Verbesserungen ihrer Symptome erfahren. Personen mit Psychotherapieerfahrung geben zuweilen auch an, durch die Psychotherapie zusätzliche Probleme in ihrem Leben bekommen zu haben, z. B. Beziehungsprobleme, Veränderungen der eigenen Persönlichkeit zum Negativen etc. Deshalb muss in Ergänzung zu den drei von Schulte genannten und oben aufgeführten Messebenen als vierte Messebene die Erfassung von unerwünschten Nebenwirkungen berücksichtigt werden. Auch effektive Therapien können sich in Bezug auf das Ausmaß dieser Nebenwirkungen unterscheiden. Um eine vollständig informierte, selbstverantwortliche Behandlungsentscheidung von Patienten zu gewährleisten, sollten mögliche Nachteile einer Psychotherapie vor Aufnahme der Behandlung adäquat thematisiert werden.

Exkurs

Statistische Signifikanz ist nicht gleich klinische Relevanz

Als Ergebnis von Psychotherapiestudien wird oftmals berichtet, dass eine bestimmte Behandlung »signifikant« bessere Ergebnisse erbringt als z. B. eine Wartegruppe. Eine solche statistische Signifikanz (i.d.R. $p < 0.05$) bedeutet jedoch noch lange nicht, dass diese Verbesserung auch klinisch relevant ist und subjektiv von Patienten als bedeutsame Verbesserung wahrgenommen wird. So ist beispielsweise die Reduktion der Häufigkeit eines Tötungsgedankens einer Mutter gegenüber ihrem Kind bei einer Patientin mit einer Zwangsstörung von rund 40-mal/Tag auf nur 5-mal/Tag ggf. statistisch als signifikant zu beurteilen. Aus klinischer Sicht mag die Patientin diese Reduktion anders beurteilen, weil bereits ein einmaliges Auftreten des

Zwangsgedankens von ihr als höchst belastend und beeinträchtigend erlebt wird. Bei Gruppenvergleichen ist zu beachten, dass die Signifikanz wesentlich von der Größe der Stichprobe abhängt und bei sehr großen Stichproben auch minimale Gruppenunterschiede signifikant werden. Umgekehrt kann ein geringer statistischer Effekt z. B. bei einer Präventionsstudie, der sich in einer kleinen und deswegen statistisch ggf. nicht signifikanten Reduktion der Inzidenzrate ausdrückt, mit hohen ökonomischen Vorteilen verbunden sein, die für die Verwendung der Intervention sprechen.
Als eine Lösung für dieses Problem wurde u. a. der Einsatz von kritischen Effektstärken vorgeschlagen. In diesem Sinne fand sich eine Zeit lang in den Richtlinien des National Institute for Health and Clinical Excellence (NICE) zur Depressionsbehandlung die Angabe, dass ein Cohens d von mindestens

0.5 als ein klinisch bedeutsamer Effekt gesehen wird. Problematisch ist dabei allerdings u. a., dass diese Effektstärken von der Varianz des Erfolgsmaßes in der Stichprobe und damit von der Homogenität der Stichprobe und von der Test-Retest-Reliabilität des verwandten Messinstrumentes abhängen.

Als Alternative wurde vorgeschlagen, für die zentralen Erfolgsmaße (mithilfe von Vergleichsstudien zwischen klinischen und nicht-klinischen Stichproben oder Expertenurteilen) Cut-off-Werte zu bestimmen, ab denen eine bestimmte Veränderung als klinisch relevant gilt (z. B. drei Punkte Reduktion auf der Hamilton-Rating-Skala für Depression) bzw. ab denen die absoluten Werte eines Patienten diesen als »gesund« (und nicht mehr als »krank«)

ausweisen. Unterschiede in der Effektivität verschiedener Bedingungen können dann angegeben werden als Unterschiede in den prozentualen Anteilen der Patienten, welche eine klinisch bedeutsame Symptomreduktion oder einen Übergang von einem als pathologisch definierten zu einem als gesund definierten Wert erfahren (Jacobson & Truax, 1991). Aktuell gilt eine Kombination eines Tests der Unterschiede bzgl. der Symptomreduktion während der Behandlungs- bzw. Kontrollphase (z. B. mithilfe Hierarchisch Linearer Modelle) mit einem Test über die Ungleichverteilung solcher »Responder« bzw. »Patienten mit Remission« über die zu vergleichenden Gruppen als wichtiges Gütekriterium für das statistisch-methodische Vorgehen in Psychotherapiestudien.

Zudem ist zu berücksichtigen, dass der Wert psychotherapeutischer Erfolge in hohem Maße davon abhängt, inwieweit diese auch zu zeitlich stabilen Effekten führen. Deswegen sollten Psychotherapiestudien mithilfe sog. **Katamnesen oder Follow-up-Untersuchungen** stets auch erfassen, wie lang nach Absetzen der Intervention noch statistisch und klinisch relevante Effekte zu verzeichnen sind.

> Katamnesen sind Nachfolge-untersuchungen zur Stabilität von Therapieeffekten.

Bei Follow-up-Untersuchungen ist es wie bei allen Evaluationsstudien mit mehreren Messzeitpunkten allerdings kaum zu vermeiden, dass bei Studienende nicht von allen Teilnehmern zu allen Messzeitpunkten Daten vorliegen. Manche Patienten brechen aus Unzufriedenheit die Behandlung ab oder haben eine verschlechternde Symptomatik, so dass stationäre Einweisungen erfolgen mussten (systematischer **Drop-out**), andere ziehen weg und können deswegen nicht länger an der Behandlung teilnehmen (unsystematischer Drop-out). Manche der Patienten sind noch bereit, an der Diagnostik der Studie teilzunehmen, obwohl sie nicht mehr an der Intervention teilnehmen. Deswegen ist es oft hilfreich, zwischen komplettem Drop-out und Interventions-Drop-out zu unterscheiden. Davon abzugrenzen sind wiederum fehlende Werte (**Missing Values, Missings**), die auch bei Patienten auftreten, die vollständig an der Intervention sowie an allen »Assessments« teilgenommen haben, aber z. B. in einigen Fragebögen eine Reihe von Fragen nicht beantworten. Ohne Zweifel ist eine Studie umso aussagefähiger, je vollständiger die real erfassten Datensätze sind. Wenn eine Studie eine Rücklaufrate zum Katamnesezeitpunkt von 80–90 % hat, wird man ihr mehr Glauben schenken als einer vergleichbaren Studie, die nur 50–60 % Rücklauf hat, da bei einem geringeren Rücklauf die Gefahr systematischer Selektionseffekte erhöht ist. In diesem Sinne könnten beispielsweise v. a. die Patienten ausreichend zur Teilnahme an der Katamnese motiviert sein, die substanziell von der Intervention profitiert haben, was zu einer Überschätzung der Effektivität der Intervention führen würde. Aufgrund der großen Relevanz von Drop-outs und fehlenden Werten wurden in den letzten Jahren eine Reihe von Methoden vorgeschlagen, wie man mit diesem Problem umgehen kann (▶ Exkurs).

> In Längsschnittstudien müssen Methoden zum Umgang mit Drop-outs und fehlenden Werten (Missings) explizit reflektiert und ausgewählt werden.

Umgang mit Drop-outs und Missing Values

Wenn Teilnehmer im Laufe einer Studie ausscheiden oder die Therapie wechseln, sollten sie trotzdem in ihrer Gruppe zur Endauswertung eingeschlossen bleiben, so wie es zu

Beginn der Studie intendiert war. Dies soll die Gefahr minimieren, dass eine Gruppe bevorteilt wird, obwohl oder gerade weil sie mehr Therapieabbrecher hatte. Wenn Teilnehmer z. B. aufgrund mangelnder Motivation ausscheiden, könnte

▼

das mit der in der Studie erhaltenen Behandlung zusammenhängen. Bei der sog. Intention-to-treat- (ITT-) Analyse werden alle Teilnehmer eingeschlossen, die am Anfang die Intention geäußert haben, an der Studie teilnehmen zu wollen, unabhängig davon, ob sie es im Verlauf der Studie tatsächlich taten. Das Intention-to-treat-Prinzip stärkt die Verlässlichkeit von Studienergebnissen, da die ermittelten Effektstärken realitätsnäher sind. Durch die Erhöhung der Stichprobengröße werden jedoch ggf. auch kleine Unterschiede eher signifikant. Deshalb erbringt die ITT zwar die realistischeren Effektstärken, aber ggf. auch eine Überschätzungen der statistischen Signifikanz.

Die Alternative zur ITT-Analyse ist die sog. Per-Protokoll-Analyse oder Completer-Analyse. In dieser werden nur diejenigen Teilnehmer ausgewertet, die das Studienprotokoll wie geplant abgeschlossen haben. Diese Form der »Completer-Analyse« geht einerseits mit einem erhöhten Risiko der Überschätzung positiver Therapieeffekte einher, liefert andererseits aber auch wichtige Information darüber, wie effektiv ein Verfahren sein kann, wenn es gelingt, den Patienten in der vorgesehen Art und Weise zur Mitarbeit zu motivieren.

Umgang mit Missing Values

Zur Schätzung der fehlenden Werte z. B. bei Therapieende oder zur Katamnese werden die folgenden Verfahren eingesetzt:

- **Fallweiser Ausschluss:** Patienten werden aus den Analysen ausgeschlossen, wenn auch nur ein für die Analyse relevanter Wert fehlt. Kann zu einer erheblichen Reduktion der Stichprobe führen. Verfügbare Daten werden bei diesem Vorgehen ungenügend genutzt. Verfahren gilt von daher als unzulänglich.
- **Paarweise Ausschluss:** Eine Reihe von statistischen Verfahren basiert auf Korrelationsmatrizen. Bei diesen Verfahren können relevante Zusammenhänge z. T. trotz fehlender Werte über die jeweils paarweise kompletten Beziehungen zwischen Variablen geschätzt werden. Bei paarweisem Ausschluss werden nur die Fälle von den Analysen ausgeschlossen, bei denen dies nicht möglich ist.
- **Ersetzung durch Lagemaße:** Missing Values werden mit Mittelwerten oder Medianwerten der jeweiligen Interventionsgruppe oder der Gesamtstichprobe ersetzt. Führt u. a. zu Verzerrungen, wenn die Wahrscheinlichkeit eines Missings mit der Höhe der »wahren Werte« assoziiert ist, sowie zu einer künstlichen Re-

duktion der Varianz. Verfahren gilt von daher als unzulänglich.

- **Last Observation Carried Forward (LOCF):** Die fehlenden Werte werden durch den letzten (zeitlich vorausgehenden) real beobachteten Wert des Teilnehmers ersetzt. Kann vor allem bei Prä-post-Vergleichen mit nur zwei Messzeitpunkten zu einer erheblichen Unterschätzung der wahren Effekte führen.
- **Missing Values Replacement-Verfahren:** Wenn Missing-Werte zufällig verteilt sind (sog. »missing at random«), können fehlende Werte mit regressionsanalytischen Verfahren aus den vorhandenen Werten derselben Variable zu anderen Messzeitpunkten oder aber aus den Werten von anderen Variablen, die mit dem Outcome assoziiert sind, vorhergesagt werden. Mit den vorhergesagten Werten werden die fehlenden Werte ersetzt. Durch die Berücksichtigung eines zufälligen Fehlerterms kann dabei verhindert werden, dass die Imputation zu einer Unterschätzung der Varianz der vorhergesagten Werte und damit zu einer Überschätzung des untersuchten Effektes führt.
- **Multiple-Imputations-Verfahren:** Mithilfe vorhandener Daten (von fragestellungsrelevanten Variablen und mit diesen Variablen korrelierten Variablen) werden über iterative Schätzprozeduren mehrere (multiple) Schätzer für jeden fehlenden Wert berechnet. Indem fehlende Werte durch die Schätzer ersetzt (»imputiert«) werden, werden mehrere vollständige Datensätze erzeugt. Geplante statistische Auswertungen werden dann für mehrere vollständige Datenmatrizen vorgenommen, so dass eine Verteilung relevanter Testwerte (z. B. der »T«s beim T-Test inklusive der jeweiligen »p«s, Konfidenzintervalle etc.) generiert wird. Aus dieser Verteilung lässt sich dann (z. B. über Mittelung) der beste Schätzer für den »wahren Wert« ableiten (für Details s. Lüdtke et al., 2007).
- **Hierarchisch Lineare Modelle:** In diesen Modellen wird für jeden Patienten eine (positive oder negative) Steigung für den Verlauf der Werte auf dem Erfolgsindikator berechnet. Diese Steigungen können aggregiert und so zum Vergleich der Verläufe verschiedener Patienten- (bzw. Behandlungs-) Gruppen herangezogen werden. Der Vorteil bei diesen Verfahren ist, dass sie (zumindest bei mehr als zwei Messzeitpunkten) relativ unabhängig von der Anzahl der herangezogenen Messzeitpunkte sind. Dieser Vorteil ist ein wichtiger Grund für die zunehmende Popularität HLM-basierter Auswertungen in der Psychotherapieforschung.

Printing and Binding: Stürtz GmbH, Würzburg

hierbei die Anzahl an randomisiert zugeteilten Einheiten deutlich reduziert, erhöht sich die Gefahr, dass Störvariablen die Ergebnisse systematisch verzerren. Wenn man bei der Randomisierung dafür sorgt, dass bestimmte Patienteneigenschaften in allen Gruppen in einem bestimmten Verhältnis vertreten sind (z. B. weibliches Geschlecht in beiden Interventionsbedingung zu jeweils 50 %), spricht man von **Stratifizierung** (oder von »geschichteter« Zufallsstichprobe; die jeweiligen Subpopulationen – in diesem Fall Frauen bzw. Männer – werden als »Strata« bzw. »Schichten« bezeichnet).

Beispiel

Stellen wir uns vor, eine Gruppe von unerfahrenen Therapieforschern möchte untersuchen, ob ein neues Therapieverfahren (X) effektiv ist. Dazu behandeln die Forscher eine Gruppe von Patienten mit diesem Verfahren. Es zeigt sich, dass diese Patienten nach der Intervention signifikant weniger Symptome aufweisen als vor der Intervention. Heißt das, dass die Intervention effektiv ist? Nicht unbedingt! Denn aufgrund einer fehlenden Kontrollgruppe kann mit einem reinen Prä-post-Design kein strenger Kausalschluss gezogen werden. Vielleicht remittierten die untersuchten Patienten ja spontan, oder die Sommerferien lagen zwischen den Messzeitpunkten und sorgten für die Symptomverbesserung. Aus diesem Grund gelten Designs mit Kontrollgruppen im Vergleich mit reinen Prä-post-Designs als deutlich aussagekräftiger.

Stellen wir uns weiter vor, dass dieselbe Forschergruppe dann in einer Multi-Center-Studie untersuchen will, ob das Verfahren X effektiver ist als ein bereits bewährtes Verfahren Y. Die unerfahrenen Forscher gehen dabei so vor, dass sie in der Psychotherapieambulanz in der Stadt A die Therapiemethode X und in der Psychotherapieambulanz der Stadt B die Therapiemethode Y einsetzen. Wenn sich dann herausstellt, dass die Patienten in der Therapiemethode Y bessere Behandlungserfolge aufweisen, ist damit belegt, dass Therapiemethode Y die bessere Behandlungsmethode ist? Nicht unbedingt! Da in dieser Studie keine Randomisierung verwendet wird, liefert sie keinen adäquaten Beweis für die Überlegenheit von Y. Ohne Randomisierung kann nicht ausgeschlossen werden, dass beispielsweise Unterschiede zwischen den Stichproben der Stadt A und Stadt B für die gefundenen Ergebnisse verantwortlich sind. Vielleicht nahmen in Stadt B mehr Patienten mit höherer Bildung, geringerer Chronifizierung, besser unterstützendem sozialem Umfeld, positiveren Erwartungen an eine Psychotherapie usw. an der Studie teil. Zwar werden gute Psychotherapieforscher versuchen, möglichst viele solcher Variablen (statistisch) zu kontrollieren, eine vollständige Kontrolle möglicher Einflussbedingungen ist jedoch unmöglich, da nicht alle Einflüsse bekannt sind bzw. erhoben werden können. Deshalb werden Personen randomisiert, in der Hoffnung, dass alle relevanten beobachteten und nicht-beobachteten Variablen zwischen den Behandlungsgruppen möglichst vergleichbar sind, so dass potenzielle Unterschiede ausschließlich auf die unterschiedlichen Behandlungen zurückzuführen sind.

inaktive vs. aktive Kontrollgruppen

In Bezug auf die jeweiligen Kontrollbedingungen einer Studie lässt sich zwischen **inaktiven** und **aktiven Kontrollgruppen** unterscheiden. Zu den inaktiven Kontrollgruppen zählen unbehandelte (Warte-)Kontrollgruppen sowie alle weiteren Behandlungsformen, die für das untersuchte Störungsbild keine erwiesene Wirksamkeit haben. Zu den aktiven Kontrollgruppen zählen psychologische Placebo-Kontrollgruppen sowie alle weiteren Interventionen mit einer für das untersuchte Störungsbild nachgewiesenen Wirksamkeit.

Die verschiedenen Kontrollgruppen dienen dabei der **Kontrolle verschiedener Gefahren für die Validität der Studie** (Shadish, Cook & Campbell, 2002). Unbehandelte Kontrollgruppen und Wartelisten dienen der Kontrolle von Effekten der Spontanremission und des naturalistischen Verlaufs des untersuchten Störungsbildes. Im Gegensatz zu unbehandelten Kontrollgruppen können mit einem Wartelistendesign zusätzlich Erwartungseffekte (i. S. eines Placebo-Effekts; Rief, Nestoriuc & Hofmann, 2008) untersucht werden. Psychologische Placebo-Kontrollgruppen werden zur Kontrolle der Effekte von Erwartung und Aufmerksamkeitszuwendung verwendet. Deshalb enthalten psychologische Placebo-Kontrollgruppen alle unspezifischen Inhalte einer Intervention, jedoch nicht die spezifischen Wirkvariablen, die angenommen werden. Spontanremission, naturalistische Symptomschwankungen sowie Verbesserungen durch Erwartung und Aufmerksamkeitszuwendung stellen Bedrohungen der internen Validität einer klinischen Studie dar.

Für die Optimierung der Patientenversorgung kommt dem Vergleich mit Maßnahmen der Routineversorgung (Standard Medical Care oder **Treatment-as-usual-Kontrollgruppe**) sowie mit dem aktuell effektivsten Verfahren (Goldstandard) eine besondere Bedeutung zu. Für die Identifikation relevanter Wirkmechanismen sind sog. **Dismanteling**-Studien von besonderer Relevanz, in denen der angenommene Wirkfaktor systematisch variiert wird. So kann z. B. die Bedeutung kognitiver Interventionen im Rahmen einer KVT-Behandlung durch den Vergleich dieser Behandlung mit einer VT-Bedingung bestimmt werden, die bis auf das Fehlen kognitiver Techniken komplett identisch mit der KVT-Bedingung ist.

> Die Auswahl der Kontrollgruppe hat einen wesentlichen Einfluss darauf, welche möglichen Störfaktoren kontrolliert werden können.

Exkurs

Äquivalenzstudien

Eine neu zu evaluierende psychotherapeutische Intervention kann auch in einem aktiven Vergleich gegen eine Standardbehandlung von erwiesener Wirksamkeit getestet werden. Zeigen sich in einer solchen Äquivalenzstudie keine Unterschiede zwischen den Gruppen, gilt die neue Behandlung als effektiv (Lange, Bender & Ziegler, 2007). Problematisch ist allerdings, dass in einer Vielzahl dieser Studien die Stichproben zu klein sind, um potenzielle Unterschiede zwischen den zwei aktiven Treatments nachzuweisen. Deshalb wird oftmals fälschlicherweise gleiche Effektivität zwischen zwei Behandlungen angenommen, obwohl dies nur auf zu kleine Stichproben zurückzuführen ist. Aus diesem Grund muss speziell bei Äquivalenzstudien durch eine **A-priori-Teststärkenanalyse** festgelegt werden, welche Stichprobengröße mindestens benötigt wird, um entweder die Überlegenheit der neuen Intervention im Vergleich zur Standardbehandlung oder deren Äquivalenz in einer klinischen Studie nachzuweisen. Je kleiner der angenommene Unterschied zwischen der neuen Behandlung und der Standardbehandlung ist, desto höher wird dabei die zu veranschlagende Fallzahl.

15.2.3 Qualitätskriterien für die Beurteilung von Psychotherapiestudien

In der Psychotherapieforschung werden Qualitätskriterien an Studien angelegt, die z. T. denen der Pharmaforschung entsprechen. In einer konzertierten Aktion wurden hierzu von einflussreichen Forschern, Methodikern und Editoren der wichtigsten klinischen Zeitschriften gemeinsame Qualitätskriterien festgehalten, die CONSORT-Kriterien genannt werden (Altman et al., 2001). Diese wurden u. a. für nicht-pharmakologische Studien adaptiert (Boutron et al., 2008), werden stetig weiterentwickelt und gelten daher heute für viele als relevanter Qualitätsstandard.

Qualitätskriterien klinischer Studien
(s. auch CONSORT-Kriterien; Altman et al., 2001)

- Kontrollgruppe
- randomisierte Zuteilung und exakte Beschreibung der Randomisierungsprozedur
- adäquate statistische Power
- reliable diagnostische und Messinstrumente
- multidimensionale und multimodale Erfolgserfassung bei Definition eines primären Outcomes
- Diagnostik psychischer Störungen mittels strukturiertem Interview und durch blinde Rater
- Durchführung der Therapie mit Treatment-Manual und Überprüfung der Behandlungstreue
- Spezifizierung des Ausmaßes des Trainings der Therapeuten/Behandler
- prospektive Studie mit adäquaten Follow-Ups

▼

- Angabe der Drop-out-Raten und ihrer statistischen Handhabung; ggf. ITT-Analysen
- Effektstärken; ggf. korrigiert entsprechend ITT-Analysen
- genaue Angabe der Sponsoren; Registrierung; Ethikvotum

Hochwertige klinische Studien entsprechen den Qualitäts- und Publikationsstandards der CONSORT Kriterien.

Gerade für den Vergleich von aktiven Behandlungen, die sich jedoch ggf. in der Wirksamkeit leicht unterscheiden, werden große Stichproben benötigt (»**adäquate statistische Power**«). Ansonsten besteht die Gefahr, dass fälschlicherweise Gleichheit der Behandlungen angenommen wird, da kein signifikanter Unterschied nachzuweisen ist, obwohl Letzteres primär auf die zu kleinen Stichproben zurückzuführen ist. Auch sind Studienleiter angehalten, bei Studienbeginn ein klares Zielkriterium zu definieren, an dem der Erfolg festgemacht wird (»**primary outcome**«). Man möchte verhindern, dass am Ende der Studie so lange in den Daten geforscht wird, bis man bei irgendeiner Variable signifikante Effekte findet. Aus dem gleichen Grund sollen klinische Studien bereits bei Studienbeginn **in öffentlichen Datenbanken registriert** werden: Hier legt sich der Studienleiter auf die primäre Zielvariable und die Stichprobengröße fest. Dies verhindert, dass die Studie in dem Moment beendet wird, an dem sich (ggf. bedingt durch zufällige Schwankungen) signifikante Unterschiede in die gewünschte Richtung zeigen. Außerdem lässt sich so später feststellen, ob bestimmte Studien begonnen, dann jedoch wegen ungünstigen Ergebnissen nicht veröffentlicht wurden (»Publikations-Bias«). Zunehmend zwingend vorgeschrieben ist mittlerweile auch ein Votum der zuständigen Ethikkommission, die prüft, inwieweit die Studien im Einklang mit ethischen Richtlinien stehen.

Studie

Sind RCTs wirklich besser? In einer Analyse aller klinischen Therapiestudien, die in den Jahren 1990 bis 2003 in Top-Zeitschriften veröffentlicht wurden und jeweils über 1000× zitiert wurden, gelangte Ioannidis (2005) zu dem Ergebnis, dass RCTs verlässlichere Informationen über die Wirksamkeit untersuchter Interventionen geben als nicht-randomisierte Studien. Von insgesamt 45 RCTs mussten bei 7 die

Ergebnisse in Nachfolgestudien revidiert werden, während in 5 von 6 qualitativ hochwertigen nicht-randomisierten Gruppenvergleichsstudien die Ergebnisse in Nachfolgestudien revidiert werden mussten (Ioannidis, 2005). Dies bestätigt also, dass Verletzungen des Randomisierungsprinzips mit einer Erhöhung der Wahrscheinlichkeit einher gehen, fehlerhafte Ergebnisse zu produzieren.

15.2.4   Sekundärforschung mit Metaanalysen

Metaanalysen aggregieren Befunde aus Originalstudien.

Die empirisch-wissenschaftliche Psychotherapieforschung hat sich als ein überaus produktives und fruchtbares Forschungsfeld erwiesen. Die Zahl an publizierten Evaluations-, Prozess-, Moderator- und Mediatorstudien geht mittlerweile in die Tausende, und täglich kommen neue, relevante Ergebnisse hinzu. Damit wird es allerdings auch zunehmend schwerer, die vorliegenden Daten zu nutzen, um relevante Fragen zu beantworten. Dieses Problem wird dadurch noch verschärft, dass Psychotherapiestudien, die dieselbe Fragestellung untersuchen, nicht unbedingt zu denselben Ergebnissen kommen. Eine Methode, mit der versucht wird, dieses Problem zu lösen, besteht darin, die Befunde aus Einzelstudien mithilfe von **Metaanalysen** quantitativ zusammenzufassen. In der Regel werden dabei die Effekte der Originalstudien zu einem Mittelwert über alle Studien aggregiert. Dies kann im Vergleich zur Kontrollgruppe geschehen (kontrollierte Effektstärke) oder als Vergleich der Veränderung der Werte vor und nach Behandlung (unkontrollierte Effektstärken, Prä-Post-Effektstärken). Die Stärke von Metaanalysen liegt darin, dass sie eine Vielzahl von Studien und damit eine große Zahl an

Patienten einbeziehen und damit Schlussfolgerungen auf eine breite empirische Grundlage stellen. Außerdem erlauben sie es, die Effekte aus den Studien mit Eigenschaften der Studie bzw. (mithilfe sog. metaregressiver Ansätze) Effekte aus verschiedenen Studien mit Merkmalen von Patienten, Therapeuten und/oder Interventionen etc. in Beziehung zu setzen. In diesem Sinne lässt sich beispielsweise metaanalytisch untersuchen, ob hochwertige Studien in geringeren Effektstärken resultieren als weniger hochwertige Studien (was zumindest im Bereich von Depressionstherapien der Fall zu sein scheint, vgl. Cuijpers et al., 2010).

Allerdings gibt es auch Probleme, die den Wert von Metaanalysen deutlich einschränken können. So sind die Ergebnisse von Metaanalysen stark durch die Auswahl der Studien determiniert. Dabei stellt sich z. B. die Frage, ob nur qualitativ hochwertige Studien aufgenommen werden sollen, um die interne Validität zu stärken, dabei aber die externe Validität zu reduzieren, oder auch Studien mit weniger rigorosen Studiendesigns, weil diese versorgungsnäher sind, andererseits aber die interne Validität gefährden (sog. »garbage in, garbage out«-Problematik). Neben diesen grundsätzlichen Problemen müssen bei Durchführung und Interpretation von Metaanalysen die folgenden Fehlerquellen berücksichtigt werden:

Publikations-Bias. Es gibt eine starke Tendenz in der Wissenschaft, nur solche Studien zu veröffentlichen, die signifikante Ergebnisse erbringen, die im Einklang mit dem stehen, was der verantwortliche Wissenschaftler zeigen wollte. In diesem Sinne liegen bei Antidepressiva beispielsweise eindeutige Hinweise vor, dass bis zu drei Viertel der Studien mit negativem Ergebnis nicht veröffentlicht werden, während Studien mit positivem Ergebnis für ein Medikament zu fast 100 % in Zeitschriften publiziert werden (z. B. Turner et al., 2008). Ähnliche Effekte müssen auch für Psychotherapie angenommen werden, da viele Psychotherapieforscher stark mit einzelnen Interventionen identifiziert sind. Metaanalysen bauen in der Regel nur auf publizierte Studien auf, so dass sie selektionsbedingt falsch-positive Ergebnisse erbringen können.

Selektions-Bias. Die Größe eines Evaluationseffektes mag von vielen Faktoren wie Art der Sichtprobe, Art des Settings etc. abhängen. Damit ist unklar, worauf sich ein gemittelter Effekt eigentlich bezieht. Um die Relevanz dieses Effektes abzuschätzen, wird die Heterogenität der Effekte der Originalstudien ermittelt. Bei bedeutsamer Relevanz kann versucht werden, Studieneigenschaften zu identifizieren, die Anteile dieser Varianz aufklären. Dieses Vorgehen ist aber problematisch, wenn insgesamt relativ wenige Originalarbeiten einbezogen werden oder wenn sich nur eine kleine Subgruppe in Bezug in einen varianzaufklärenden Faktor von den anderen Studien unterscheidet. Letztlich kann ein Selektions-Bias zu Fehleinschätzungen führen, wenn beispielsweise die Anzahl an Studien, die die Intervention in Stichproben untersucht, die generell schwerer zu behandeln sind (z. B. depressive Patienten mit Borderline-Persönlichkeitsstörung), im Vergleich zu Studien überwiegt, in denen die Intervention in Stichproben evaluiert wird, die generell leichter zu behandeln sind (z. B. depressive Patienten ohne Borderline-Persönlichkeitsstörung) und wenn es nicht möglich ist, diesen Unterschied zu erfassen und ihm systematisch in der metaanalytischen Auswertung Rechnung zu tragen.

Variablenvermischung. Die Stärke von Metaanalysen, Studien mit unterschiedlichen Zielvariablen zu einem Gesamteffekt zu kombinieren, ist auch gleichzeitig eine ihrer Schwächen. Unterschiedliche Messinstrumente haben unterschiedliche Änderungssensitivität, sind also unterschiedlich gut geeignet, um Effekte darzustellen. Oftmals finden sich die höchsten Effektstärken bei sehr individuell und spezifisch auf einzelne Studien zugeschnittenen Ergebnisvariablen. So werden Studienteilnehmer in den meisten Fällen Zielvariablen wie »Erkenntnisse über meine Erkrankung« sehr positiv bewerten, was jedoch nicht automatisch bedeutet, dass sich deshalb auch die Symptomatik verbessert hat.

Unterschiedliche Drop-out-Raten. Viele Metaanalysen berücksichtigen nicht, dass sich Studien sehr stark in der Akzeptanz bzw. in Drop-out-Raten unterscheiden

Fehlerquellen bei der Durchführung und Interpretation von Metaanalysen

Fehlerquellen, die bei der Interpretation von Metaanalysen berücksichtigt werden müssen

können. So gibt es Beispiele, bei denen Metaanalysen große Effektstärken für die untersuchte Intervention berichten, obwohl bei den Studien zum Teil nur 50–60 % der intendierten Stichprobe die Behandlung abgeschlossen haben.

Um diese Probleme zu minimieren, wurden auch für Metaanalysen Qualitätskriterien definiert und in den sog. **PRISMA-Kriterien** zusammengefasst. Gemäß dieser Kriterien ist genau zu definieren, welche Patientengruppe, welche Interventionen, welche Studiendesigns und welche Ergebniskriterien analysiert werden sollen. Nur die genaue Definition der Ein- und Ausschlusskriterien von Metaanalysen sichert eine ausreichende wissenschaftliche Qualität und schützt vor Willkür bei der Ergebnisauswahl. Damit die Literaturauswahl replizierbar ist, müssen Suchkriterien und durchsuchte Datenbanken mit dem Datum der Literatursuche angegeben werden. Anschließend wird ein Codierplan aufgestellt, der gewissermaßen das statistische Herzstück der Metaanalysen darstellt. Die entsprechenden Effekte auf den Zielvariablen werden in eine übergeordnete Effektstärke integriert. Desweiteren werden Analysen durchgeführt, welche Fehlerquellen die Ergebnisse der Metaanalyse beeinflusst haben könnten (s. o.). Außerdem empfiehlt es sich, beispielsweise anhand der Symmetrie der Effekteverteilung, Rückschlüsse auf einen möglichen Publikations-Bias vorzunehmen und diesen bei Bedarf mithilfe von statistischen Verfahren zu kontrollieren. Kritisch ist allerdings anzumerken, dass die Umsetzung dieser Kriterien oft daran scheitert, dass die notwendige Information in den Originalstudien fehlt. So ist es z. B. oft schwierig zu beurteilen, ob eine Therapieform in einer Studie gut umgesetzt wurde (u. a. weil die Qualität des Umsetzens einer Therapie auf einer konkreten Handlungsebene schwer zu quantifizieren ist). In diesem Fall können Befunde aus vielen qualitativ schlechteren Studien dann die Befunde aus wenigen, qualitativ hochwertigen Studien fälschlicherweise relativieren. Zusammenfassend lässt sich sagen, dass Metaanalysen eine Möglichkeit darstellen, eine Schätzung der Gesamteffekte einer Intervention zu erhalten, für die mehrere unterschiedliche Studienergebnisse vorliegen. Allerdings sind Metaanalysen mit eigenen methodischen Schwächen verbunden, die ebenfalls berücksichtigt werden müssen.

15.2.5   Psychotherapeutische Prozessforschung

Therapieevaluationsstudien und Metaanalysen helfen Effektivität und Effizienz von Behandlungsprogrammen einzuschätzen. Damit ist allerdings noch nicht klar, welche Prozesse für signifikante Effekte verantwortlich sind. Um diese Frage zu klären, müssen potenziell relevante Faktoren parallel zu den Erfolgskriterien (möglichst mehrfach) erfasst werden. Dann lassen sich mithilfe von Mediatoranalysen (▶ Kap.1, Bd. 1) und komplexeren statistischen Verfahren für die Analyse des prospektiven Zusammenhangs mehrerer Variablen über die Zeit (z. B. sog. Latent Change Models, vgl. Berking et al., 2009) Rückschlüsse über beteiligte Prozesse ziehen. In den zuvor bereits angesprochenen Dismanteling-Studien können dann Therapievarianten miteinander verglichen werden, die sich idealerweise ausschließlich durch ihren Effekt auf den angenommen Wirkfaktor unterscheiden. Signifikante Unterschiede zwischen den Varianten sprechen für die Relevanz des angenommenen Wirkfaktors.

Eine weitere Einschränkung der Aussagekraft von Therapieevaluationsstudien ergibt sich daraus, dass diese eine Vielzahl von Interventionen integrieren und die Effektivität eines standardisierten »Behandlungspakets« untersuchen. In der therapeutischen Praxis lässt sich ein hochgradig standardisiertes Vorgehen jedoch oft nicht realisieren. Hier brauchen Therapeuten empirisch fundierte Heuristiken, die ihnen helfen, aus der Vielzahl der möglichen konkreten therapeutischen Handlungen diejenige auszuwählen, die mit der höchsten Wahrscheinlichkeit zum aktuell angestrebten Ziel führt. In diesem Sinne stellen sich für Therapeuten von Minute zu Minute immer wieder neu folgende Fragen: Welches Zwischenziel wäre jetzt hilfreich? Wie führe ich den Patienten dahin? Was sage ich als nächstes? Welche Intervention könnte jetzt hilfreich sein? Wie kann ich den Patienten für diese Intervention gewinnen? etc.

Um Fragen dieser Art zu beantworten, werden in der Prozessforschung konkrete therapeutische Interventionen v. a. mithilfe von **Videos** erfasst und mit relevanten Outcomes in Bezug gesetzt. Dazu werden i.d.R. möglichst reliable und valide Ratingsysteme entwickelt, mit denen für relevant gehaltenes Therapeutenverhalten und die interessierenden Effekte auf Seiten des Patienten kategorisiert werden. Auf diesem Weg lassen sich diese Faktoren in Echtzeit erfassen, ohne den therapeutischen Prozess (reaktiv) zu beeinflussen. Mit den so gewonnenen Daten können prospektive Zusammenhänge zwischen dem Therapeutenverhalten und anschließenden Veränderungen im Erleben und Verhalten des Patienten bestimmt werden. Falls sich solche Zusammenhänge finden lassen, wären bereits zwei Bedingungen für einen kausalen Zusammenhang erfüllt: Die angenommene Ursache (Therapeutenverhalten) korreliert mit der angenommenen Wirkung (Veränderung beim Patienten), und die vermeintliche Ursache geht der vermeintlichen Wirkung voraus. Die dritte für einen Kausalschluss notwendige Bedingung zu realisieren (den Ausschluss bzw. die statistische Kontrolle von relevanten Drittvariablen) ist in solchen prospektiven Beobachtungsstudien allerdings schwierig, da es voraussetzt, dass diese Störvariablen bekannt sind und reliabel und valide gemessen werden können. Dies ist jedoch kaum zu realisieren. Vor diesem Hintergrund sollte die Prozessforschung zukünftig verstärkt experimentelle Methoden nutzen und die Effekte konkreter therapeutischer Handlungen bzw. von »Mini-Interventionen« im Rahmen experimenteller Designs evaluieren.

Videogestützte Prozessforschung untersucht therapierelevante Effekte auf der konkreten Handlungsebene.

15.3   Wann ist eine Psychotherapieform wissenschaftlich fundiert?

Gerade für Leistungen, die der Solidargemeinschaft der Krankenversicherten aufgebürdet werden, gilt im Gesundheitssystem die Voraussetzung, dass diese Maßnahmen als »**wissenschaftlich fundiert**« bzw. als »**evidenzbasiert**« gelten sollten. Um die Frage zu beantworten, ab wann ein psychotherapeutisches Verfahren als wissenschaftlich fundiert gelten kann, hat die American Psychological Association (APA) unter Leitung von Dianne Chambless eine Konsensuskonferenz einberufen, die sich auf folgende Kriterien geeinigt hat:

»Evidenzbasiert« bzw. »wissenschaftlich fundiert« gilt als zentrales Qualitätsmerkmal psychotherapeutischer Interventionen.

APA- Kriterien für wissenschaftliche Fundierung von Psychotherapie
Eine Therapieform gilt als wissenschaftlich in ihrer Effektivität gesichert, wenn folgende Kriterien erfüllt sind:
I. Mindestens zwei fundierte Gruppenuntersuchungen, die von verschiedenen Forschern bzw. Forschergruppen durchgeführt wurden und die Wirksamkeit der Therapie durch mindestens einen der folgenden Nachweise belegen:
    A. Therapieform ist anderer Therapieform oder Placebo überlegen
    B. In Studien mit adäquater statistischer Power (N > 30 pro Gruppe) wird Vergleichbarkeit mit einer gesicherten Therapie nachgewiesen
oder:
II. Eine große Anzahl von Einzelfallstudien, welche die Wirksamkeit der Therapie belegen. Die Studien müssen:
    A. einen experimentellen Versuchsplan haben
    B. die Wirksamkeit mit einer anderen Therapieform vergleichen
Weitere Kriterien für I und II:
III. Die untersuchten Therapien müssen auf Behandlungsmanualen basieren
IV. Die Charakteristika der jeweiligen Stichproben müssen klar beschrieben sein.

APA-Kriterien für die wissenschaftliche Fundiertheit von Psychotherapie.

Evidenzbasierung als dichotomes Kriterium aufzufassen ist problematisch. Deshalb wird der Grad der Evidenzbasierung auch in Stufen angegeben.

Nach den APA-Kriterien gelten zwischenzeitlich zahlreiche Interventionen als wissenschaftlich fundiert, z. B. kognitive Therapie bei Depression, Expositionstherapie bei Agoraphobie oder Interpersonelle Therapie bei Bulimie (Überblick ▶ www.div12.org/PsychologicalTreatments/treatments.html). Aktuell lässt sich der Großteil der wissenschaftlich fundierten Psychotherapiemethoden den kognitiv-verhaltenstherapeutischen Verfahren zuordnen, jedoch erreichen auch andere Verfahren zunehmend diese Kriterien. Ein Nachteil der APA-Kriterien ist allerdings, dass sie eine dichotome Bewertung vornehmen, ob Interventionen wissenschaftlich fundiert sind. Weil damit wichtige Information verloren geht, sollte stattdessen der Grad der Evidenzbasierung angegeben werden. Zu diesem Zweck hat sich ein System bewährt, welches ursprünglich von der Agency for Health Care Policy aus den USA vorgeschlagen wurde, mittlerweile aber auch in Deutschland eine wichtige Rolle bei der Bewertung psychotherapeutischer Verfahren spielt.

Stufen der Evidenzbasierung

Ia: Evidenz aufgrund von Metaanalysen randomisierter Studien

Ib: Evidenz aufgrund von mindestens 1 randomisierten kontrollierten Studie

IIa: Evidenz aufgrund von mindestens 1 gut angelegten kontrollierten Studie ohne Randomisierung

IIb: Evidenz aufgrund von mindestens 1 gut angelegten quasi-experimentellen Studie

III: Evidenz aufgrund von mindestens 1 gut angelegten nicht-experimentellen deskriptiven Studie (z. B. Fall-Kontroll-Studie)

IV: Evidenz aufgrund von Berichten/Meinungen, Expertenkreisen, Konsensus-Konferenzen und/oder klinischen Erfahrungen anerkannter Autoritäten

---

▶ **Weiterführende Literatur**

Berkeljon, A. & Baldwin, S. A. (2009) An introduction to meta-analysis for psychotherapy outcome research. *Psychotherapy Research, 19*(4-5), 511-518.

Grawe, K. (1998). *Psychologische Psychotherapie.* Göttingen: Hogrefe.

Lambert, M. J. (Ed.) (2004). *Bergin and Garfield's Handbook of Psychotherapy and Behavior Change.* (5th ed.). New York: Wiley.

Society of Clinical Psychology, American Psychological Association, Division 12 (2012). *Psychological Treatments;* verfügbar unter: www.div12.org/PsychologicalTreatments/treatments.html.

15.4 Literaturverzeichnis

Altman, D. G., Schulz, K. F., Moher, D., Egger, M. & Davidoff, F. (2001). The revised CONSORT statement for reporting randomized trials: Explanation and elaboration. *Annals of Internal Medicine, 134,* 663-694.

Berking, M., Neacsiu, A., Comtois, K. A. & Linehan, M. M. (2009). The impact of experiential avoidance on the reduction of depression in treatment for borderline personality disorder. *Behaviour Research and Therapy, 47*(8), 663-670.

Boutron, I., Moher, D., Altman, D. G., Schulz, K. F. & Ravaud, P. (2008). Extending the CONSORT statement to randomized trials of nonpharmacologic treatment: Explanation and elaboration. *Annals of Internal Medicine, 148*(4), 295-309.

Cuijpers, P., Smit, F., Bohlmeijer, E. T., Hollon, S. D. & Andersson, G. (2010). Is the efficacy of cognitive behaviour therapy and other psychological treatments for adult depression overestimated? A meta-analytic study of publication bias. *British Journal of Psychiatry, 196,* 173-178.

Ioannidis, J. P. (2005). Contradicted and initially stronger effects in highly cited clinical research. *JAMA, 294*(2), 218-228.

Jacobson, N. S. & Truax, P. (1991). Clinical significance: A statistical approach to defining meaningful change in psychotherapy research. *Journal of Consulting and Clinical Psychology, 59,* 12-19.

Lange, S., Bender, R. & Ziegler, A. (2007). Äquivalenzstudien und Nicht-Unterlegenheitsstudien. *Deutsche Medizinische Wochenschrift, 132*(S 01), e53, e56.

Lüdtke, O., Robitzsch, A., Trautwein, U. & Köller, O. (2007). Umgang mit fehlenden Werten in der psychologischen Forschung. *Psychologische Rundschau, 58*, 103-117.

Rief, W., Nestoriuc, A. Y. & Hofmann S. G. (2008). The power of expectation – Understanding the placebo and nocebo phenomenon. *Social and Personality Psychology Compass, 2*, 1-14.

Schulte, D. (1993). Wie soll Therapieerfolg gemessen werden? *Zeitschrift für Klinische Psychologie, 22*, 374-393.

Shadish, W. R., Cook, T. D. & Campbell, D. T. (2002). *Experimental and quasi-experimental designs for generalized causal inference.* Boston, MA, US: Houghton, Mifflin & Comp.

Strotzka, H. (1978). Was ist Psychotherapie? In: Strotzka, H. (Hrsg.), *Psychotherapie: Grundlagen, Verfahren, Indikationen* (S. 3-6). München: Urban & Schwarzenberg.

Turner, E. H., Matthews, A. M., Linardatos, E., Tell, R. A. & Rosenthal, R. (2008). Selective publication of antidepressant trials and its influence on apparent efficacy. *New England Journal of Medicine, 358*, 252-260.

? Kap. 15, Bd. 2: Kontrollfragen

Die Antworten auf die folgenden Fragen finden Sie im Lerncenter zu diesem Kapitel unter ▶ www.lehrbuch-psychologie.de (Projekt Klinische Psychologie und Psychotherapie für Bachelor.)

1. Was sind die Vorteile und Nachteile von randomisierten klinischen Studien?
2. Wie wird bei einer Intention-to-treat-Analyse vorgegangen? Wovon ist dieses Vorgehen abzugrenzen?
3. Nennen Sie drei Fehlerquellen, die bei der Interpretation von Metaanalysen berücksichtigt werden müssen.
4. Was ist das Ziel psychotherapeutischer Prozessforschung? Wie wird dabei typischerweise vorgegangen?
5. Im Gesundheitswesen hat sich die Definition verschiedener Evidenzgrade bewährt. Welche Studienergebnisse sind mit Evidenzgrad II verbunden?
6. Nennen Sie die Kriterien der amerikanischen psychologischen Gesellschaft APA, ab wann psychotherapeutische Verfahren als »wissenschaftlich fundiert« anzusehen sind.

Stichwortverzeichnis

A

ABC-Modell 35
Achtsamkeit 117
Aktualisierungstendenz 46
Allgemeine Wirkfaktoren 150
Ambulante Versorgung 6
analytischen Psychotherapie 79
anwendungsorientierte Wirksamkeits-
  forschung 166
Äquivalenzstudien 173
Ausbildung 4
Ausbildungs- und Prüfungsverordnung
  für Psychologische Psychothera-
  peuten (PsychTh-APrV) 2
Autogenes Training (AT) 113

B

Beratung 3
Berufsordnung 2
Bestrafung 31
Bezugssystem 85
Biofeedback 110
Buddhismus 118
Bundespsychotherapeutenkammer 2

C

CBASP-Gruppentherapie 71
Chaining 31
Cognitive Behavioral Analysis System of
  Psychotherapy (CBASP) 66
Colombo-Technik 40

D

Datenschutz 3
Defizite 56
Denkfehler 37
Depression 55, 65
Disput 36
Disputation 36

disziplinertes persönliches sich
  einbringen (DPI) 70
Drop-outs 169

E

effizienzorientierte Wirksamkeits-
  forschung 167
emotionsfokussierte Therapie (EFT) 51
Emotionsregulation 99
Empathisches Zuhören 48
Entspannungsverfahren 107
Erregungsniveau 107
evidenzbasiert 177
Exposition 28

F

Fading 31
Familienskulptur 86
Familientherapie 86
Flooding 25
Focusing 50
Focusing-Therapie 49
Follow-up-Untersuchung 169

G

Gemeinsamer Bundesausschuss
  (G-BA) 2
Gesprächspsychotherapie (GT) 45
Gesprächsregeln 90
Gesprächstraining 90
graduierten Vorgehen 25
grundorientierte Wirksamkeits-
  forschung 166
Guided-Self-Help-Interventionen 133

H

Habituationstraining 27
Hypnose 112

I

imaginative Entspannungsverfahren
  111
imaginative Verfahren 111
Inkongruenz 46
in sensu 25
integrative Verhaltenstherapie (IVT) 24
intermittierende Verstärkung 31
Internet 131
internetbasiert 131
interpersonelle Diskriminationsübung
  70
interpersonellen Diskriminationsübung
  (IDÜ) 70
interpersonelle Psychotherapie (IPT)
  56
interpersonelles Lernen 67
in vivo 25

K

Kassenärztliche Vereinigung 2
Katamnese 169
Kinder- und Jugendlichentherapeuten
  2
klärungsorientierte Psychotherapie (KOP)
  50
Kliniken für Psychosomatik und Psycho-
  therapie 9
Kliniken für psychosomatische Rehabili-
  tation 9
Kognitionen 35
kognitive Therapie (KT) 24
kognitive Therapie der Depression 37
kognitive Verhaltenstherapie (KVT)
  24, 23
Kompetenz 95
Kompetenztraining 96
Konflikte 56
Konfrontationsverfahren 24
Kontingenz 29
Kontrollgruppe 172